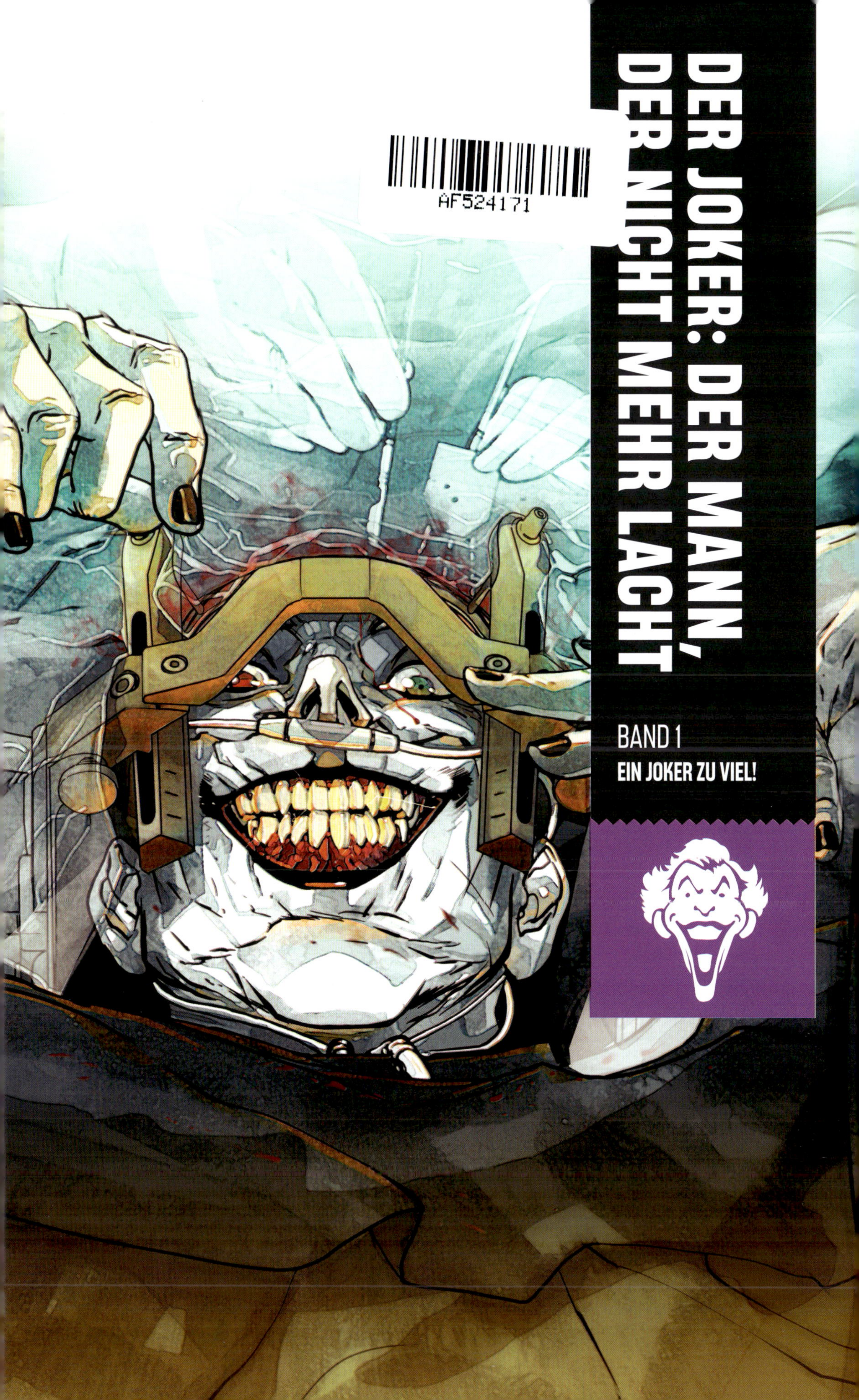
DER JOKER: DER MANN,
DER NICHT MEHR LACHT
BAND 1
EIN JOKER ZU VIEL!

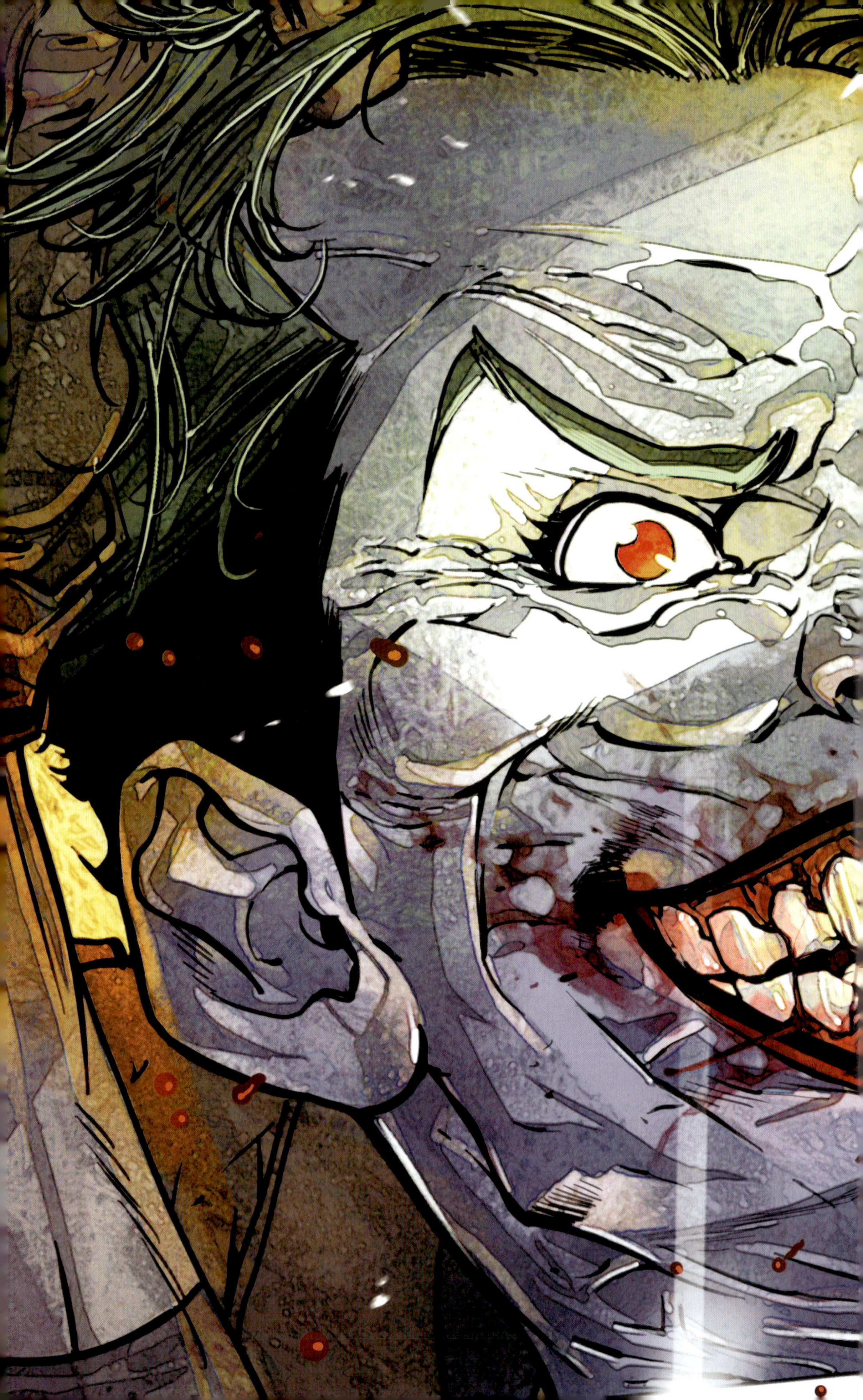

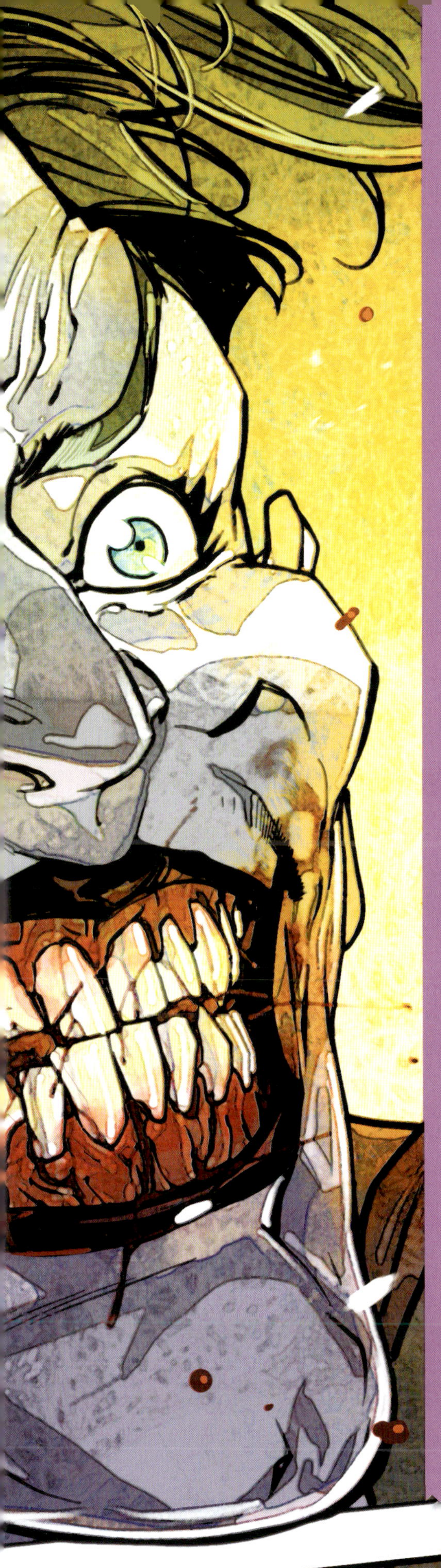

NEUES VOM CLOWNPRINZEN

Fast wäre ihm schon beizeiten der Garaus gemacht worden. Denn der **Joker**, heute eine ikonische Comic- und Filmfigur, sollte seinen Auftritt in US-BATMAN 1 von 1940 eigentlich gar nicht überleben. Denn in jener Zeit war es durchaus üblich, dass Schurken ihr elendes Treiben mit dem Leben bezahlten. „*Crime doesn't pay*" – „Verbrechen lohnt sich nicht", das war das allgemein akzeptierte Credo, auch in Kinder-Comics. Doch der damalige Redakteur sah Potenzial in dem mörderischen Irren und verhinderte dessen gerechte Strafe. Das darf man wohl guten Instinkt nennen, denn in der Folge entwickelte sich der Joker zum größten und bekanntesten Feind von **Batman**, und das ist er bis heute geblieben.

Wer der Joker ist, darüber herrscht nicht wirklich Einigkeit. Denn seine Ursprungsgeschichte – also der Hintergrund, wie und warum die Figur zum Joker wurde – hat sich im Laufe der Jahrzehnte schon oft verändert. Zwar hat sich inzwischen die Bestseller-Graphic Novel BATMAN: KILLING JOKE – EIN TÖDLICHER WITZ der Comic-Legenden **Alan Moore** und **Brian Bolland** bei den Fans durchgesetzt, tatsächlich ist es aber egal, was ihn zu jenem Massenmörder gemacht hat, denn gerade das Unberechenbare und Unvernünftige macht ihn zum idealen Schurken. Ist er ein Wahnsinniger, der aus einem bestimmten Grund dem Irrsinn verfiel, und daher nicht verantwortlich für seine Taten gemacht werden kann? Kann man ihn heilen? Oder ist er das absolute Böse, das ausgemerzt werden sollte, um weitere Opfer zu vermeiden? An diesen Fragen haben sich die Geister immer geschieden, und das macht den Reiz der Figur vielleicht sogar aus. Im vorliegenden Band kehrt der Joker nach längerer Abwesenheit zurück nach **Gotham City**, die Stadt, in der Batman gegen das Verbrechen kämpft. Doch dort haben andere Schurken das entstandene Machtvakuum in der Unterwelt ausgefüllt. Eine Situation, die der „Clownprinz des Verbrechens" natürlich umgehend ändern will. Der Clou an der Sache ist allerdings, dass es offenbar zwei Joker gibt. Einer, der sein kriminelles Imperium über Gotham hinaus ausdehnen will. Und einer, dem das Lachen ganz schön vergangen ist …

Bernd Kronsbein

DAS IST NICHT MEHR WITZIG
Kapitel 1
It's Not Funny Anymore
The Joker: The Man Who Stopped Laughing 1 (I)
Dezember 2022

DAS IST NICHT MEHR WITZIG
Kapitel 2
It's Not Funny Anymore
The Joker: The Man Who Stopped Laughing 2 (I)
Januar 2023

DAS IST NICHT MEHR WITZIG
Kapitel 3
It's Not Funny Anymore
The Joker: The Man Who Stopped Laughing 3 (I)
Februar 2023

DAS IST NICHT MEHR WITZIG
Kapitel 4
It's Not Funny Anymore
The Joker: The Man Who Stopped Laughing 4 (I)
März 2023

DAS IST NICHT MEHR WITZIG
Finale
The Joker: The Man Who Stopped Laughing
The Joker: The Man Who Stopped Laughing 5 (I)
April 2023

ICH SCHAUE DIR IN DIE AUGEN, KASPER!
Here's Lookin' at You, Kidder!
The Joker: The Man Who Stopped Laughing 1 (II)
Dezember 2022

JOKER STERBEN OFT, BEVOR SIE STERBEN!
Jokers Die Many Times before Their Deaths!
The Joker: The Man Who Stopped Laughing 2 (II)
Januar 2023

ABER DOKTOR, ICH BIN DER JOKER!
But Doctor, I Am the Joker!
The Joker: The Man Who Stopped Laughing 3 (II)
Februar 2023

AUF DEN KOPF GESTELLT!
Knocked Upside Down!
The Joker: The Man Who Stopped Laughing 4 (II)
März 2023

GANZ GROSSE PROBLEME!
Big Bad Problems!
The Joker: The Man Who Stopped Laughing 5 (II)
April 2023

MATTHEW ROSENBERG
Story

CARMINE DI GIANDOMENICO
FRANCESCO FRANCAVILLA
Zeichnungen & Tusche

ARIF PRIANTO
ROMULO FAJARDO JR.
NICK FILARDI
FRANCESCO FRANCAVILLA
Farben

BERND KRONSBEIN
Übersetzung

WALPROJECT
Lettering

CARMINE DI GIANDOMENICO
Original-Cover

DER JOKER: DER MANN, DER NICHT MEHR LACHT erscheint bei **PANINI COMICS**, Schloßstraße 76, D-70176 Stuttgart. Druck: Chinchio Industria Grafica S.r.l. Pressevertrieb: Stella Distribution GmbH, D-22297 Hamburg. Direkt-Abos auf **www.paninicomics.de**. Anzeigenverkauf: BLAUFEUER VERLAGSVERTRETUNGEN GmbH, info@blaufeuer.com. Es gelten die Anzeigenpreise gemäß der Mediadaten 2023. Geschäftsführer **Hermann Paul**, Publishing Director Europe **Marco M. Lupoi**, Finanzen/Logistik **Felix Bauer**, Marketing Director **Holger Wiest**, Marketing **Thorsten Kleinheinz**, Vertrieb **Alexander Bubenheimer**, PR/Presse **Steffen Volkmer**, Publishing Manager **Lisa Pancaldi**, Redaktion **Tommaso Caretti**, **Christian Grass**, **Bernd Kronsbein**, **Peter Thannisch**, **Monika Trost**, **Daniela Uhlmann**, Übersetzung **Bernd Kronsbein**, Proofreading **Aline Reinelt**, Lettering **Walproject**, grafische Gestaltung **Rudy Remitti**, **Nicola Spano**, Art Director **Alessandro Gucciardo**, Redaktion Panini Comics **Annalisa Califano**, **Beatrice Doti**, Prepress **Francesca Aiello**, **Andrea Bisi**, Repro/Packager **Alessandro Nalli** (coordinator), **Anna Boselli**, **Mario Da Rin Zanco**, **Valentina Esposito**, **Luca Ficarelli**, **Linda Leporati**. Cover von **Lee Bermejo**, *The Joker: The Man Who Stopped Laughing* 1 Variant. Variant-Cover von **Lee Bermejo**, *The Joker: The Man Who Stopped Laughing* 4 Variant.

Digitale Ausgaben:
ISBN 978-3-7569-0146-3 (.pdf) / ISBN 978-3-7569-0147-0 (.epub) / ISBN 978-3-7569-0148-7 (.mobi)

Bibliografische Information der Deutschen Nationalbibliothek
Die Deutsche Nationalbibliothek verzeichnet diese Publikation in der Deutschen Nationalbibliografie; detaillierte bibliografische Daten sind im Internet über dnb.d-nb.de abrufbar.

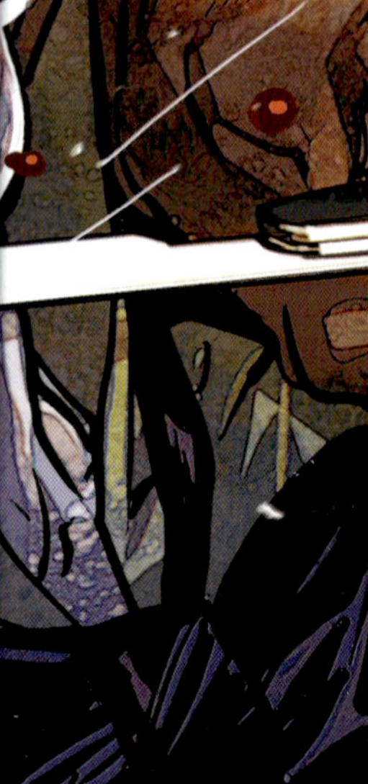

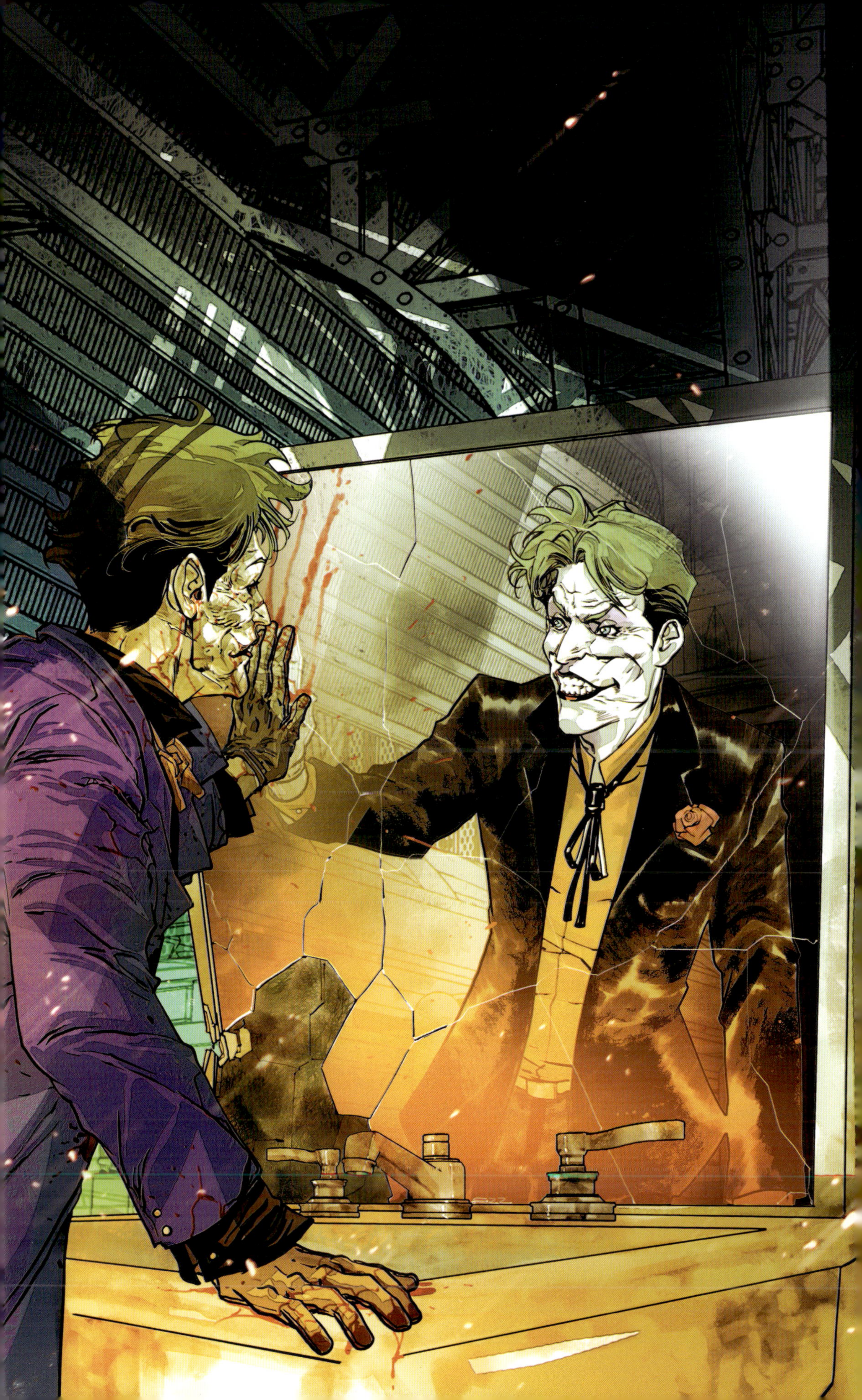

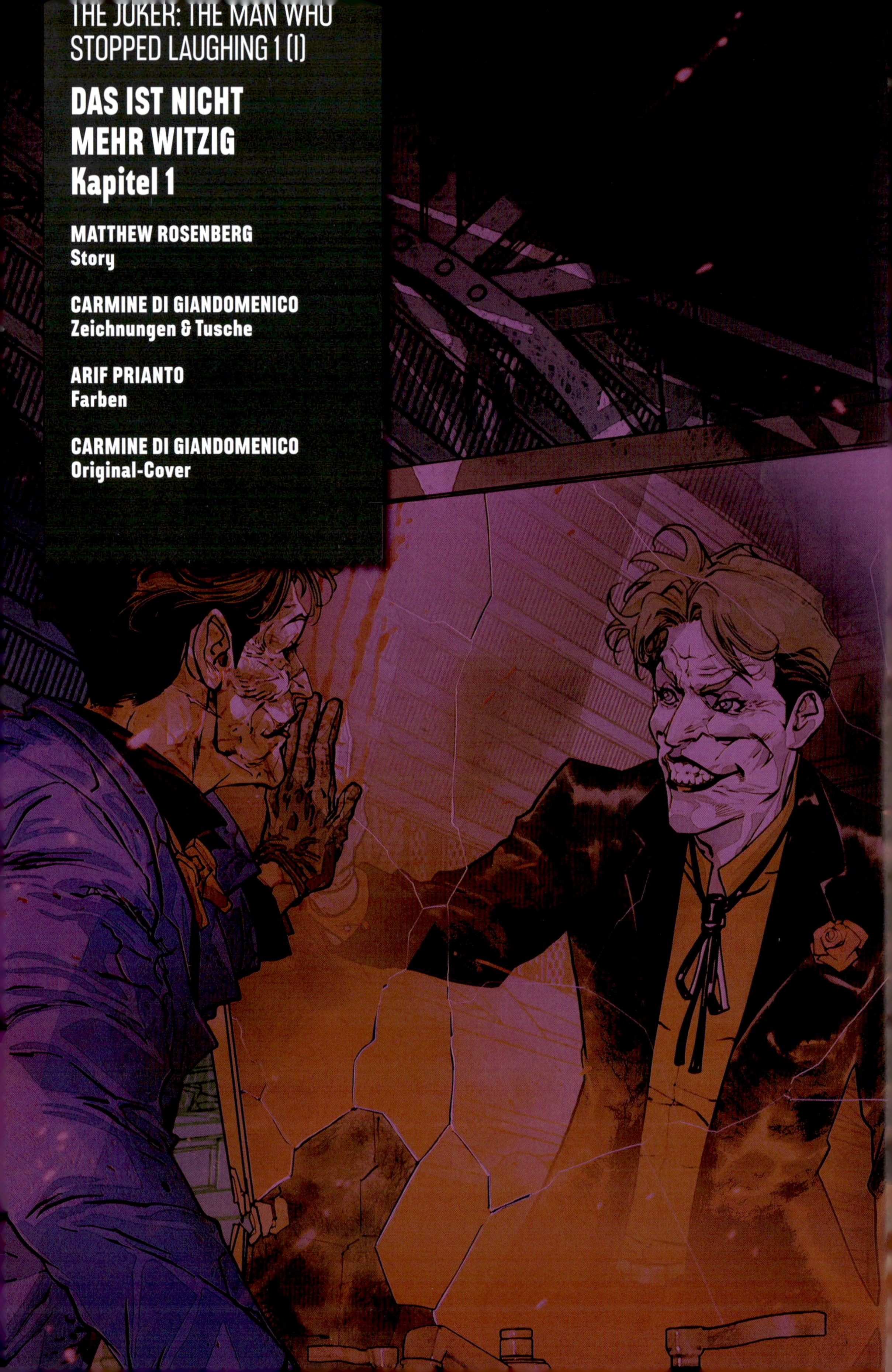
THE JOKER: THE MAN WHO
STOPPED LAUGHING 1 (I)
DAS IST NICHT
MEHR WITZIG
Kapitel 1
MATTHEW ROSENBERG
Story
CARMINE DI GIANDOMENICO
Zeichnungen & Tusche
ARIF PRIANTO
Farben
CARMINE DI GIANDOMENICO
Original-Cover

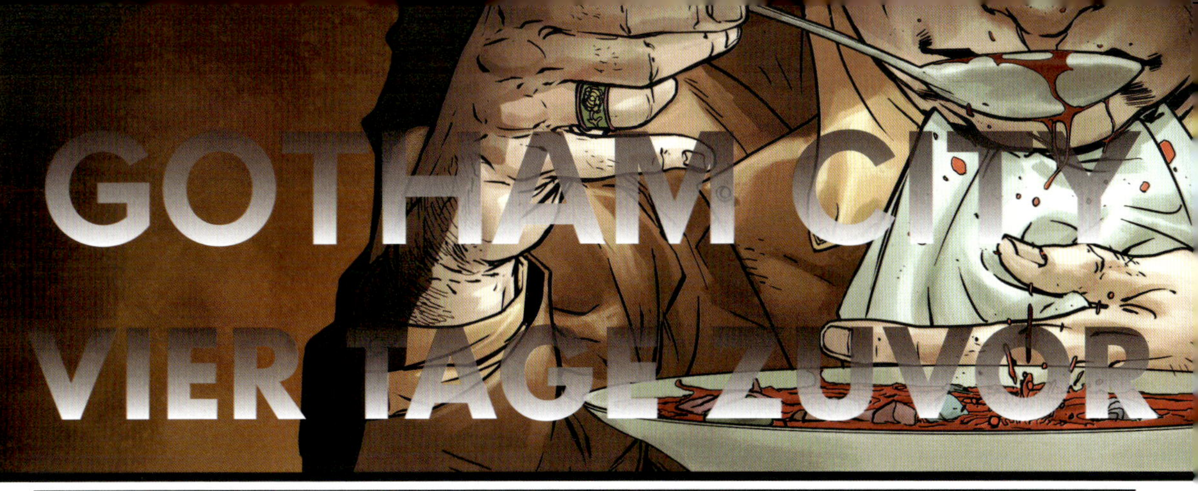
GOTHAM CITY
VIER TAGE ZUVOR

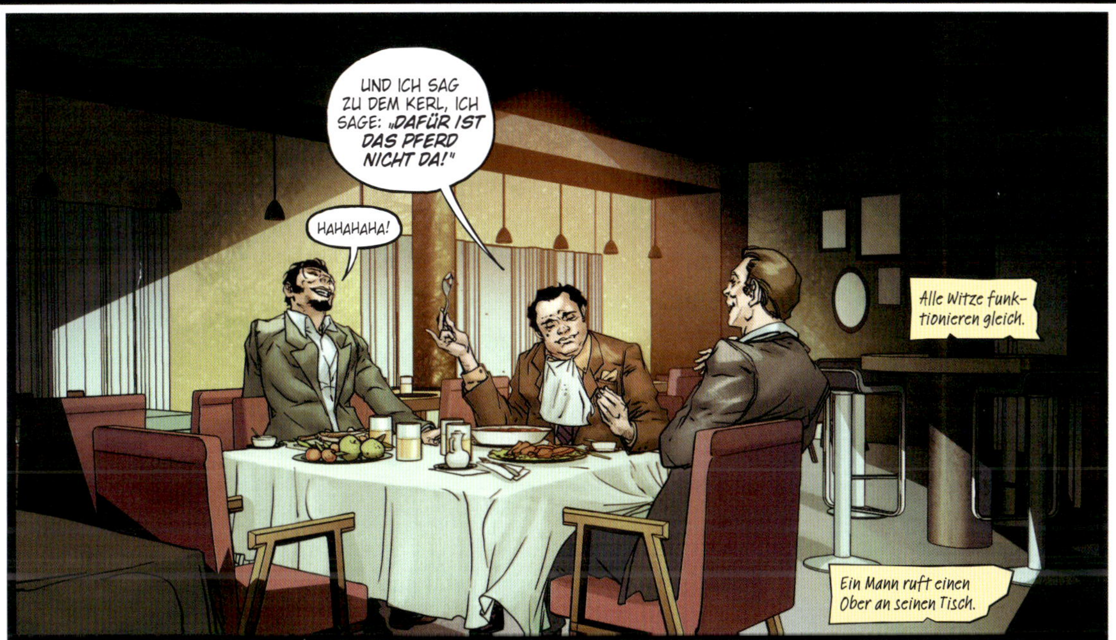
UND ICH SAG ZU DEM KERL, ICH SAGE: „DAFÜR IST DAS PFERD NICHT DA!"
HAHAHAHA!
Alle Witze funktionieren gleich.
Ein Mann ruft einen Ober an seinen Tisch.

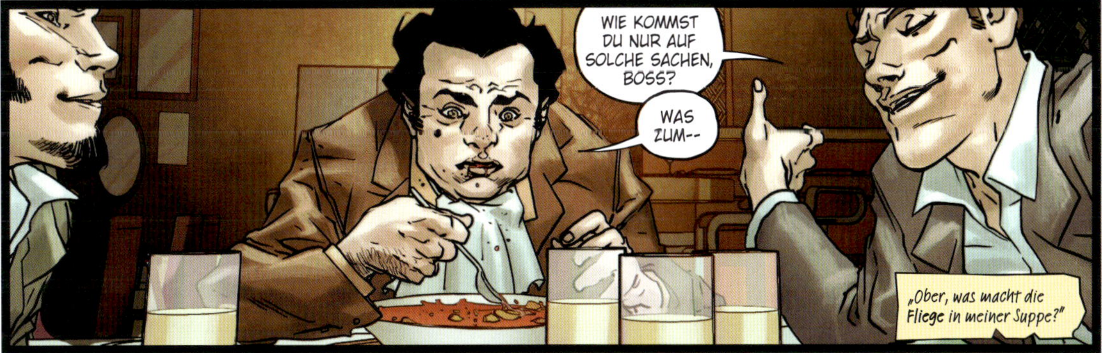
WIE KOMMST DU NUR AUF SOLCHE SACHEN, BOSS?
WAS ZUM--
„Ober, was macht die Fliege in meiner Suppe?"

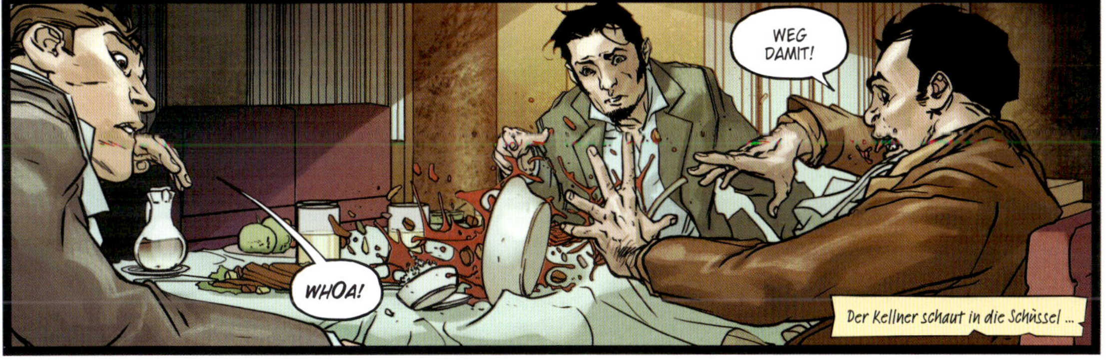
WEG DAMIT!
WHOA!
Der Kellner schaut in die Schüssel ...

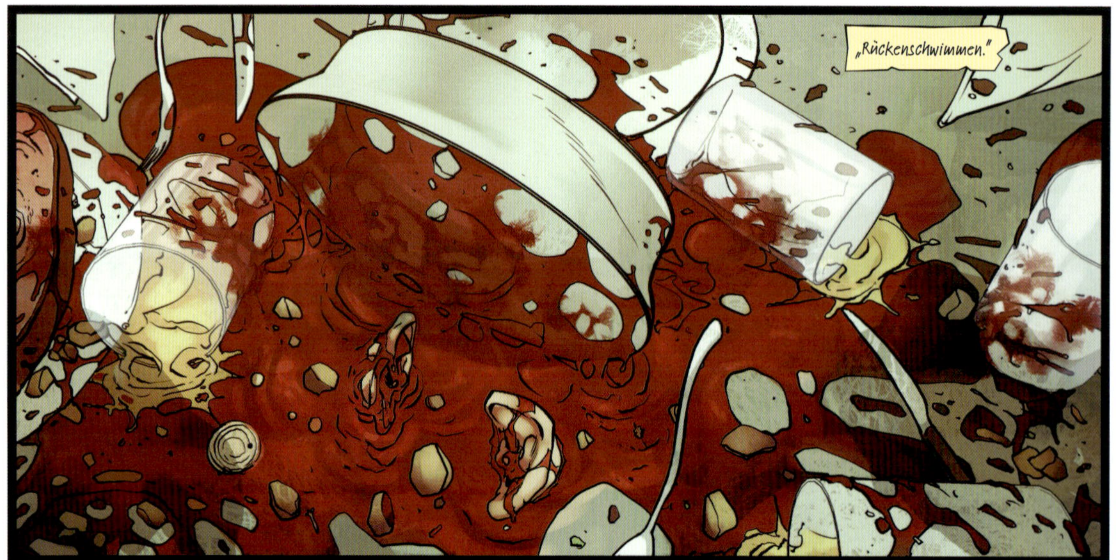
„Rückenschwimmen."

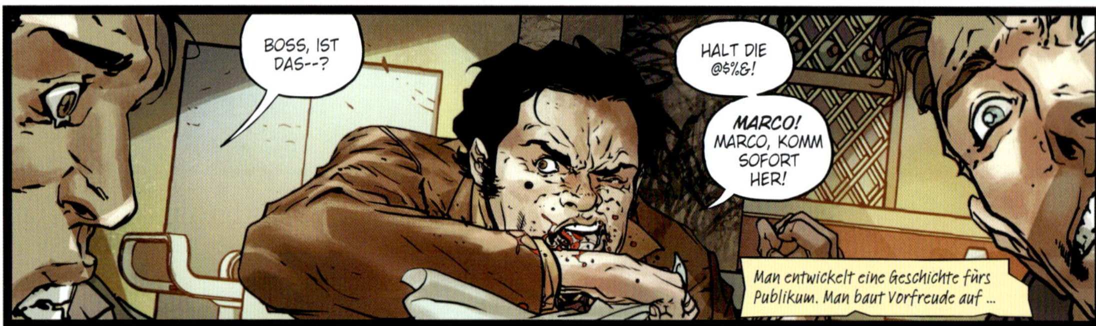
BOSS, IST DAS--?
HALT DIE @$%&!
MARCO! MARCO, KOMM SOFORT HER!
Man entwickelt eine Geschichte fürs Publikum. Man baut Vorfreude auf ...

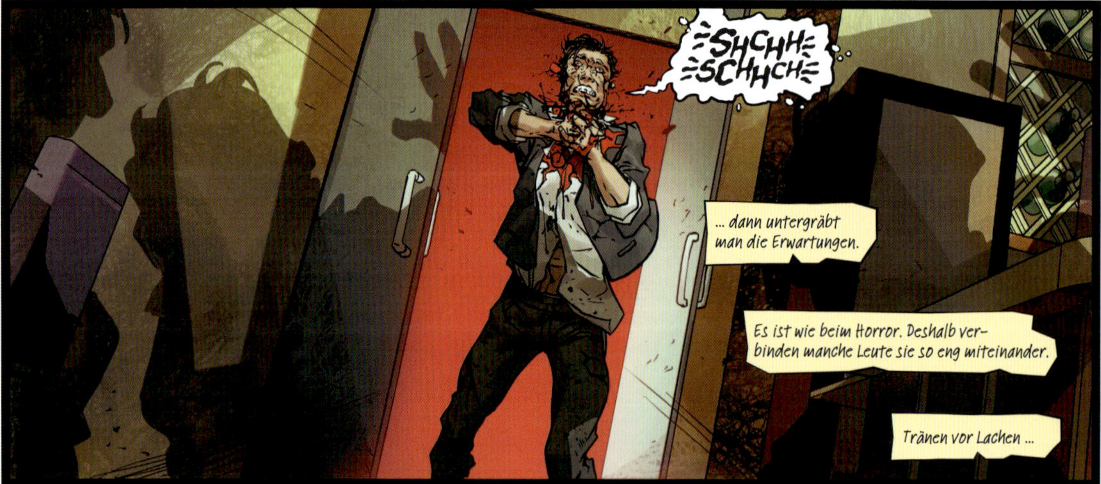
SHCHH SCHHCH
... dann untergräbt man die Erwartungen.
Es ist wie beim Horror. Deshalb verbinden manche Leute sie so eng miteinander.
Tränen vor Lachen ...

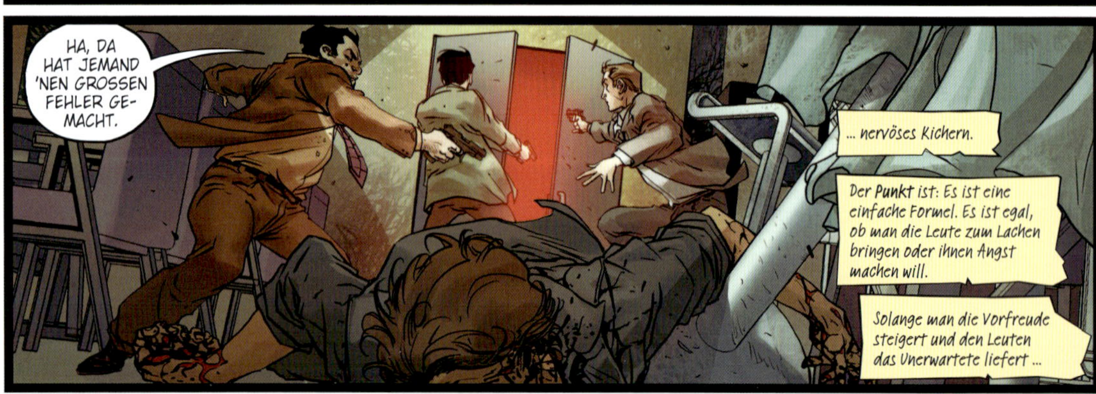
HA, DA HAT JEMAND 'NEN GROSSEN FEHLER GEMACHT.
... nervöses Kichern.
Der Punkt ist: Es ist eine einfache Formel. Es ist egal, ob man die Leute zum Lachen bringen oder ihnen Angst machen will.
Solange man die Vorfreude steigert und den Leuten das Unerwartete liefert ...

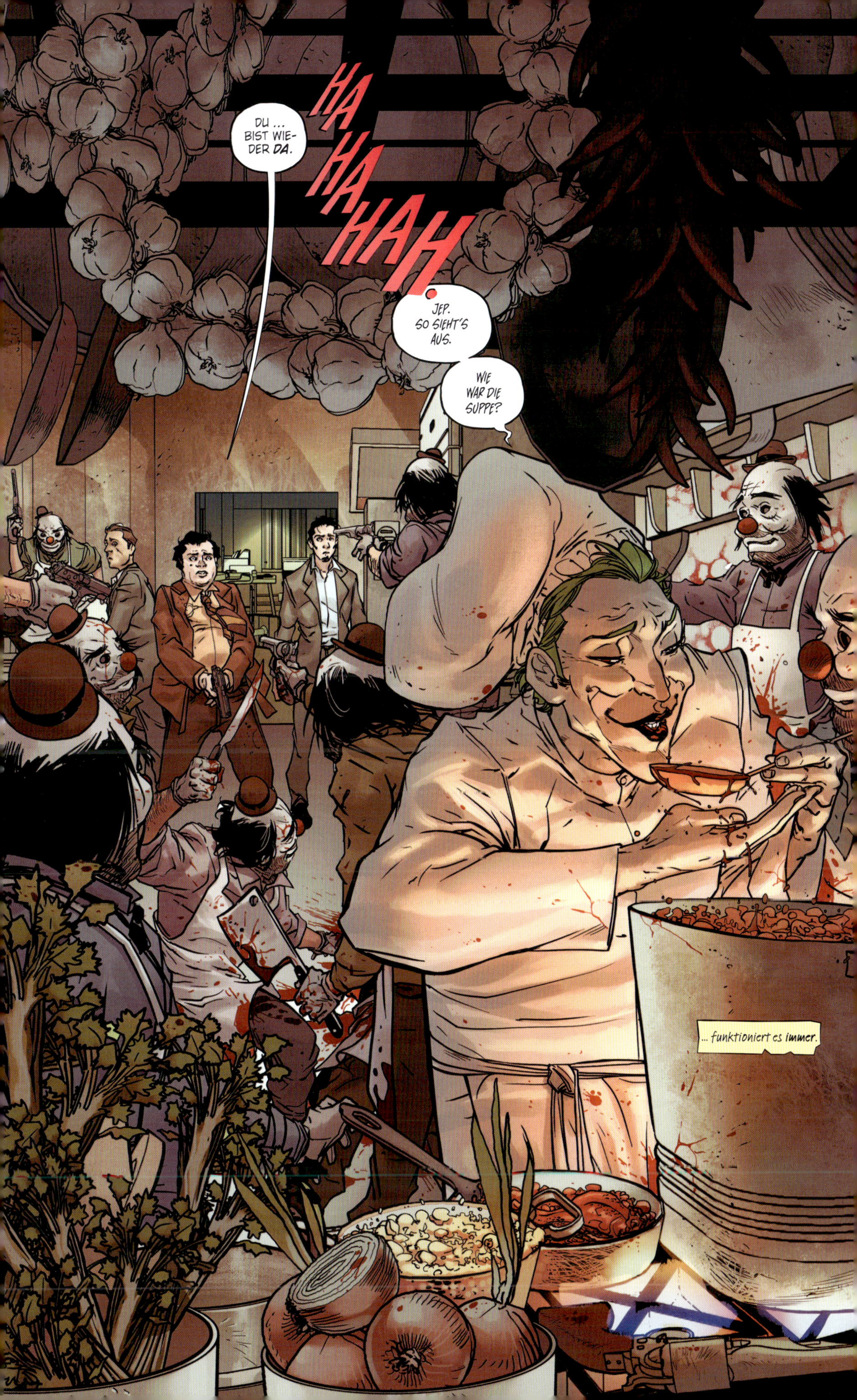
DU … BIST WIEDER DA.
HA HA HA HAH
JEP. SO SIEHT'S AUS.
WIE WAR DIE SUPPE?
… funktioniert es immer.

GOTHAM CITY ZWEI TAGE ZUVOR

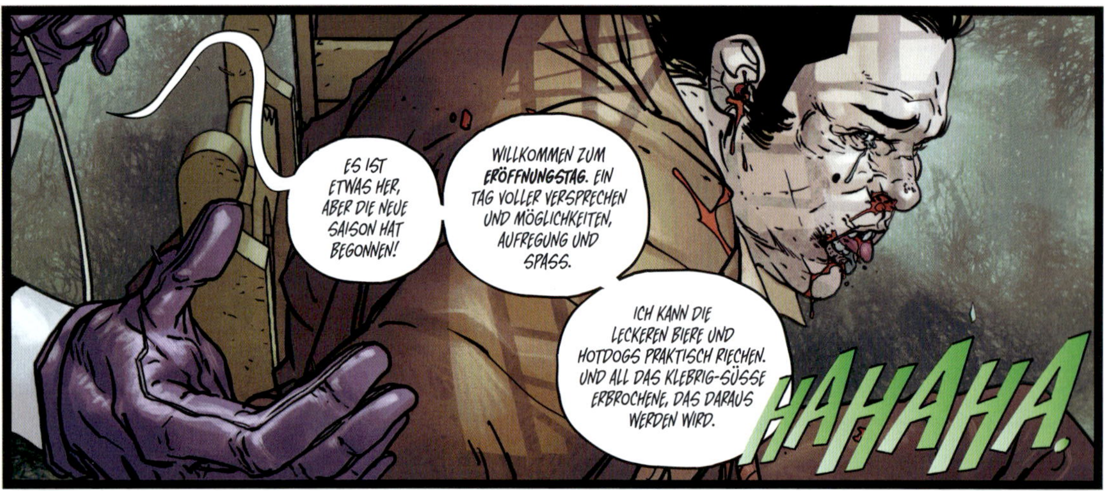

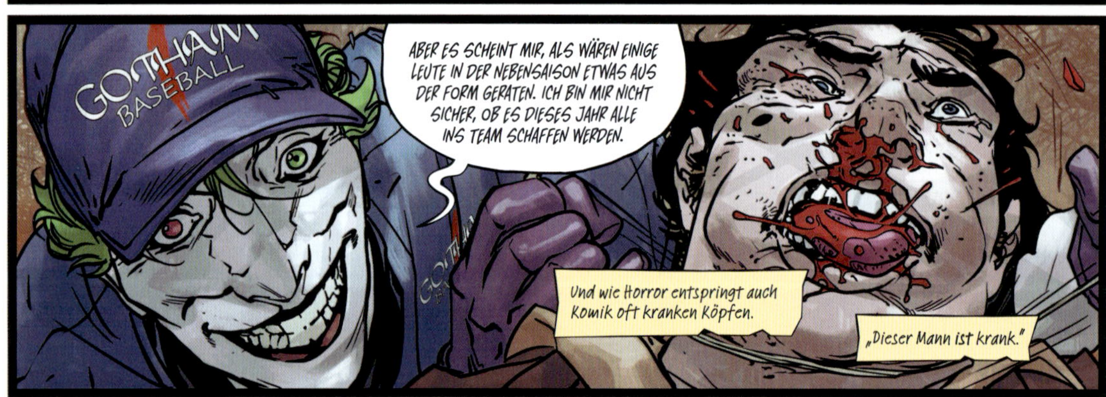

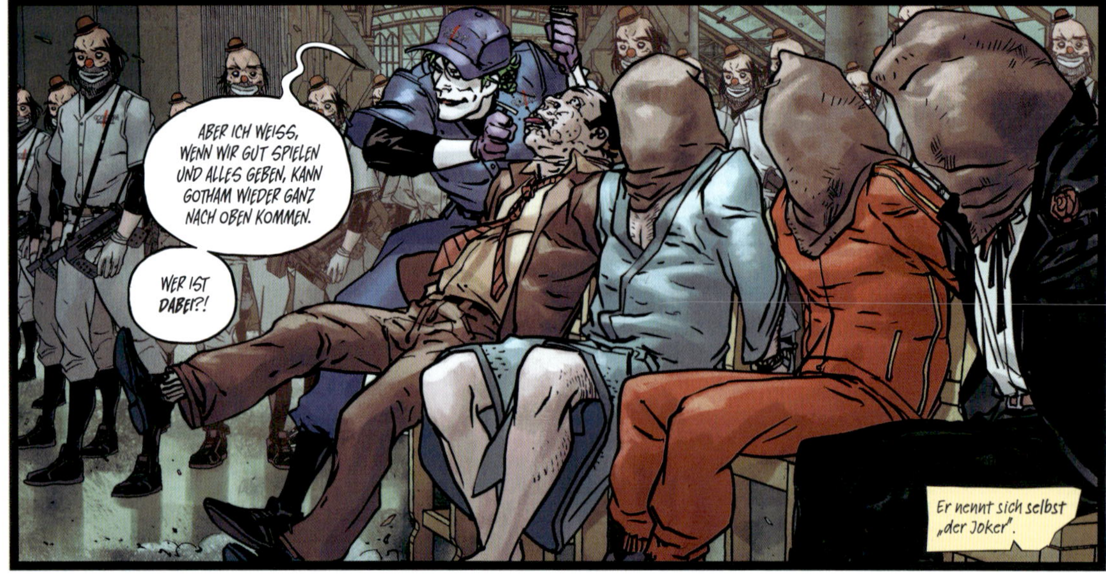

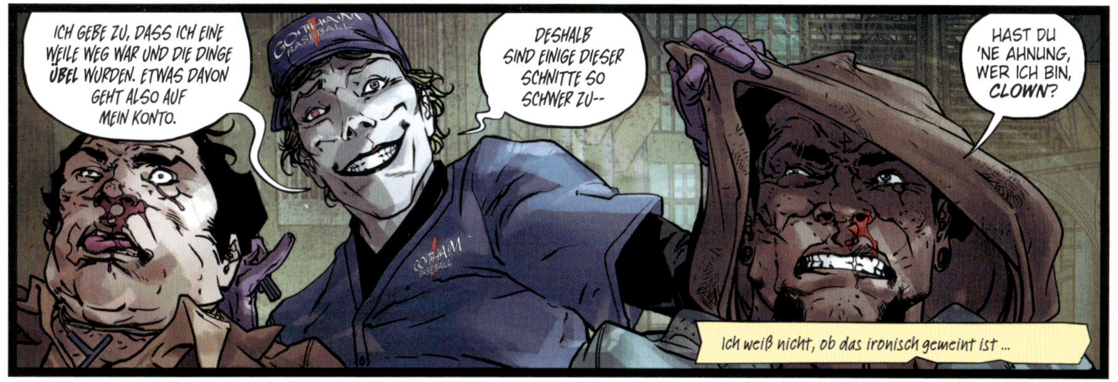
ICH GEBE ZU, DASS ICH EINE WEILE WEG WAR UND DIE DINGE ÜBEL WURDEN. ETWAS DAVON GEHT ALSO AUF MEIN KONTO.
DESHALB SIND EINIGE DIESER SCHNITTE SO SCHWER ZU--
HAST DU 'NE AHNUNG, WER ICH BIN, CLOWN?
Ich weiß nicht, ob das ironisch gemeint ist ...

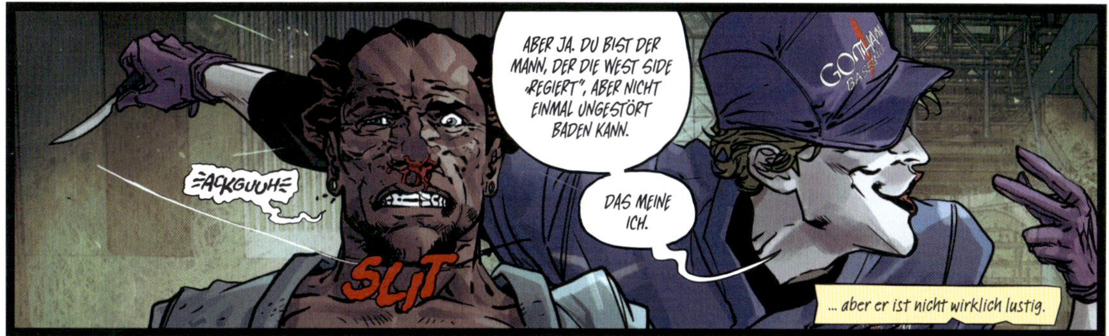
ACKGUUH
SLIT
ABER JA. DU BIST DER MANN, DER DIE WEST SIDE „REGIERT", ABER NICHT EINMAL UNGESTÖRT BADEN KANN.
DAS MEINE ICH.
... aber er ist nicht wirklich lustig.

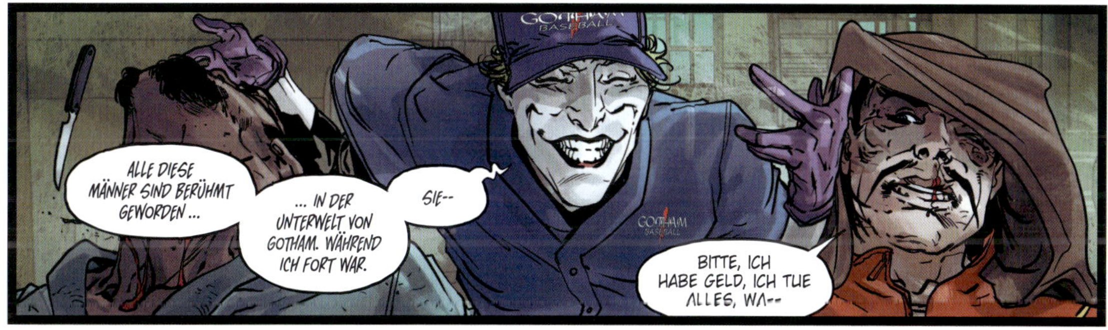
ALLE DIESE MÄNNER SIND BERÜHMT GEWORDEN ...
... IN DER UNTERWELT VON GOTHAM. WÄHREND ICH FORT WAR.
SIE--
BITTE, ICH HABE GELD, ICH TUE ALLES, WA--

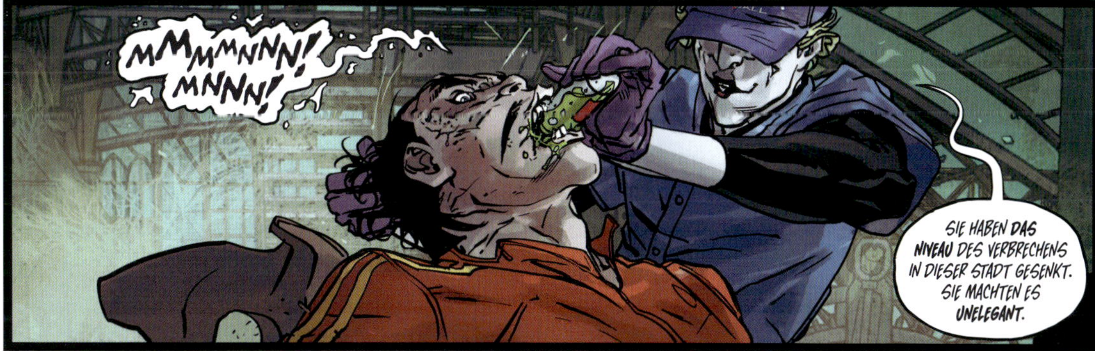
MMMMNNN! MNNN!
SIE HABEN DAS NIVEAU DES VERBRECHENS IN DIESER STADT GESENKT. SIE MACHTEN ES UNELEGANT.

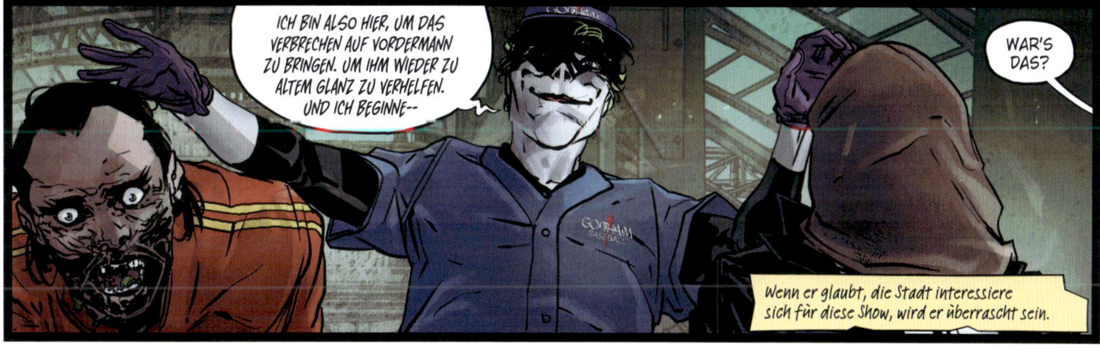
ICH BIN ALSO HIER, UM DAS VERBRECHEN AUF VORDERMANN ZU BRINGEN. UM IHM WIEDER ZU ALTEM GLANZ ZU VERHELFEN. UND ICH BEGINNE--
WAR'S DAS?
Wenn er glaubt, die Stadt interessiere sich für diese Show, wird er überrascht sein.

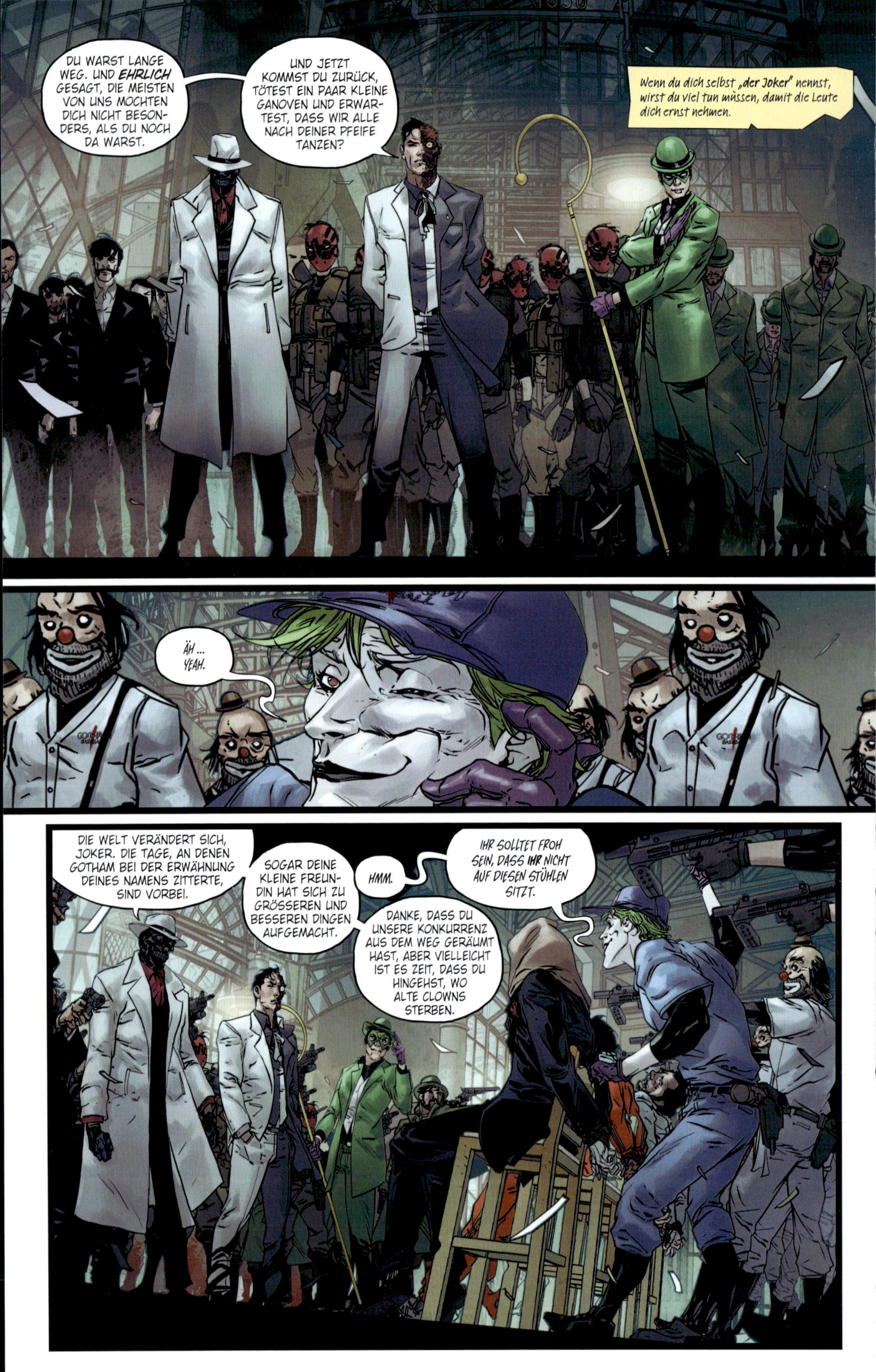

DU WARST LANGE WEG. UND **EHRLICH** GESAGT, DIE MEISTEN VON UNS MOCHTEN DICH NICHT BESONDERS, ALS DU NOCH DA WARST.

UND JETZT KOMMST DU ZURÜCK, TÖTEST EIN PAAR KLEINE GANOVEN UND ERWARTEST, DASS WIR ALLE NACH DEINER PFEIFE TANZEN?

*Wenn du dich selbst „**der Joker**" nennst, wirst du viel tun müssen, damit die Leute dich ernst nehmen.*

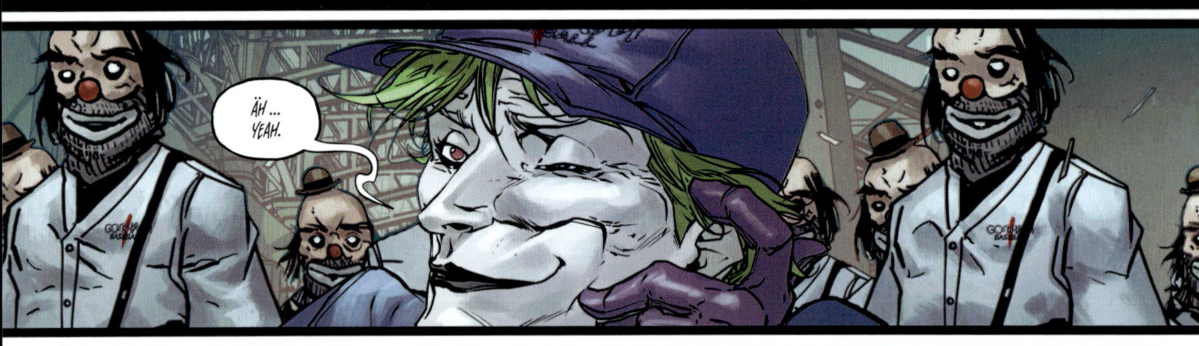

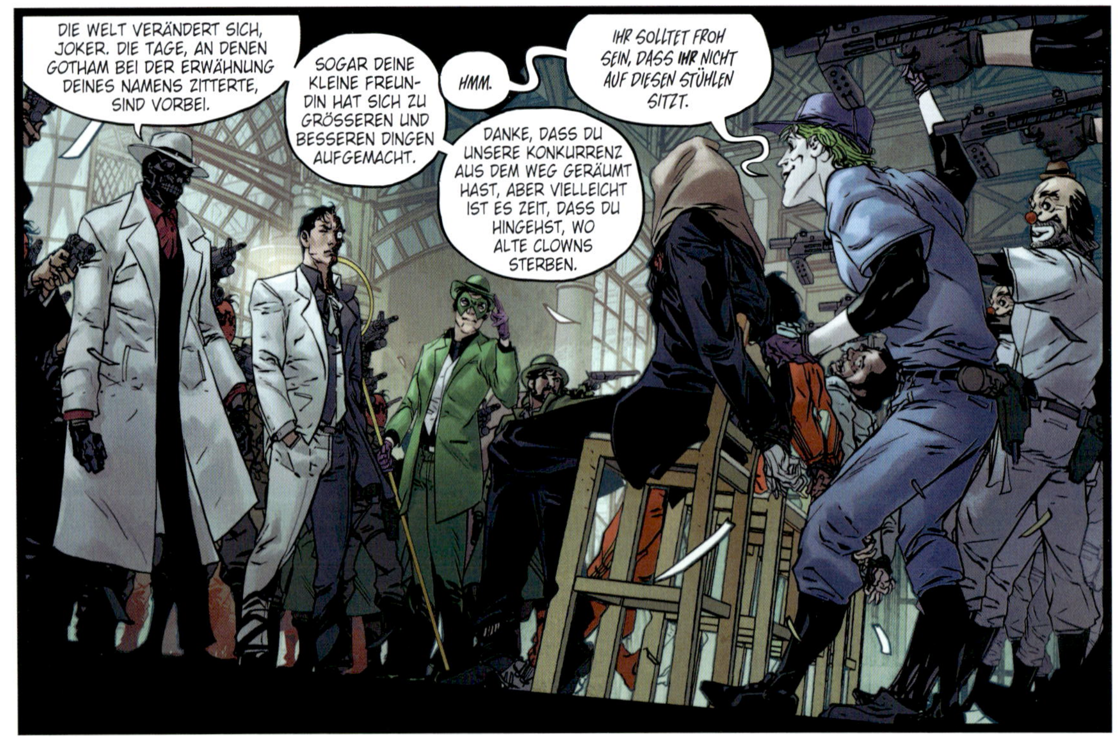

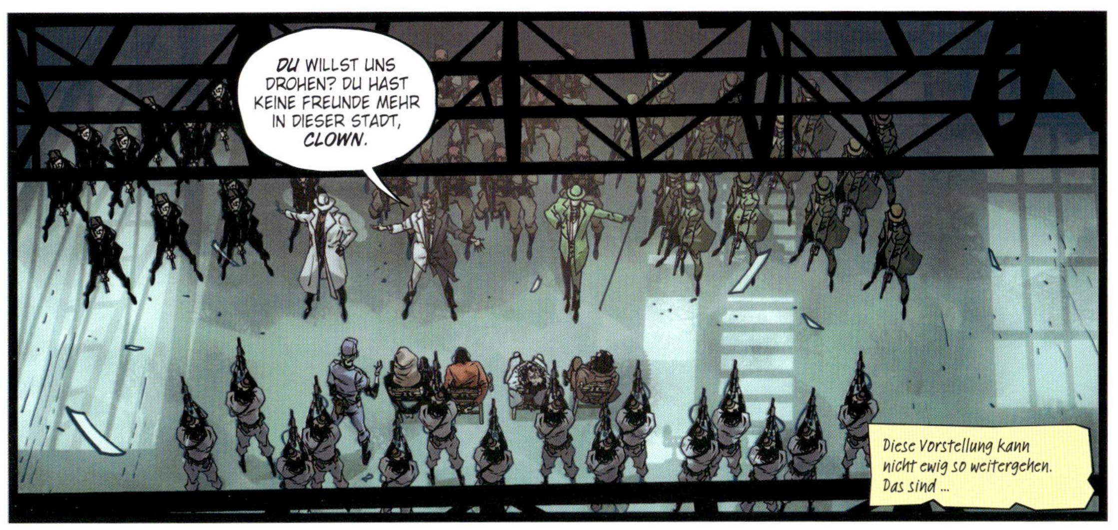
DU WILLST UNS DROHEN? DU HAST KEINE FREUNDE MEHR IN DIESER STADT, CLOWN.
Diese Vorstellung kann nicht ewig so weitergehen. Das sind ...

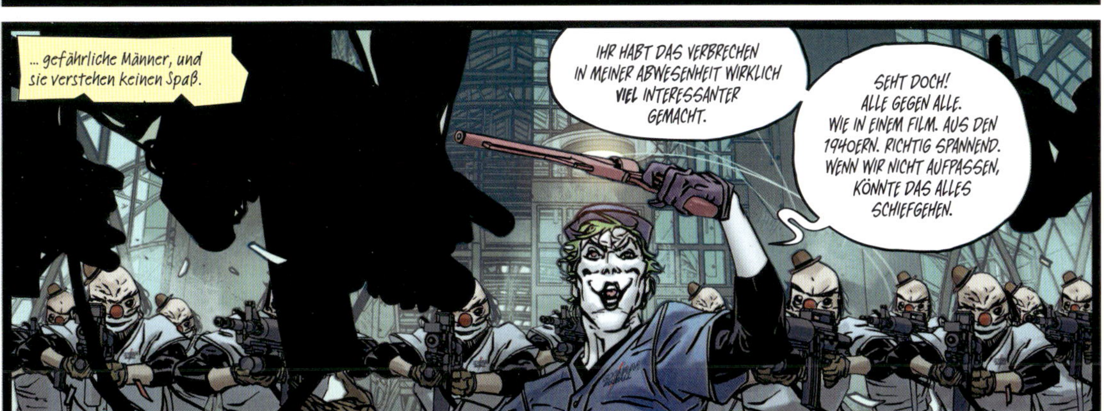
... gefährliche Männer, und sie verstehen keinen Spaß.
IHR HABT DAS VERBRECHEN IN MEINER ABWESENHEIT WIRKLICH VIEL INTERESSANTER GEMACHT.
SEHT DOCH! ALLE GEGEN ALLE. WIE IN EINEM FILM. AUS DEN 1940ERN. RICHTIG SPANNEND. WENN WIR NICHT AUFPASSEN, KÖNNTE DAS ALLES SCHIEFGEHEN.

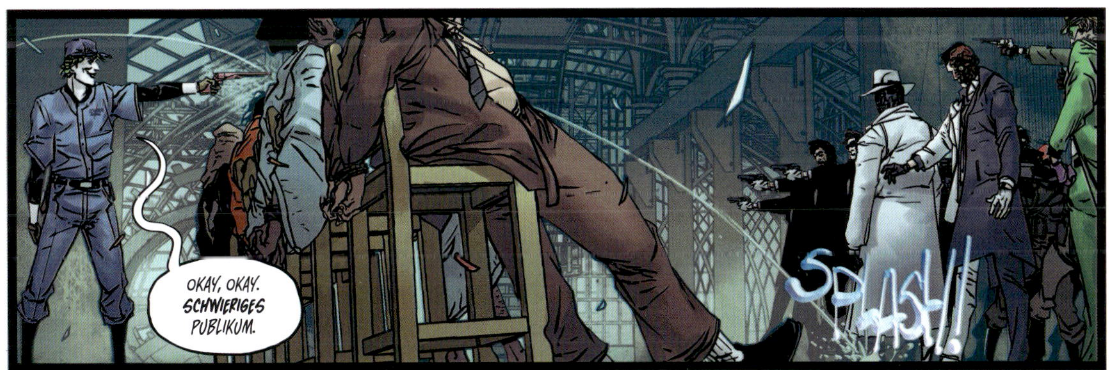
OKAY, OKAY. SCHWIERIGES PUBLIKUM.
SPLASH!!

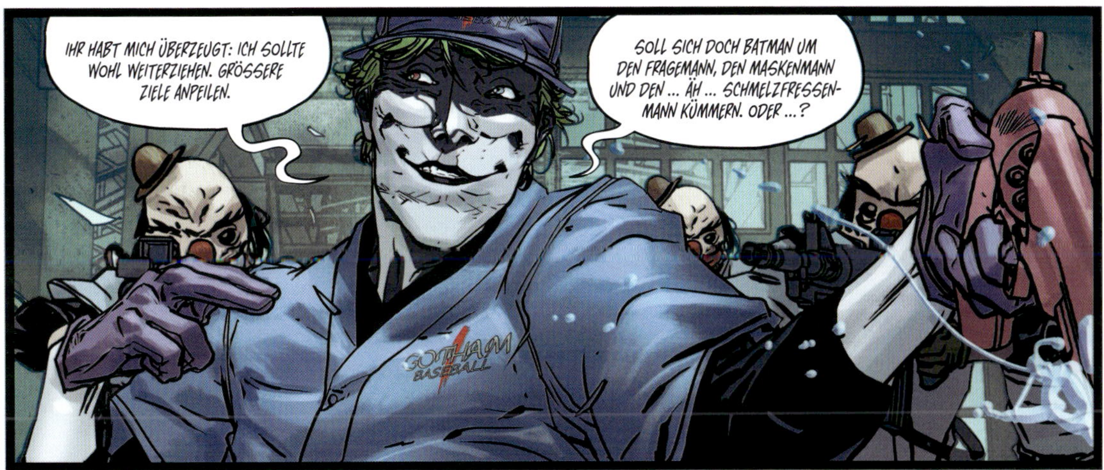
IHR HABT MICH ÜBERZEUGT: ICH SOLLTE WOHL WEITERZIEHEN. GRÖSSERE ZIELE ANPEILEN.
SOLL SICH DOCH BATMAN UM DEN FRAGEMANN, DEN MASKENMANN UND DEN ... ÄH ... SCHMELZFRESSEN-MANN KÜMMERN. ODER ...?
GOTHAM BASEBALL

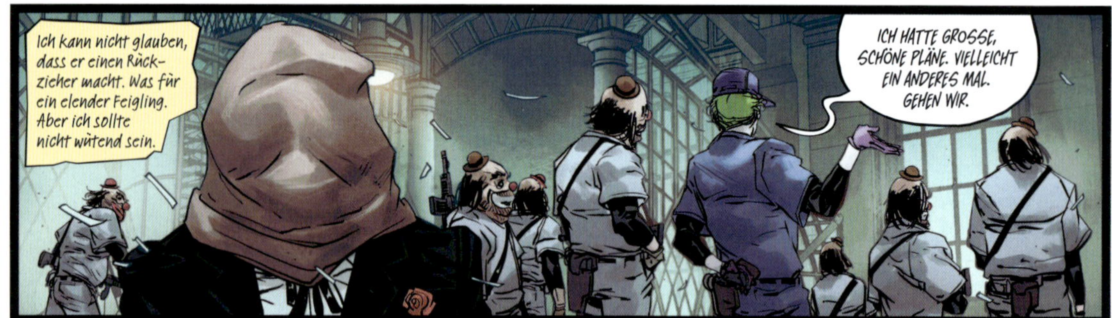
Ich kann nicht glauben, dass er einen Rück-zieher macht. Was für ein elender Feigling. Aber ich sollte nicht wütend sein.
ICH HATTE GROSSE, SCHÖNE PLÄNE. VIELLEICHT EIN ANDERES MAL. GEHEN WIR.

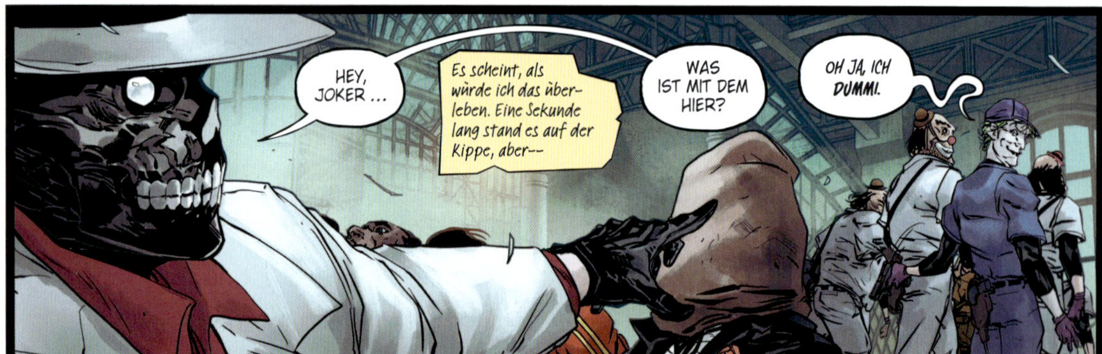
HEY, JOKER ...
Es scheint, als würde ich das über-leben. Eine Sekunde lang stand es auf der Kippe, aber--
WAS IST MIT DEM HIER?
OH JA, ICH DUMMI.

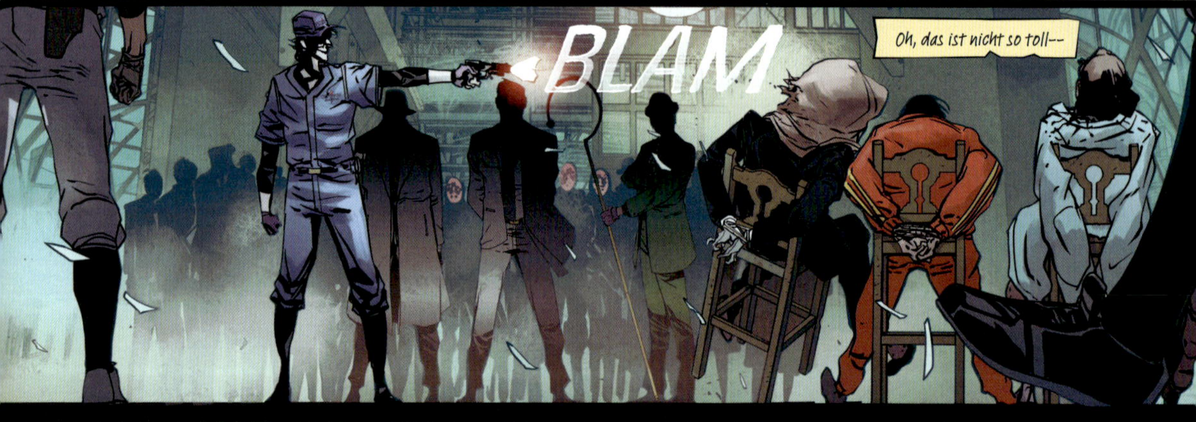
BLAM
Oh, das ist nicht so toll--

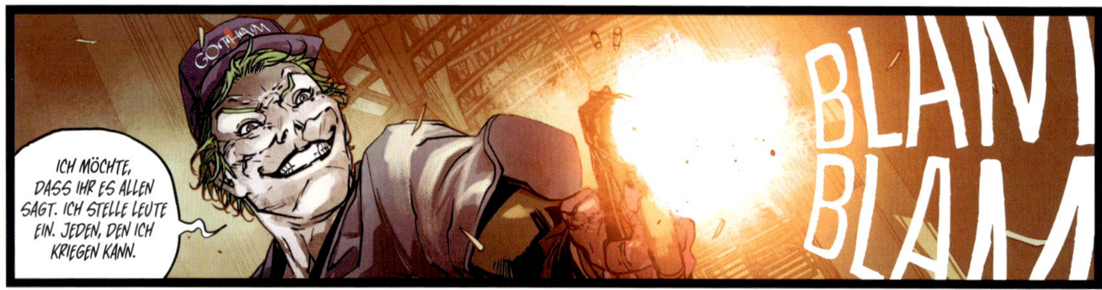
ICH MÖCHTE, DASS IHR ES ALLEN SAGT. ICH STELLE LEUTE EIN. JEDEN, DEN ICH KRIEGEN KANN.
BLAM
BLAM

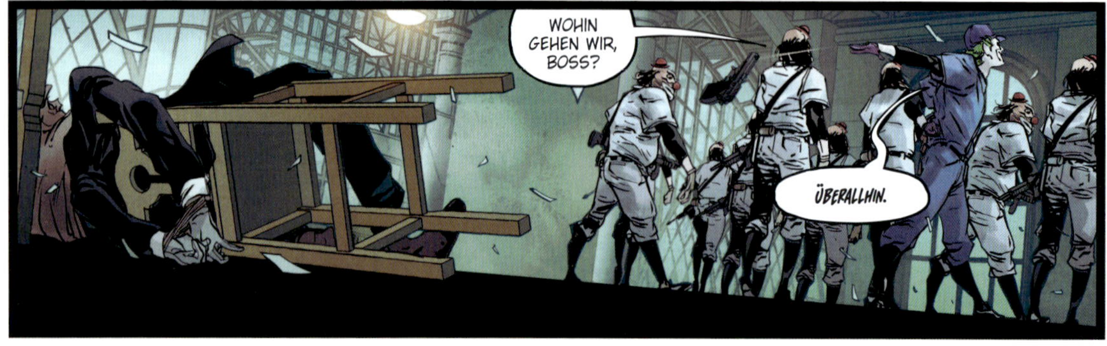
WOHIN GEHEN WIR, BOSS?
ÜBERALLHIN.

GOTHAM CITY JETZT

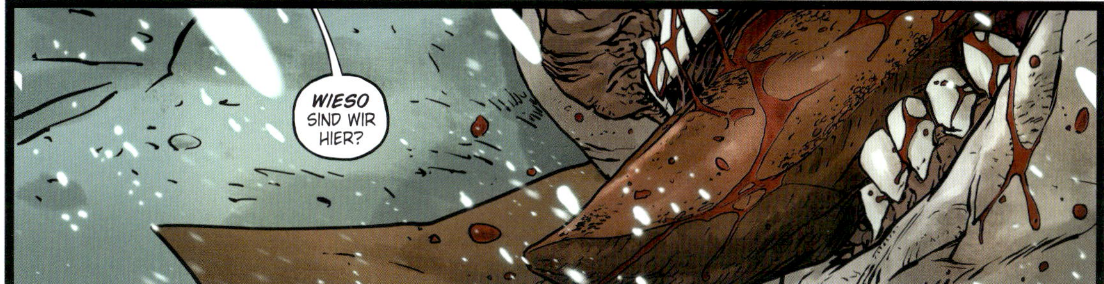

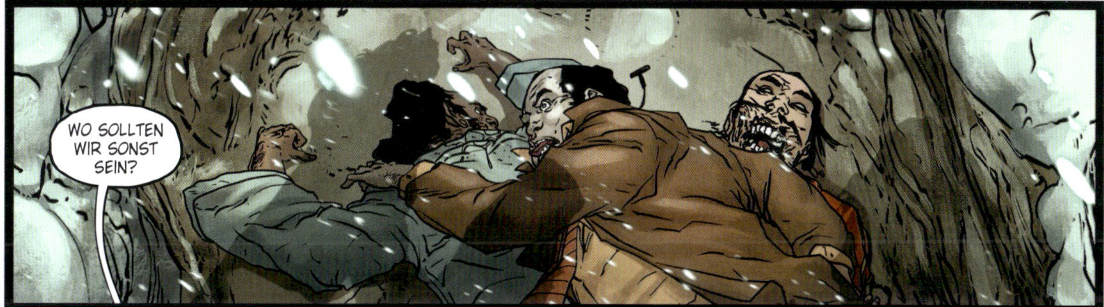

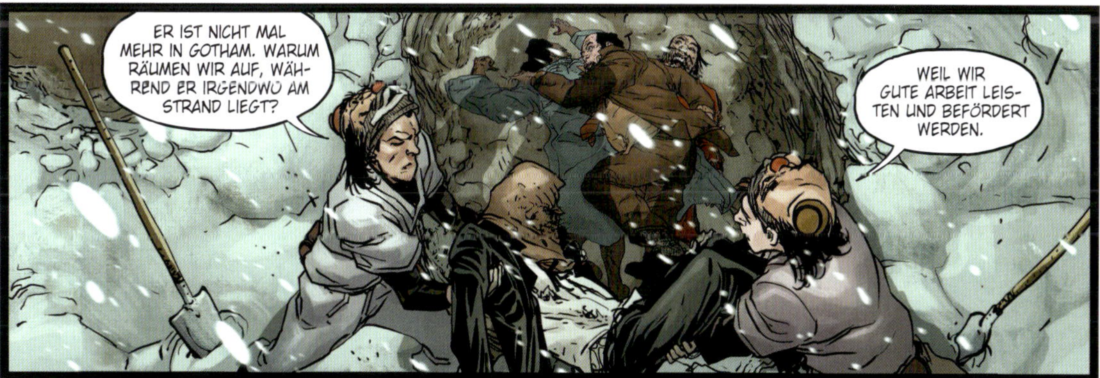

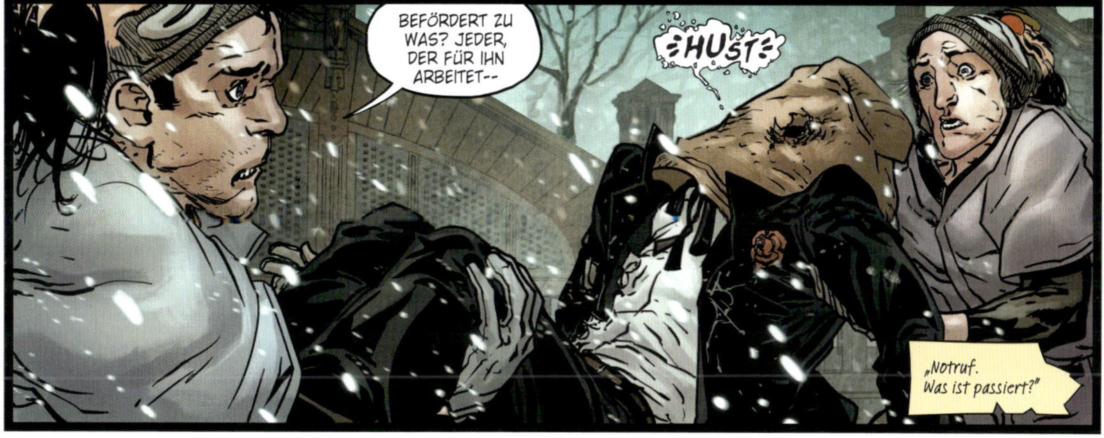

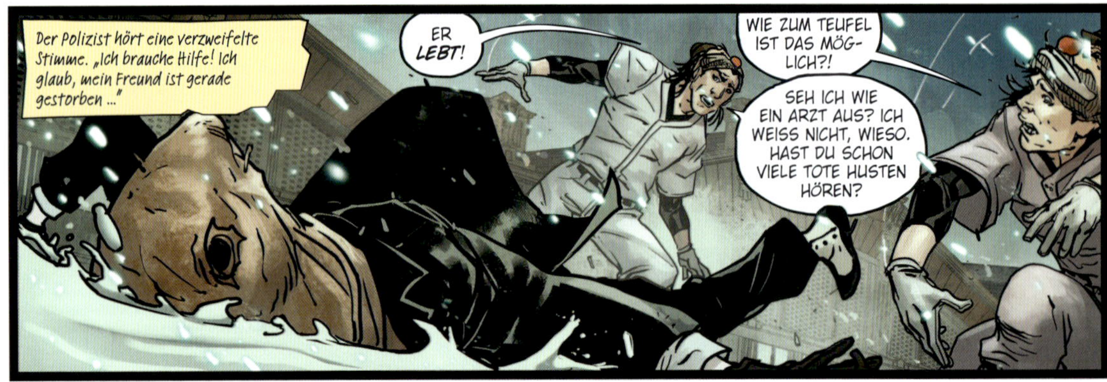
Der Polizist hört eine verzweifelte Stimme. „Ich brauche Hilfe! Ich glaub, mein Freund ist gerade gestorben ..."
ER LEBT!
WIE ZUM TEUFEL IST DAS MÖG-LICH?!
SEH ICH WIE EIN ARZT AUS? ICH WEISS NICHT, WIESO. HAST DU SCHON VIELE TOTE HUSTEN HÖREN?

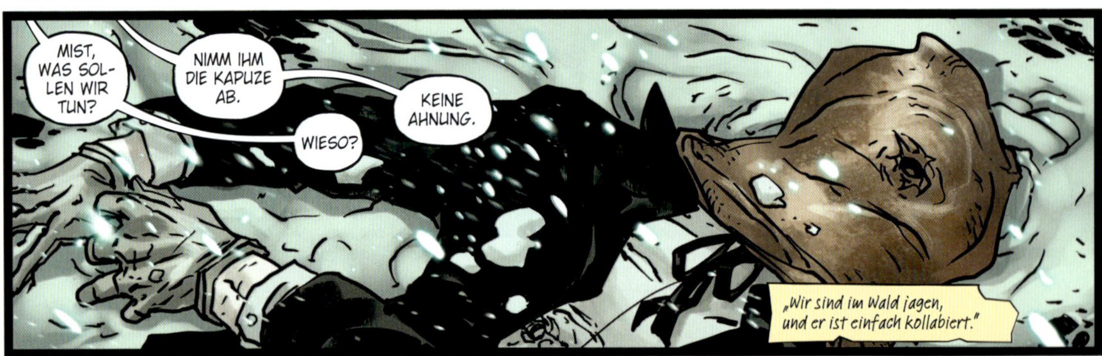
MIST, WAS SOL-LEN WIR TUN?
NIMM IHM DIE KAPUZE AB.
KEINE AHNUNG.
WIESO?
„Wir sind im Wald jagen, und er ist einfach kollabiert."

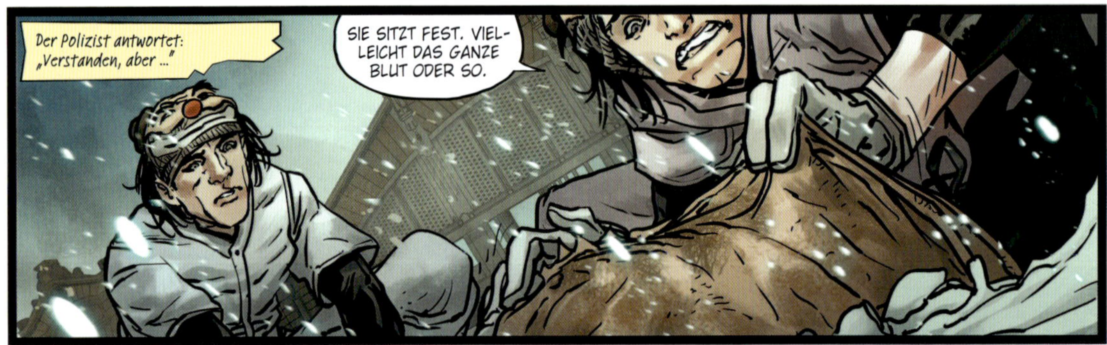
Der Polizist antwortet: „Verstanden, aber ..."
SIE SITZT FEST. VIEL-LEICHT DAS GANZE BLUT ODER SO.

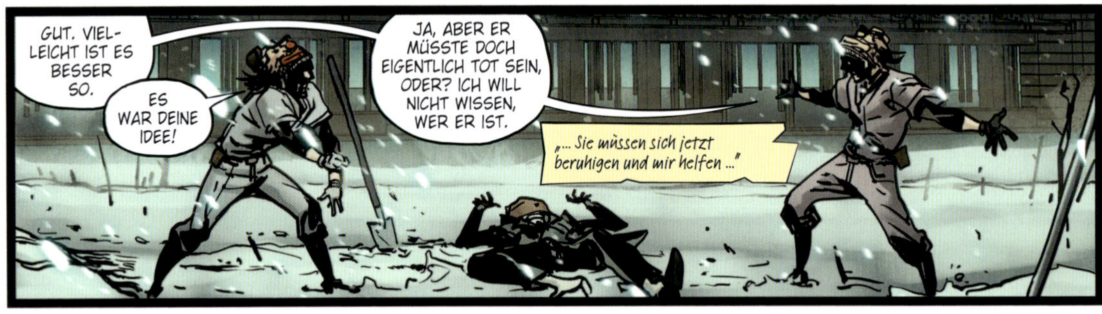
GUT. VIEL-LEICHT IST ES BESSER SO.
JA, ABER ER MÜSSTE DOCH EIGENTLICH TOT SEIN, ODER? ICH WILL NICHT WISSEN, WER ER IST.
ES WAR DEINE IDEE!
„... Sie müssen sich jetzt beruhigen und mir helfen ..."

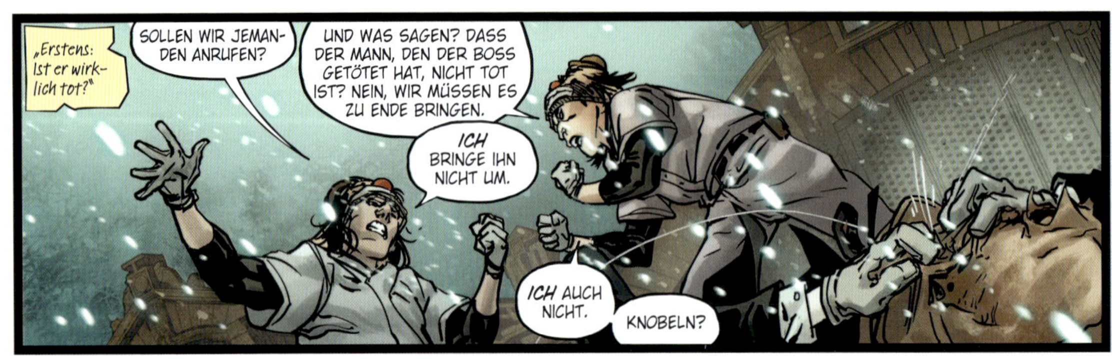
„Erstens: Ist er wirk-lich tot?"
SOLLEN WIR JEMAN-DEN ANRUFEN?
UND WAS SAGEN? DASS DER MANN, DEN DER BOSS GETÖTET HAT, NICHT TOT IST? NEIN, WIR MÜSSEN ES ZU ENDE BRINGEN.
ICH BRINGE IHN NICHT UM.
ICH AUCH NICHT.
KNOBELN?

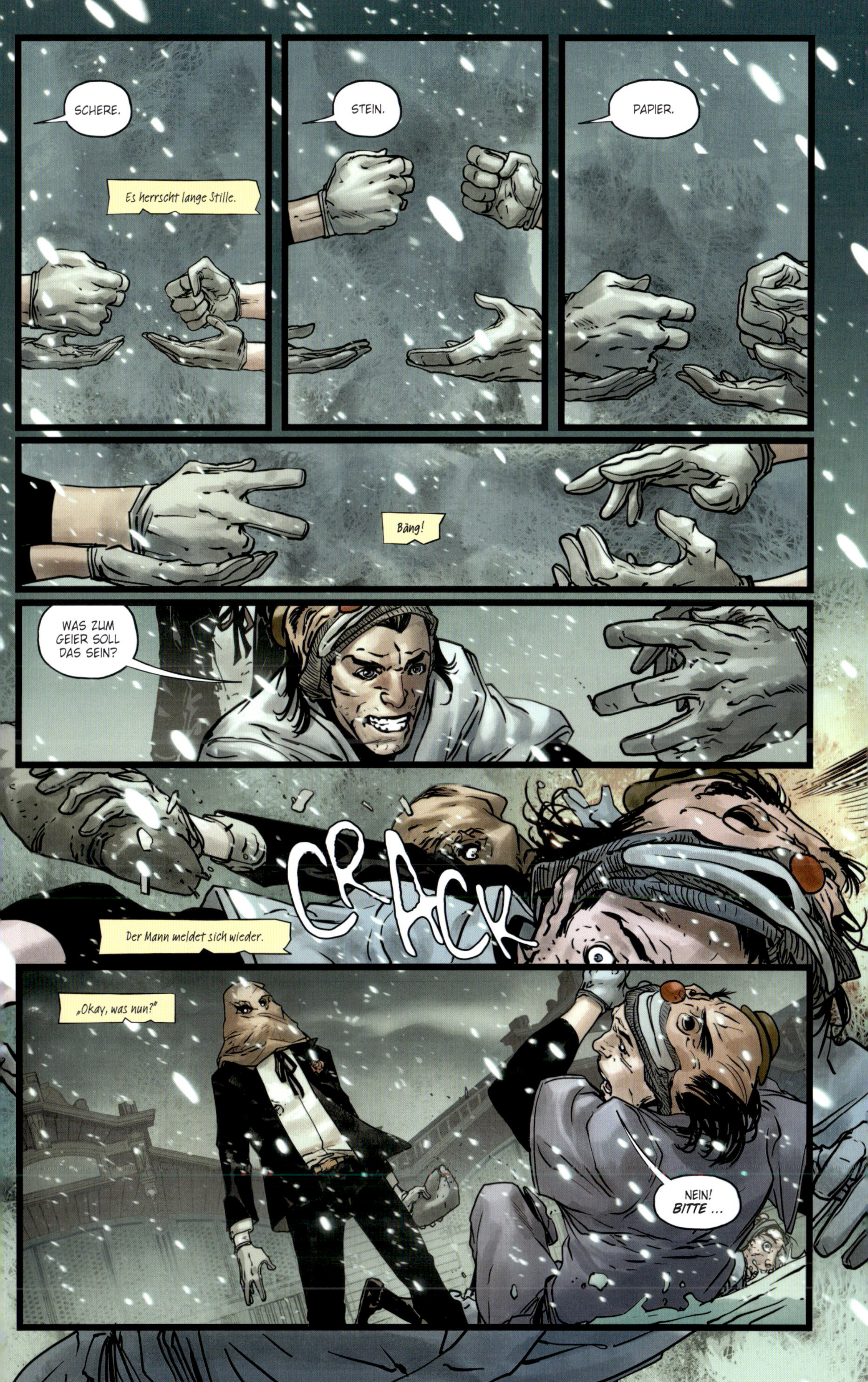
SCHERE.
Es herrscht lange Stille.
STEIN.
PAPIER.
Bäng!
WAS ZUM GEIER SOLL DAS SEIN?
CRACK
Der Mann meldet sich wieder.
„Okay, was nun?"
NEIN! BITTE ...

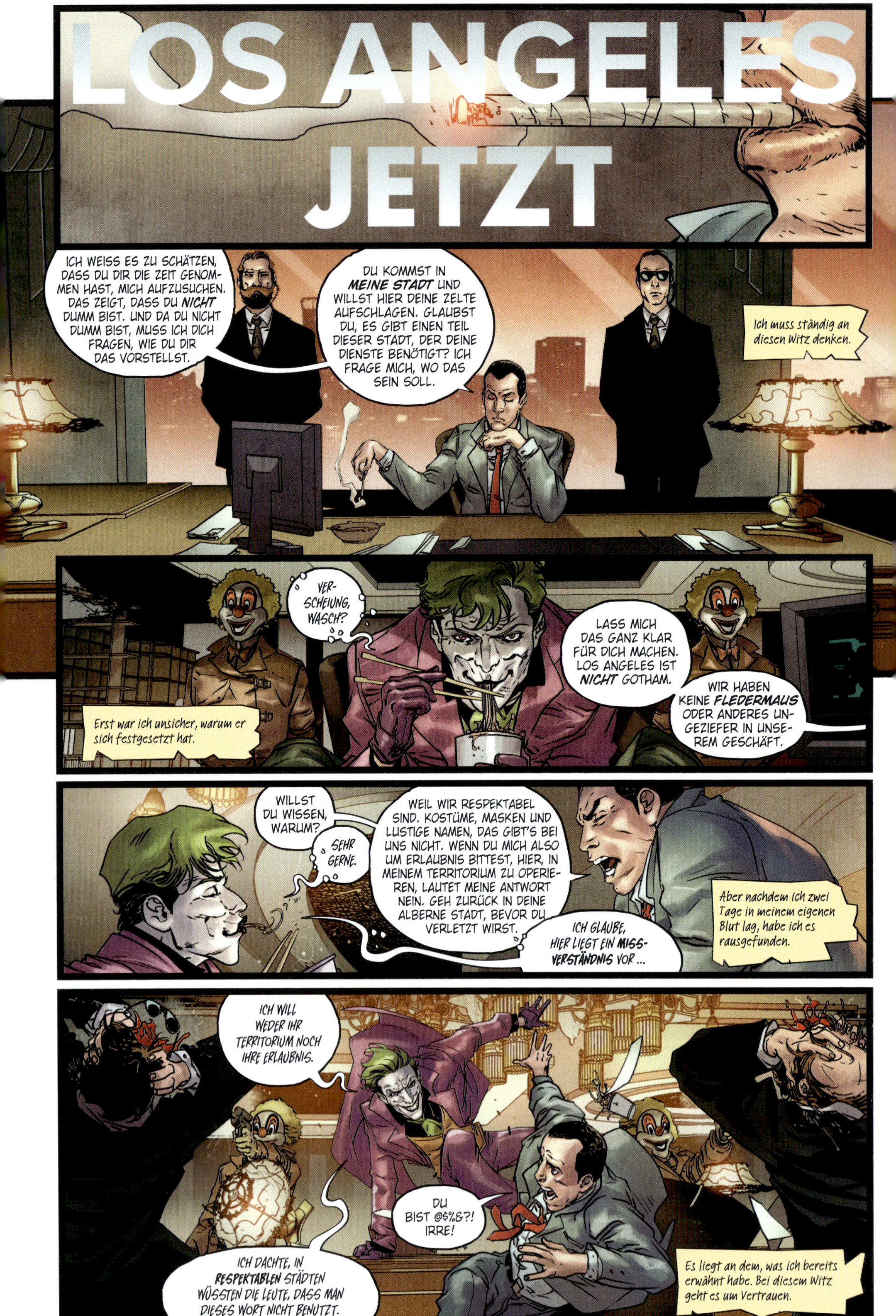

LOS ANGELES JETZT

ICH WEISS ES ZU SCHÄTZEN, DASS DU DIR DIE ZEIT GENOMMEN HAST, MICH AUFZUSUCHEN. DAS ZEIGT, DASS DU *NICHT* DUMM BIST. UND DA DU NICHT DUMM BIST, MUSS ICH DICH FRAGEN, WIE DU DIR DAS VORSTELLST.

DU KOMMST IN ***MEINE STADT*** UND WILLST HIER DEINE ZELTE AUFSCHLAGEN. GLAUBST DU, ES GIBT EINEN TEIL DIESER STADT, DER DEINE DIENSTE BENÖTIGT? ICH FRAGE MICH, WO DAS SEIN SOLL.

Ich muss ständig an diesen Witz denken.

VER-SCHEIUNG, WASCH?

LASS MICH DAS GANZ KLAR FÜR DICH MACHEN. LOS ANGELES IST ***NICHT*** GOTHAM.

Erst war ich unsicher, warum er sich festgesetzt hat.

WIR HABEN KEINE ***FLEDERMAUS*** ODER ANDERES UNGEZIEFER IN UNSEREM GESCHÄFT.

WILLST DU WISSEN, WARUM?

SEHR GERNE.

WEIL WIR RESPEKTABEL SIND. KOSTÜME, MASKEN UND LUSTIGE NAMEN, DAS GIBT'S BEI UNS NICHT. WENN DU MICH ALSO UM ERLAUBNIS BITTEST, HIER, IN MEINEM TERRITORIUM ZU OPERIEREN, LAUTET MEINE ANTWORT NEIN. GEH ZURÜCK IN DEINE ALBERNE STADT, BEVOR DU VERLETZT WIRST.

Aber nachdem ich zwei Tage in meinem eigenen Blut lag, habe ich es rausgefunden.

ICH GLAUBE, HIER LIEGT EIN **MISSVERSTÄNDNIS** VOR ...

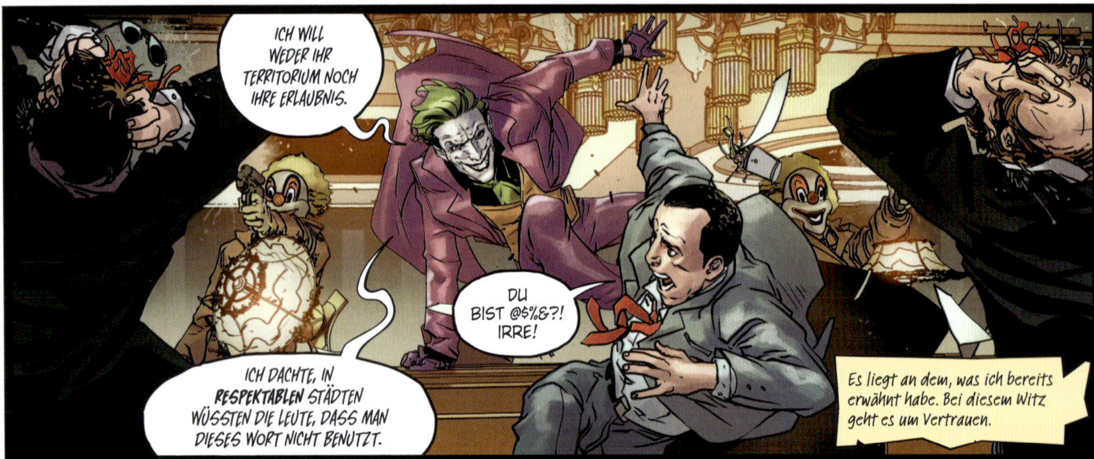

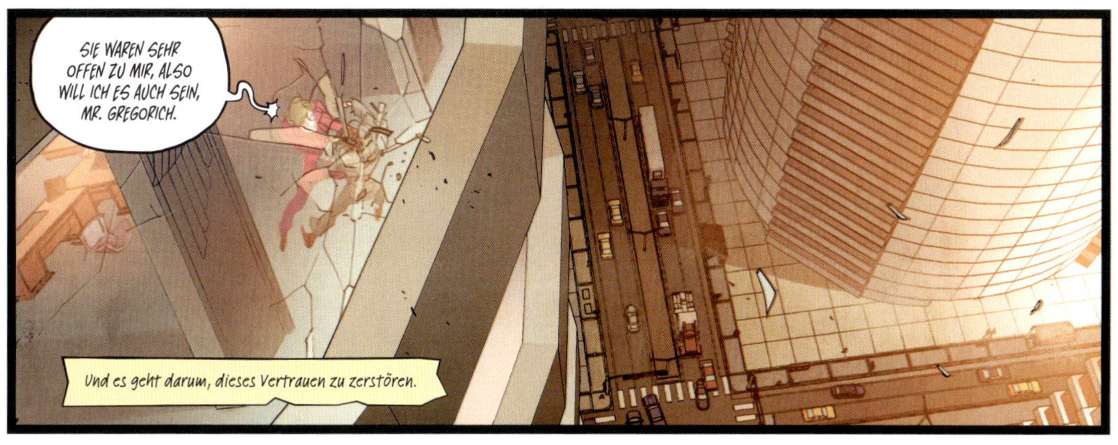
SIE WAREN SEHR OFFEN ZU MIR, ALSO WILL ICH ES AUCH SEIN, MR. GREGORICH.
Und es geht darum, dieses Vertrauen zu zerstören.

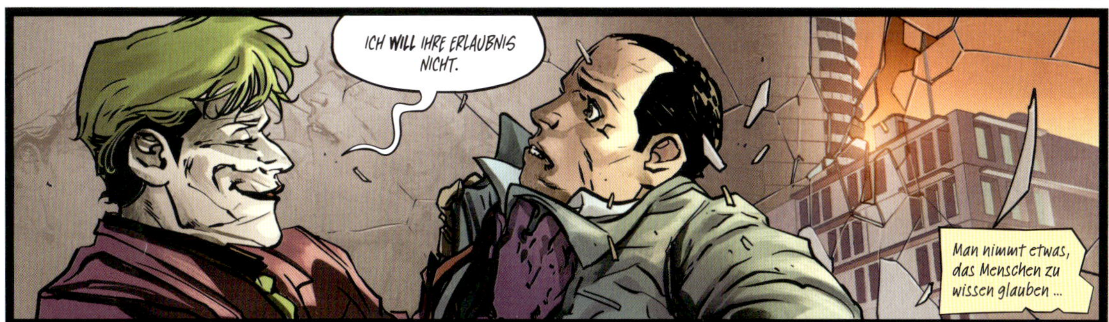
ICH WILL IHRE ERLAUBNIS NICHT.
Man nimmt etwas, das Menschen zu wissen glauben ...

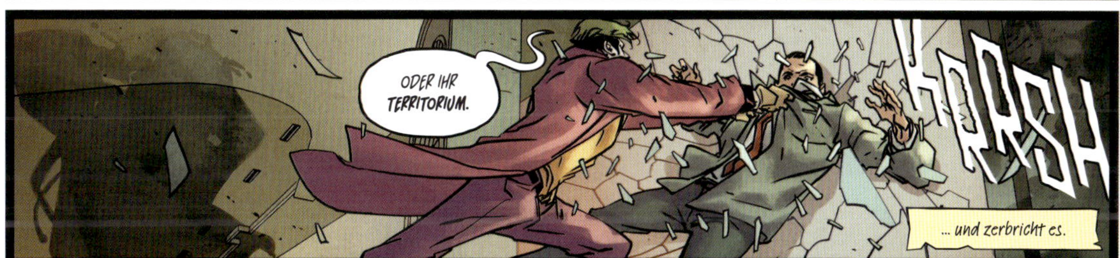
ODER IHR TERRITORIUM.
KRRSH
... und zerbricht es.

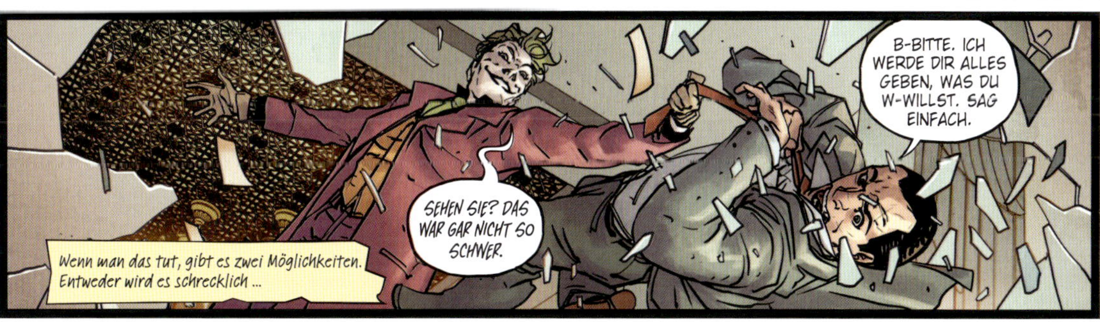
B-BITTE. ICH WERDE DIR ALLES GEBEN, WAS DU W-WILLST. SAG EINFACH.
SEHEN SIE? DAS WAR GAR NICHT SO SCHWER.
Wenn man das tut, gibt es zwei Möglichkeiten. Entweder wird es schrecklich ...

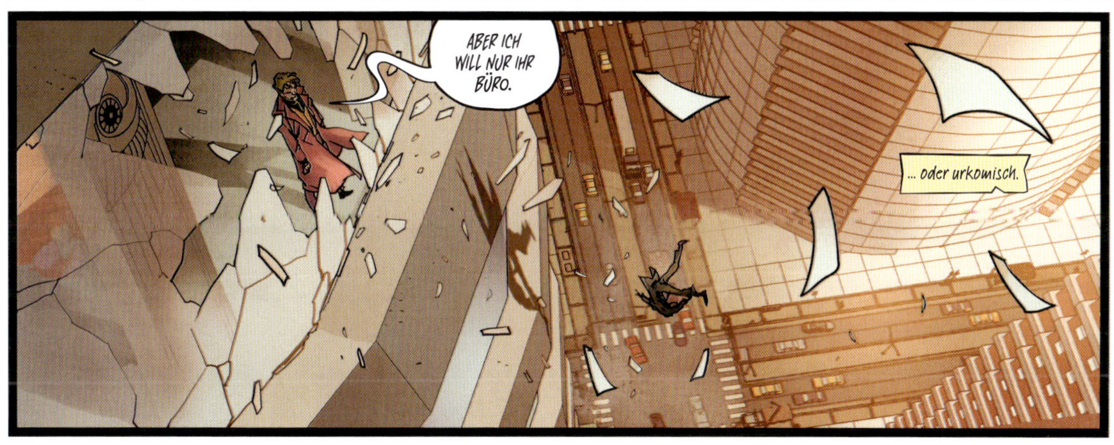
ABER ICH WILL NUR IHR BÜRO.
... oder urkomisch.

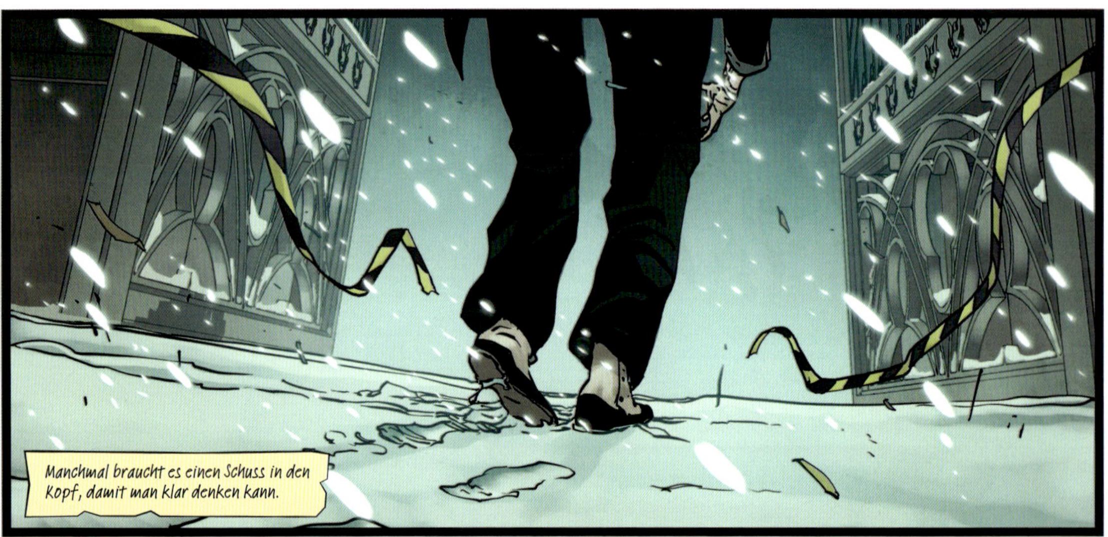
Manchmal braucht es einen Schuss in den Kopf, damit man klar denken kann.

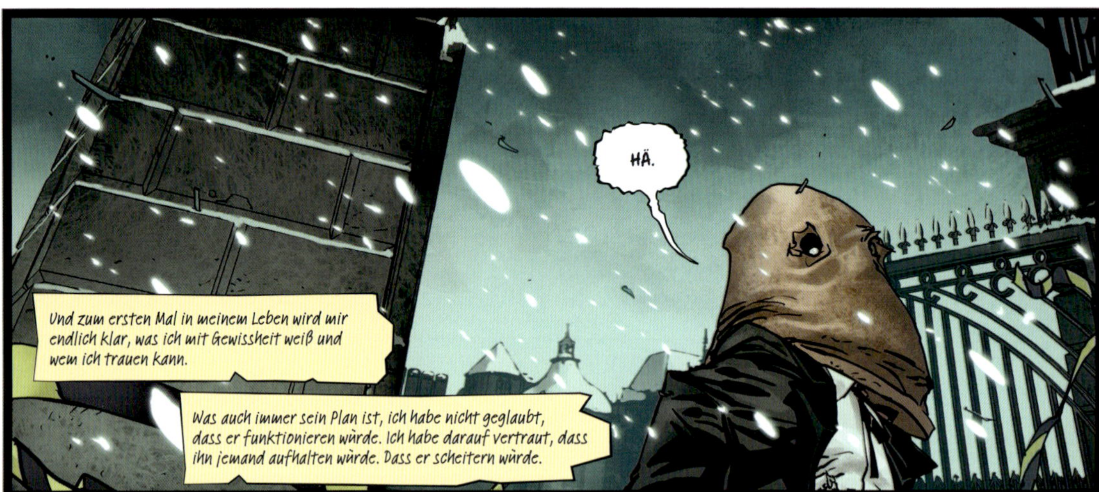
HÄ.
Und zum ersten Mal in meinem Leben wird mir endlich klar, was ich mit Gewissheit weiß und wem ich trauen kann.
Was auch immer sein Plan ist, ich habe nicht geglaubt, dass er funktionieren würde. Ich habe darauf vertraut, dass ihn jemand aufhalten würde. Dass er scheitern würde.

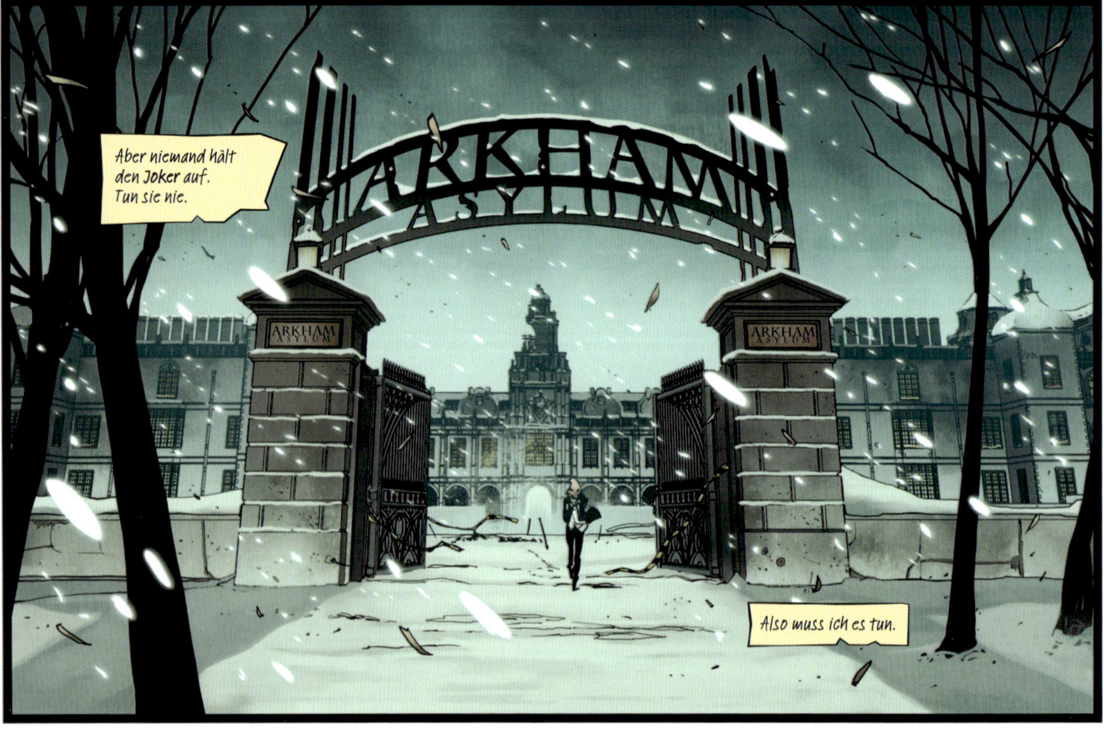
Aber niemand hält den Joker auf. Tun sie nie.
ARKHAM ASYLUM
Also muss ich es tun.

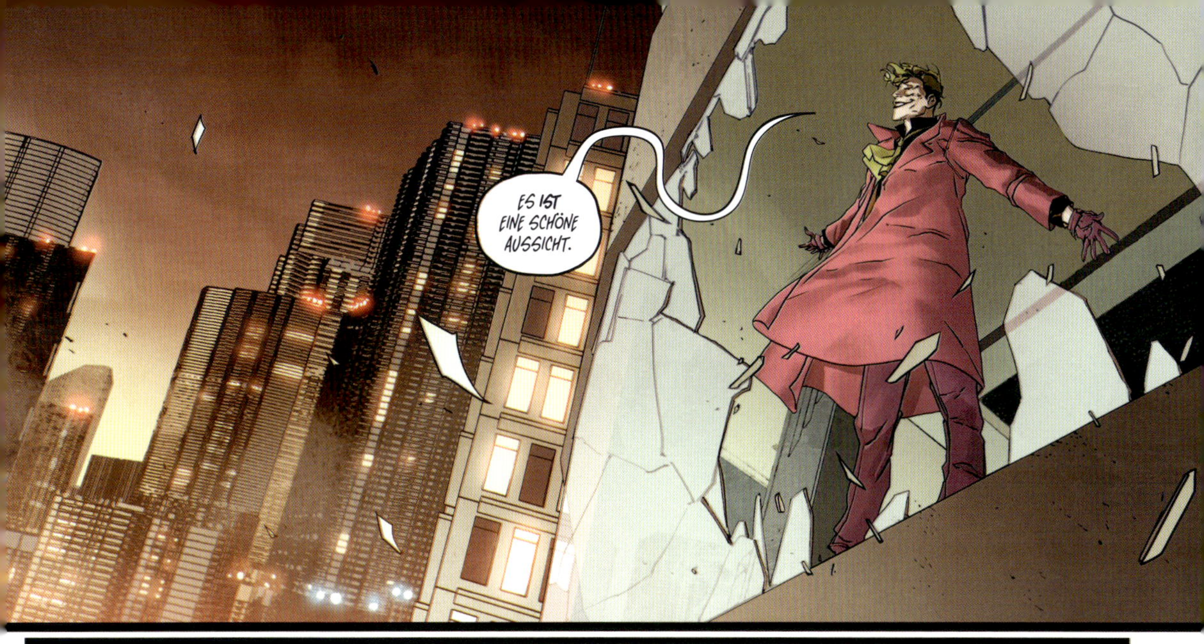
ES IST EINE SCHÖNE AUSSICHT.

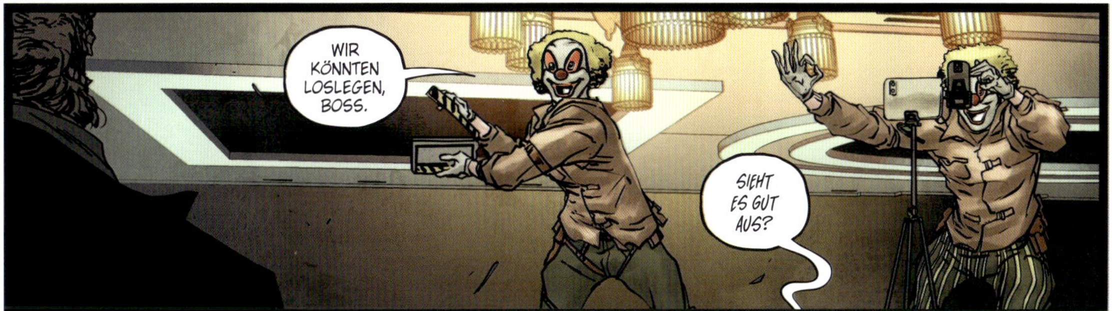
WIR KÖNNTEN LOSLEGEN, BOSS.
SIEHT ES GUT AUS?

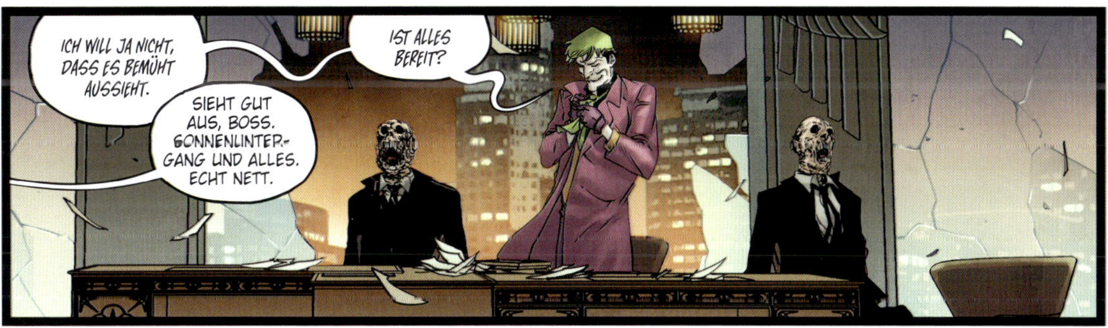
ICH WILL JA NICHT, DASS ES BEMÜHT AUSSIEHT.
IST ALLES BEREIT?
SIEHT GUT AUS, BOSS. SONNENUNTER-GANG UND ALLES. ECHT NETT.

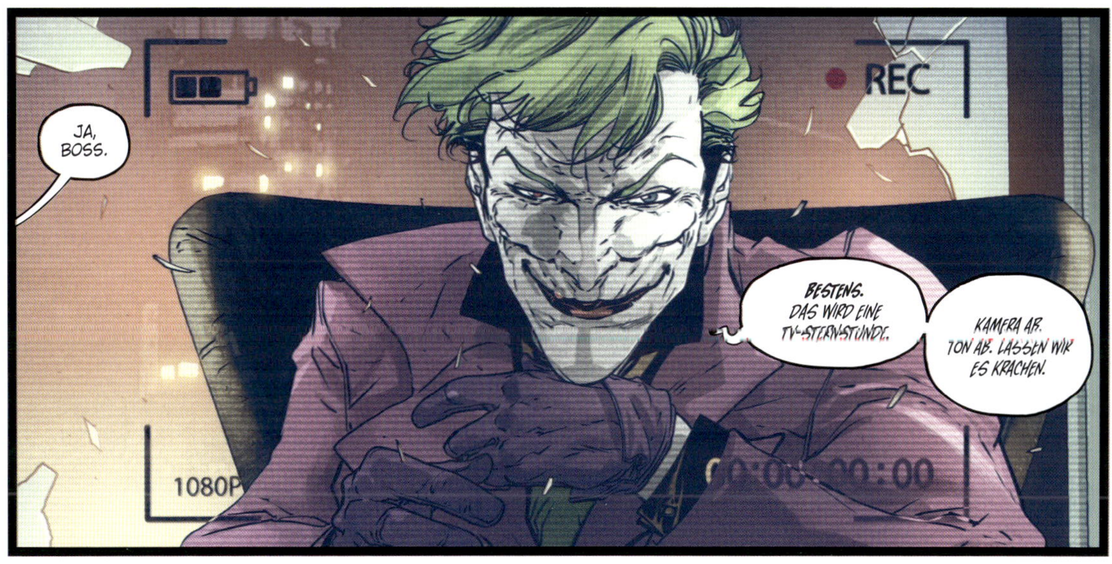
REC
JA, BOSS.
BESTENS. DAS WIRD EINE TV-STERNSTUNDE.
KAMERA AB. TON AB. LASSEN WIR ES KRACHEN.
1080P

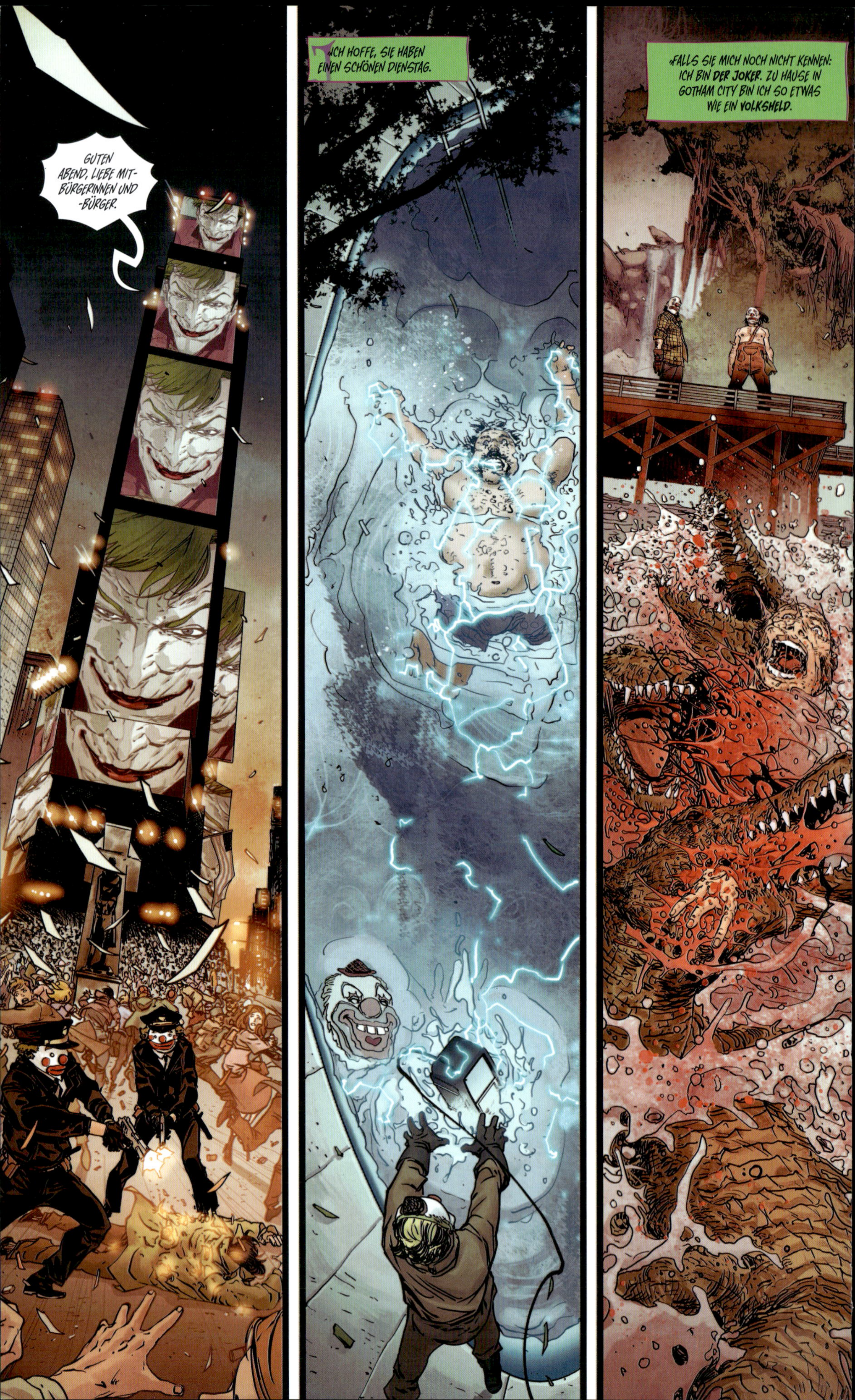

GUTEN ABEND, LIEBE MIT-
BÜRGERINNEN UND
-BÜRGER.

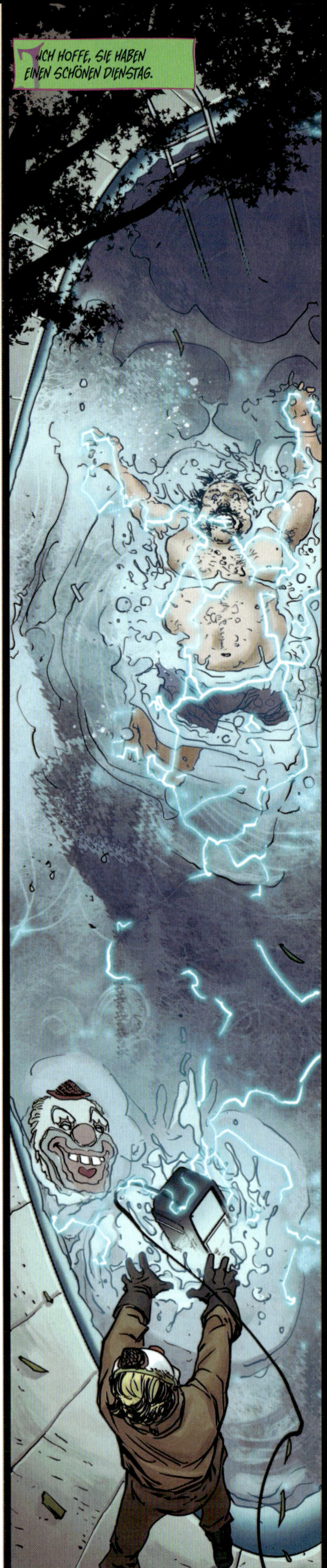
ICH HOFFE, SIE HABEN EINEN SCHÖNEN DIENSTAG.

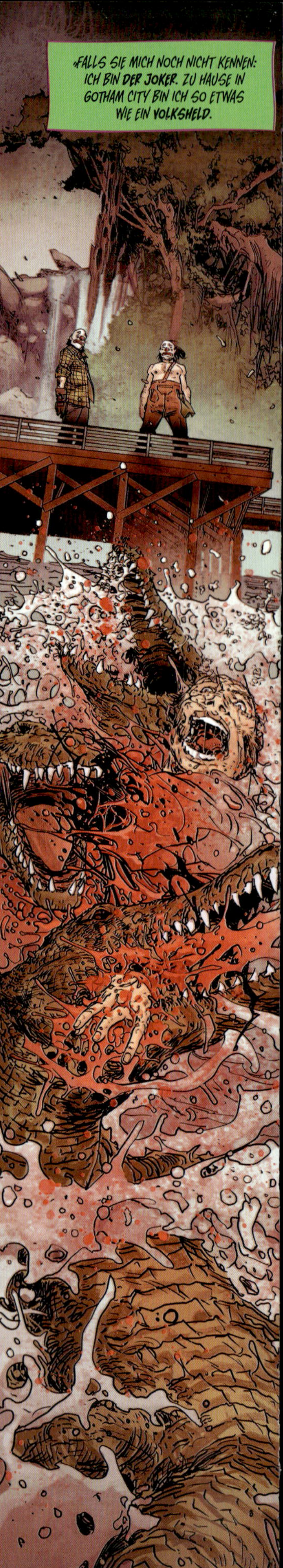
FALLS SIE MICH NOCH NICHT KENNEN: ICH BIN **DER JOKER**. ZU HAUSE IN GOTHAM CITY BIN ICH SO ETWAS WIE EIN **VOLKSHELD**.

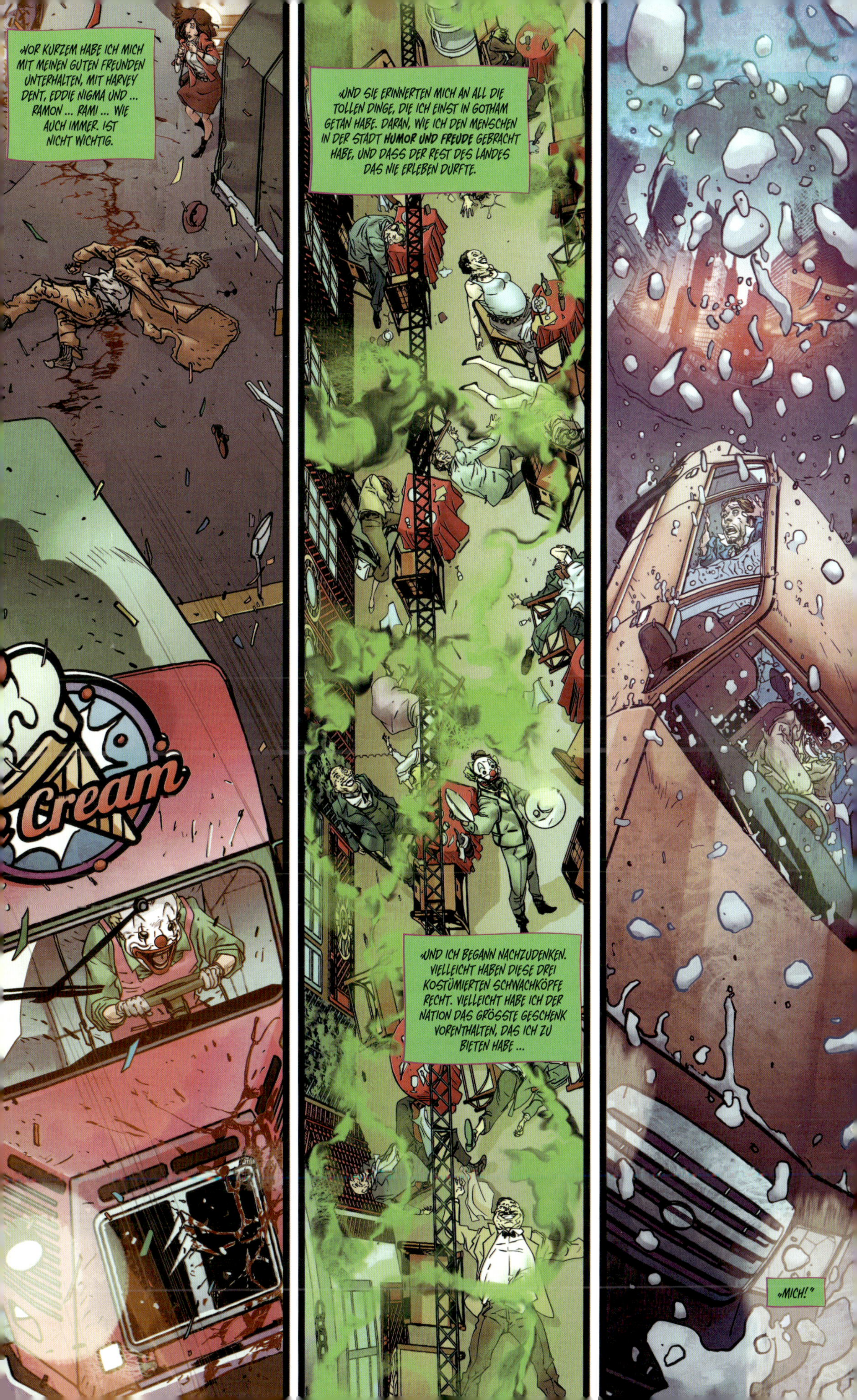

»VOR KURZEM HABE ICH MICH MIT MEINEN GUTEN FREUNDEN UNTERHALTEN, MIT HARVEY DENT, EDDIE NIGMA UND ... RAMON ... RAMI ... WIE AUCH IMMER. IST NICHT WICHTIG.

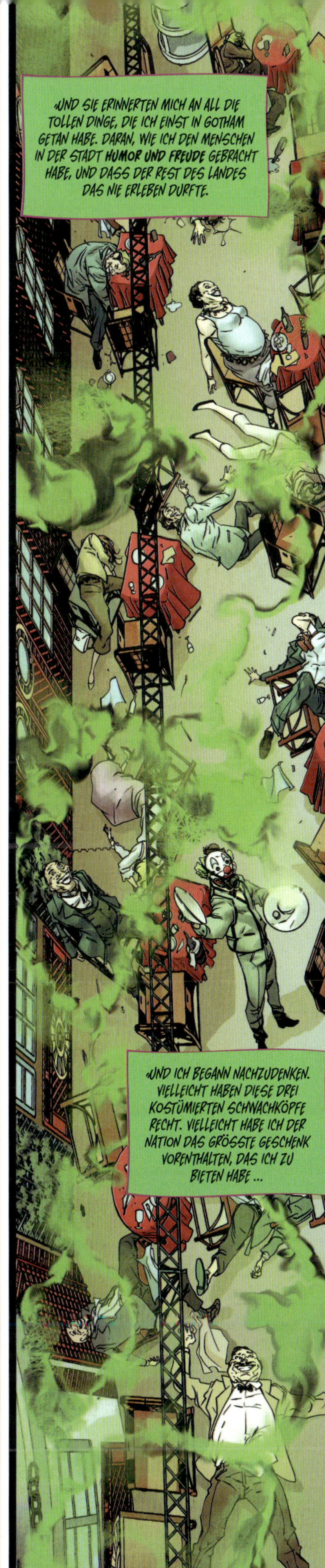

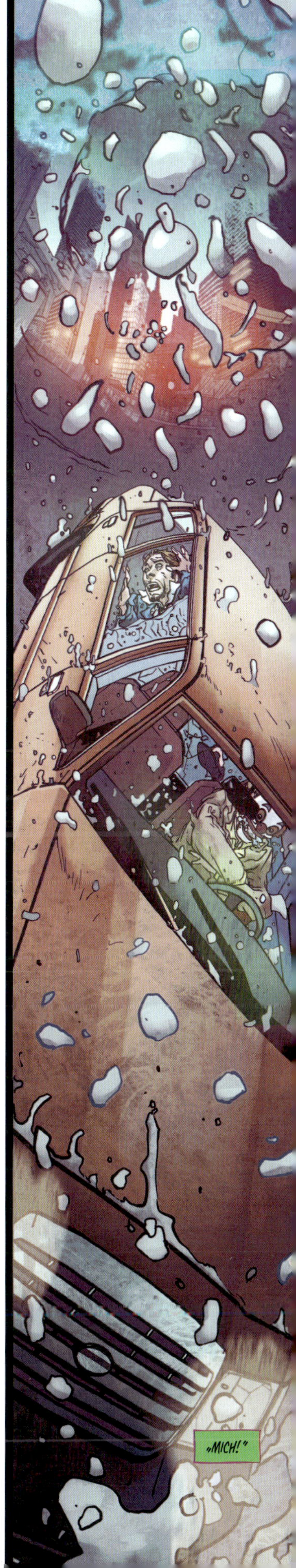

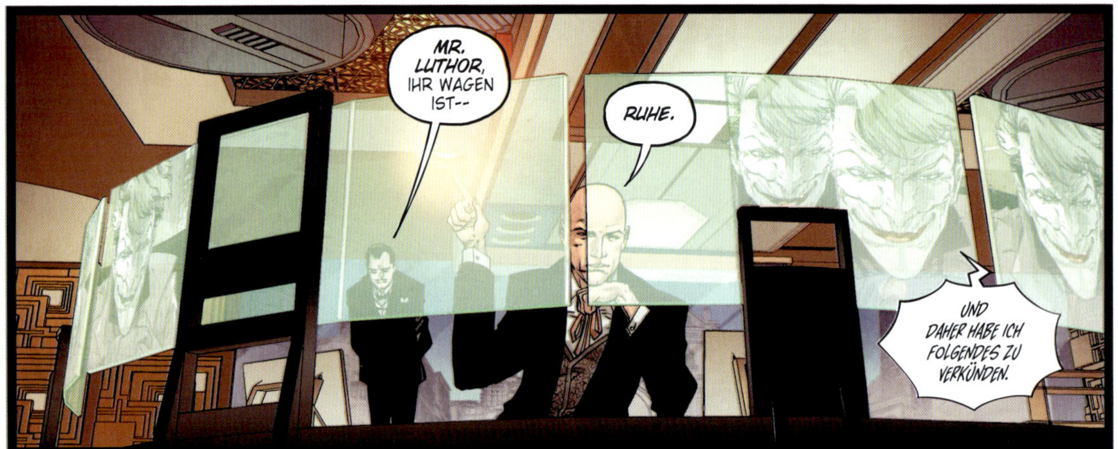
MR. LUTHOR, IHR WAGEN IST--
RUHE.
UND DAHER HABE ICH FOLGENDES ZU VERKÜNDEN.

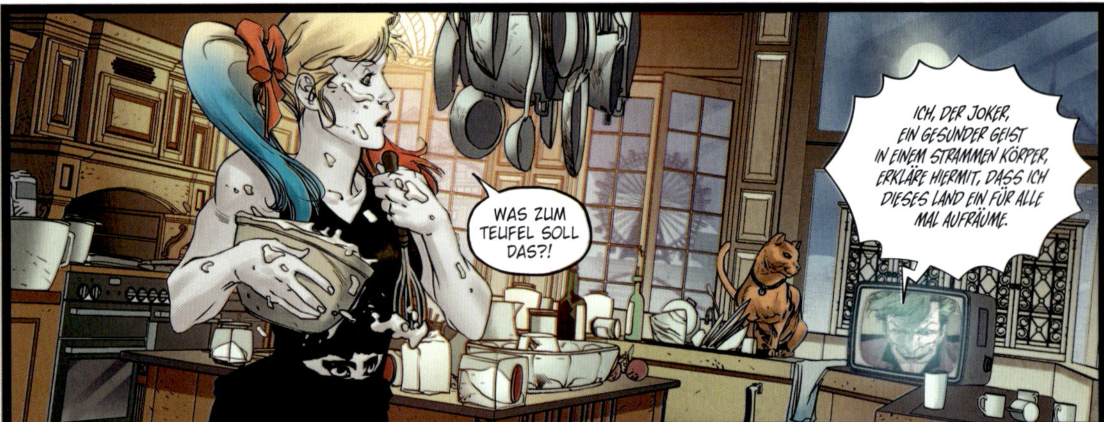
ICH, DER JOKER, EIN GESUNDER GEIST IN EINEM STRAMMEN KÖRPER, ERKLÄRE HIERMIT, DASS ICH DIESES LAND EIN FÜR ALLE MAL AUFRÄUME.
WAS ZUM TEUFEL SOLL DAS?!

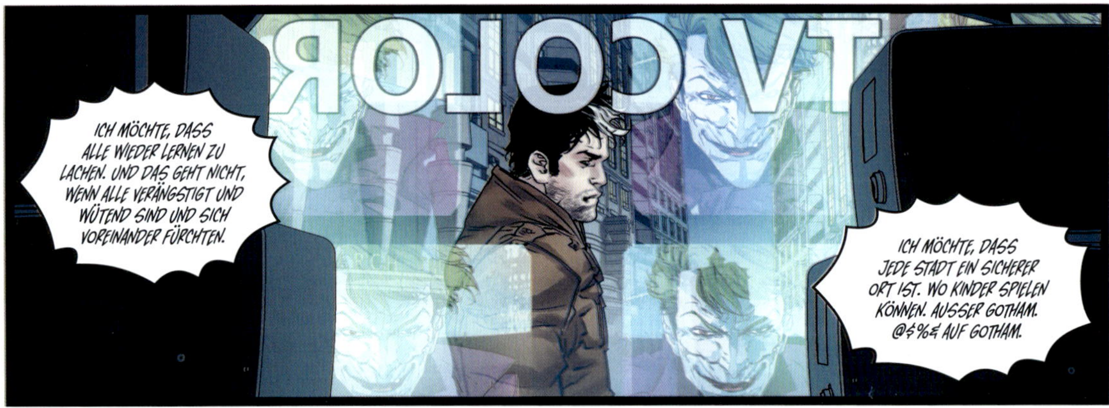
ICH MÖCHTE, DASS ALLE WIEDER LERNEN ZU LACHEN. UND DAS GEHT NICHT, WENN ALLE VERÄNGSTIGT UND WÜTEND SIND UND SICH VOREINANDER FÜRCHTEN.
ICH MÖCHTE, DASS JEDE STADT EIN SICHERER ORT IST. WO KINDER SPIELEN KÖNNEN. AUSSER GOTHAM. @$%& AUF GOTHAM.

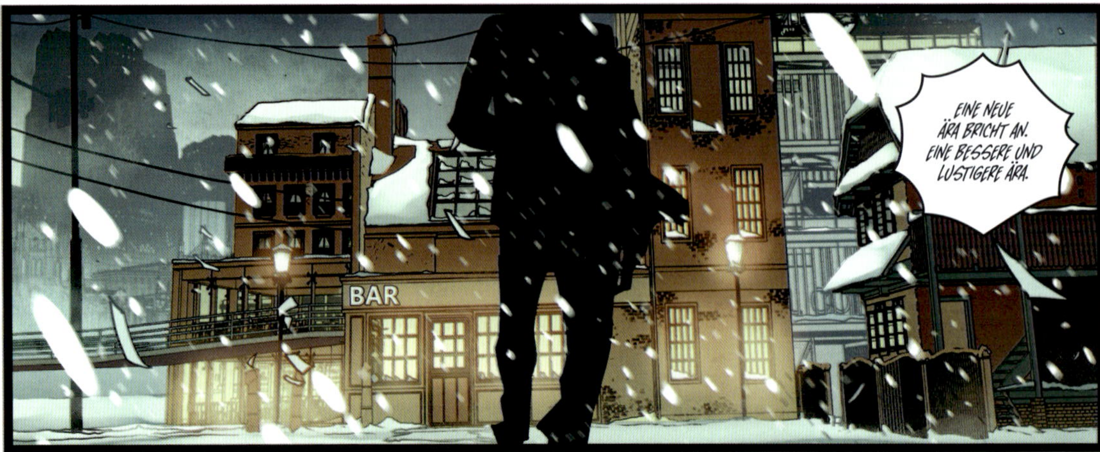
EINE NEUE ÄRA BRICHT AN. EINE BESSERE UND LUSTIGERE ÄRA.
BAR

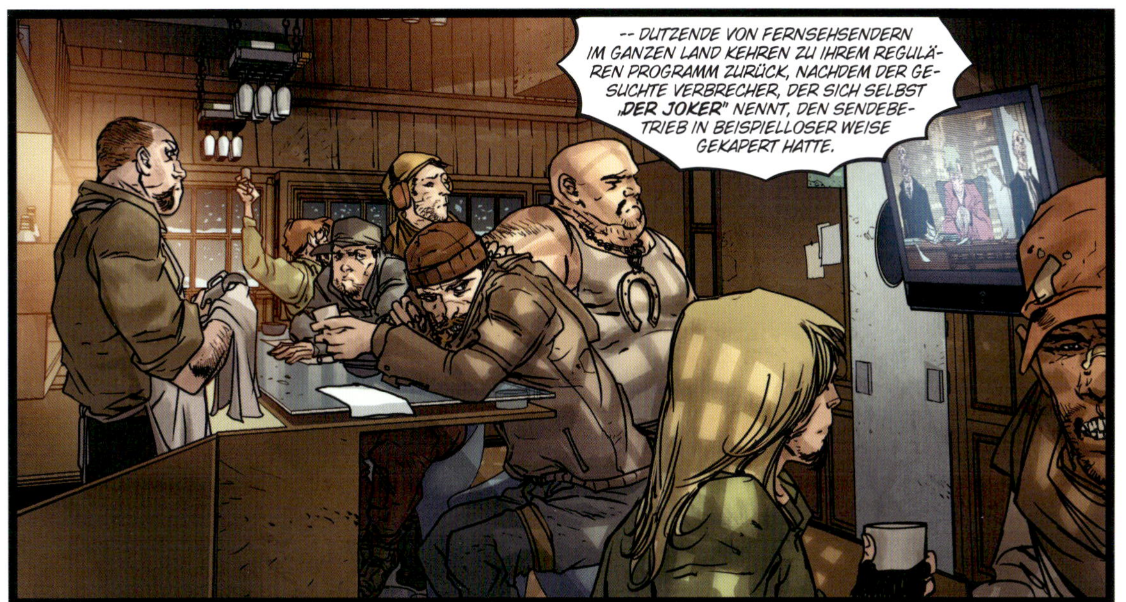
-- DUTZENDE VON FERNSEHSENDERN IM GANZEN LAND KEHREN ZU IHREM REGULÄREN PROGRAMM ZURÜCK, NACHDEM DER GESUCHTE VERBRECHER, DER SICH SELBST „DER JOKER" NENNT, DEN SENDEBETRIEB IN BEISPIELLOSER WEISE GEKAPERT HATTE.

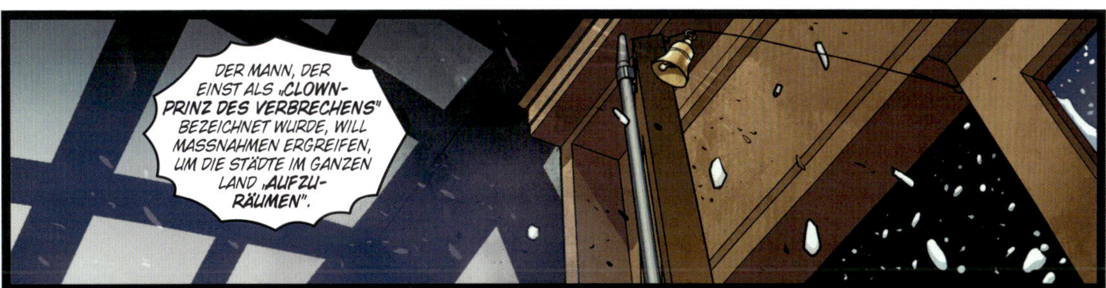
DER MANN, DER EINST ALS „CLOWNPRINZ DES VERBRECHENS" BEZEICHNET WURDE, WILL MASSNAHMEN ERGREIFEN, UM DIE STÄDTE IM GANZEN LAND „AUFZURÄUMEN".

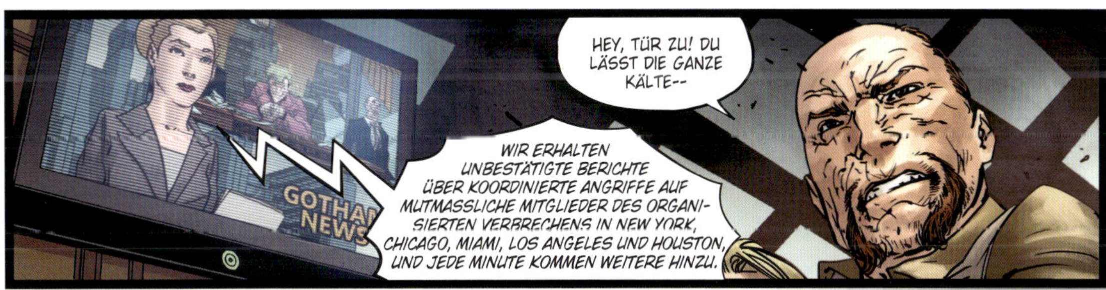
HEY, TÜR ZU! DU LÄSST DIE GANZE KÄLTE--
WIR ERHALTEN UNBESTÄTIGTE BERICHTE ÜBER KOORDINIERTE ANGRIFFE AUF MUTMASSLICHE MITGLIEDER DES ORGANISIERTEN VERBRECHENS IN NEW YORK, CHICAGO, MIAMI, LOS ANGELES UND HOUSTON, UND JEDE MINUTE KOMMEN WEITERE HINZU.

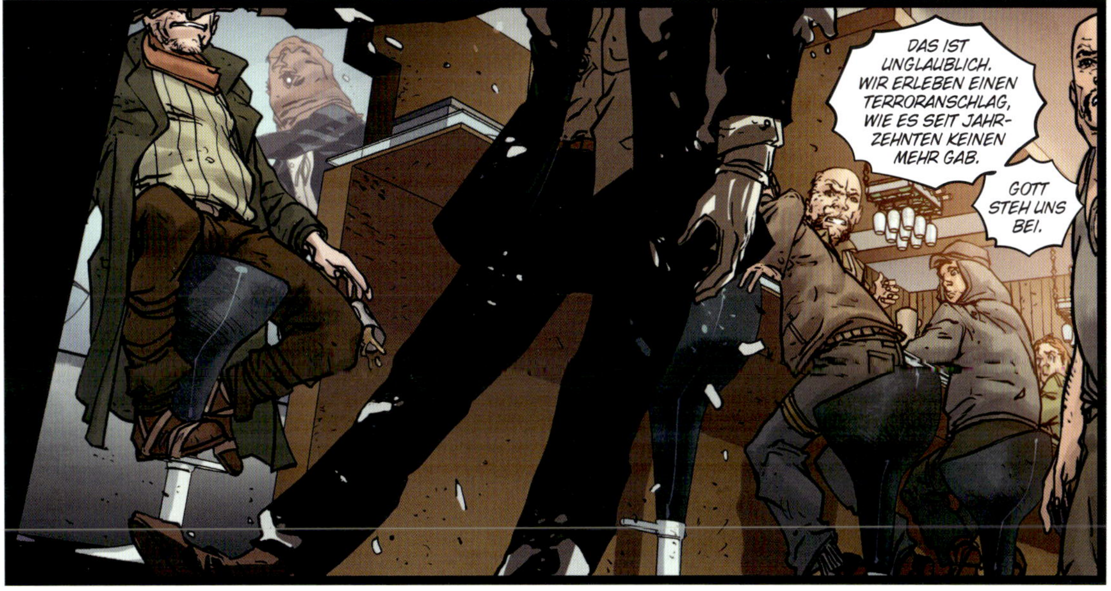
DAS IST UNGLAUBLICH. WIR ERLEBEN EINEN TERRORANSCHLAG, WIE ES SEIT JAHRZEHNTEN KEINEN MEHR GAB.
GOTT STEH UNS BEI.

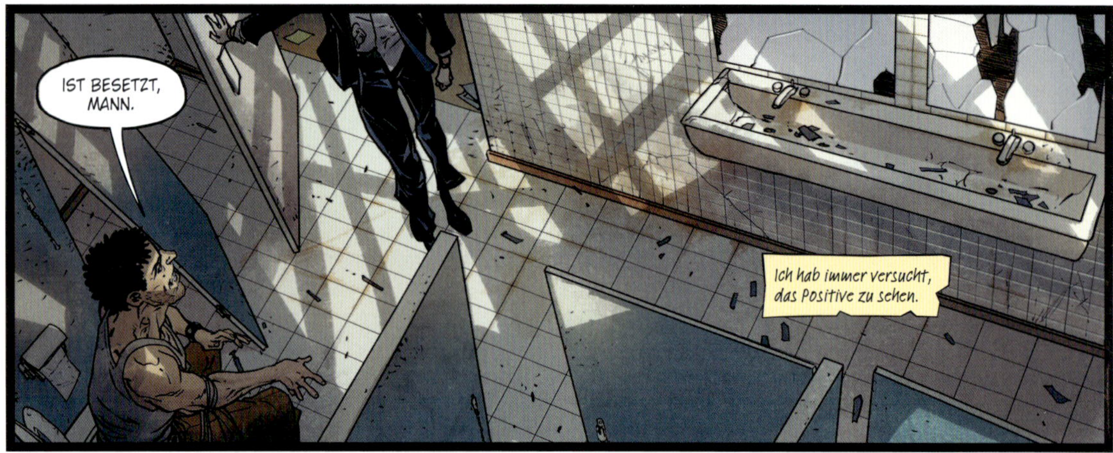
IST BESETZT, MANN.
Ich hab immer versucht, das Positive zu sehen.

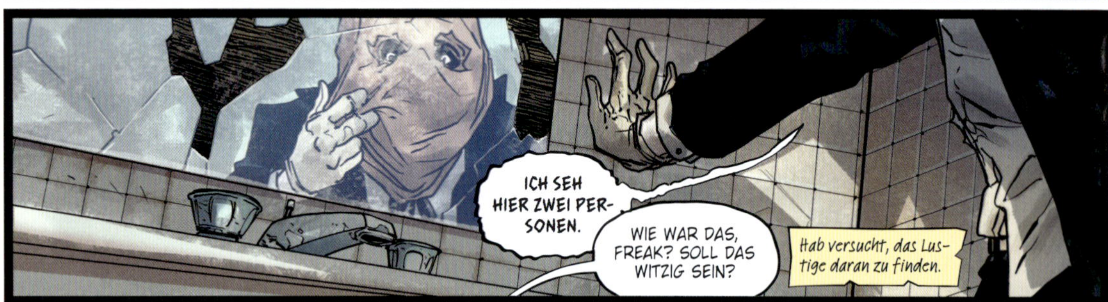
ICH SEH HIER ZWEI PERSONEN.
WIE WAR DAS, FREAK? SOLL DAS WITZIG SEIN?
Hab versucht, das Lustige daran zu finden.

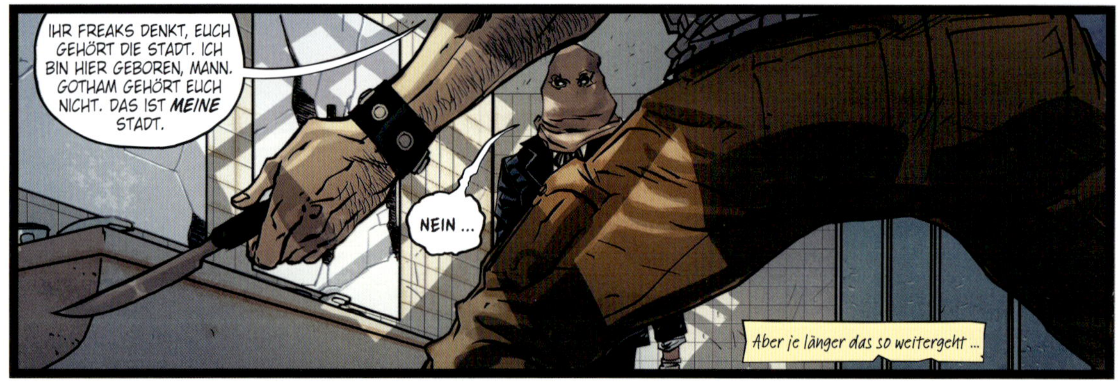
IHR FREAKS DENKT, EUCH GEHÖRT DIE STADT. ICH BIN HIER GEBOREN, MANN. GOTHAM GEHÖRT EUCH NICHT. DAS IST MEINE STADT.
NEIN ...
Aber je länger das so weitergeht ...

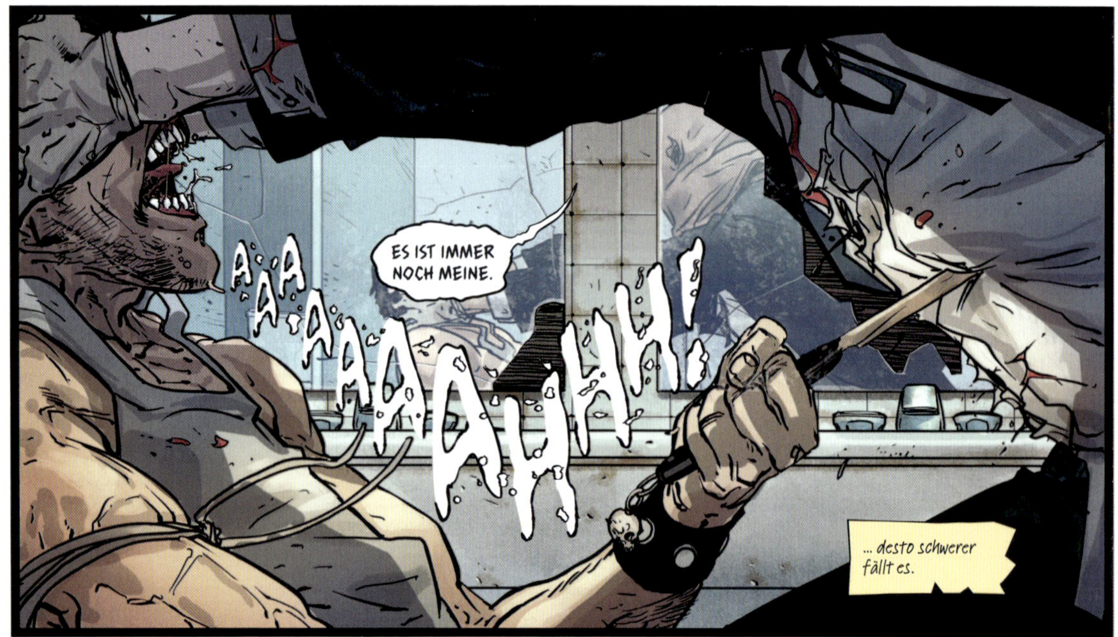
ES IST IMMER NOCH MEINE.
AAAAAAAHH!
... desto schwerer fällt es.

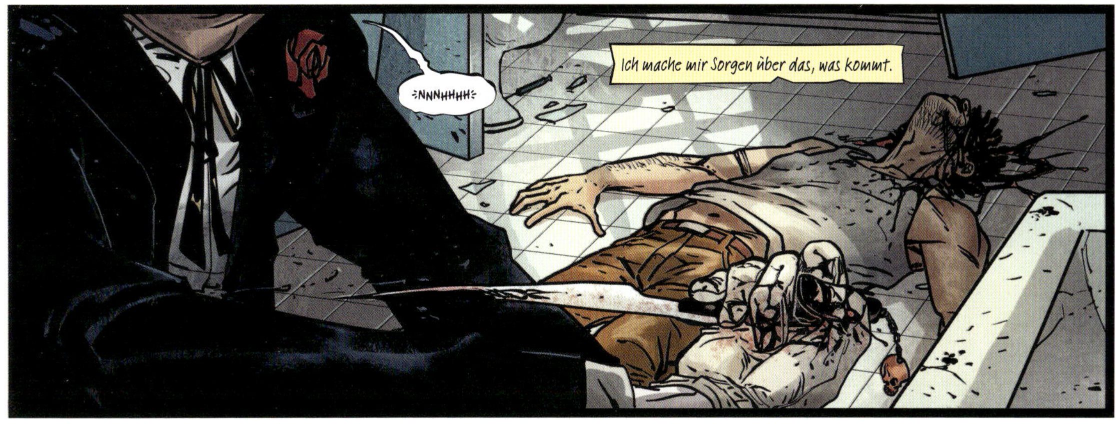
Ich mache mir Sorgen über das, was kommt.
NNNHHHH

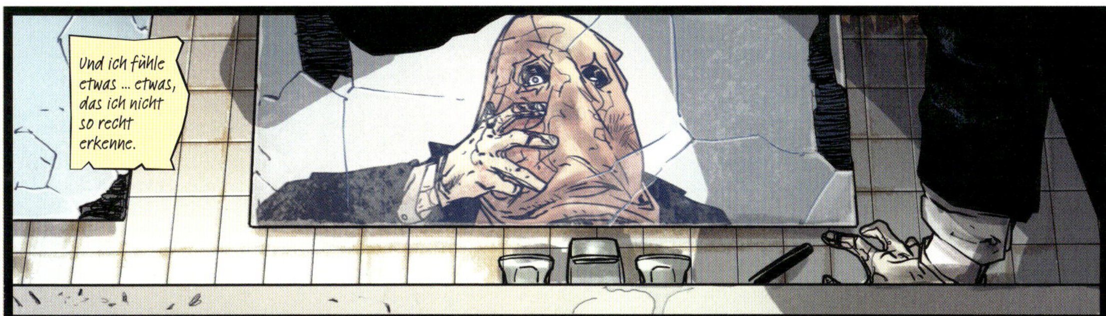
Und ich fühle etwas ... etwas, das ich nicht so recht erkenne.

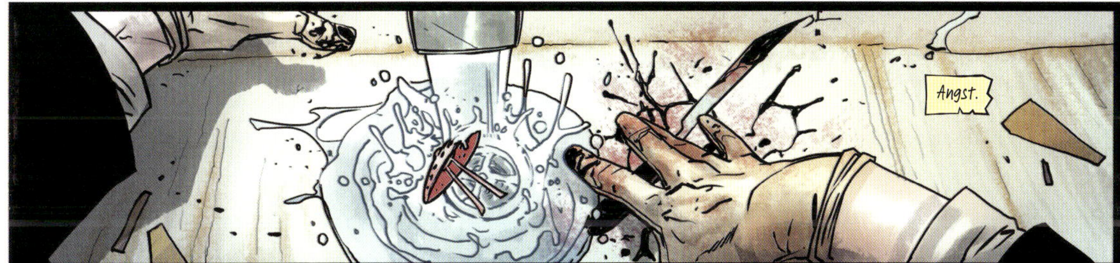
Angst.

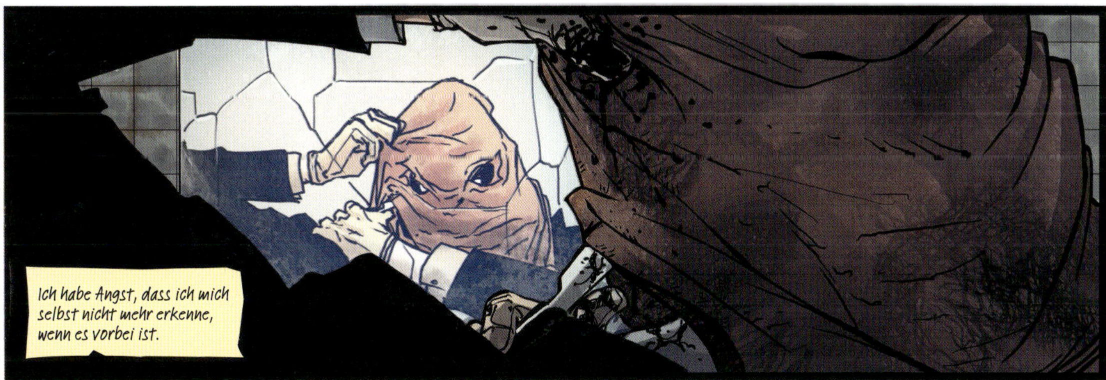
Ich habe Angst, dass ich mich selbst nicht mehr erkenne, wenn es vorbei ist.

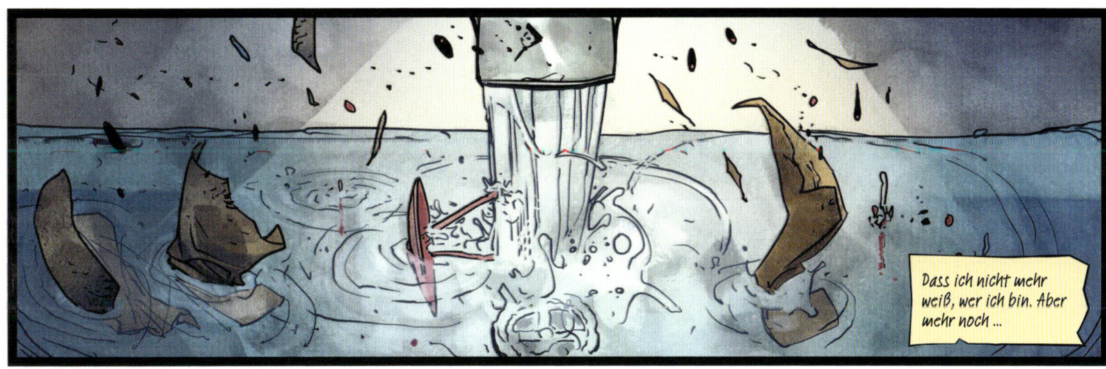
Dass ich nicht mehr weiß, wer ich bin. Aber mehr noch ...

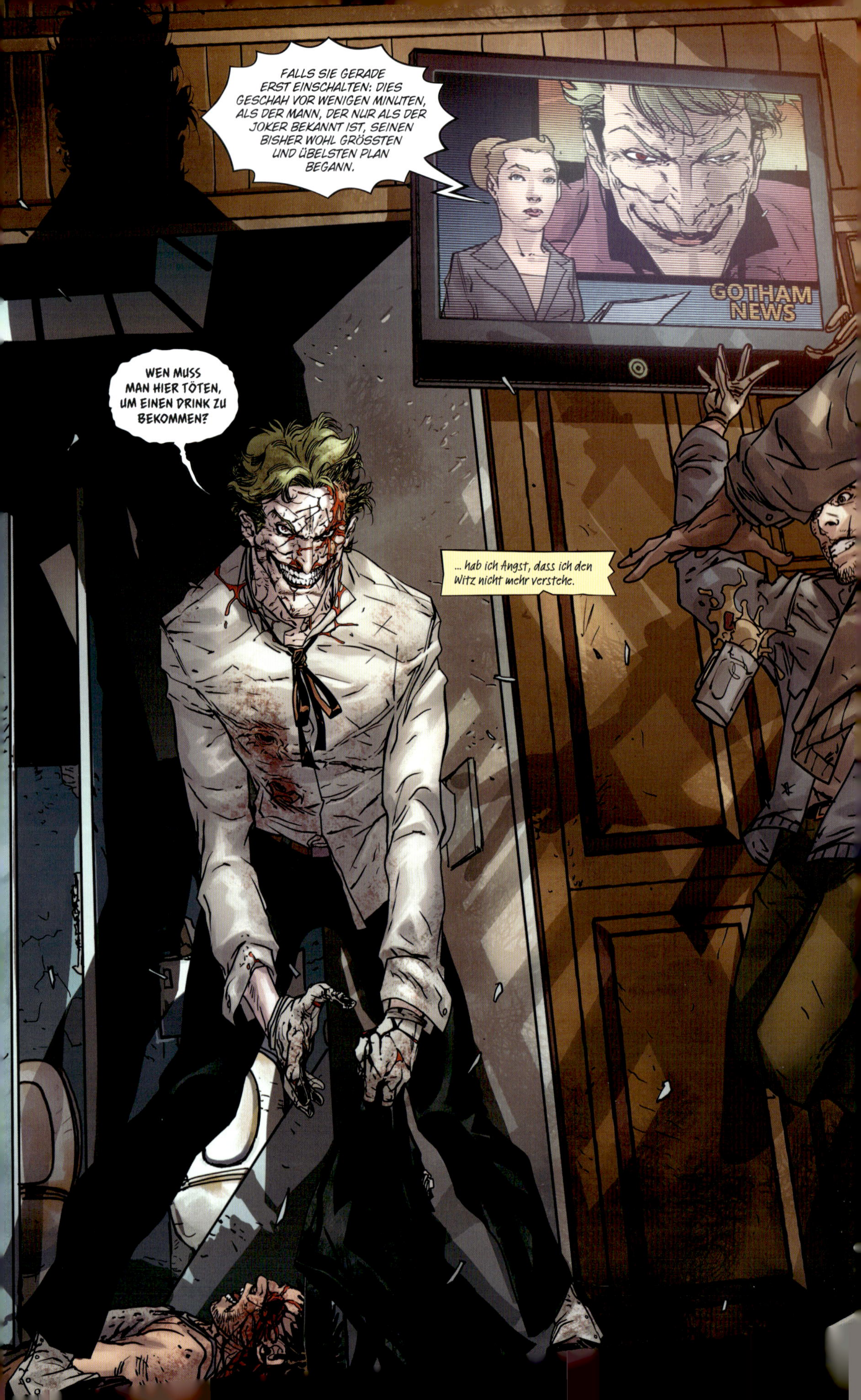
FALLS SIE GERADE ERST EINSCHALTEN: DIES GESCHAH VOR WENIGEN MINUTEN, ALS DER MANN, DER NUR ALS DER JOKER BEKANNT IST, SEINEN BISHER WOHL GRÖSSTEN UND ÜBELSTEN PLAN BEGANN.
GOTHAM NEWS
WEN MUSS MAN HIER TÖTEN, UM EINEN DRINK ZU BEKOMMEN?
... hab ich Angst, dass ich den Witz nicht mehr verstehe.

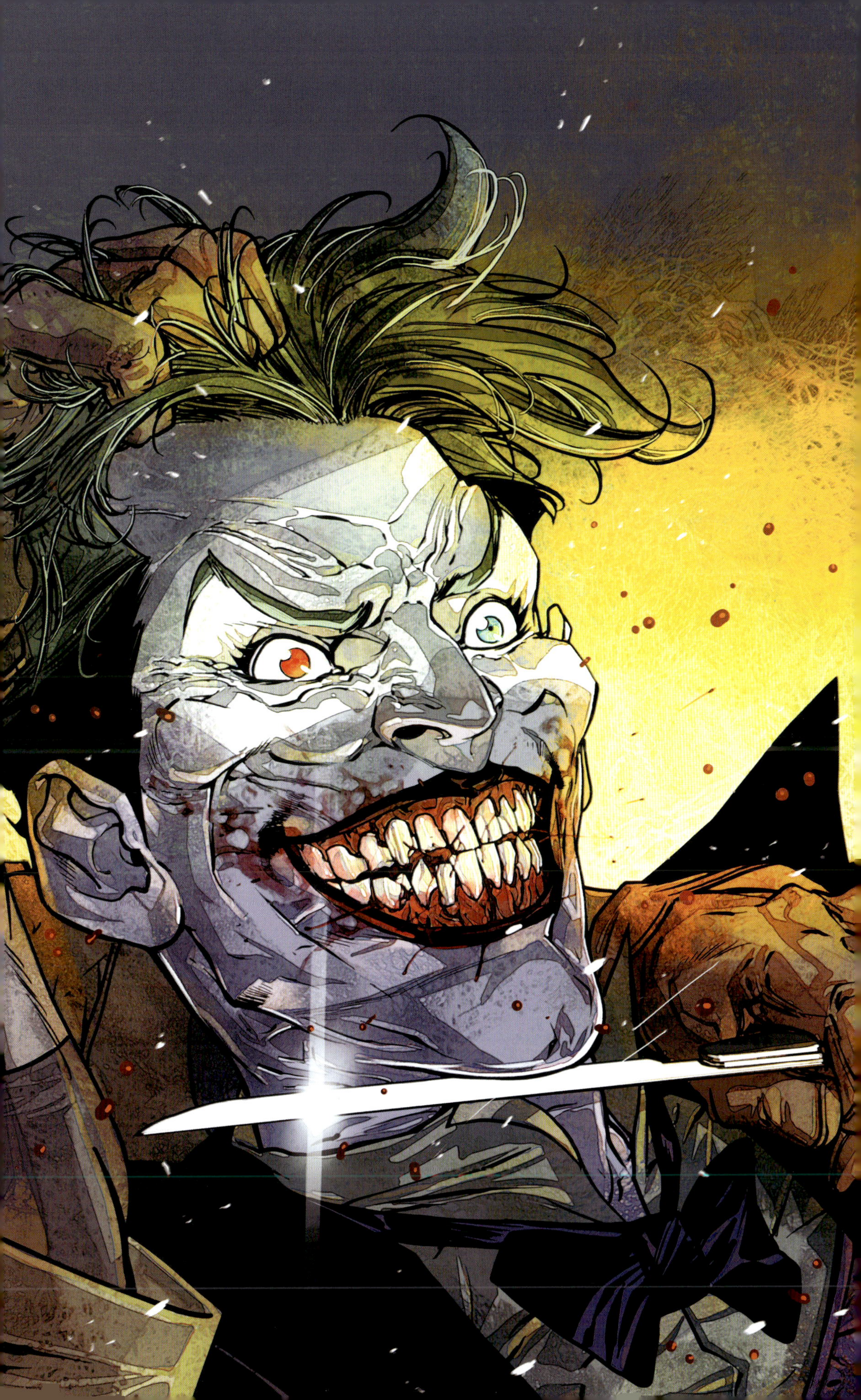

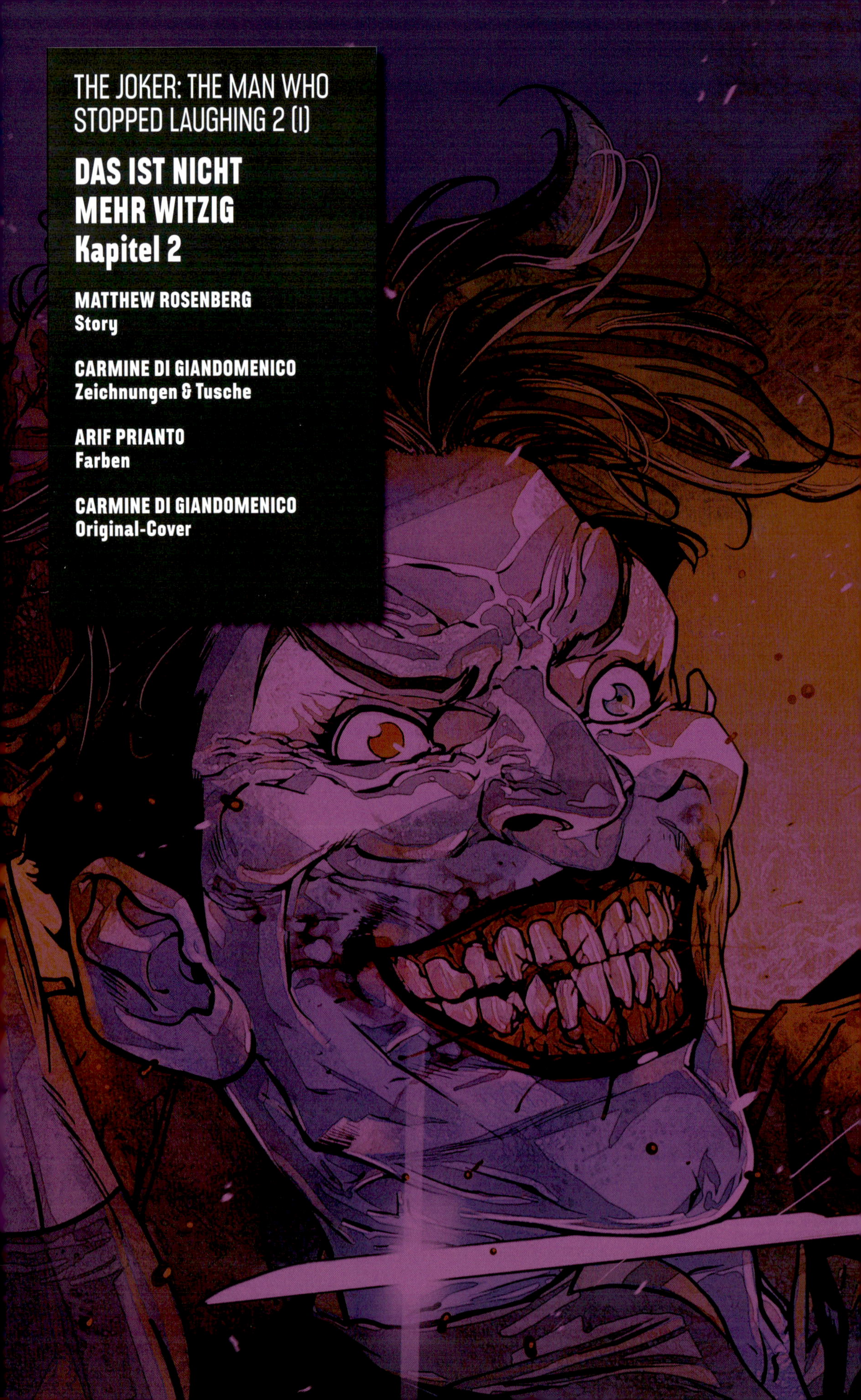
THE JOKER: THE MAN WHO STOPPED LAUGHING 2 (I)
DAS IST NICHT MEHR WITZIG
Kapitel 2
MATTHEW ROSENBERG
Story
CARMINE DI GIANDOMENICO
Zeichnungen & Tusche
ARIF PRIANTO
Farben
CARMINE DI GIANDOMENICO
Original-Cover

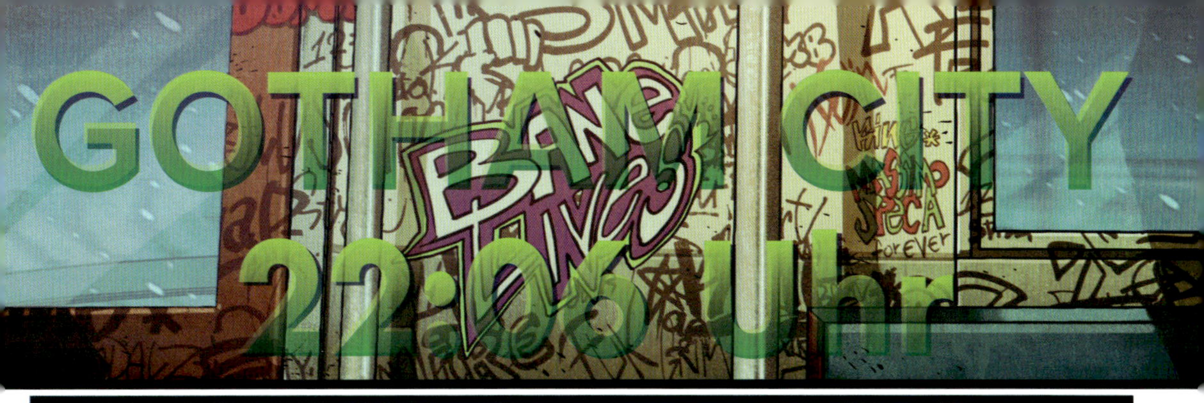
GOTHAM CITY
22:06 Uhr

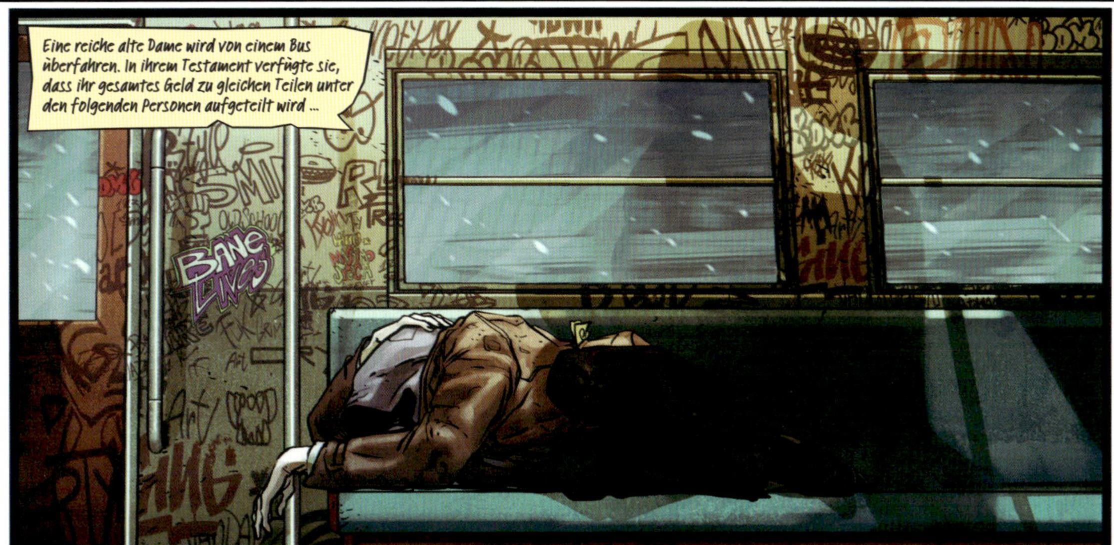
Eine reiche alte Dame wird von einem Bus überfahren. In ihrem Testament verfügte sie, dass ihr gesamtes Geld zu gleichen Teilen unter den folgenden Personen aufgeteilt wird ...

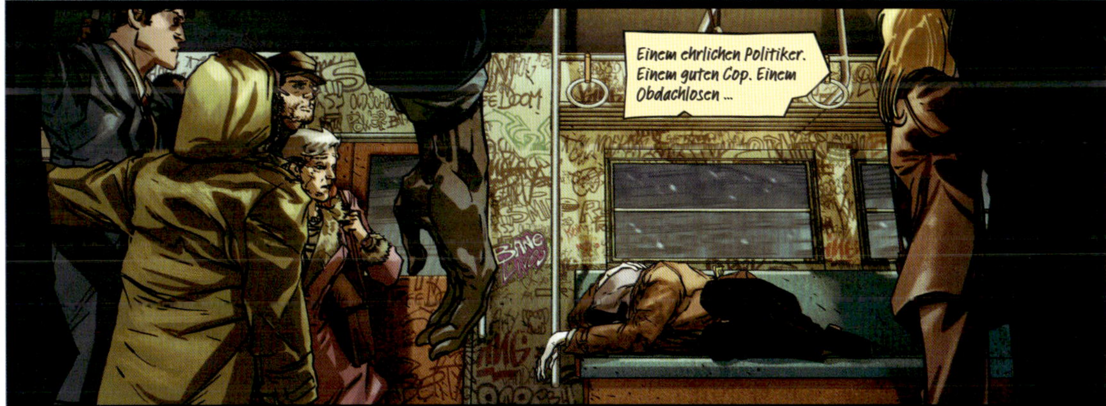
Einem ehrlichen Politiker. Einem guten Cop. Einem Obdachlosen ...

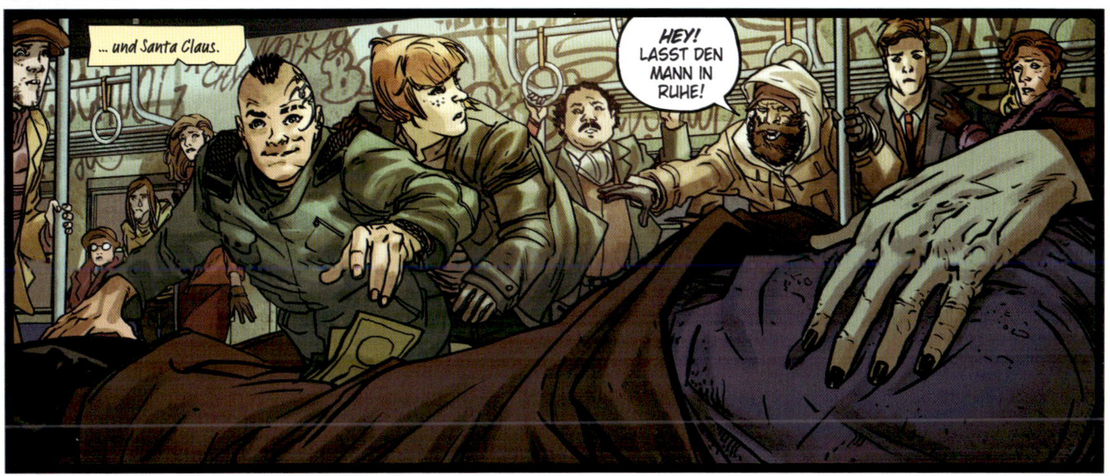
... und Santa Claus.
HEY! LASST DEN MANN IN RUHE!

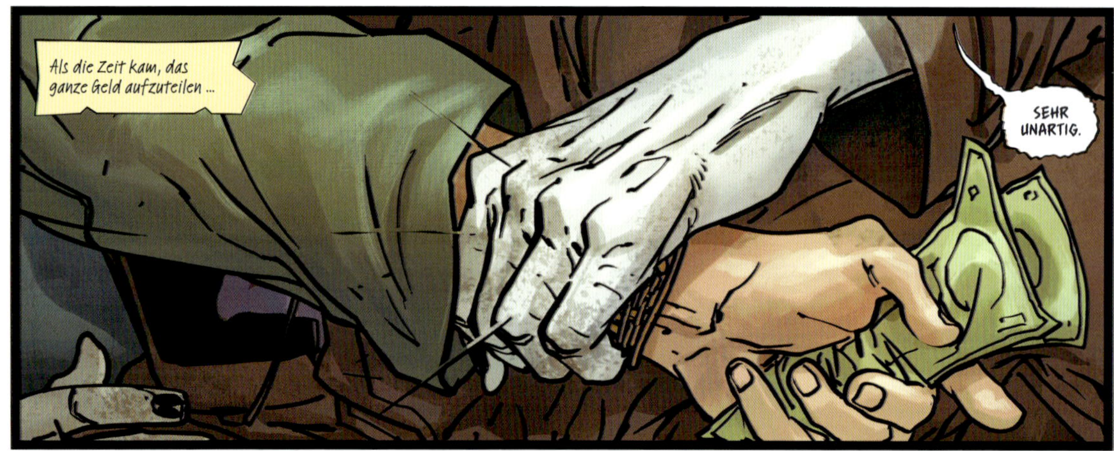
Als die Zeit kam, das ganze Geld aufzuteilen ...
SEHR UNARTIG.

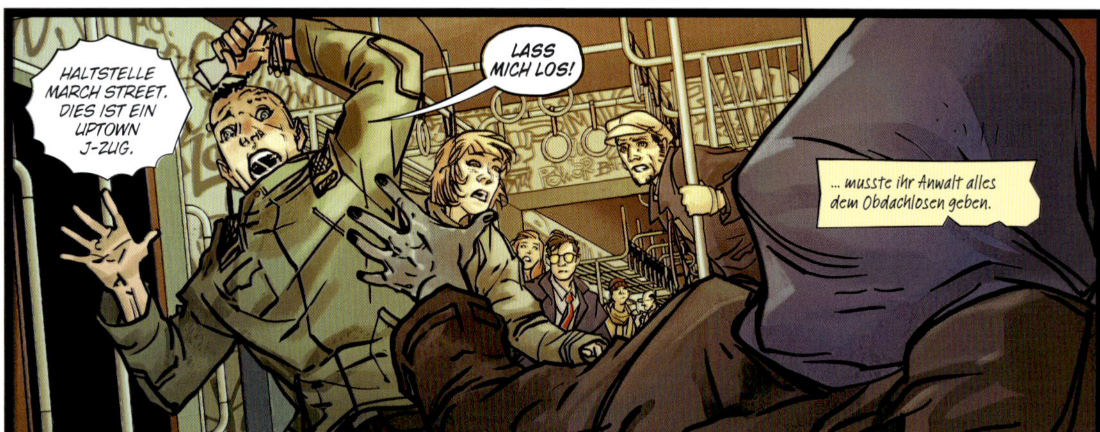
HALTSTELLE MARCH STREET. DIES IST EIN UPTOWN J-ZUG.
LASS MICH LOS!
... musste ihr Anwalt alles dem Obdachlosen geben.

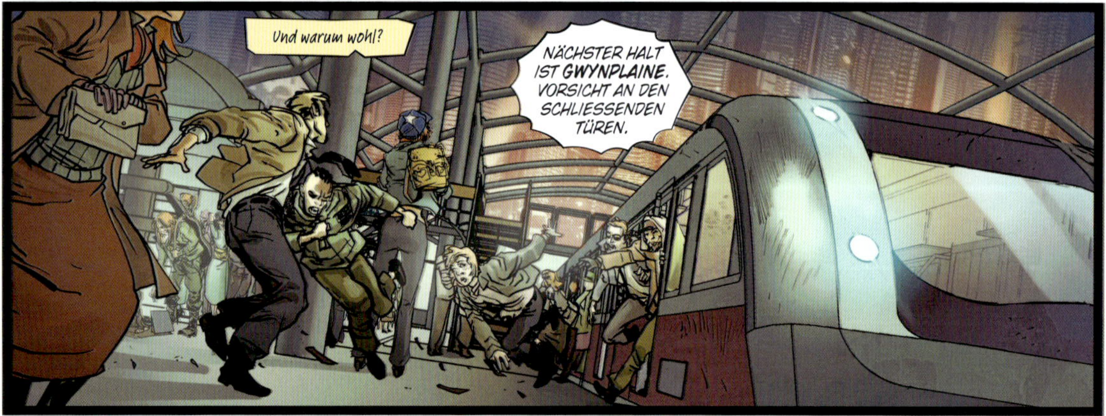
Und warum wohl?
NÄCHSTER HALT IST GWYNPLAINE. VORSICHT AN DEN SCHLIESSENDEN TÜREN.

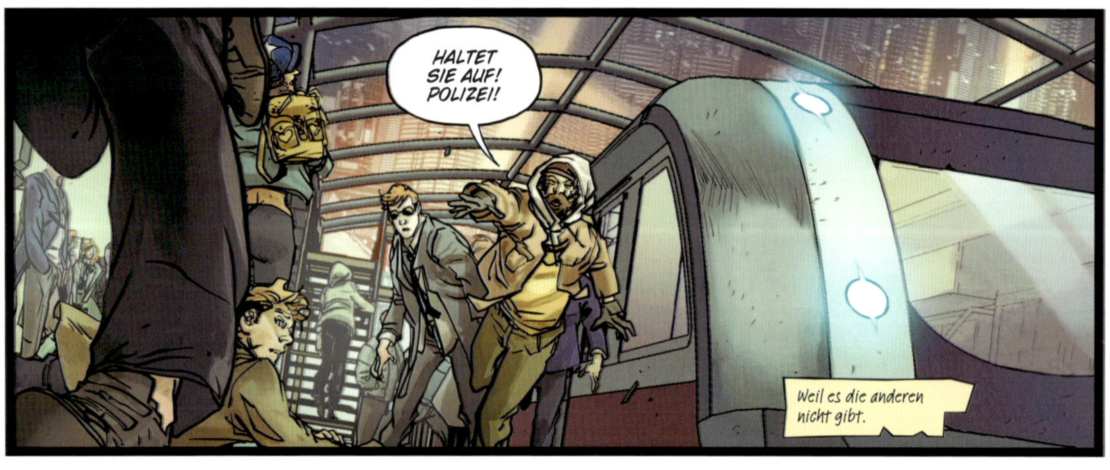
HALTET SIE AUF! POLIZEI!
Weil es die anderen nicht gibt.

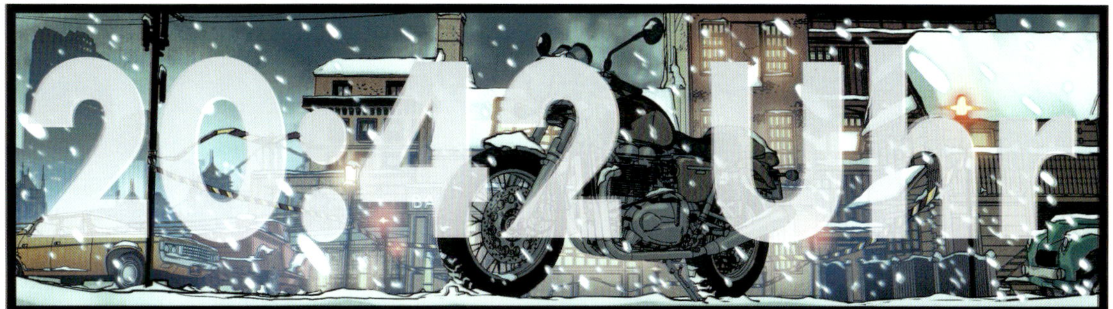
20:42 Uhr

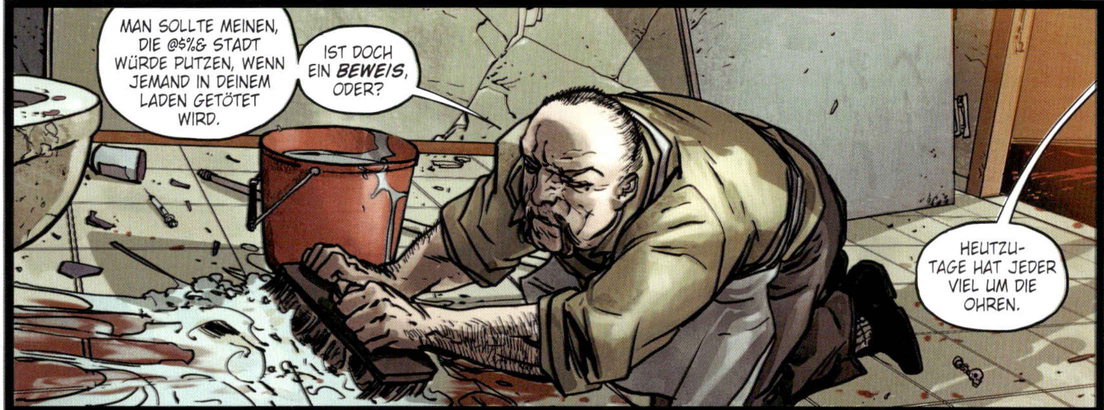
MAN SOLLTE MEINEN, DIE @$%& STADT WÜRDE PUTZEN, WENN JEMAND IN DEINEM LADEN GETÖTET WIRD.
IST DOCH EIN BEWEIS, ODER?
HEUTZUTAGE HAT JEDER VIEL UM DIE OHREN.

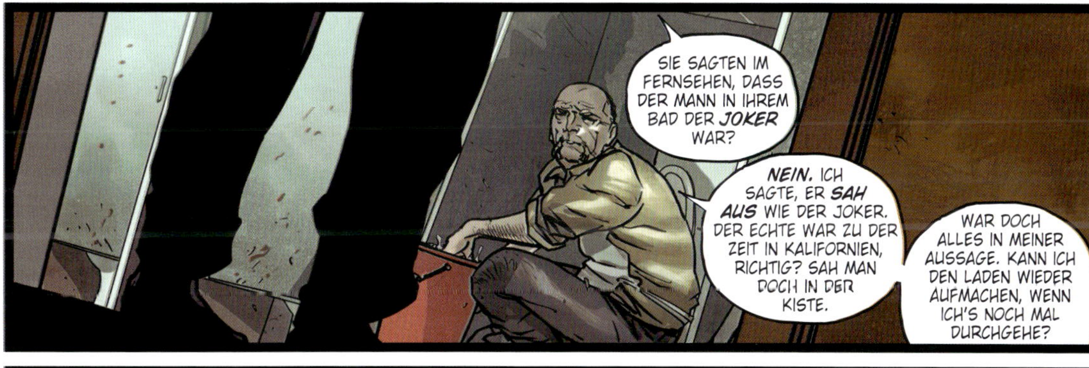
SIE SAGTEN IM FERNSEHEN, DASS DER MANN IN IHREM BAD DER JOKER WAR?
NEIN. ICH SAGTE, ER SAH AUS WIE DER JOKER. DER ECHTE WAR ZU DER ZEIT IN KALIFORNIEN, RICHTIG? SAH MAN DOCH IN DER KISTE.
WAR DOCH ALLES IN MEINER AUSSAGE. KANN ICH DEN LADEN WIEDER AUFMACHEN, WENN ICH'S NOCH MAL DURCHGEHE?

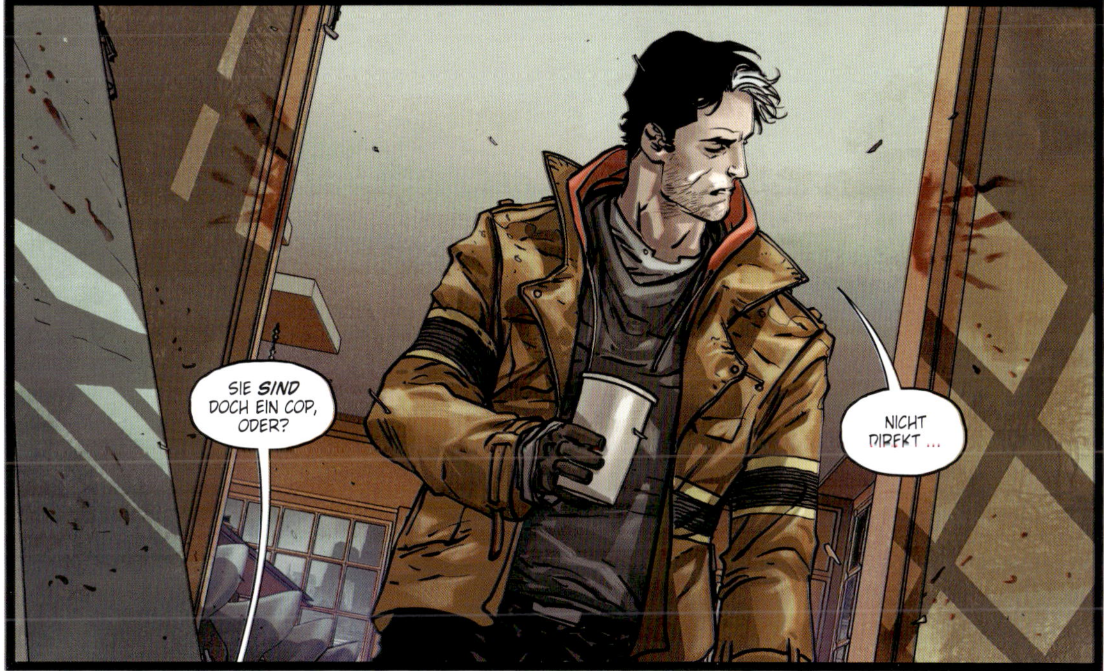
SIE SIND DOCH EIN COP, ODER?
NICHT DIREKT ...

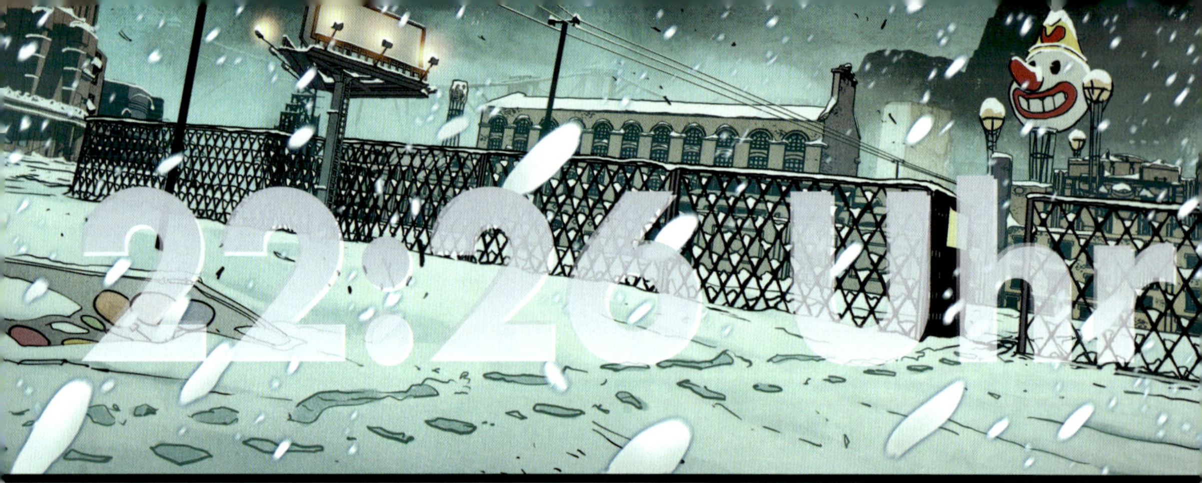
22:26 Uhr

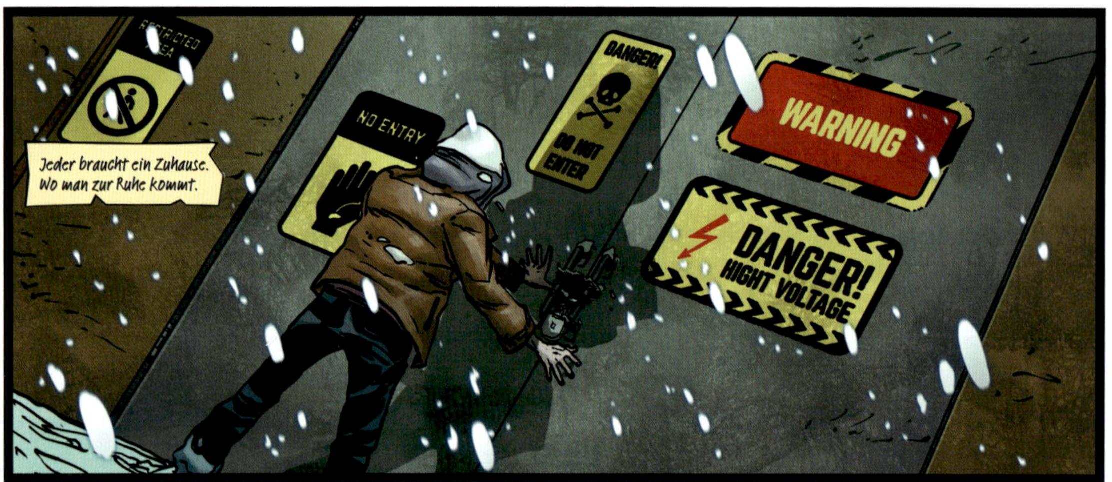
Jeder braucht ein Zuhause. Wo man zur Ruhe kommt.
NO ENTRY
DANGER! DO NOT ENTER
WARNING
DANGER! HIGHT VOLTAGE

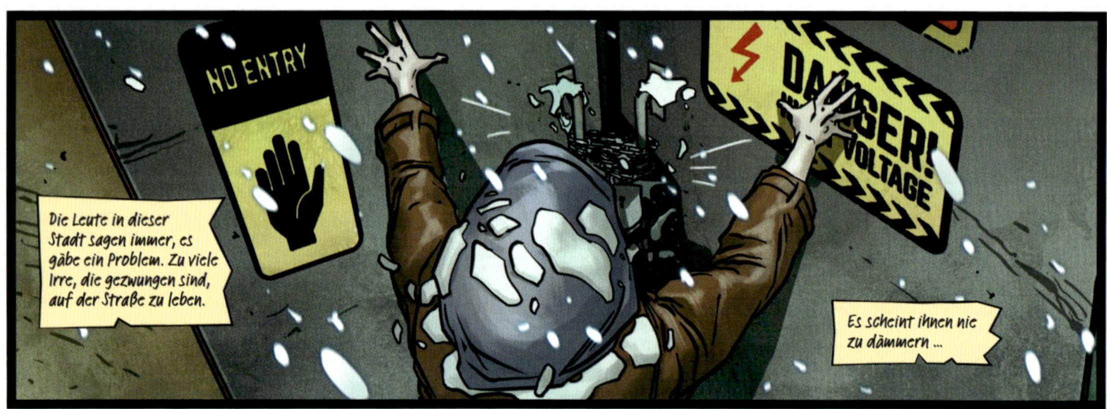
NO ENTRY
Die Leute in dieser Stadt sagen immer, es gäbe ein Problem. Zu viele Irre, die gezwungen sind, auf der Straße zu leben.
Es scheint ihnen nie zu dämmern ...

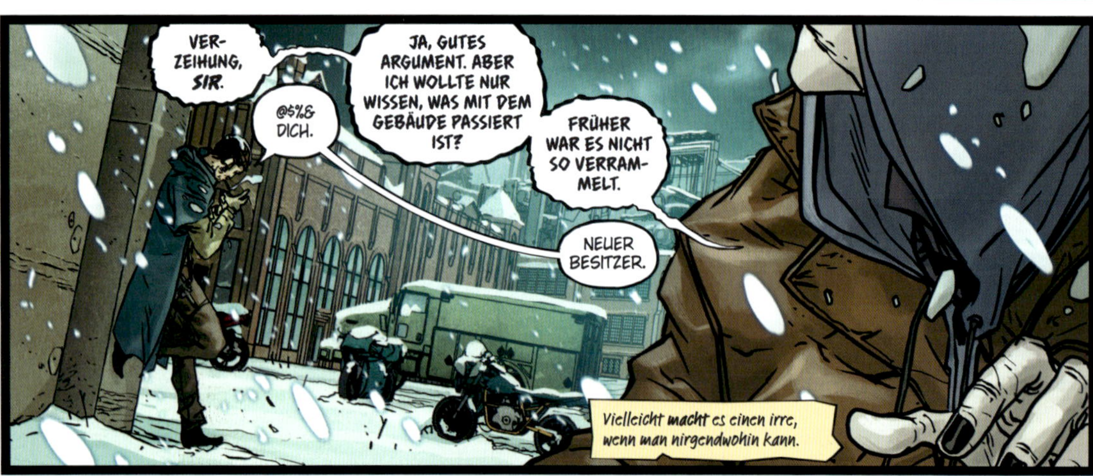
VERZEIHUNG, SIR.
@$%& DICH.
JA, GUTES ARGUMENT. ABER ICH WOLLTE NUR WISSEN, WAS MIT DEM GEBÄUDE PASSIERT IST?
FRÜHER WAR ES NICHT SO VERRAMMELT.
NEUER BESITZER.
Vielleicht macht es einen irre, wenn man nirgendwohin kann.

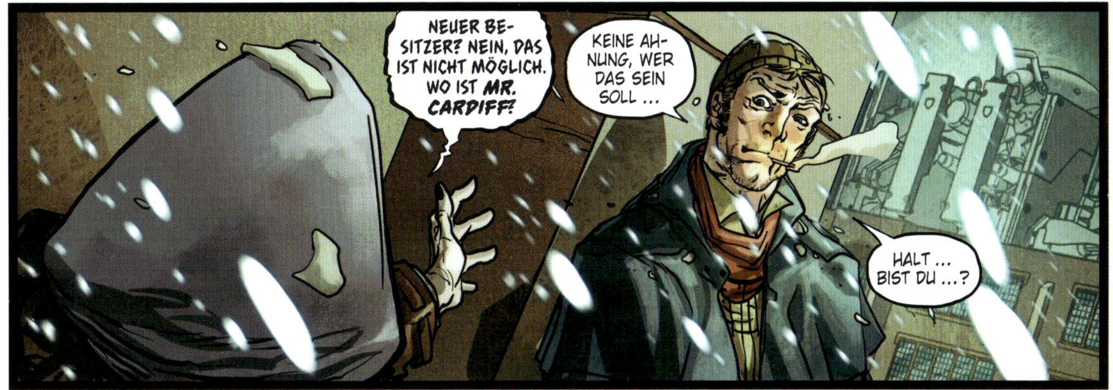
NEUER BESITZER? NEIN, DAS IST NICHT MÖGLICH. WO IST MR. CARDIFF?
KEINE AHNUNG, WER DAS SEIN SOLL ...
HALT ... BIST DU ...?

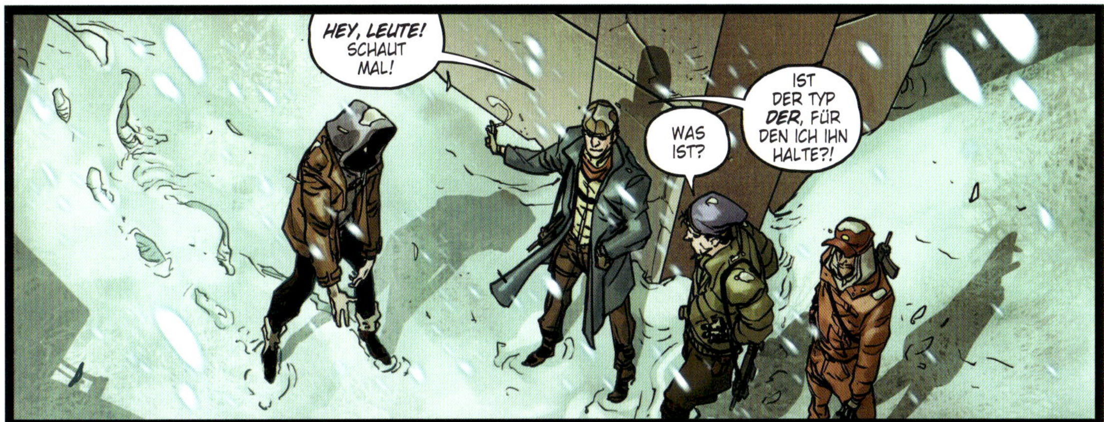
HEY, LEUTE! SCHAUT MAL!
WAS IST?
IST DER TYP DER, FÜR DEN ICH IHN HALTE?!

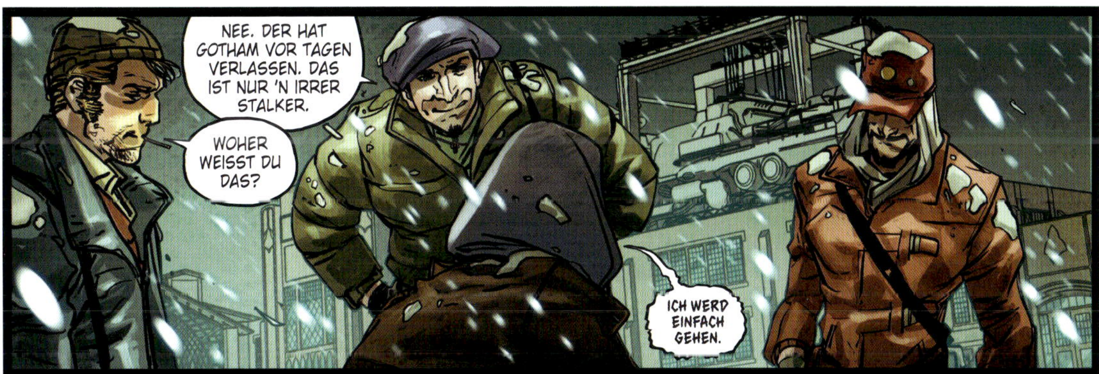
NEE. DER HAT GOTHAM VOR TAGEN VERLASSEN. DAS IST NUR 'N IRRER STALKER.
WOHER WEISST DU DAS?
ICH WERD EINFACH GEHEN.

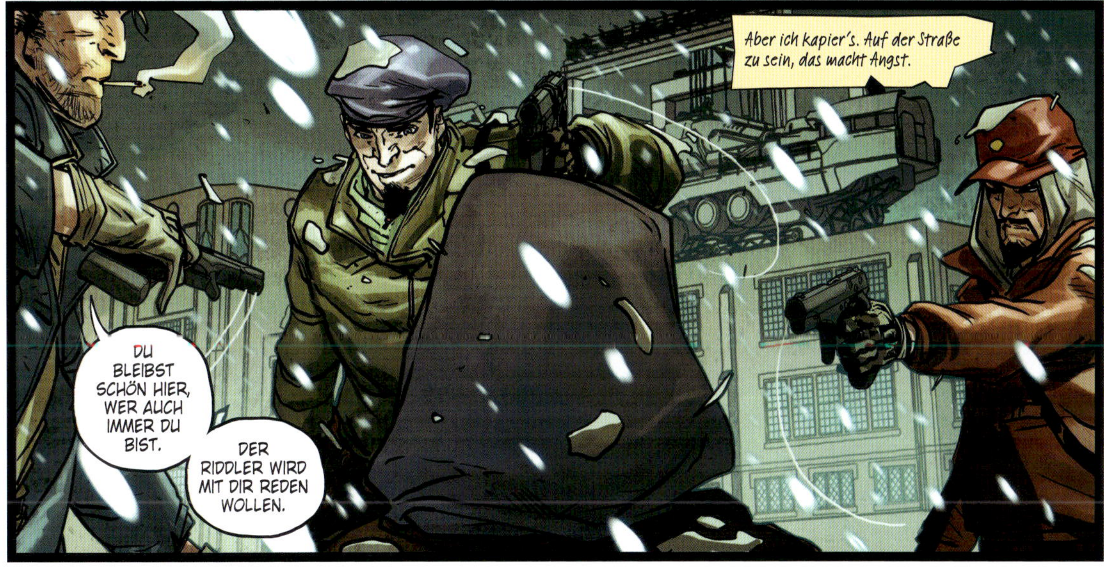
Aber ich kapier's. Auf der Straße zu sein, das macht Angst.
DU BLEIBST SCHÖN HIER, WER AUCH IMMER DU BIST.
DER RIDDLER WIRD MIT DIR REDEN WOLLEN.

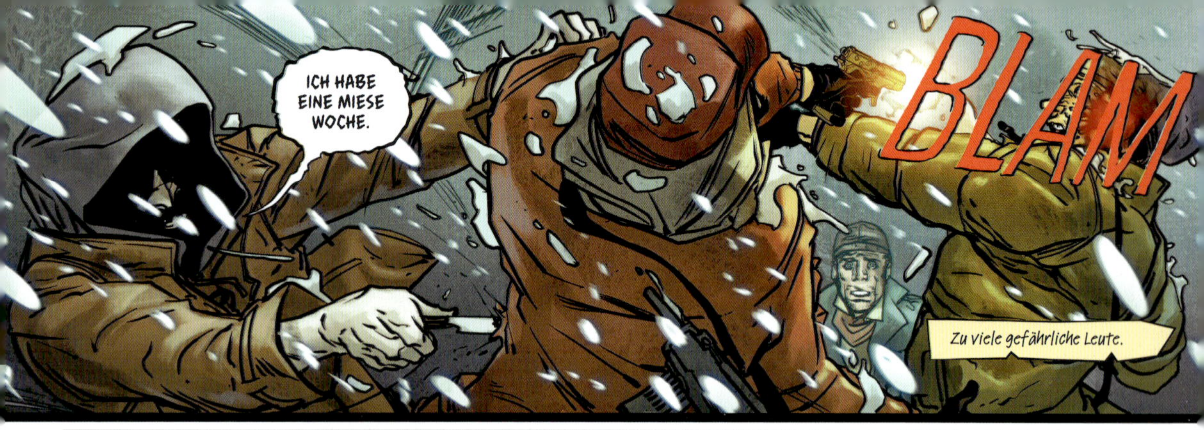
ICH HABE EINE MIESE WOCHE.
BLAM
Zu viele gefährliche Leute.

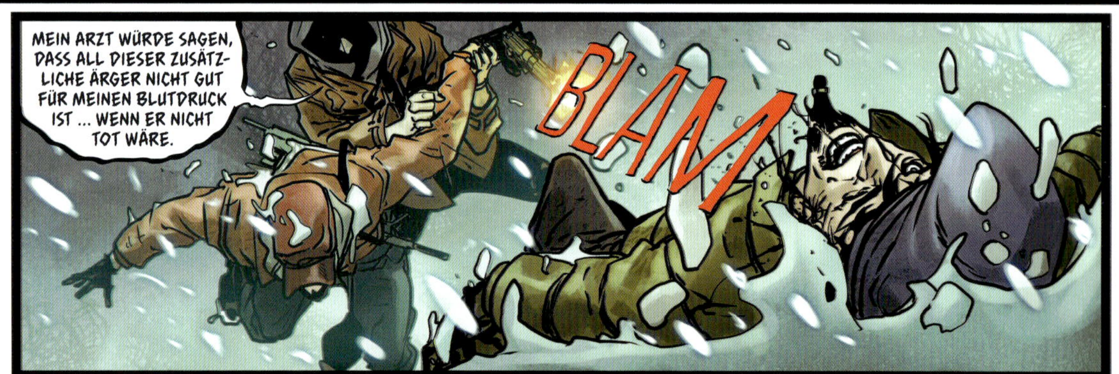
MEIN ARZT WÜRDE SAGEN, DASS ALL DIESER ZUSÄTZLICHE ÄRGER NICHT GUT FÜR MEINEN BLUTDRUCK IST ... WENN ER NICHT TOT WÄRE.
BLAM

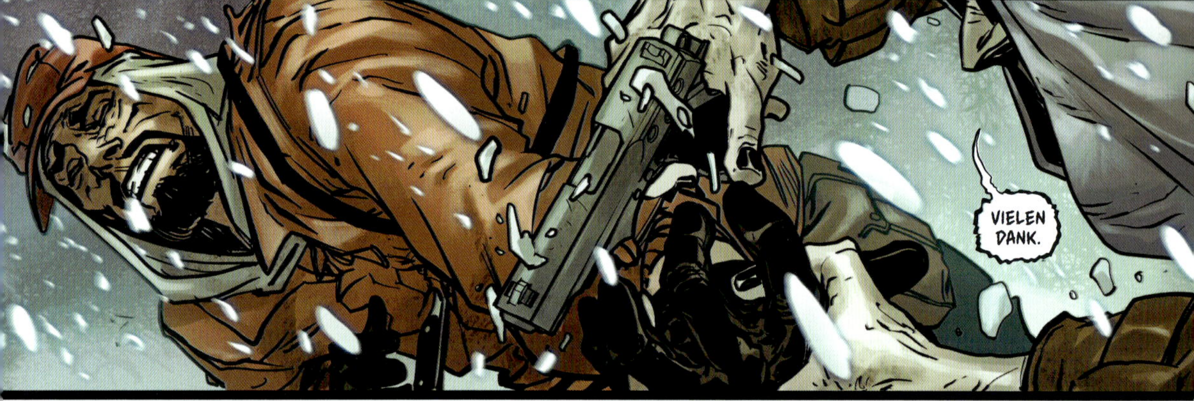
VIELEN DANK.

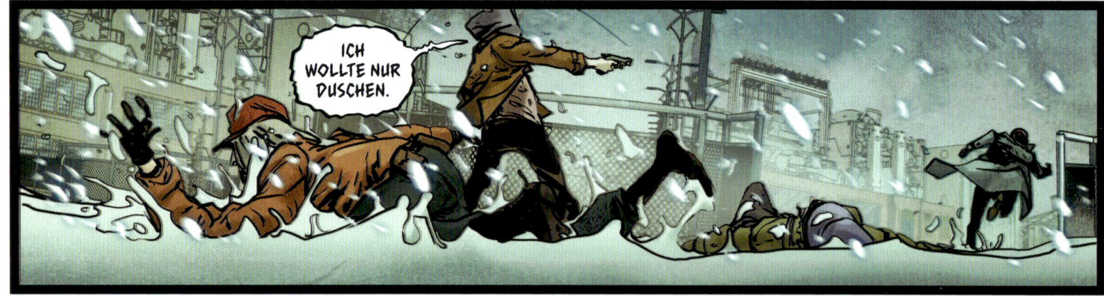
ICH WOLLTE NUR DUSCHEN.

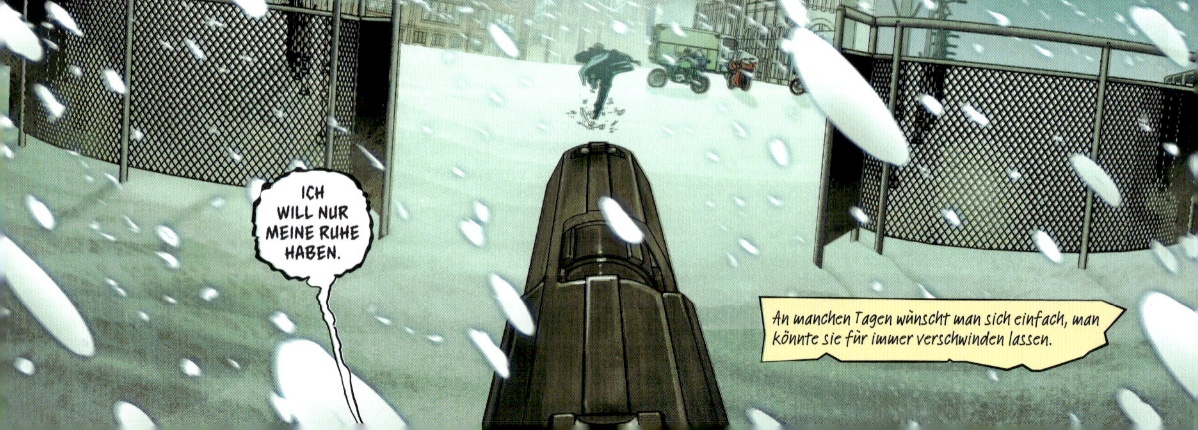
ICH WILL NUR MEINE RUHE HABEN.
An manchen Tagen wünscht man sich einfach, man könnte sie für immer verschwinden lassen.

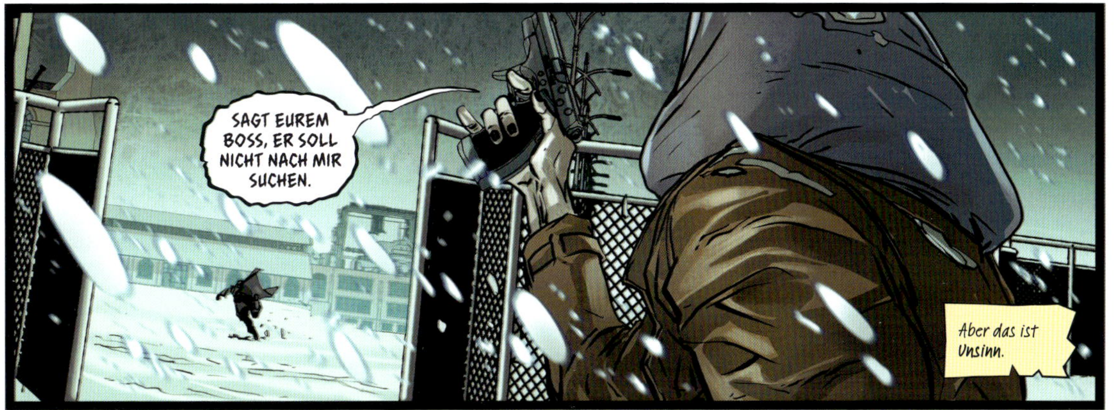
SAGT EUREM BOSS, ER SOLL NICHT NACH MIR SUCHEN.
Aber das ist Unsinn.

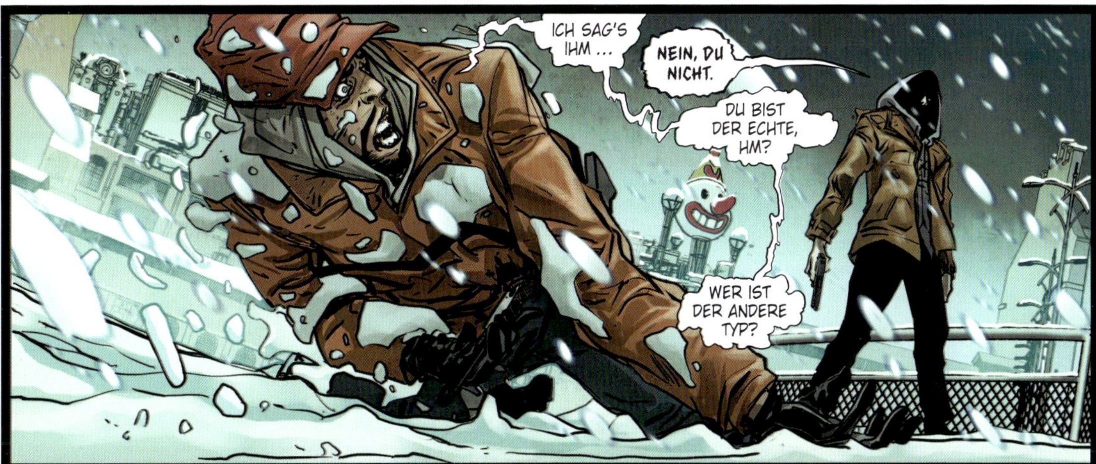
ICH SAG'S IHM …
NEIN, DU NICHT.
DU BIST DER ECHTE, HM?
WER IST DER ANDERE TYP?

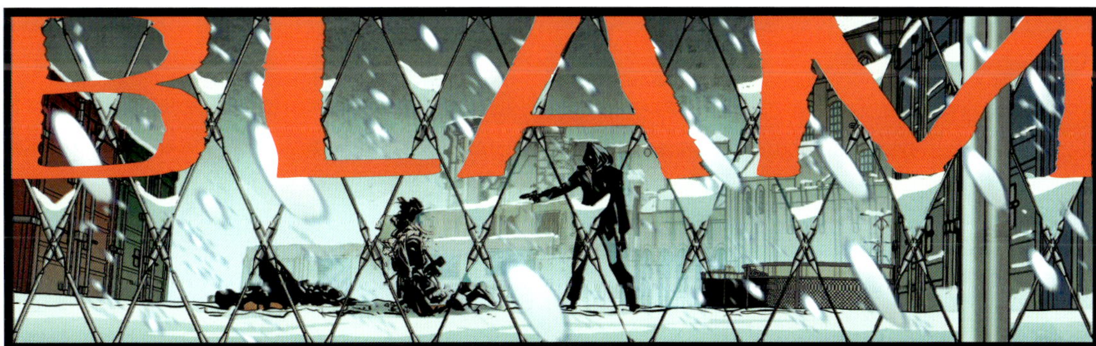
BLAM

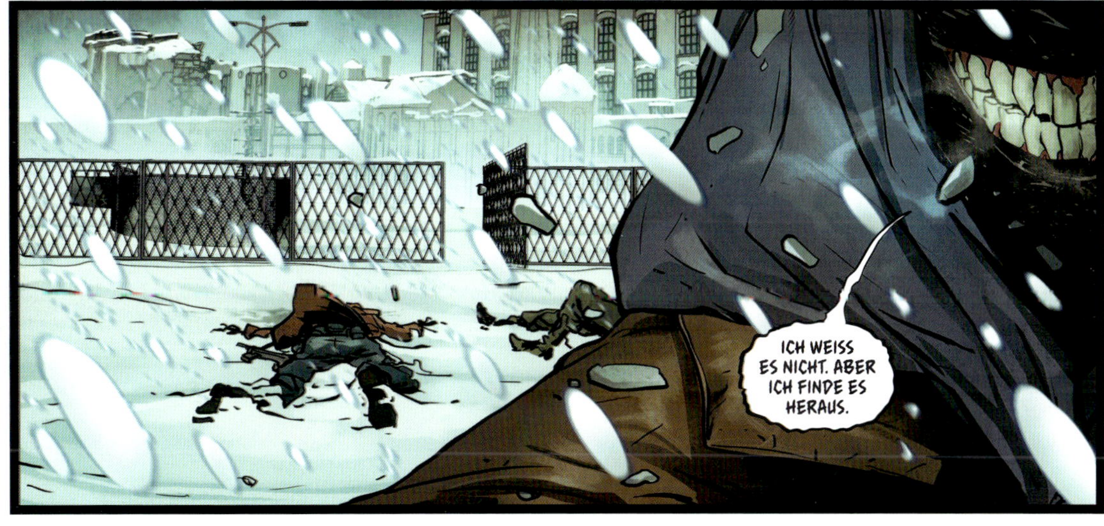
ICH WEISS ES NICHT. ABER ICH FINDE ES HERAUS.

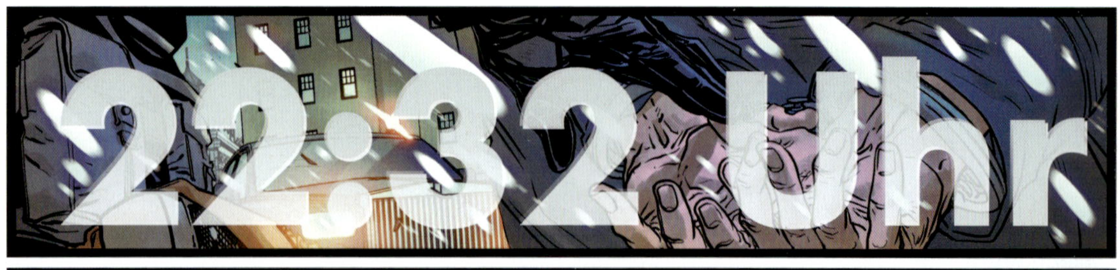
22:32 Uhr

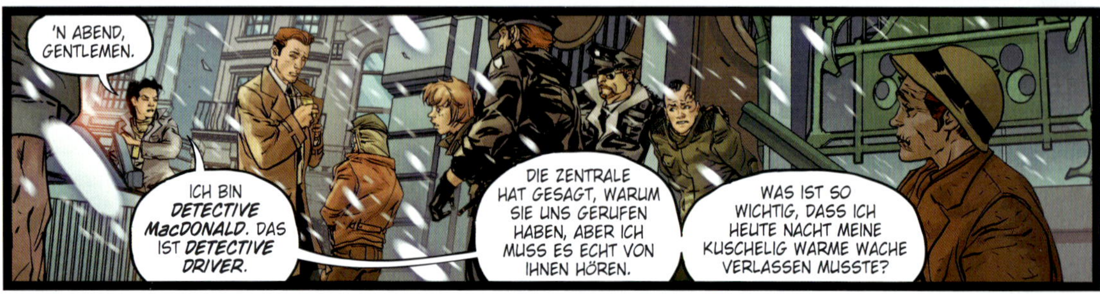
'N ABEND, GENTLEMEN.
ICH BIN *DETECTIVE MacDONALD*. DAS IST *DETECTIVE DRIVER*.
DIE ZENTRALE HAT GESAGT, WARUM SIE UNS GERUFEN HABEN, ABER ICH MUSS ES ECHT VON IHNEN HÖREN.
WAS IST SO WICHTIG, DASS ICH HEUTE NACHT MEINE KUSCHELIG WARME WACHE VERLASSEN MUSSTE?

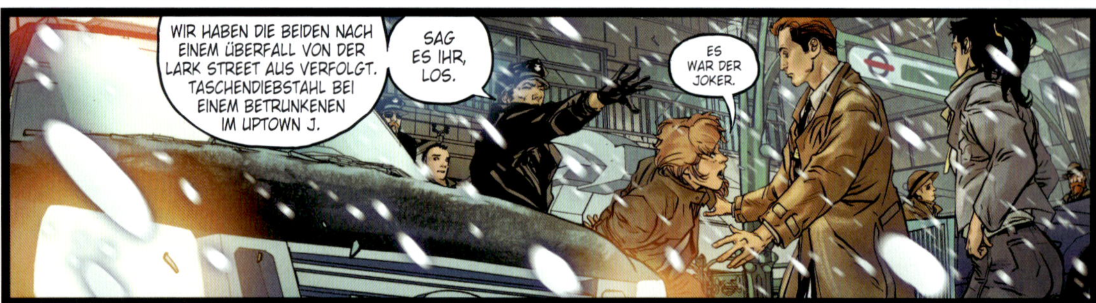
WIR HABEN DIE BEIDEN NACH EINEM ÜBERFALL VON DER LARK STREET AUS VERFOLGT. TASCHENDIEBSTAHL BEI EINEM BETRUNKENEN IM UPTOWN J.
SAG ES IHR, LOS.
ES WAR DER JOKER.

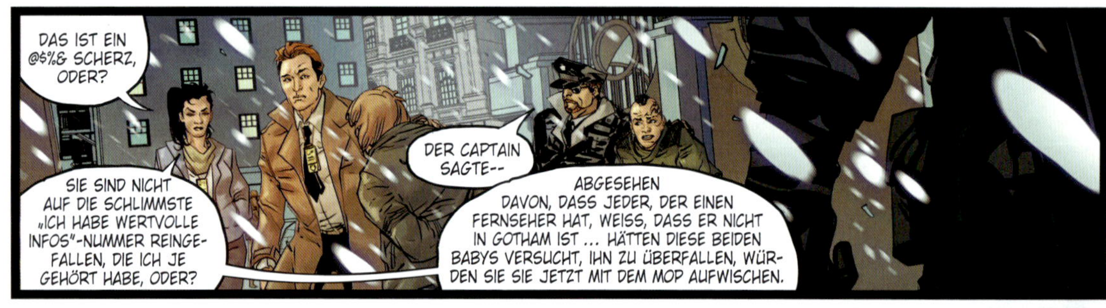
DAS IST EIN @$%& SCHERZ, ODER?
DER CAPTAIN SAGTE--
SIE SIND NICHT AUF DIE SCHLIMMSTE „ICH HABE WERTVOLLE INFOS"-NUMMER REINGEFALLEN, DIE ICH JE GEHÖRT HABE, ODER?
ABGESEHEN DAVON, DASS JEDER, DER EINEN FERNSEHER HAT, WEISS, DASS ER NICHT IN GOTHAM IST ... HÄTTEN DIESE BEIDEN BABYS VERSUCHT, IHN ZU ÜBERFALLEN, WÜRDEN SIE SIE JETZT MIT DEM MOP AUFWISCHEN.

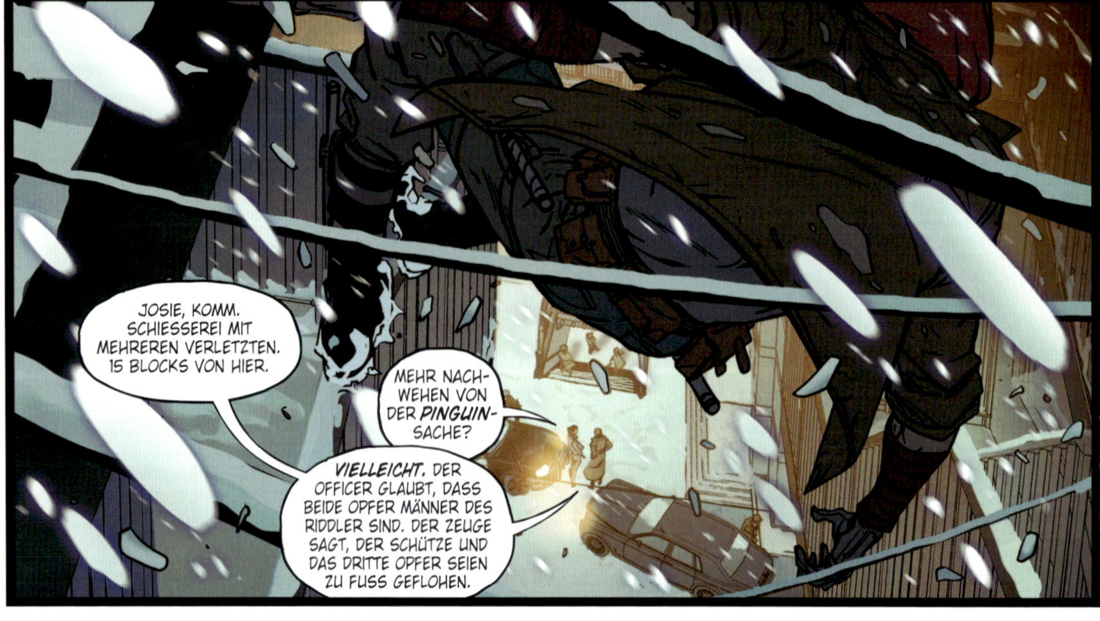
JOSIE, KOMM. SCHIESSEREI MIT MEHREREN VERLETZTEN. 15 BLOCKS VON HIER.
MEHR NACHWEHEN VON DER *PINGUIN*-SACHE?
VIELLEICHT. DER OFFICER GLAUBT, DASS BEIDE OPFER MÄNNER DES RIDDLER SIND. DER ZEUGE SAGT, DER SCHÜTZE UND DAS DRITTE OPFER SEIEN ZU FUSS GEFLOHEN.

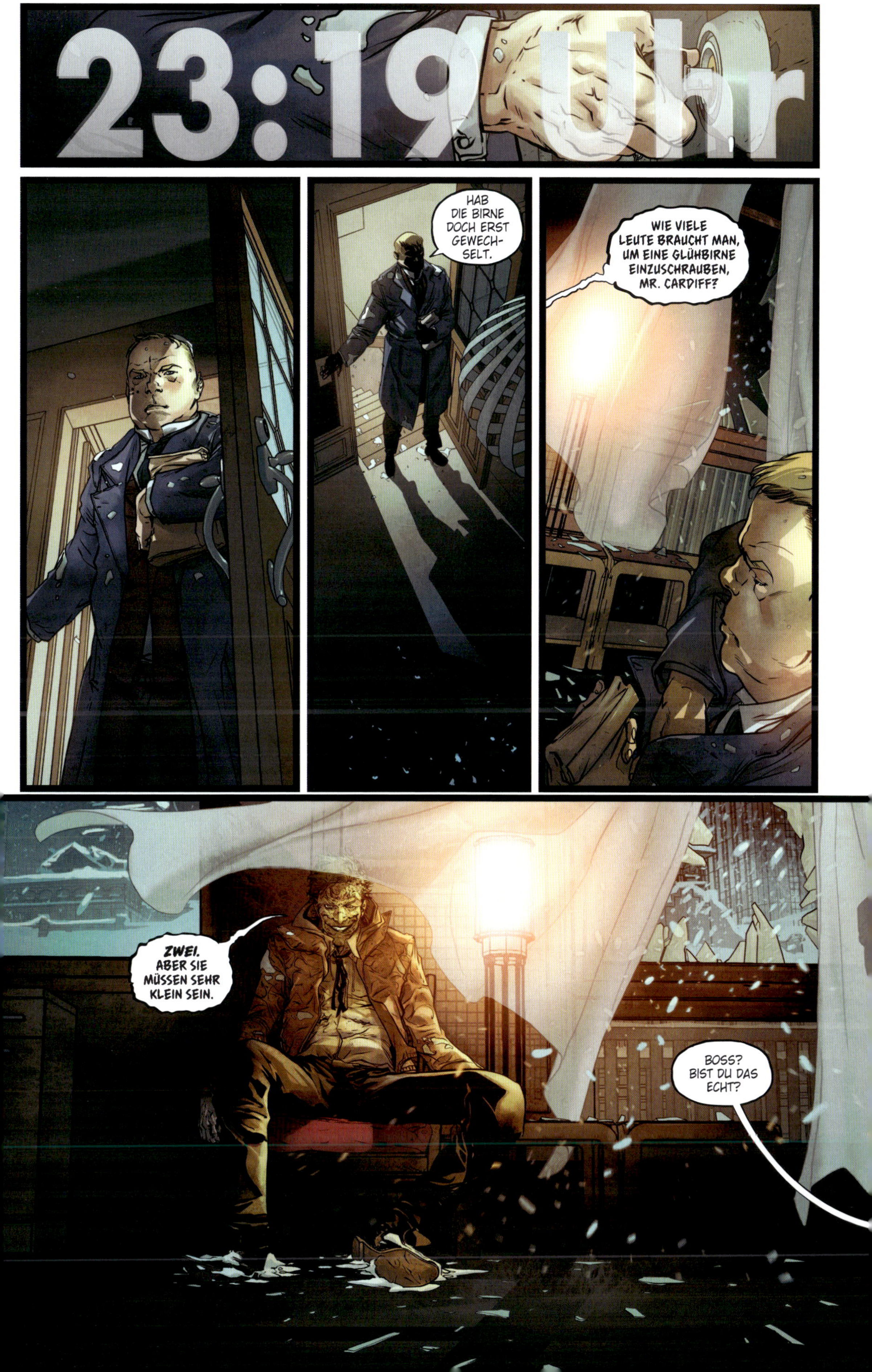

23:19 Uhr

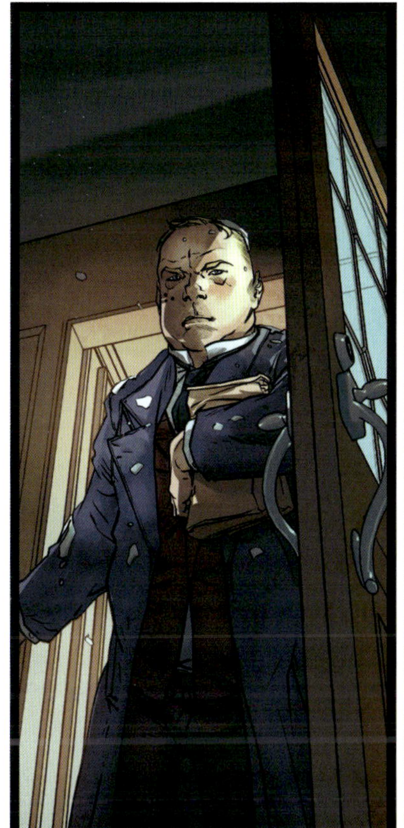

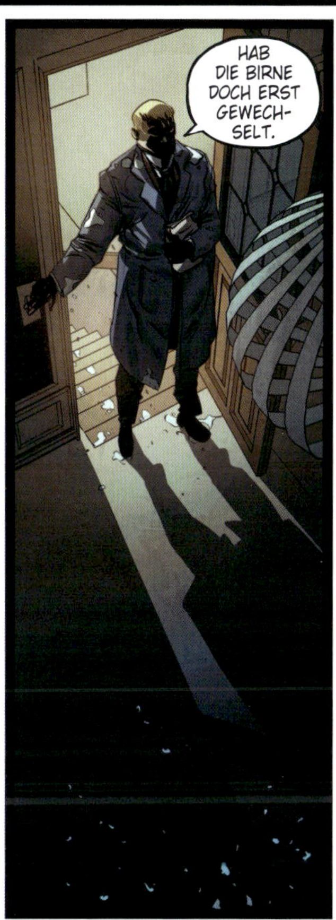

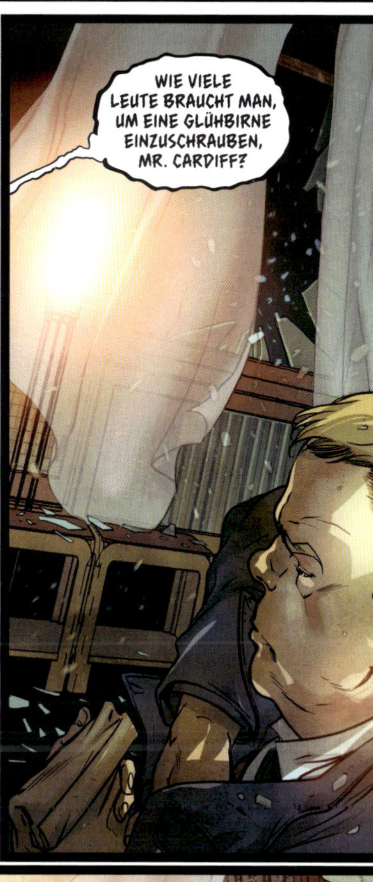

ZWEI. ABER SIE MÜSSEN SEHR KLEIN SEIN.

BOSS? BIST DU DAS ECHT?

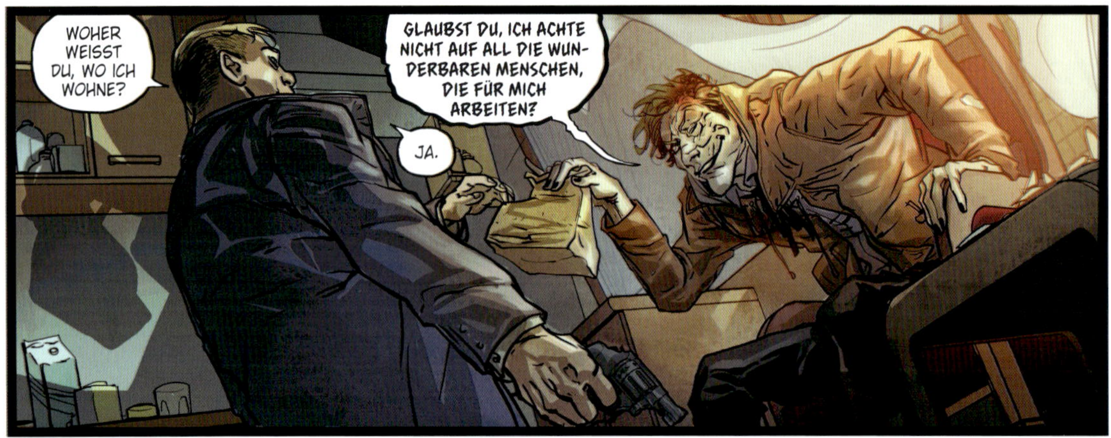
WOHER WEISST DU, WO ICH WOHNE?
GLAUBST DU, ICH ACHTE NICHT AUF ALL DIE WUNDERBAREN MENSCHEN, DIE FÜR MICH ARBEITEN?
JA.

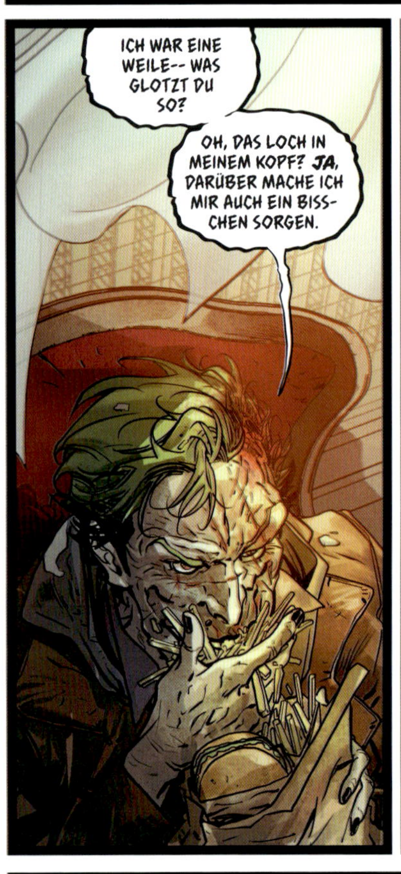
ICH WAR EINE WEILE-- WAS GLOTZT DU SO?
OH, DAS LOCH IN MEINEM KOPF? JA, DARÜBER MACHE ICH MIR AUCH EIN BISSCHEN SORGEN.

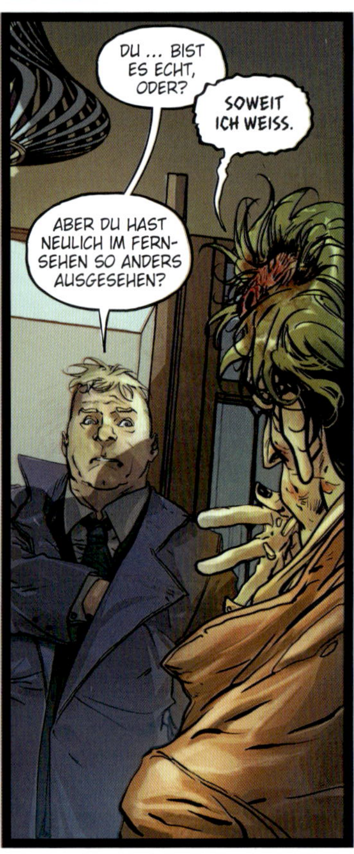
DU ... BIST ES ECHT, ODER?
SOWEIT ICH WEISS.
ABER DU HAST NEULICH IM FERNSEHEN SO ANDERS AUSGESEHEN?

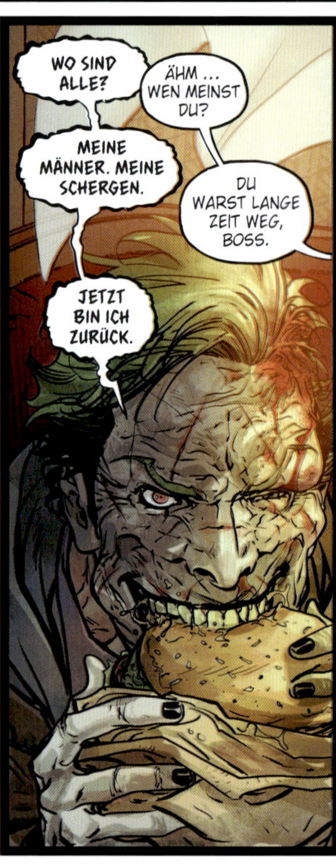
WO SIND ALLE?
ÄHM ... WEN MEINST DU?
MEINE MÄNNER. MEINE SCHERGEN.
DU WARST LANGE ZEIT WEG, BOSS.
JETZT BIN ICH ZURÜCK.

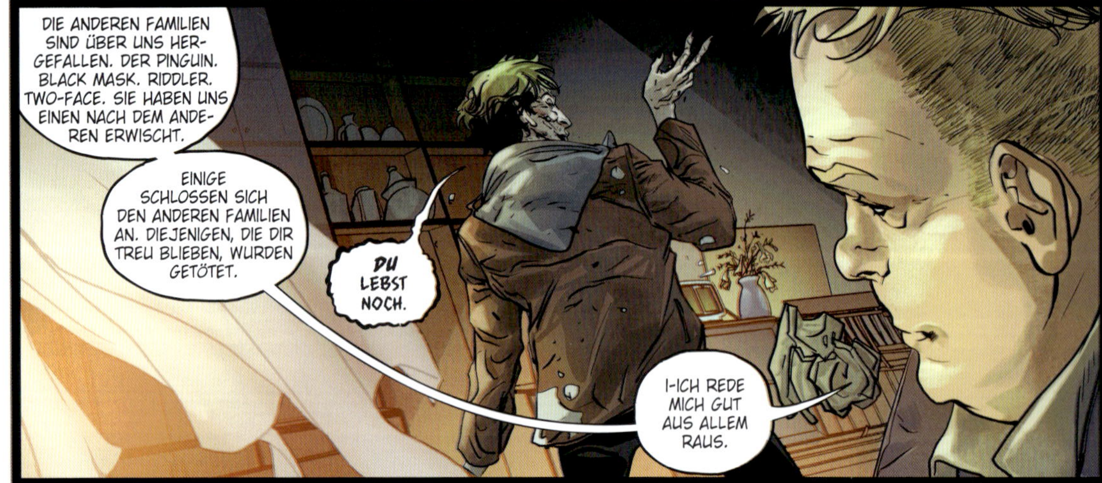
DIE ANDEREN FAMILIEN SIND ÜBER UNS HERGEFALLEN. DER PINGUIN. BLACK MASK. RIDDLER. TWO-FACE. SIE HABEN UNS EINEN NACH DEM ANDEREN ERWISCHT.
EINIGE SCHLOSSEN SICH DEN ANDEREN FAMILIEN AN. DIEJENIGEN, DIE DIR TREU BLIEBEN, WURDEN GETÖTET.
DU LEBST NOCH.
I-ICH REDE MICH GUT AUS ALLEM RAUS.

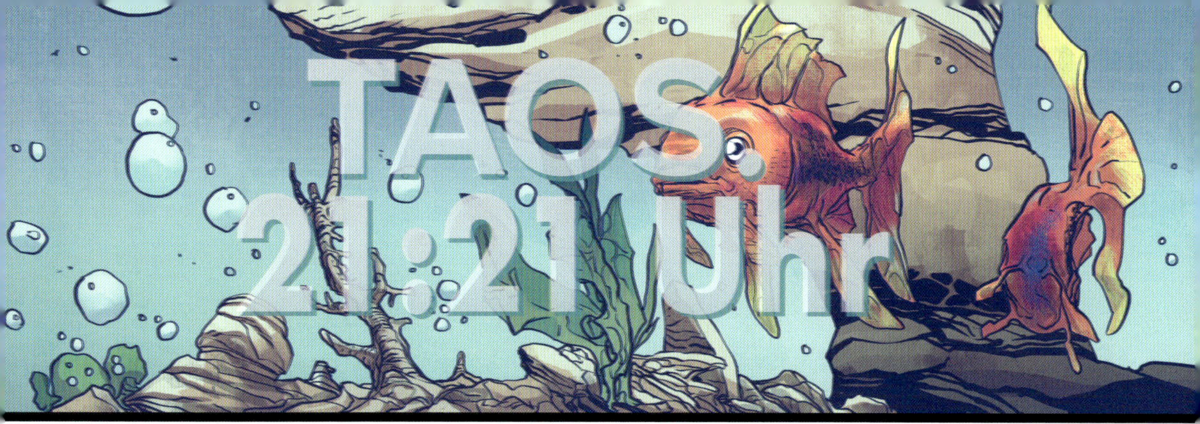
TAOS.
21:21 Uhr

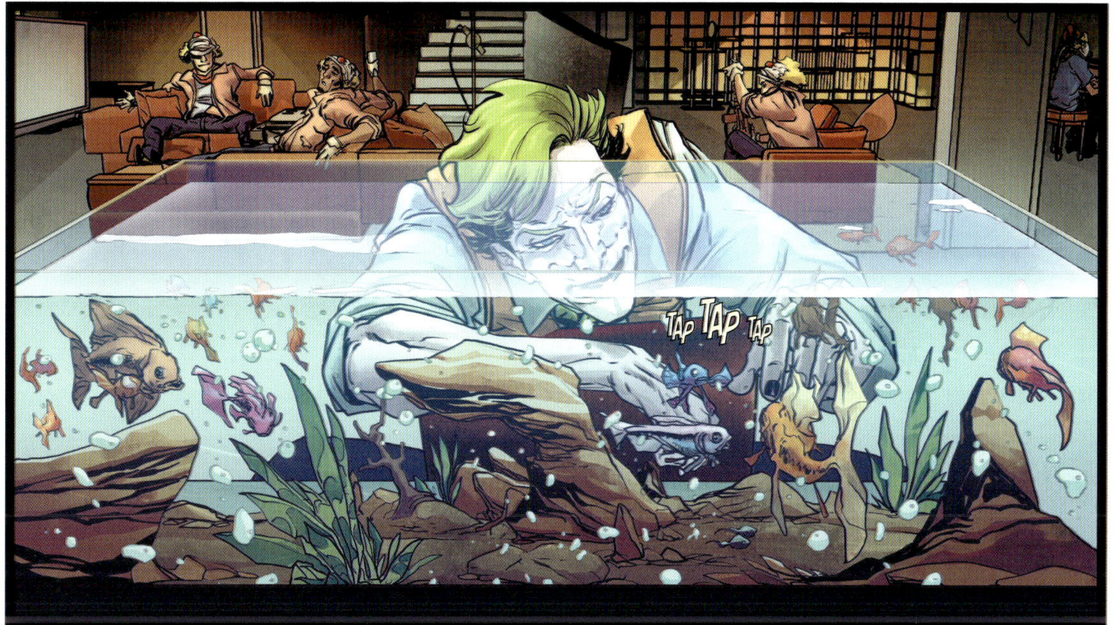
TAP TAP TAP

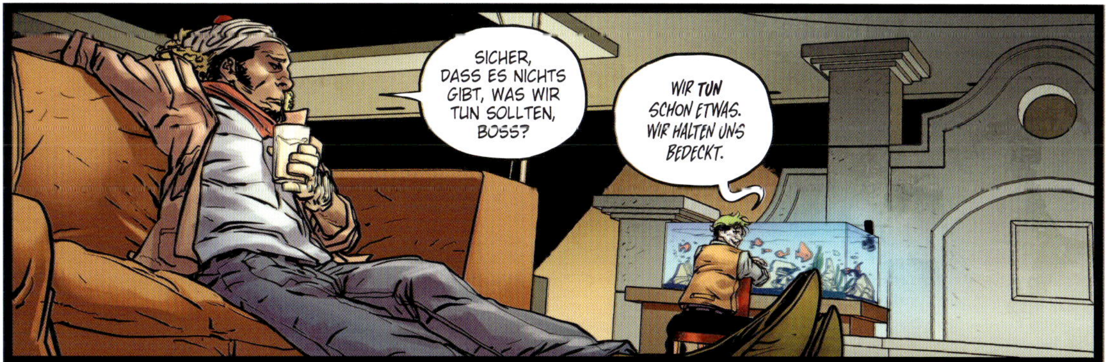
SICHER, DASS ES NICHTS GIBT, WAS WIR TUN SOLLTEN, BOSS?
WIR TUN SCHON ETWAS. WIR HALTEN UNS BEDECKT.

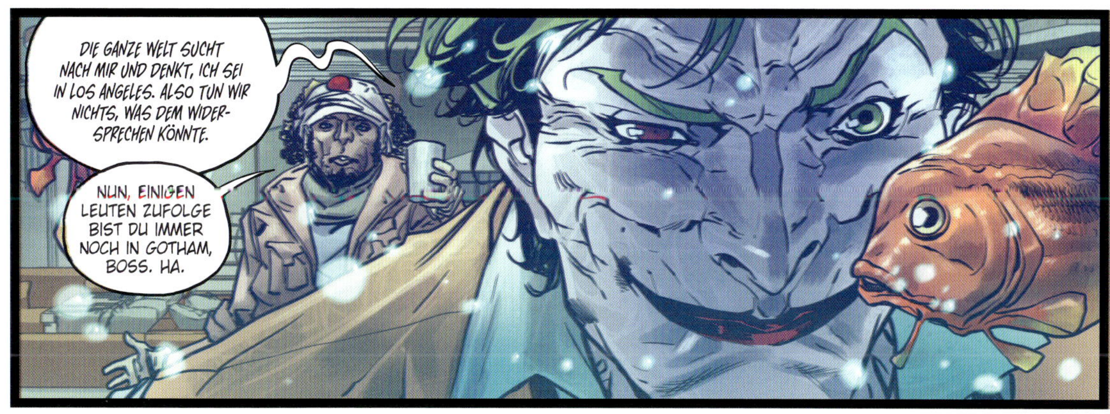
DIE GANZE WELT SUCHT NACH MIR UND DENKT, ICH SEI IN LOS ANGELES. ALSO TUN WIR NICHTS, WAS DEM WIDER-SPRECHEN KÖNNTE.
NUN, EINIGEN LEUTEN ZUFOLGE BIST DU IMMER NOCH IN GOTHAM, BOSS. HA.

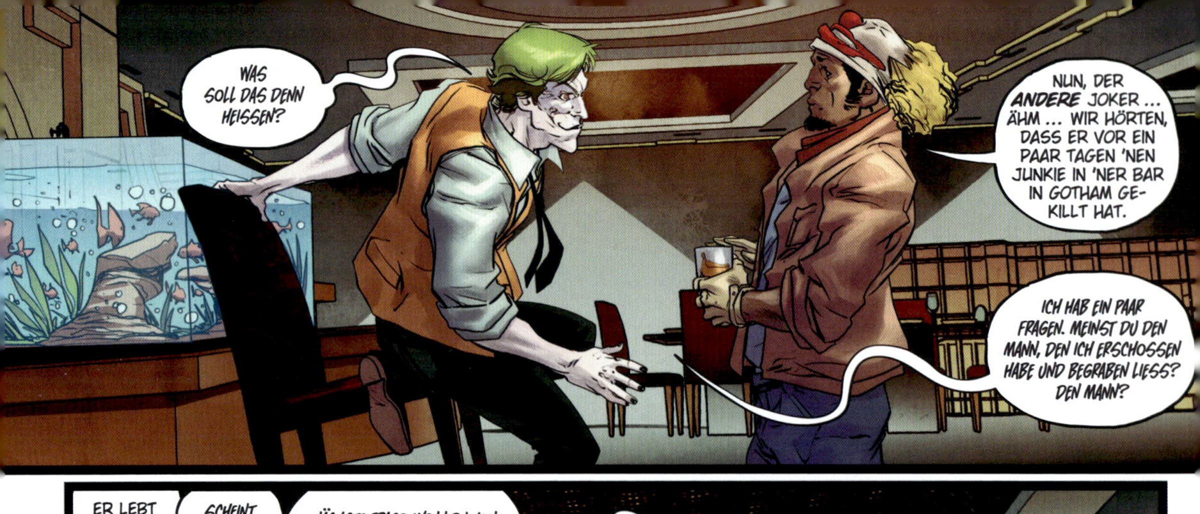
WAS SOLL DAS DENN HEISSEN?
NUN, DER ANDERE JOKER ... ÄHM ... WIR HÖRTEN, DASS ER VOR EIN PAAR TAGEN 'NEN JUNKIE IN 'NER BAR IN GOTHAM GE-KILLT HAT.
ICH HAB EIN PAAR FRAGEN. MEINST DU DEN MANN, DEN ICH ERSCHOSSEN HABE UND BEGRABEN LIESS? DEN MANN?

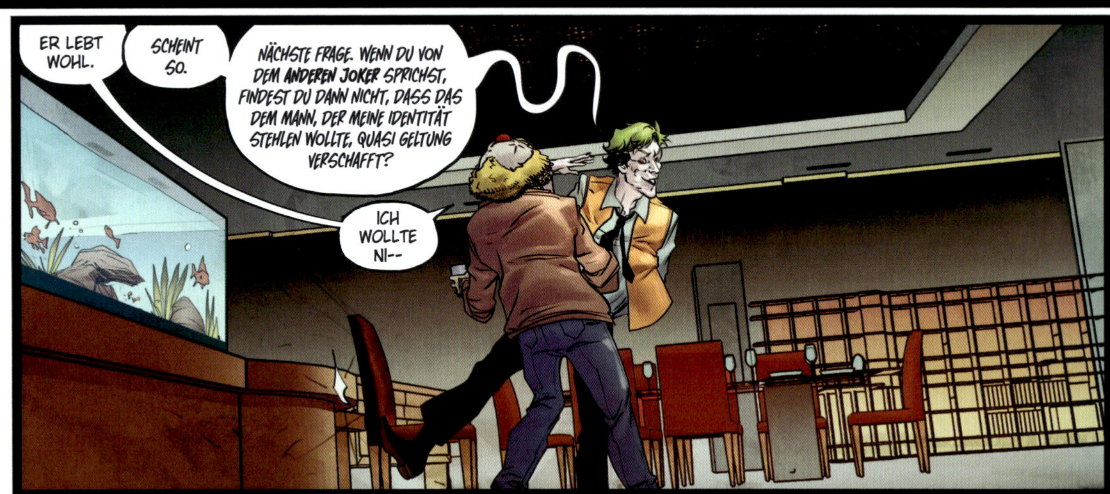
ER LEBT WOHL.
SCHEINT SO.
NÄCHSTE FRAGE. WENN DU VON DEM ANDEREN JOKER SPRICHST, FINDEST DU DANN NICHT, DASS DAS DEM MANN, DER MEINE IDENTITÄT STEHLEN WOLLTE, QUASI GELTUNG VERSCHAFFT?
ICH WOLLTE NI--

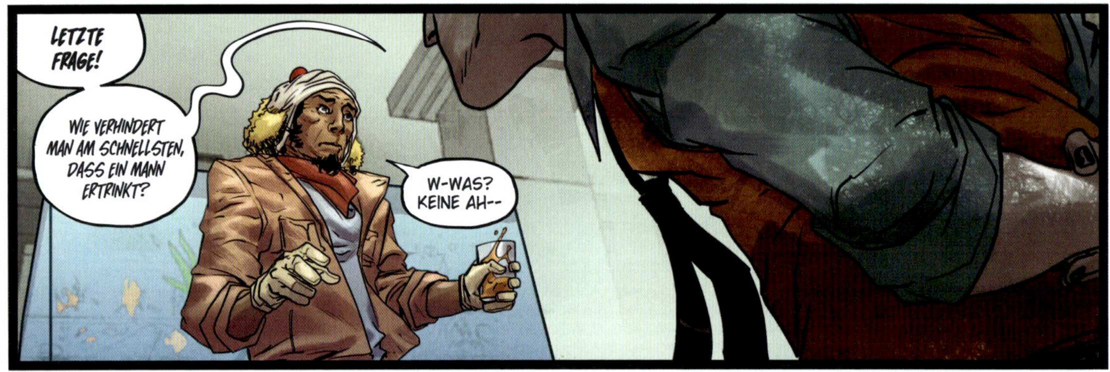
LETZTE FRAGE!
WIE VERHINDERT MAN AM SCHNELLSTEN, DASS EIN MANN ERTRINKT?
W-WAS? KEINE AH--

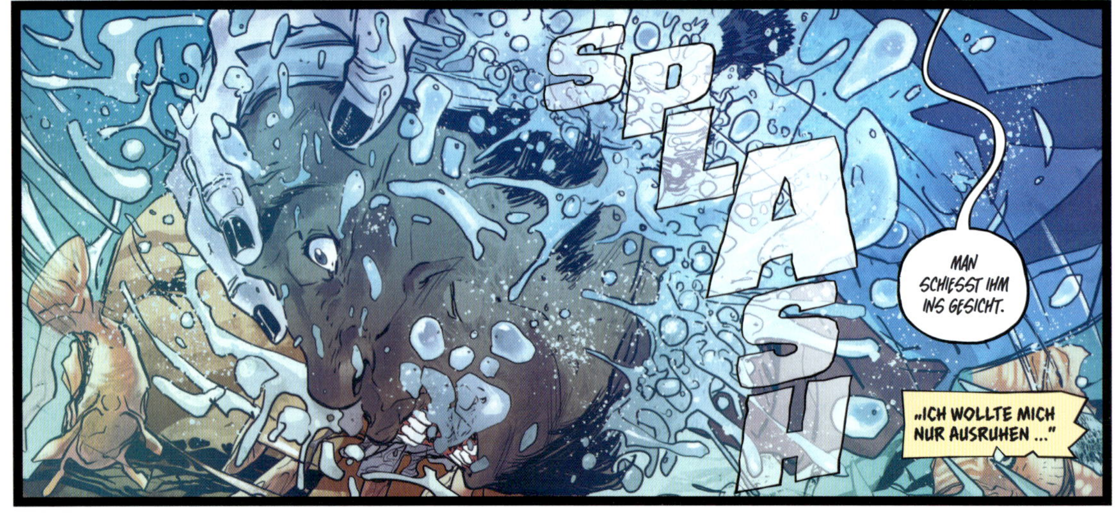
SPLASH
MAN SCHIESST IHM INS GESICHT.
„ICH WOLLTE MICH NUR AUSRUHEN ..."

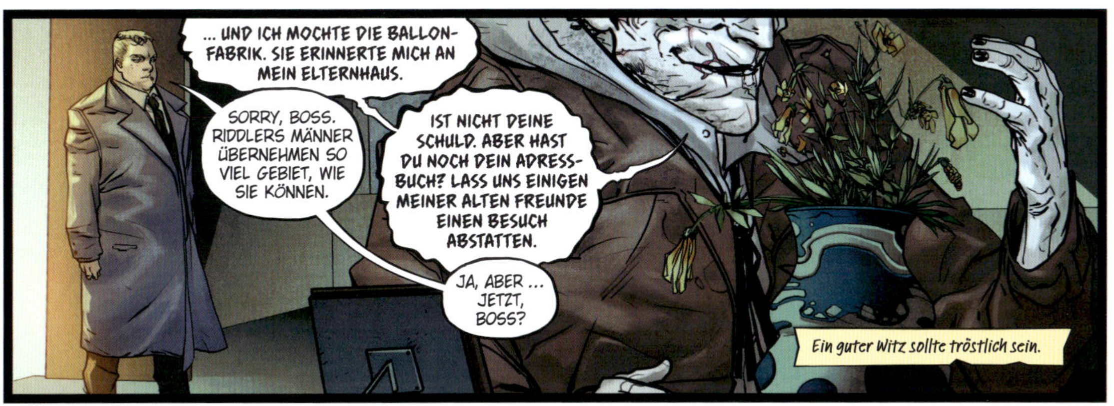
... UND ICH MOCHTE DIE BALLON-FABRIK. SIE ERINNERTE MICH AN MEIN ELTERNHAUS.
SORRY, BOSS. RIDDLERS MÄNNER ÜBERNEHMEN SO VIEL GEBIET, WIE SIE KÖNNEN.
IST NICHT DEINE SCHULD. ABER HAST DU NOCH DEIN ADRESS-BUCH? LASS UNS EINIGEN MEINER ALTEN FREUNDE EINEN BESUCH ABSTATTEN.
JA, ABER ... JETZT, BOSS?
Ein guter Witz sollte tröstlich sein.

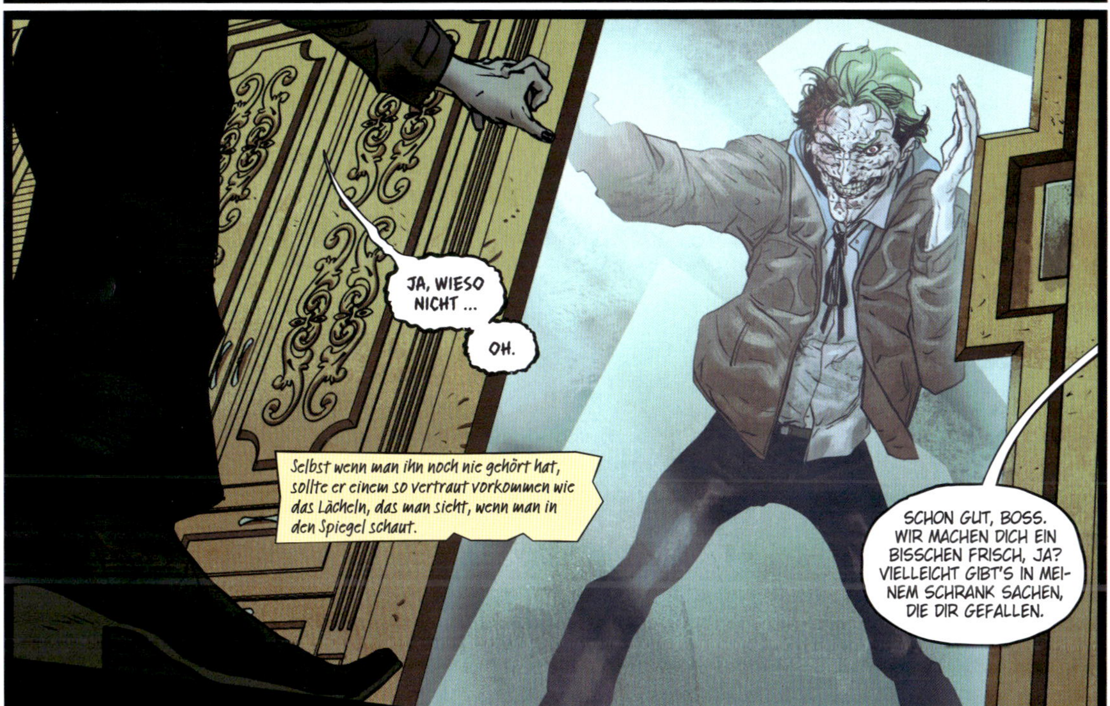
JA, WIESO NICHT ...
OH.
Selbst wenn man ihn noch nie gehört hat, sollte er einem so vertraut vorkommen wie das Lächeln, das man sieht, wenn man in den Spiegel schaut.
SCHON GUT, BOSS. WIR MACHEN DICH EIN BISSCHEN FRISCH, JA? VIELLEICHT GIBT'S IN MEINEM SCHRANK SACHEN, DIE DIR GEFALLEN.

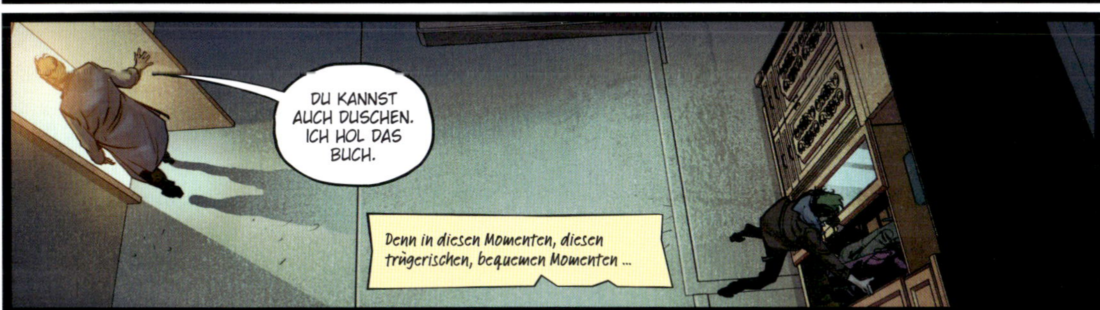
DU KANNST AUCH DUSCHEN. ICH HOL DAS BUCH.
Denn in diesen Momenten, diesen trügerischen, bequemen Momenten ...

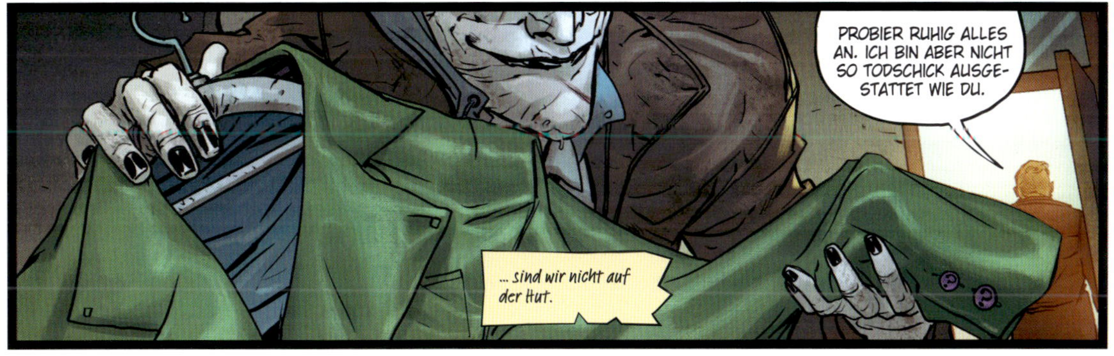
PROBIER RUHIG ALLES AN. ICH BIN ABER NICHT SO TODSCHICK AUSGE-STATTET WIE DU.
... sind wir nicht auf der Hut.

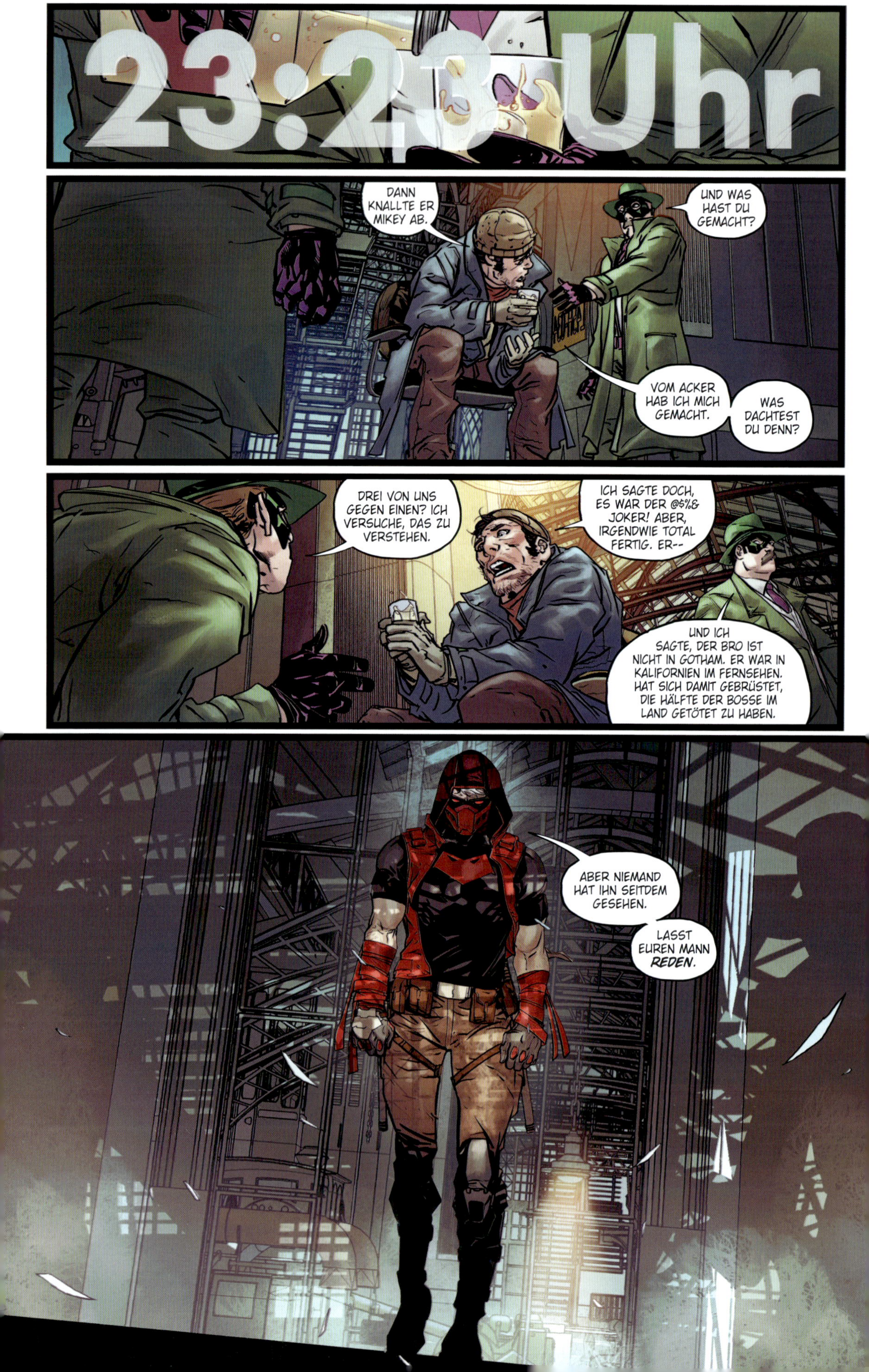

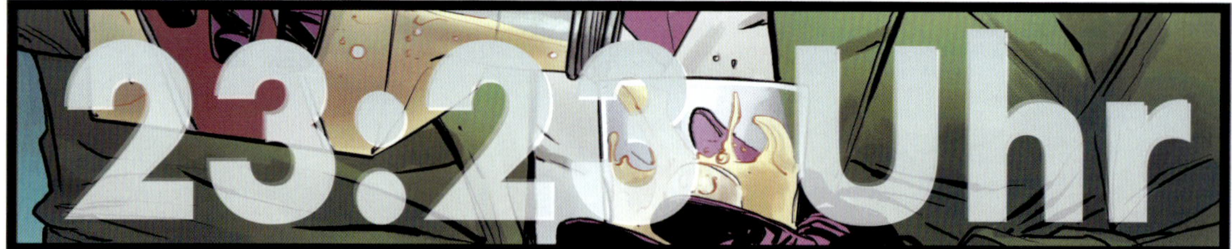
23:23 Uhr

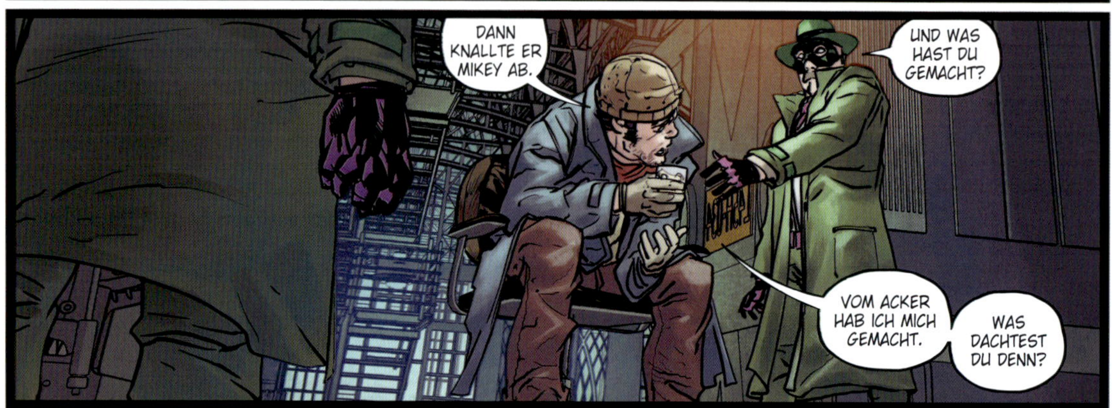
DANN KNALLTE ER MIKEY AB.
UND WAS HAST DU GEMACHT?
VOM ACKER HAB ICH MICH GEMACHT.
WAS DACHTEST DU DENN?

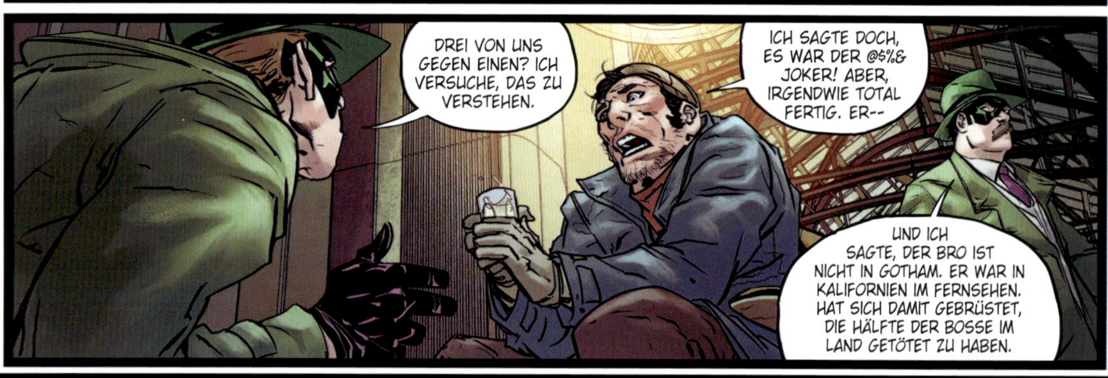
DREI VON UNS GEGEN EINEN? ICH VERSUCHE, DAS ZU VERSTEHEN.
ICH SAGTE DOCH, ES WAR DER @$%& JOKER! ABER, IRGENDWIE TOTAL FERTIG. ER--
UND ICH SAGTE, DER BRO IST NICHT IN GOTHAM. ER WAR IN KALIFORNIEN IM FERNSEHEN. HAT SICH DAMIT GEBRÜSTET, DIE HÄLFTE DER BOSSE IM LAND GETÖTET ZU HABEN.

ABER NIEMAND HAT IHN SEITDEM GESEHEN.
LASST EUREN MANN **REDEN**.

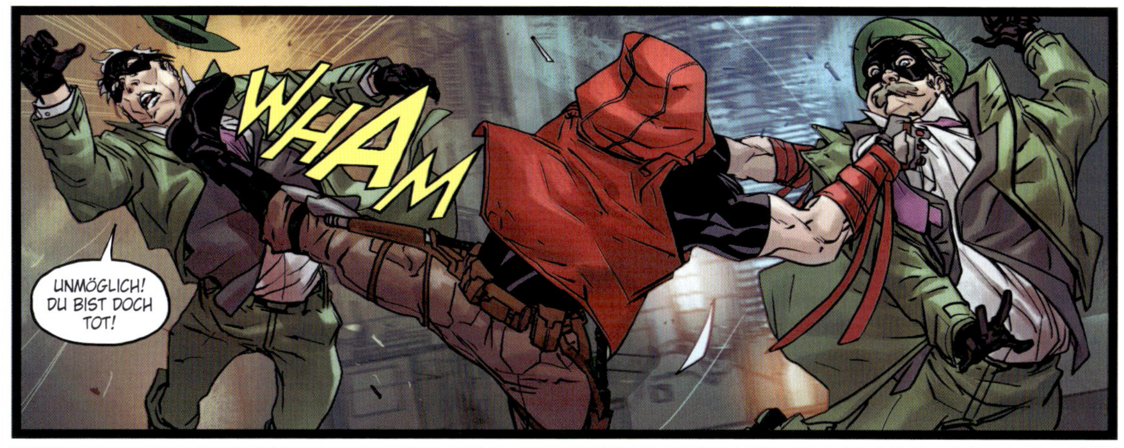
WHAM
UNMÖGLICH! DU BIST DOCH TOT!

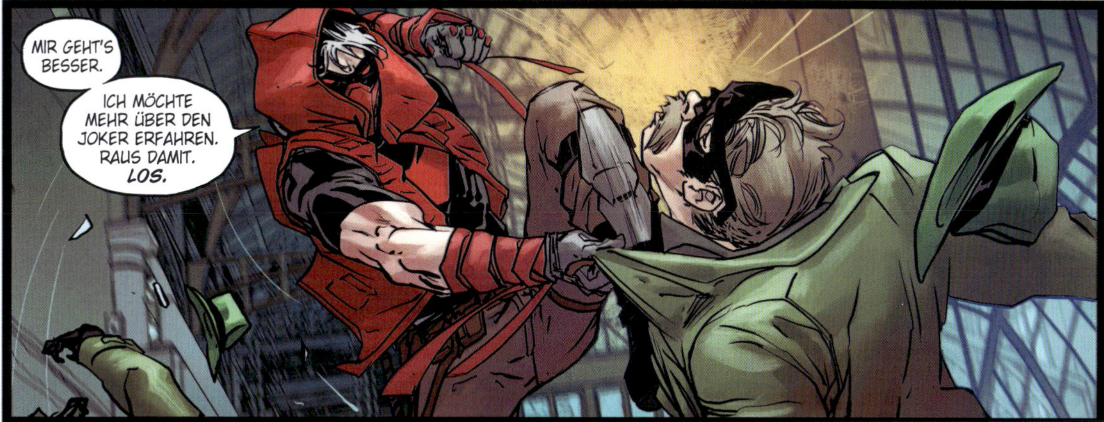
MIR GEHT'S BESSER.
ICH MÖCHTE MEHR ÜBER DEN JOKER ERFAHREN. RAUS DAMIT. LOS.

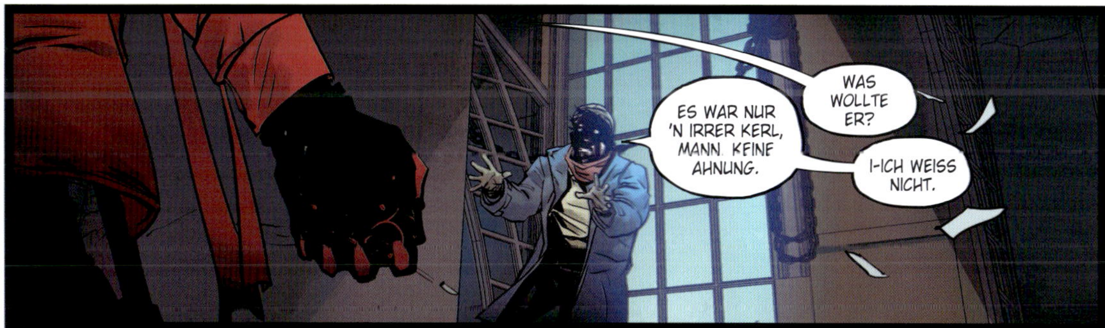
WAS WOLLTE ER?
I-ICH WEISS NICHT.
ES WAR NUR 'N IRRER KERL, MANN. KEINE AHNUNG.

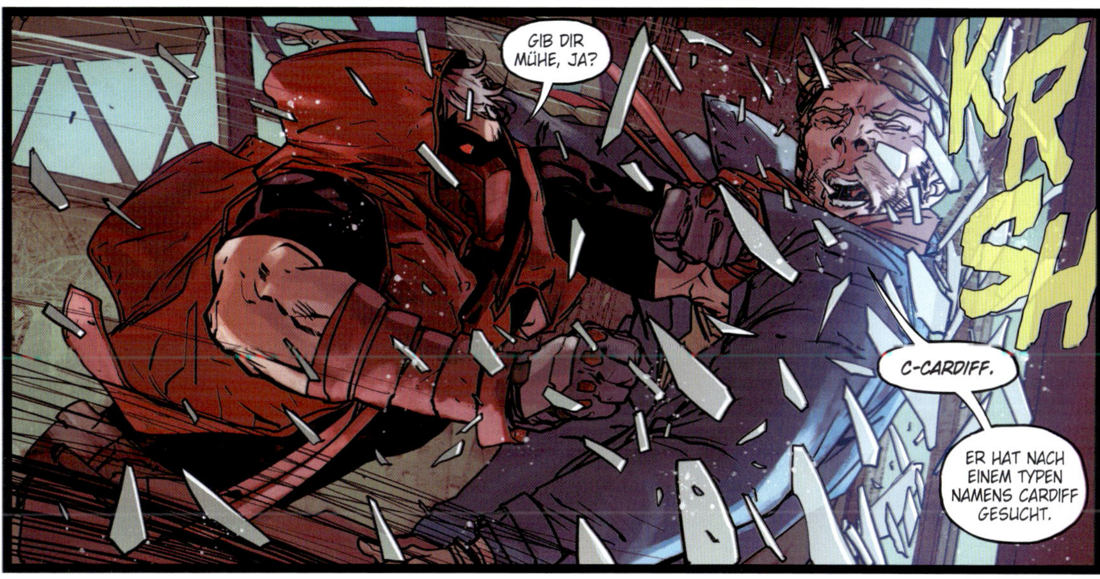
GIB DIR MÜHE, JA?
KRSH
C-CARDIFF.
ER HAT NACH EINEM TYPEN NAMENS CARDIFF GESUCHT.

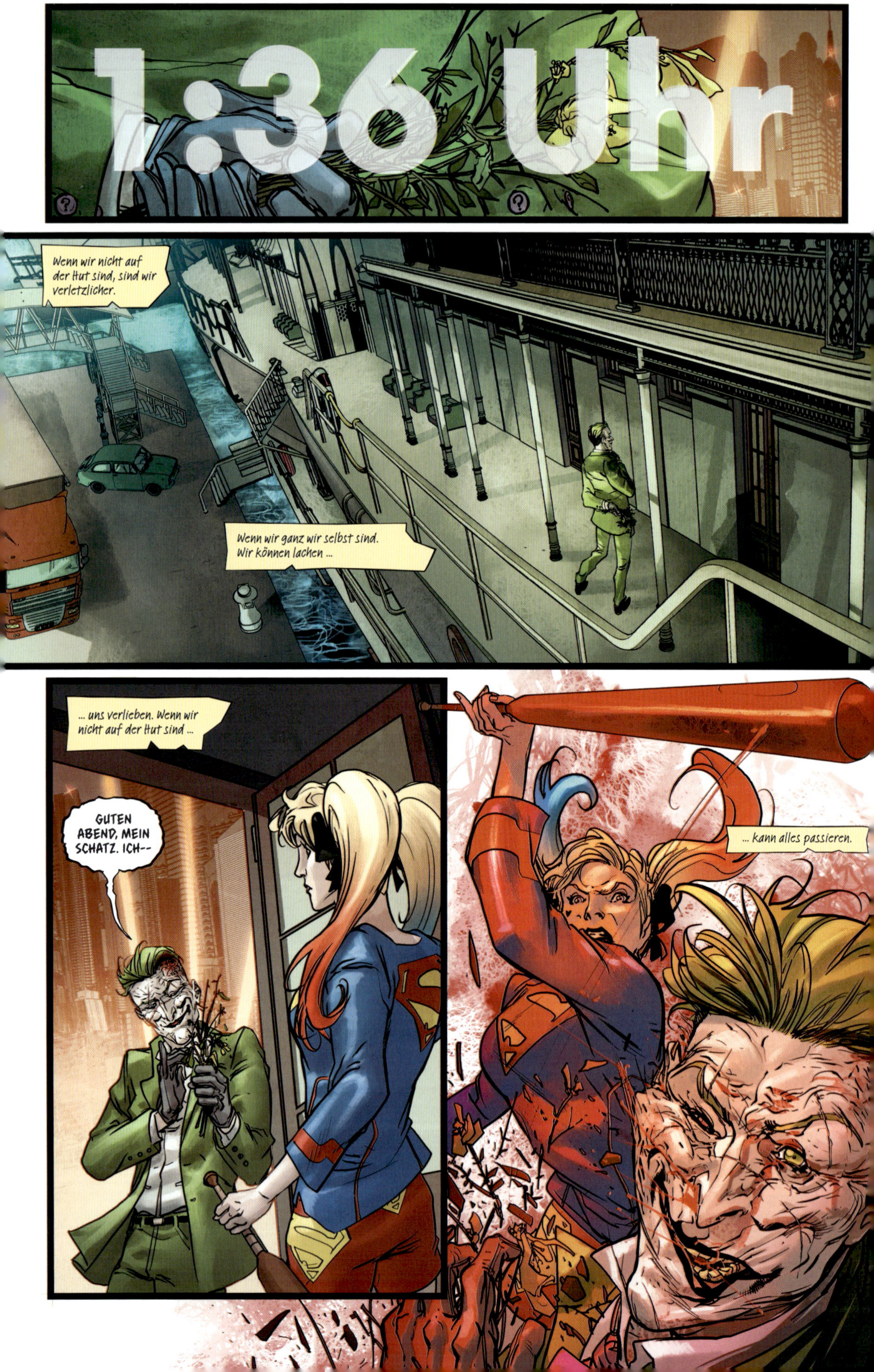

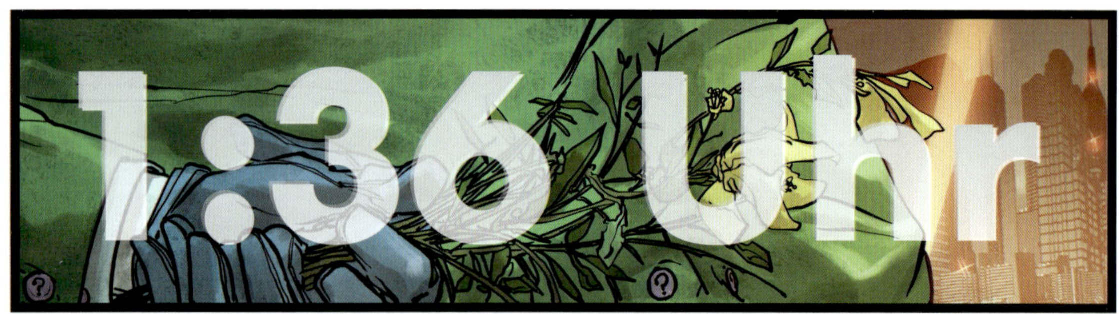

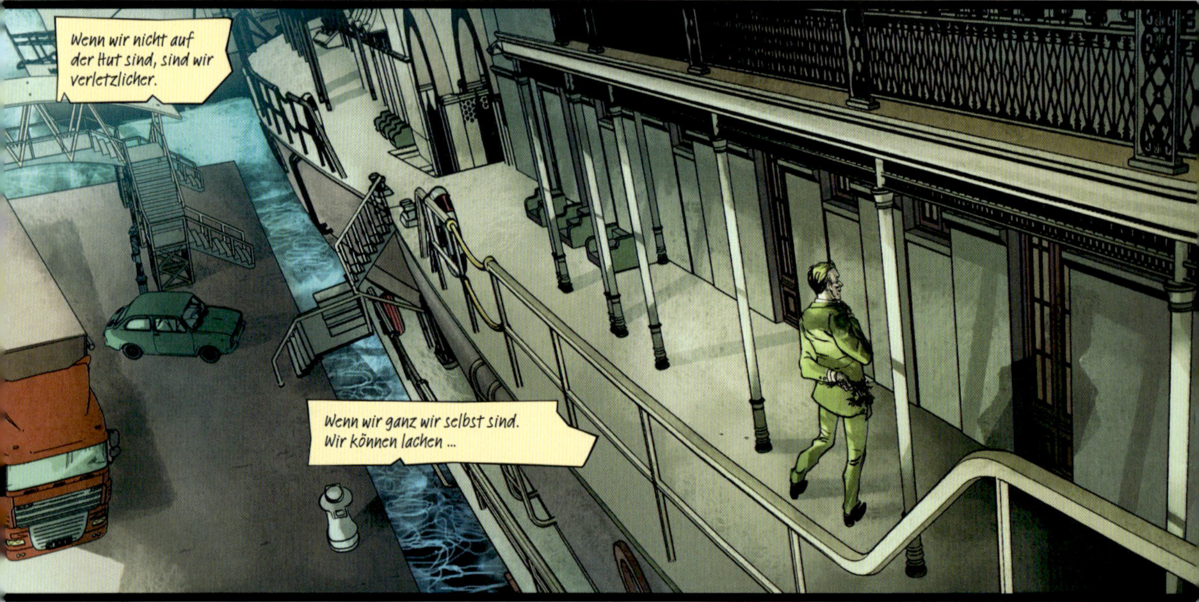

... uns verlieben. Wenn wir nicht auf der Hut sind ...

GUTEN ABEND, MEIN SCHATZ. ICH--

... kann alles passieren.

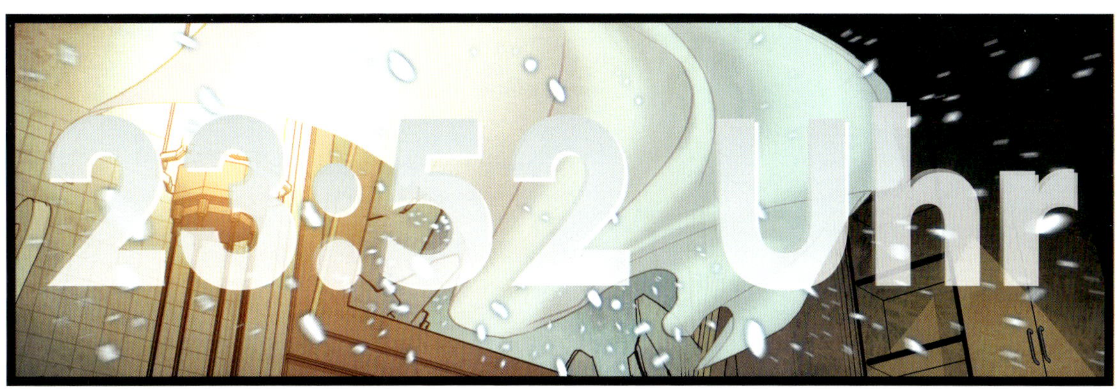
23:52 Uhr

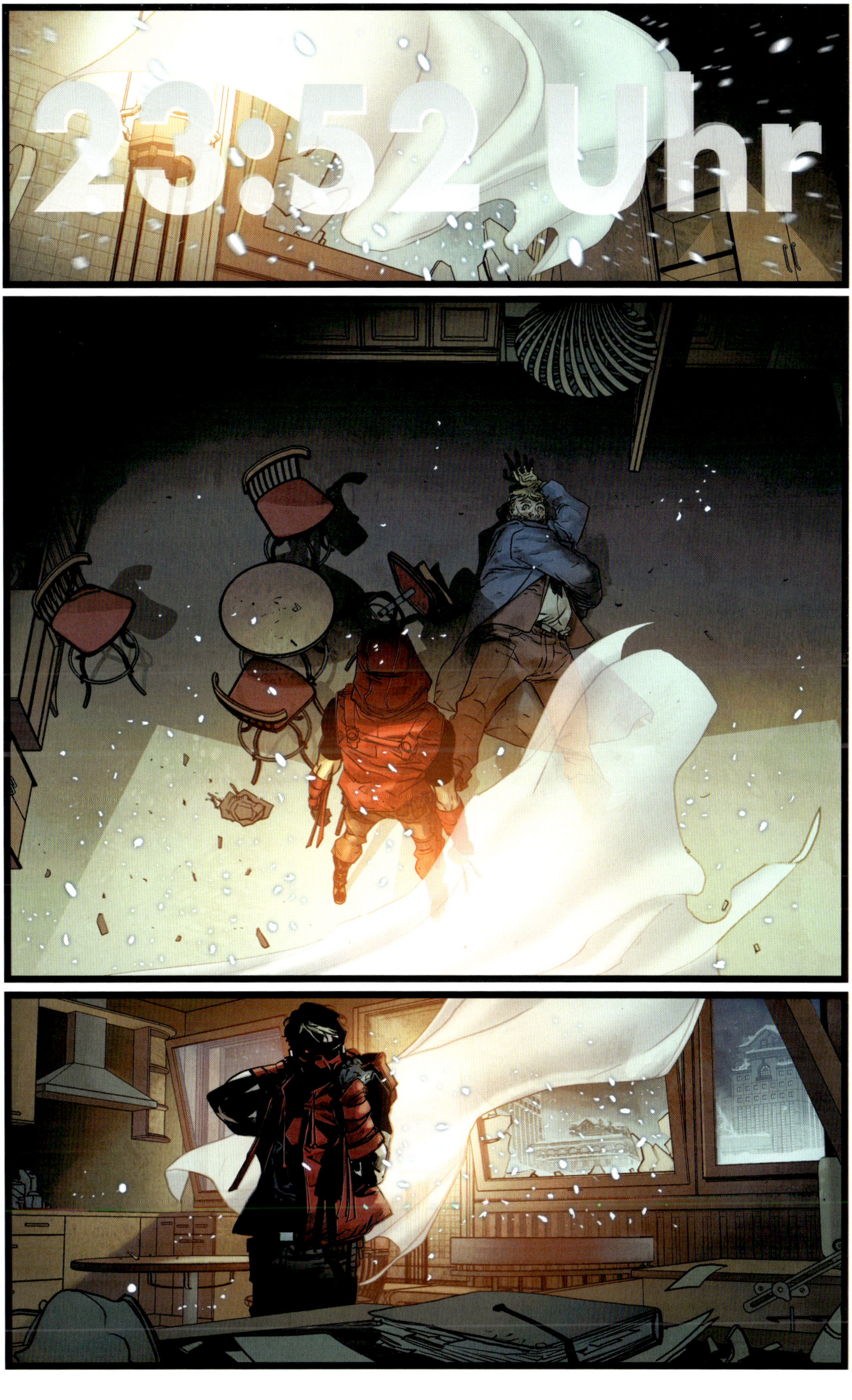

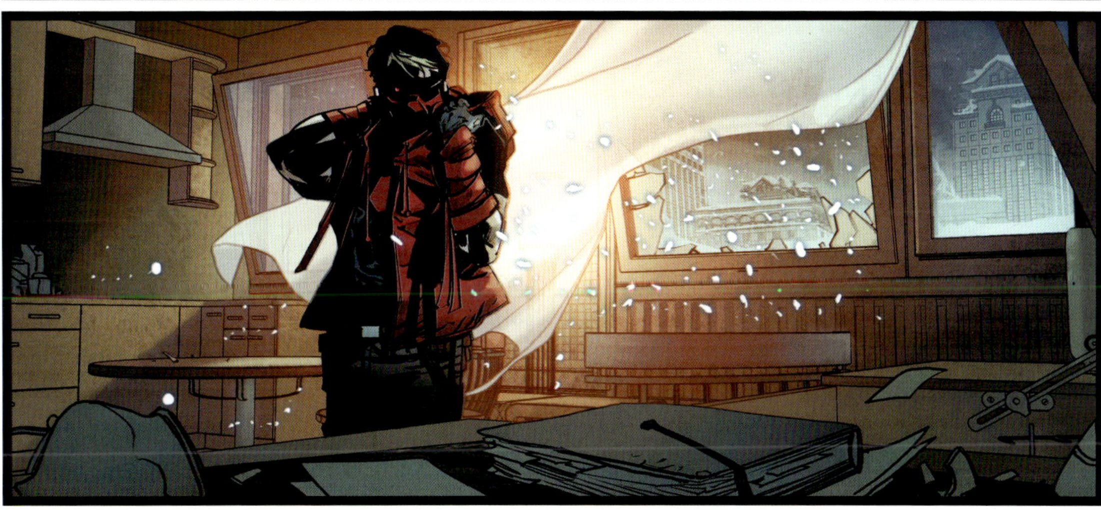

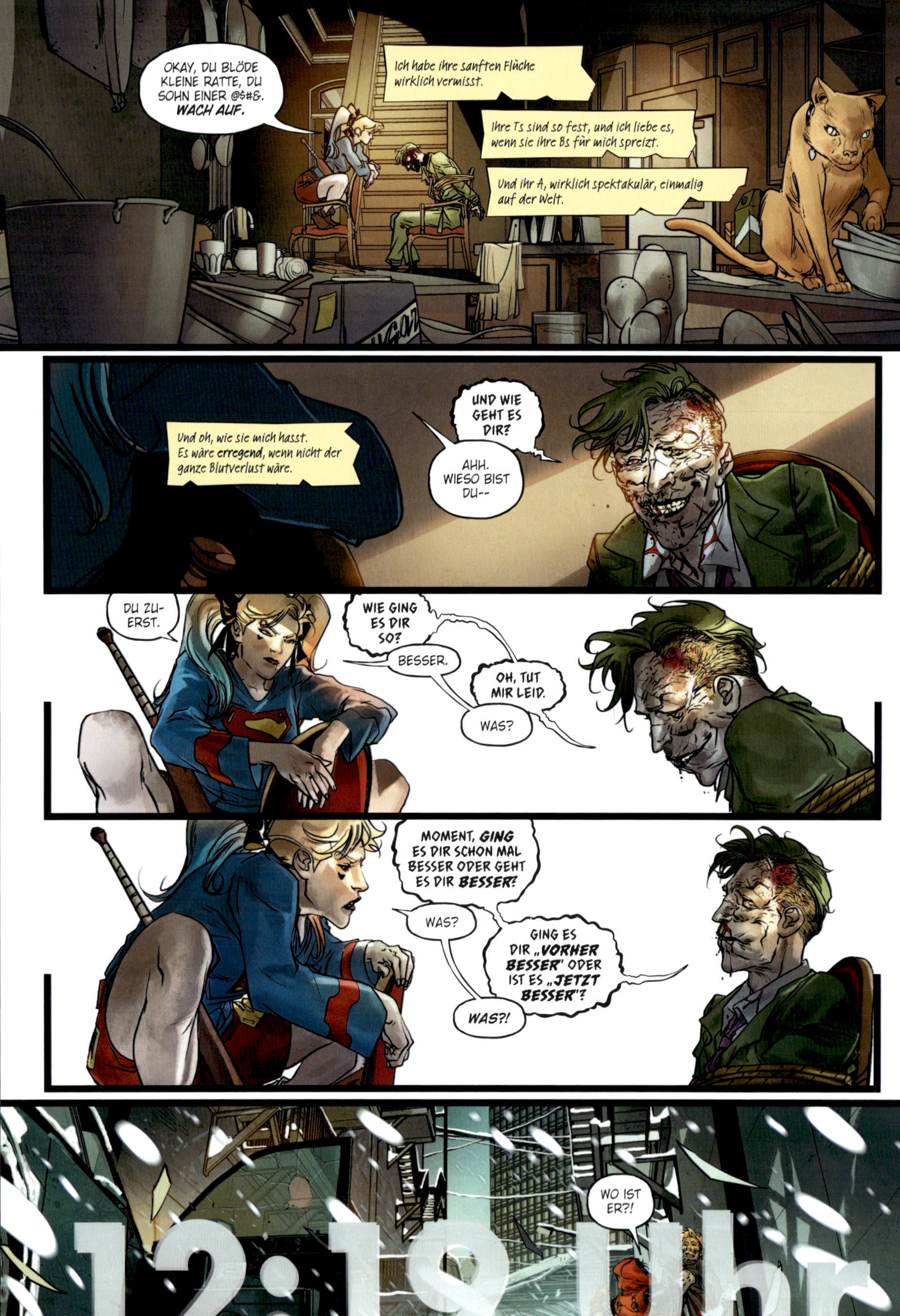
OKAY, DU BLÖDE KLEINE RATTE, DU SOHN EINER @$#&. WACH AUF.
Ich habe ihre sanften Flüche wirklich vermisst.
Ihre Ts sind so fest, und ich liebe es, wenn sie ihre Bs für mich spreizt.
Und ihr A, wirklich spektakulär, einmalig auf der Welt.
Und oh, wie sie mich hasst. Es wäre erregend, wenn nicht der ganze Blutverlust wäre.
UND WIE GEHT ES DIR?
AHH. WIESO BIST DU--
DU ZUERST.
WIE GING ES DIR SO?
BESSER.
OH, TUT MIR LEID.
WAS?
MOMENT, GING ES DIR SCHON MAL BESSER ODER GEHT ES DIR BESSER?
WAS?
GING ES DIR „VORHER BESSER" ODER IST ES „JETZT BESSER"?
WAS?!
12:19 Uhr
WO IST ER?!

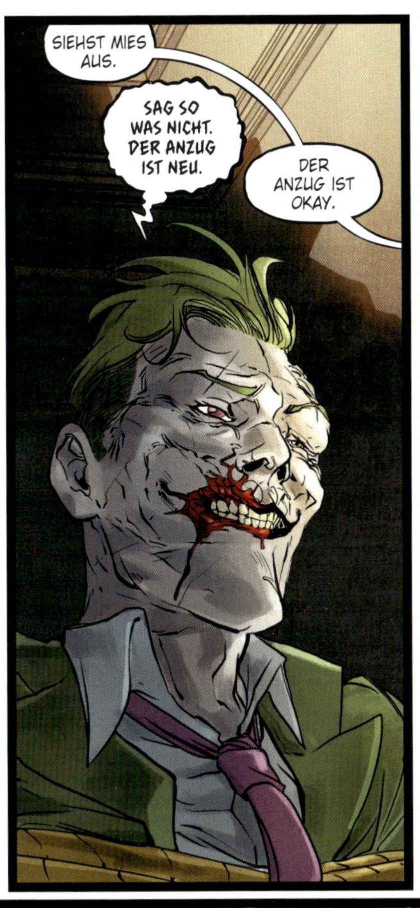
SIEHST MIES AUS.
SAG SO WAS NICHT. DER ANZUG IST NEU.
DER ANZUG IST OKAY.

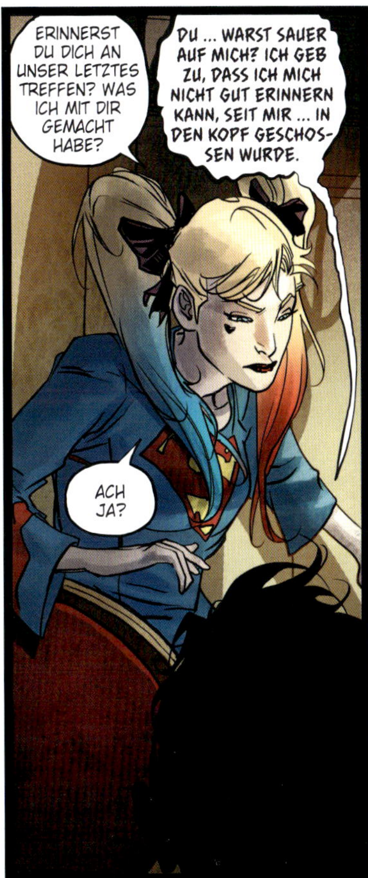
ERINNERST DU DICH AN UNSER LETZTES TREFFEN? WAS ICH MIT DIR GEMACHT HABE?
DU ... WARST SAUER AUF MICH? ICH GEB ZU, DASS ICH MICH NICHT GUT ERINNERN KANN, SEIT MIR ... IN DEN KOPF GESCHOSSEN WURDE.
ACH JA?

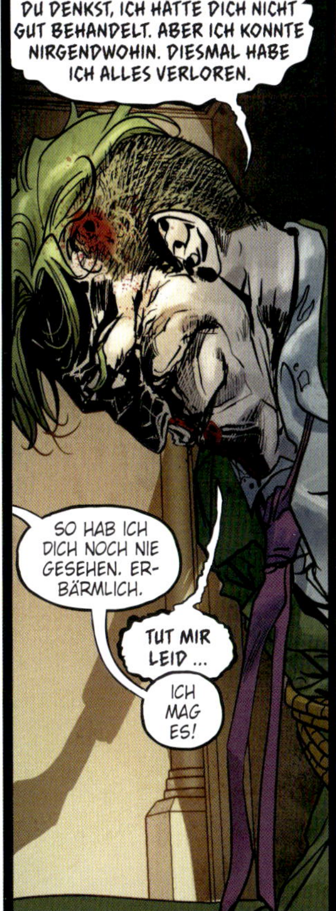
DU DENKST, ICH HÄTTE DICH NICHT GUT BEHANDELT. ABER ICH KONNTE NIRGENDWOHIN. DIESMAL HABE ICH ALLES VERLOREN.
SO HAB ICH DICH NOCH NIE GESEHEN. ERBÄRMLICH.
TUT MIR LEID ...
ICH MAG ES!

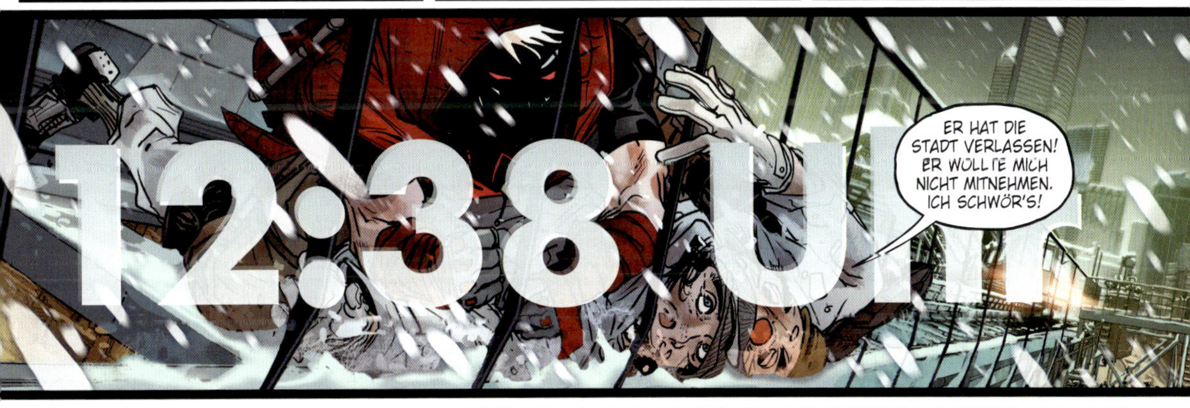
12:38 Uhr
ER HAT DIE STADT VERLASSEN! ER WOLLTE MICH NICHT MITNEHMEN. ICH SCHWÖR'S!

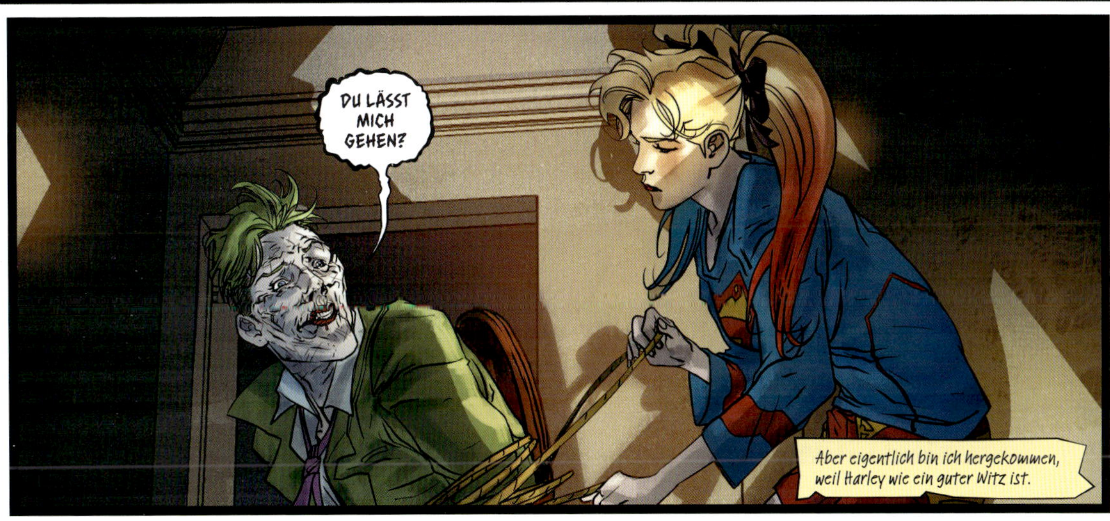
DU LÄSST MICH GEHEN?
Aber eigentlich bin ich hergekommen, weil Harley wie ein guter Witz ist.

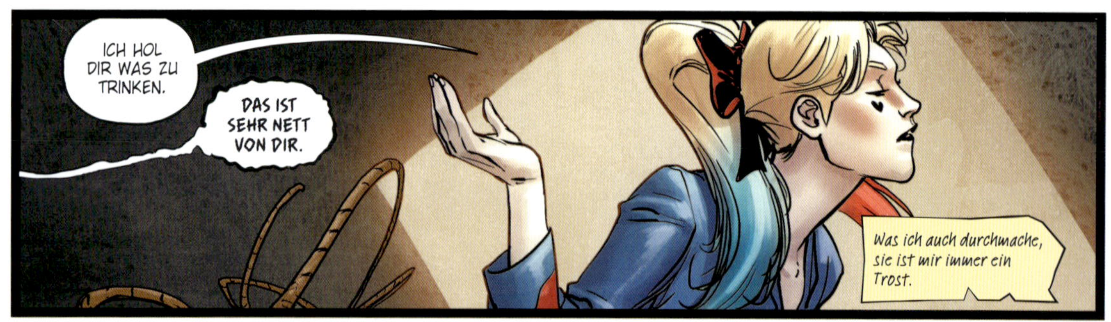
ICH HOL DIR WAS ZU TRINKEN.
DAS IST SEHR NETT VON DIR.
Was ich auch durchmache, sie ist mir immer ein Trost.

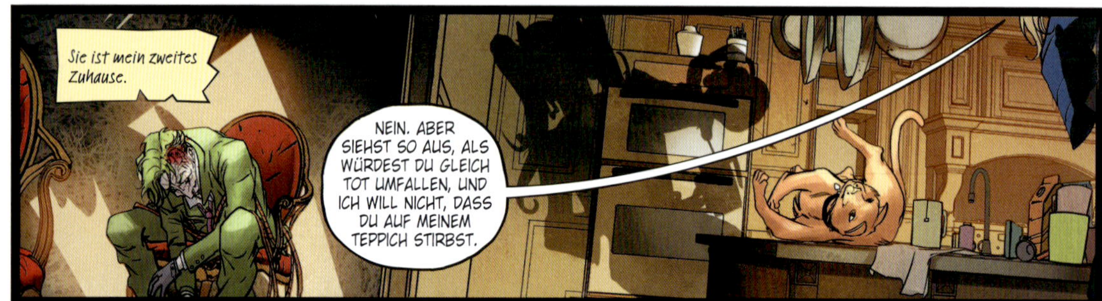
Sie ist mein zweites Zuhause.
NEIN. ABER SIEHST SO AUS, ALS WÜRDEST DU GLEICH TOT UMFALLEN, UND ICH WILL NICHT, DASS DU AUF MEINEM TEPPICH STIRBST.

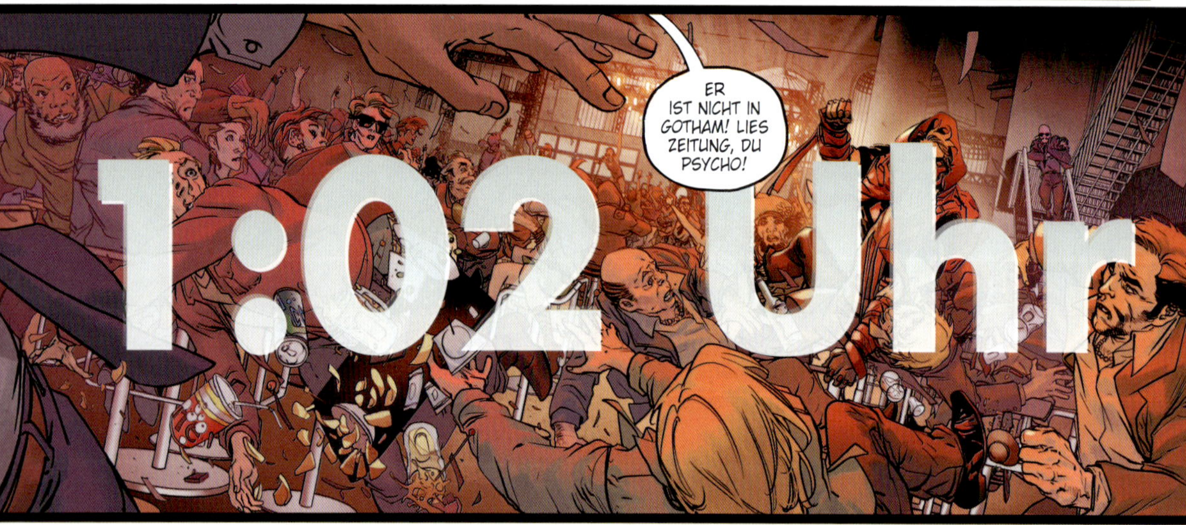
1:02 Uhr
ER IST NICHT IN GOTHAM! LIES ZEITUNG, DU PSYCHO!

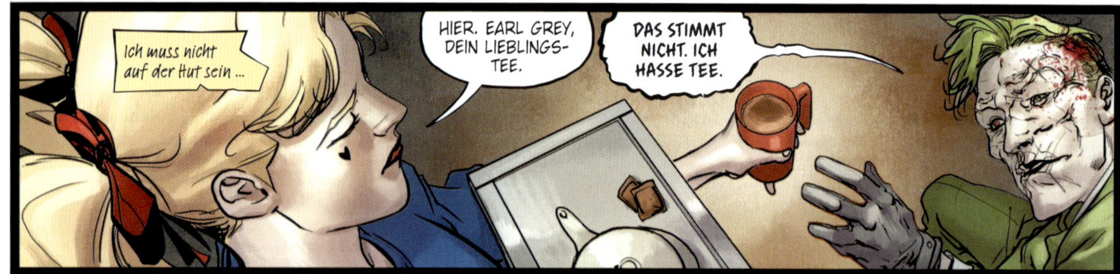
Ich muss nicht auf der Hut sein ...
HIER. EARL GREY, DEIN LIEBLINGS-TEE.
DAS STIMMT NICHT. ICH HASSE TEE.

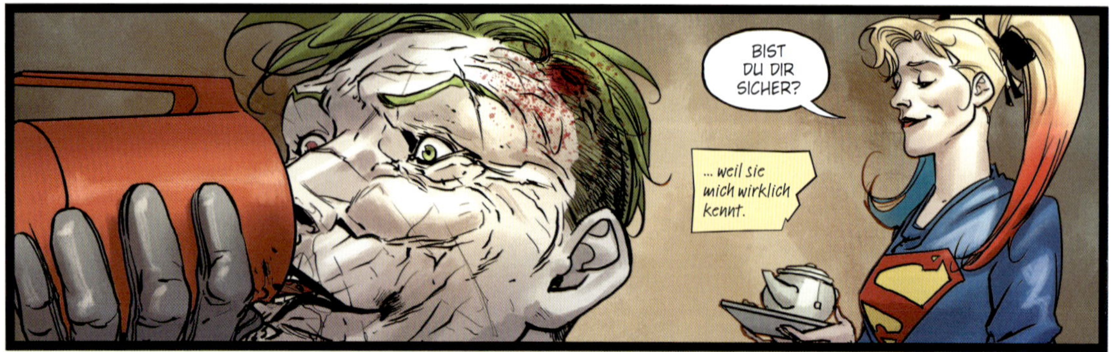
BIST DU DIR SICHER?
... weil sie mich wirklich kennt.

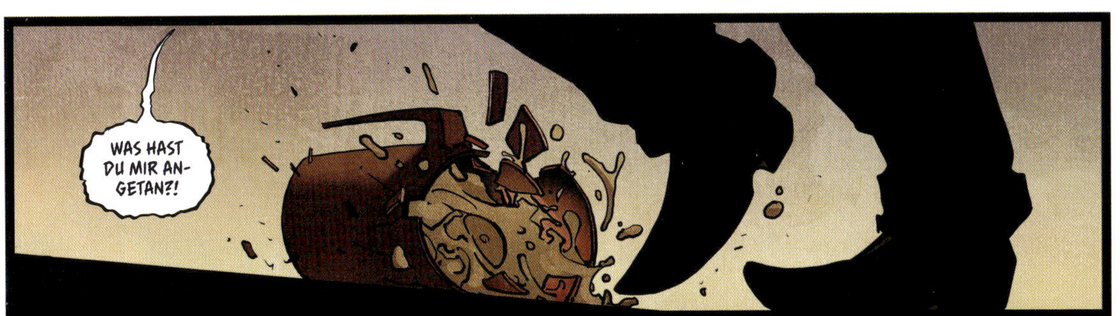
WAS HAST DU MIR AN-GETAN?!

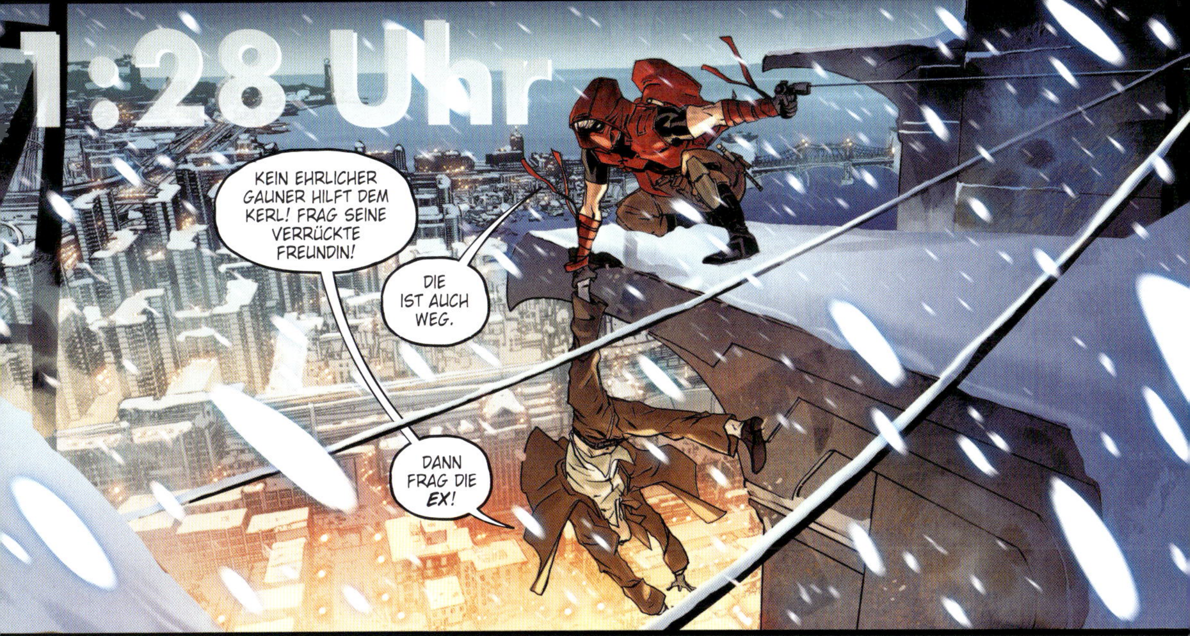
1:28 Uhr
KEIN EHRLICHER GAUNER HILFT DEM KERL! FRAG SEINE VERRÜCKTE FREUNDIN!
DIE IST AUCH WEG.
DANN FRAG DIE *EX*!

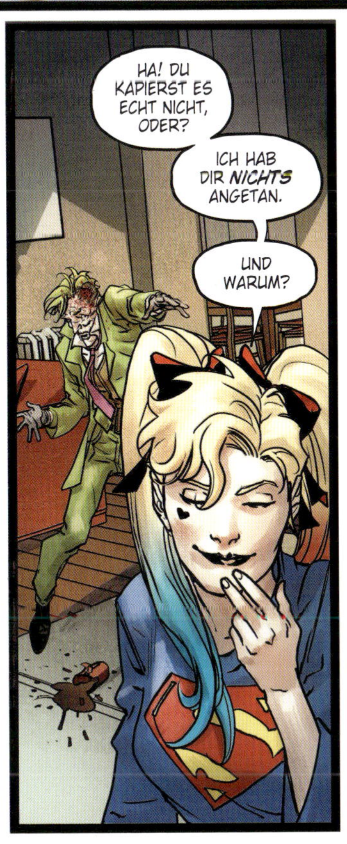
HA! DU KAPIERST ES ECHT NICHT, ODER?
ICH HAB DIR *NICHTS* ANGETAN.
UND WARUM?

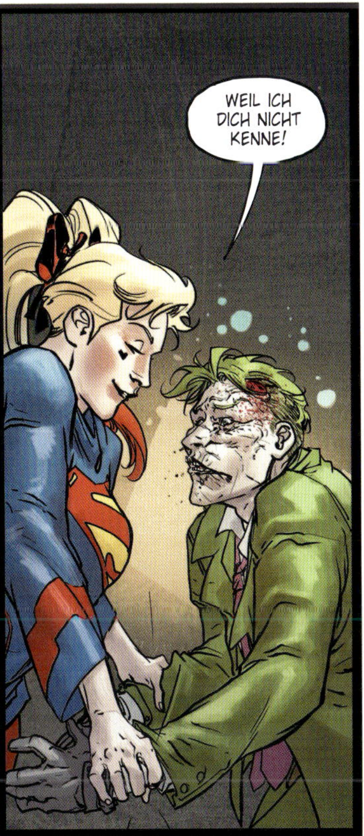
WEIL ICH DICH NICHT KENNE!

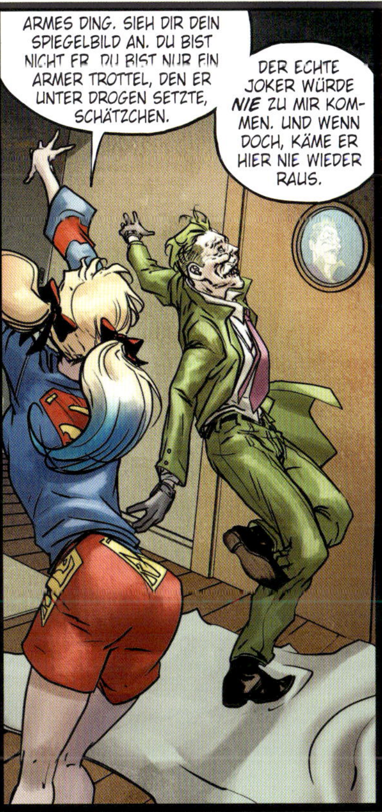
ARMES DING. SIEH DIR DEIN SPIEGELBILD AN. DU BIST NICHT ER. DU BIST NUR EIN ARMER TROTTEL, DEN ER UNTER DROGEN SETZTE, SCHÄTZCHEN.
DER ECHTE JOKER WÜRDE *NIE* ZU MIR KOM-MEN. UND WENN DOCH, KÄME ER HIER NIE WIEDER RAUS.

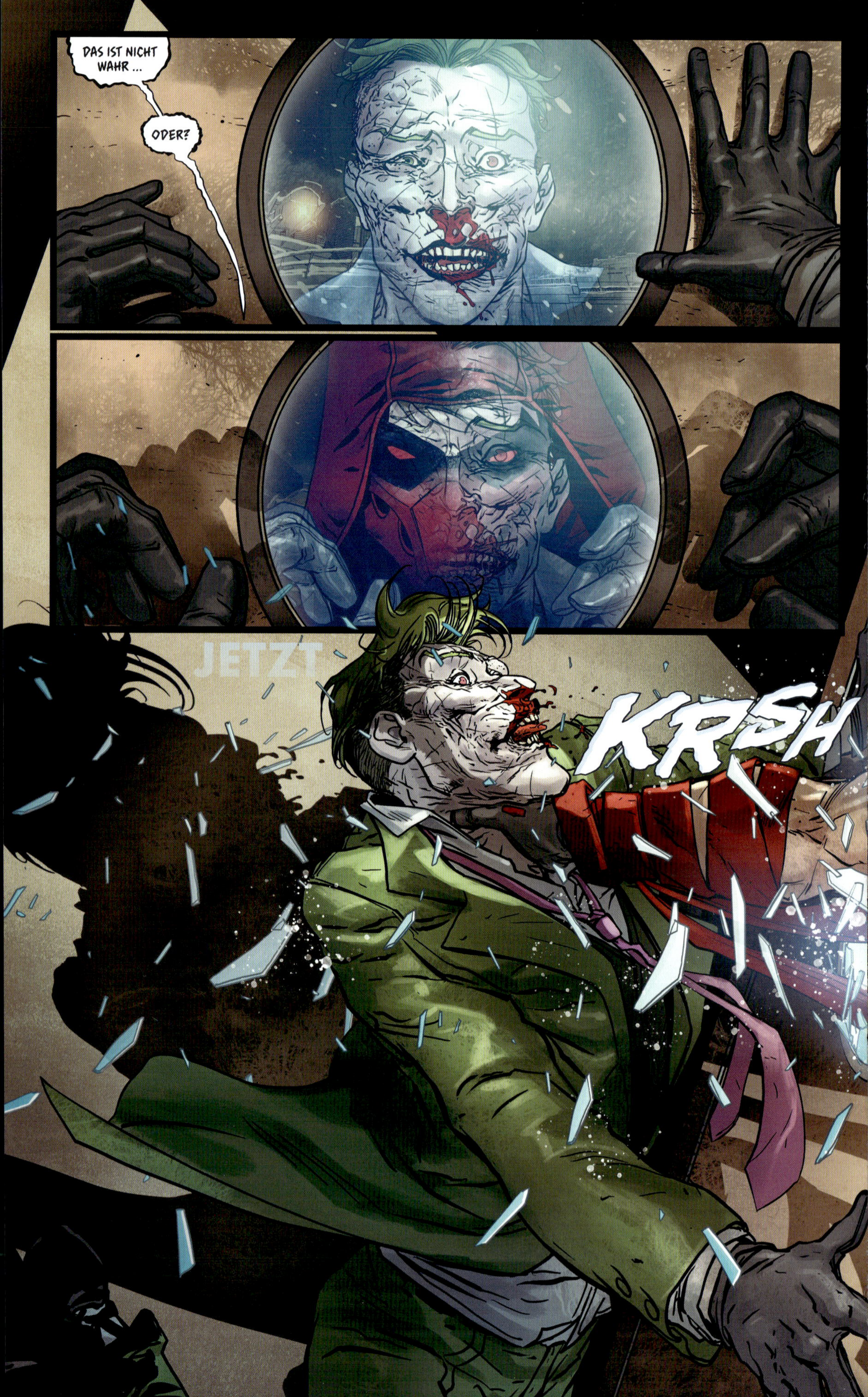
DAS IST NICHT WAHR ...
ODER?
JETZT
KRSH

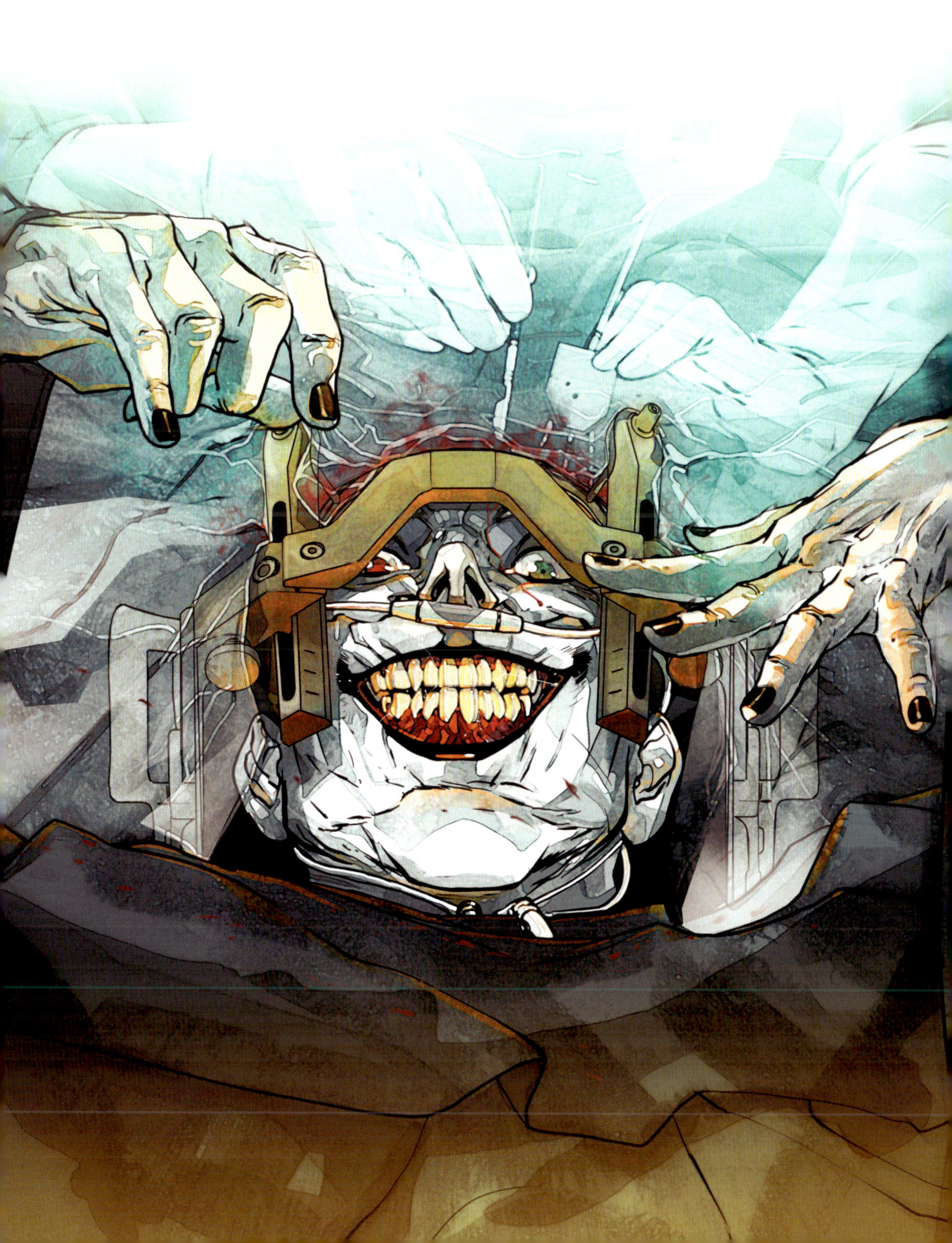

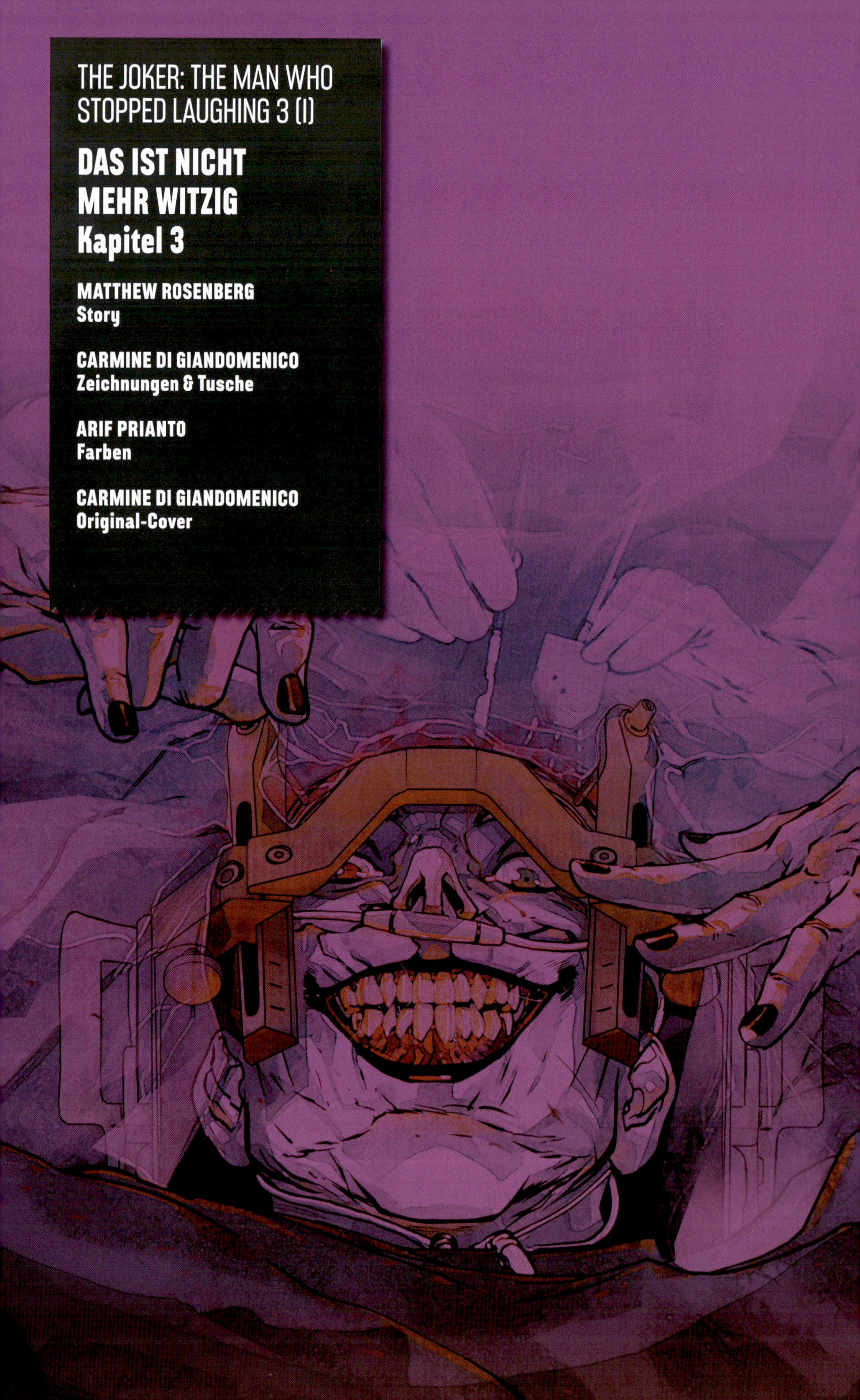

THE JOKER: THE MAN WHO STOPPED LAUGHING 3 (I)

DAS IST NICHT MEHR WITZIG
Kapitel 3

MATTHEW ROSENBERG
Story

CARMINE DI GIANDOMENICO
Zeichnungen & Tusche

ARIF PRIANTO
Farben

CARMINE DI GIANDOMENICO
Original-Cover

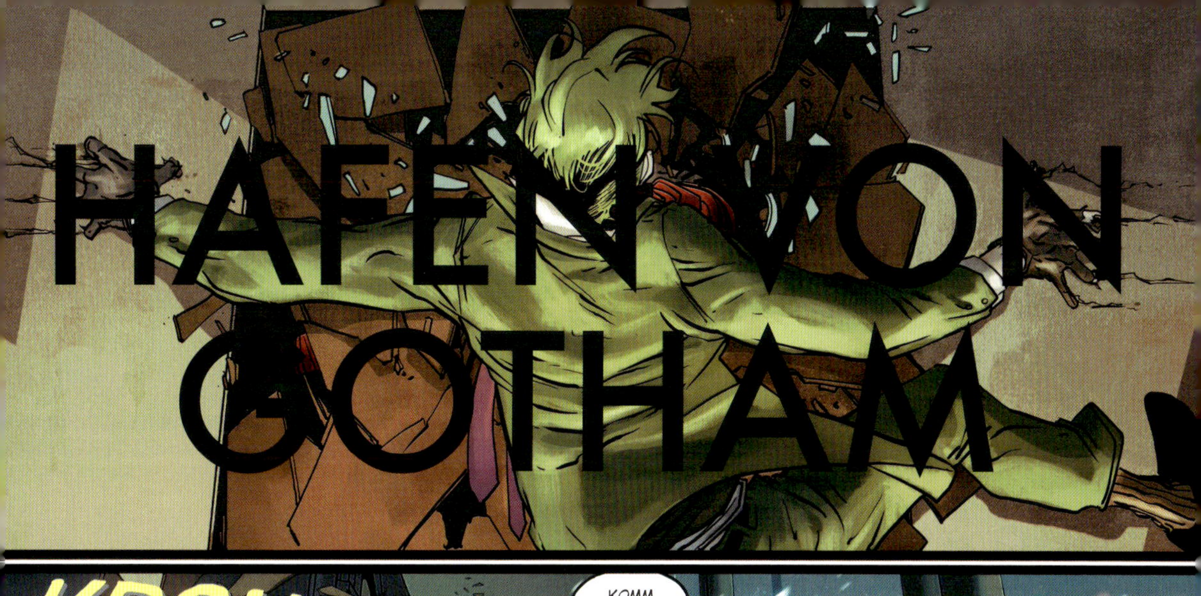
HAFEN VON GOTHAM

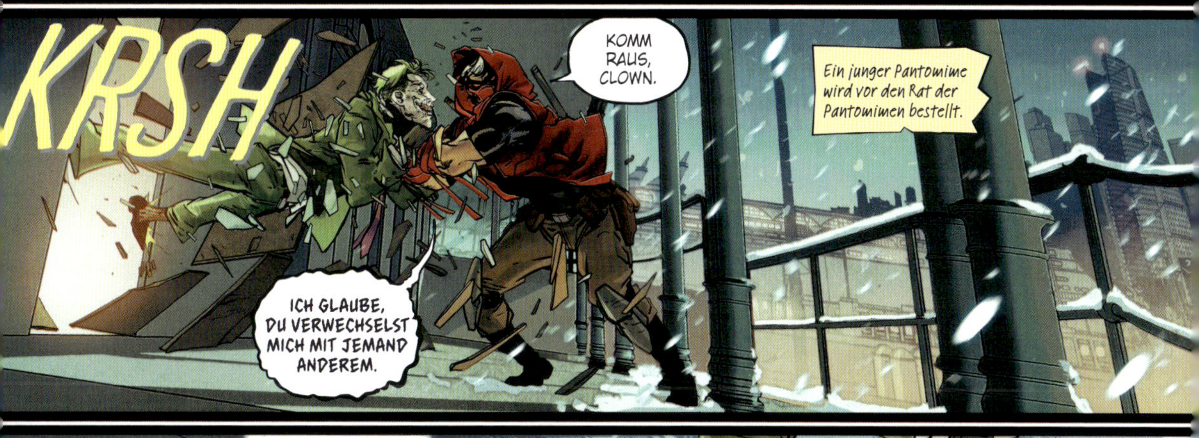
KRSH
KOMM RAUS, CLOWN.
Ein junger Pantomime wird vor den Rat der Pantomimen bestellt.
ICH GLAUBE, DU VERWECHSELST MICH MIT JEMAND ANDEREM.

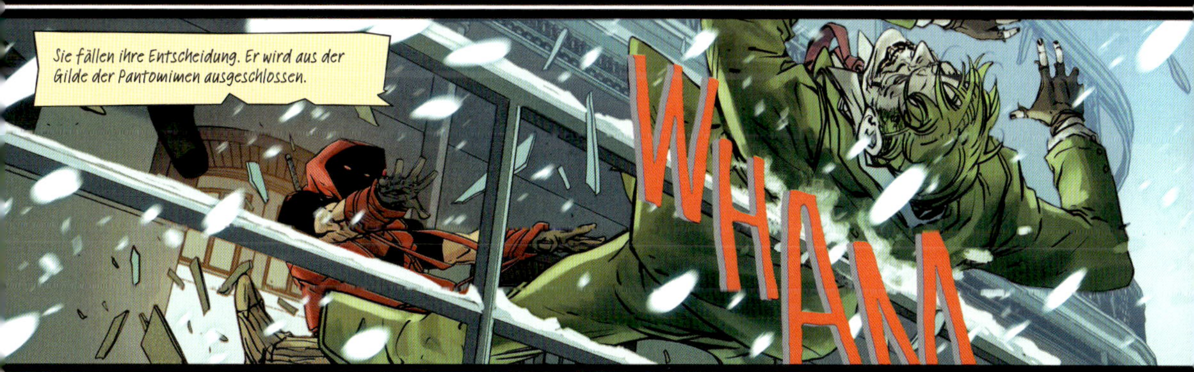
Sie fällen ihre Entscheidung. Er wird aus der Gilde der Pantomimen ausgeschlossen.
WHAM

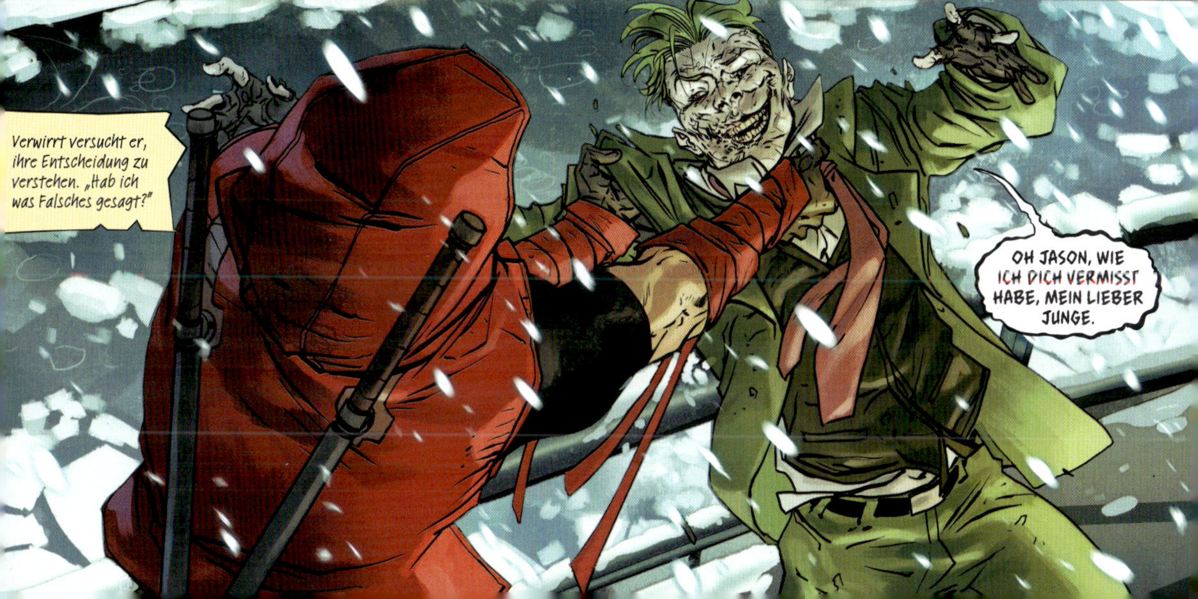
Verwirrt versucht er, ihre Entscheidung zu verstehen. „Hab ich was Falsches gesagt?"
OH JASON, WIE ICH DICH VERMISST HABE, MEIN LIEBER JUNGE.

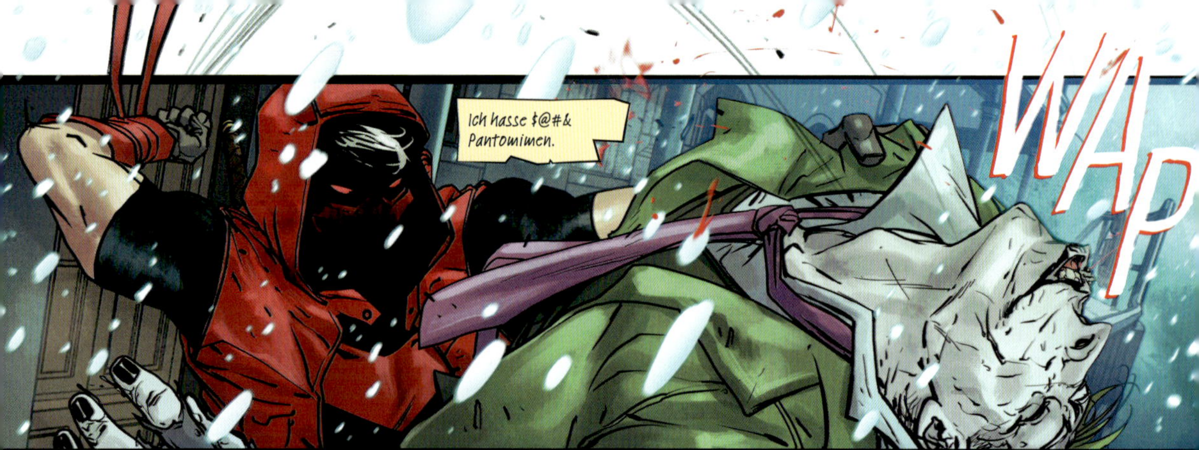
Ich hasse $@#& Pantomimen.
WAP

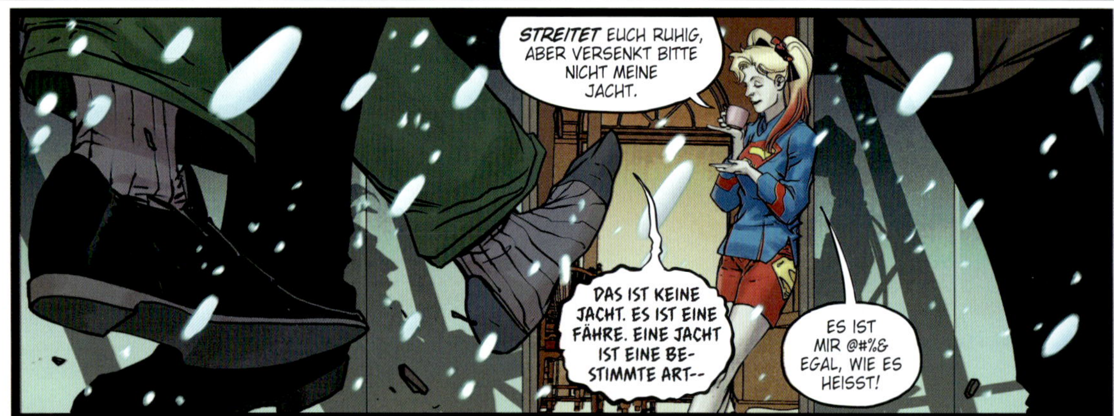
STREITET EUCH RUHIG, ABER VERSENKT BITTE NICHT MEINE JACHT.
DAS IST KEINE JACHT. ES IST EINE FÄHRE. EINE JACHT IST EINE BESTIMMTE ART--
ES IST MIR @#%& EGAL, WIE ES HEISST!

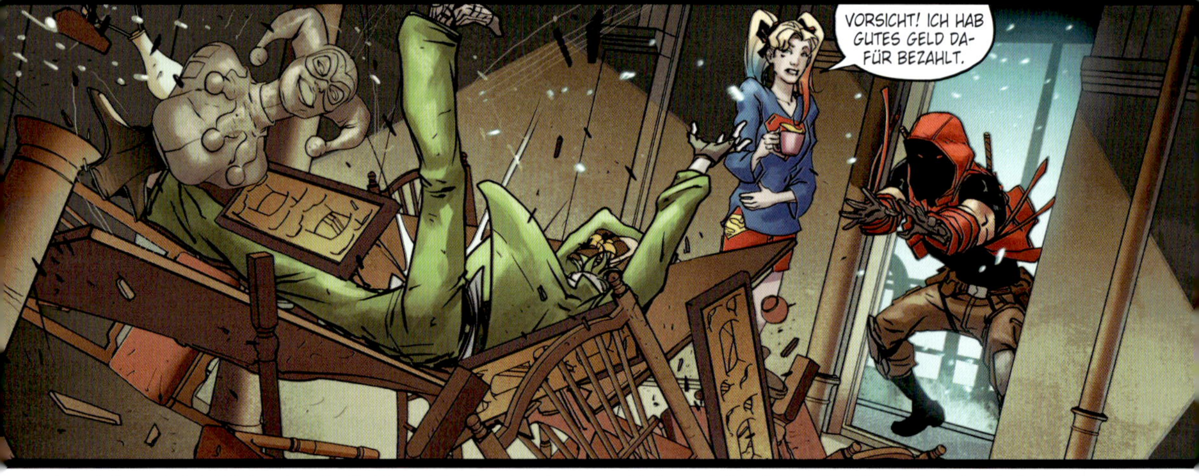
VORSICHT! ICH HAB GUTES GELD DAFÜR BEZAHLT.

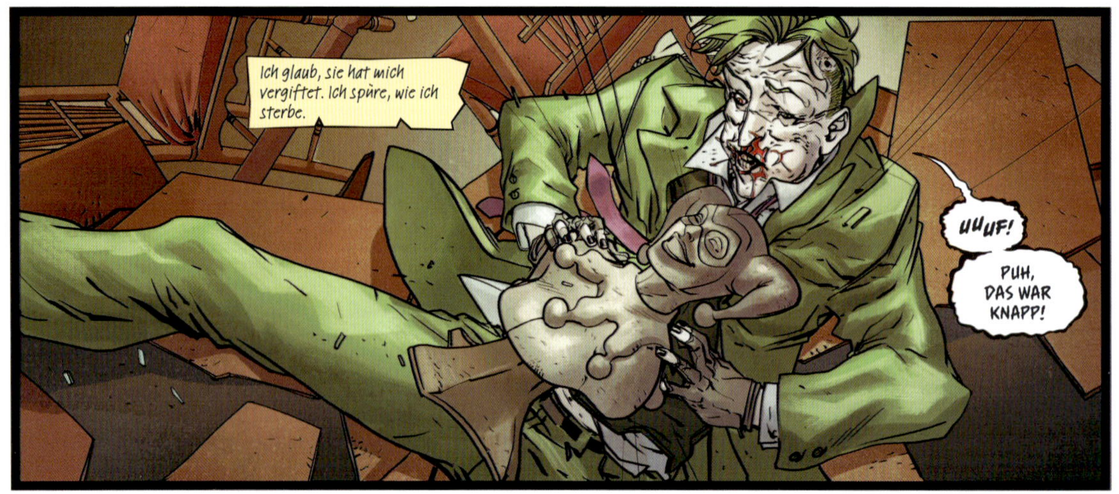
Ich glaub, sie hat mich vergiftet. Ich spüre, wie ich sterbe.
UUUF!
PUH, DAS WAR KNAPP!

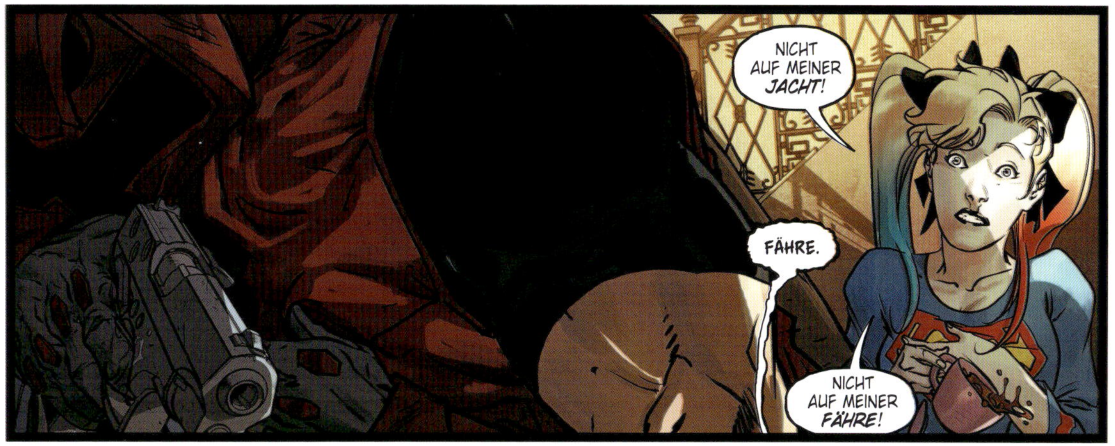
NICHT AUF MEINER *JACHT*!
FÄHRE.
NICHT AUF MEINER *FÄHRE*!

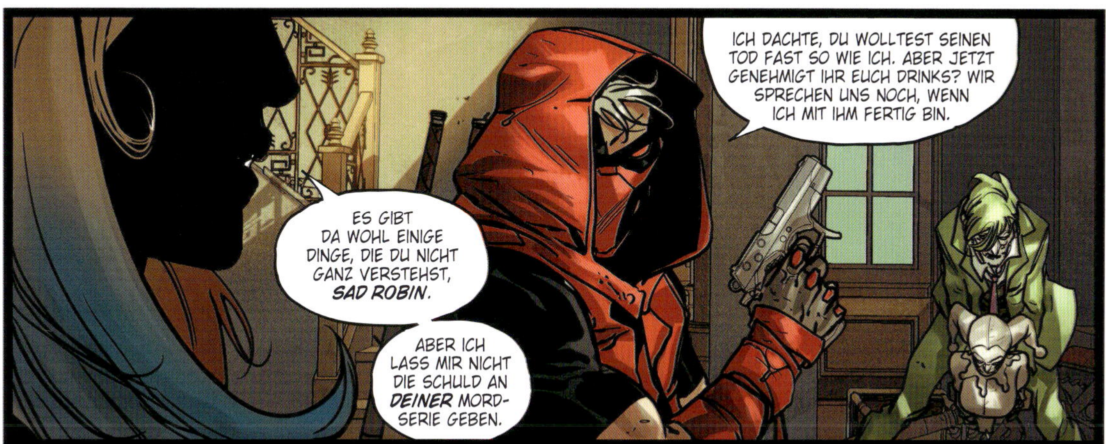
ICH DACHTE, DU WOLLTEST SEINEN TOD FAST SO WIE ICH. ABER JETZT GENEHMIGT IHR EUCH DRINKS? WIR SPRECHEN UNS NOCH, WENN ICH MIT IHM FERTIG BIN.
ES GIBT DA WOHL EINIGE DINGE, DIE DU NICHT GANZ VERSTEHST, *SAD ROBIN*.
ABER ICH LASS MIR NICHT DIE SCHULD AN *DEINER* MORD-SERIE GEBEN.

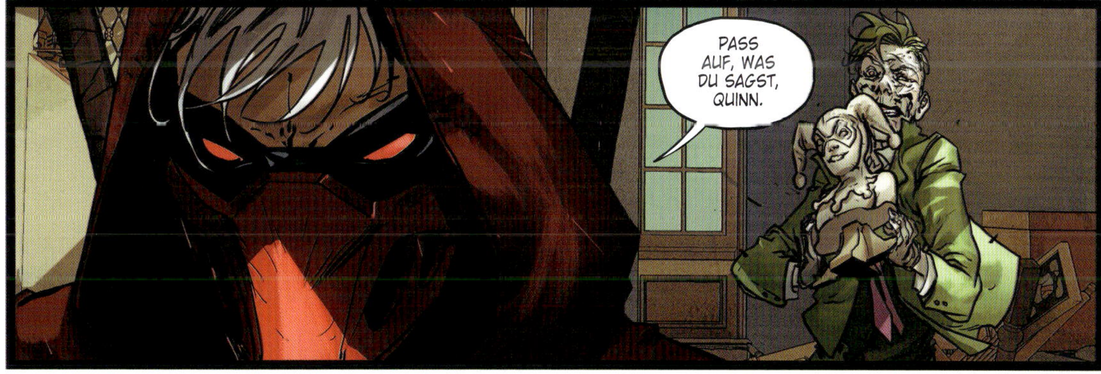
PASS AUF, WAS DU SAGST, QUINN.

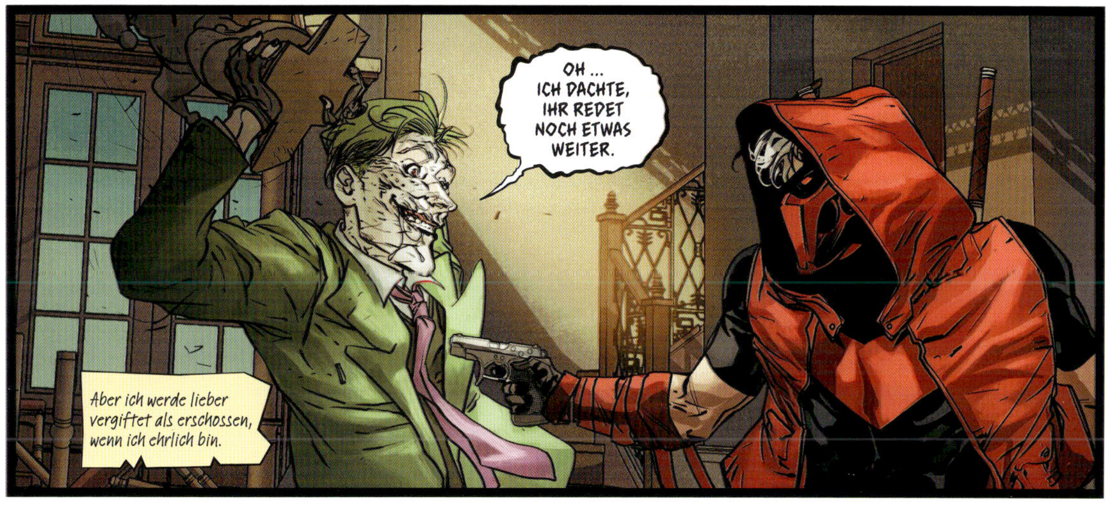
OH ... ICH DACHTE, IHR REDET NOCH ETWAS WEITER.
Aber ich werde lieber vergiftet als erschossen, wenn ich ehrlich bin.

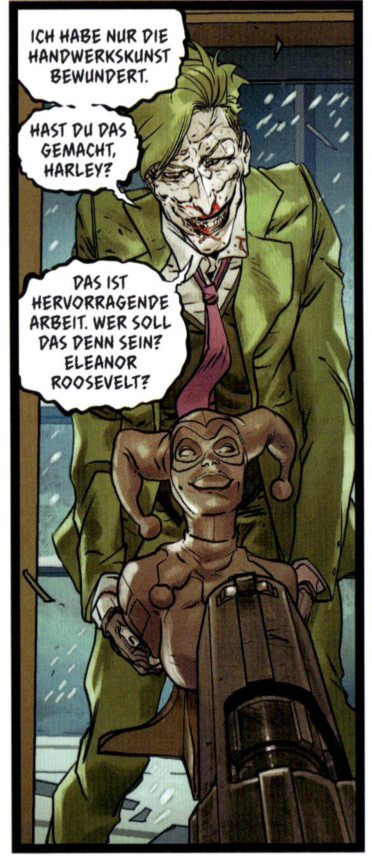
ICH HABE NUR DIE HANDWERKSKUNST BEWUNDERT.
HAST DU DAS GEMACHT, HARLEY?
DAS IST HERVORRAGENDE ARBEIT. WER SOLL DAS DENN SEIN? ELEANOR ROOSEVELT?

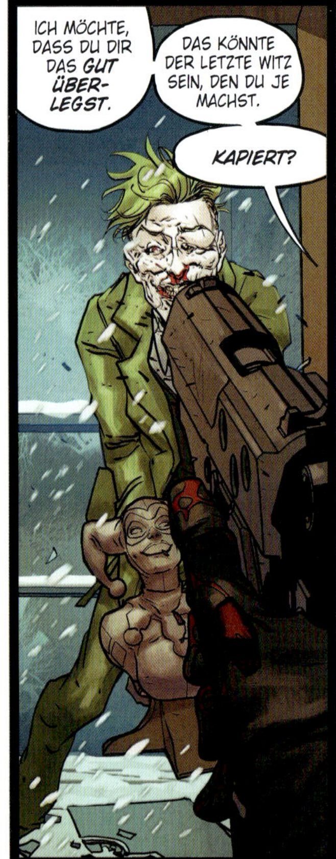
ICH MÖCHTE, DASS DU DIR DAS GUT ÜBERLEGST.
DAS KÖNNTE DER LETZTE WITZ SEIN, DEN DU JE MACHST.
KAPIERT?

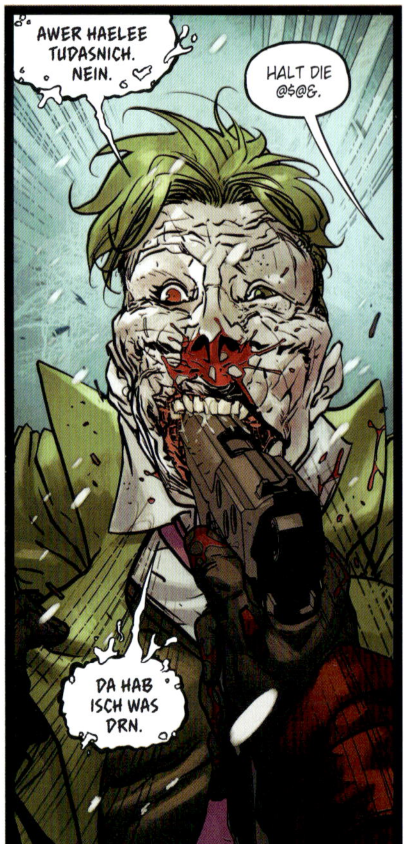
AWER HAELEE TUDASNICH. NEIN.
HALT DIE @$@&.
DA HAB ISCH WAS DRN.

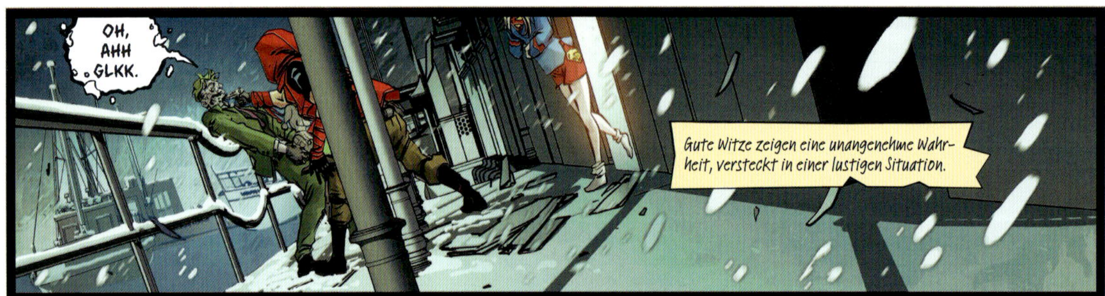
OH, AHH GLKK.
Gute Witze zeigen eine unangenehme Wahrheit, versteckt in einer lustigen Situation.

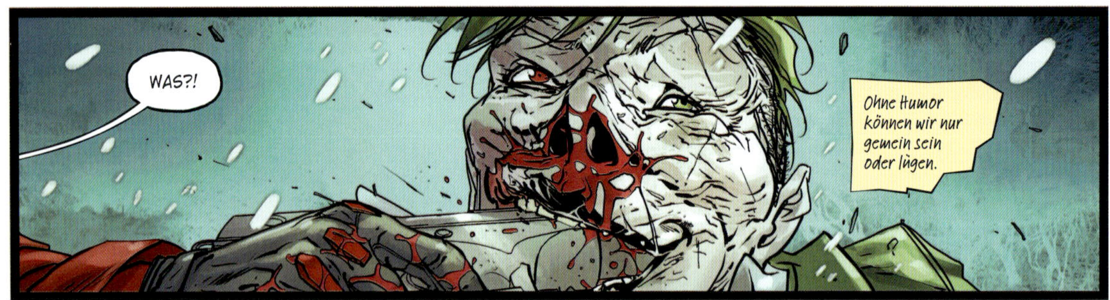
WAS?!
Ohne Humor können wir nur gemein sein oder lügen.

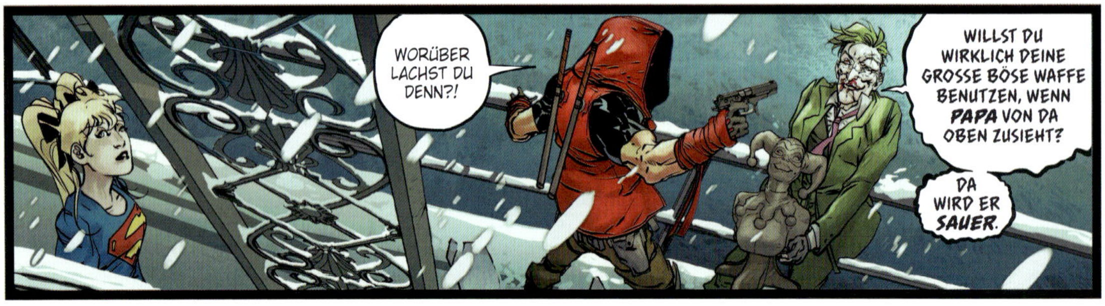
WORÜBER LACHST DU DENN?!
WILLST DU WIRKLICH DEINE GROSSE BÖSE WAFFE BENUTZEN, WENN PAPA VON DA OBEN ZUSIEHT?
DA WIRD ER SAUER.

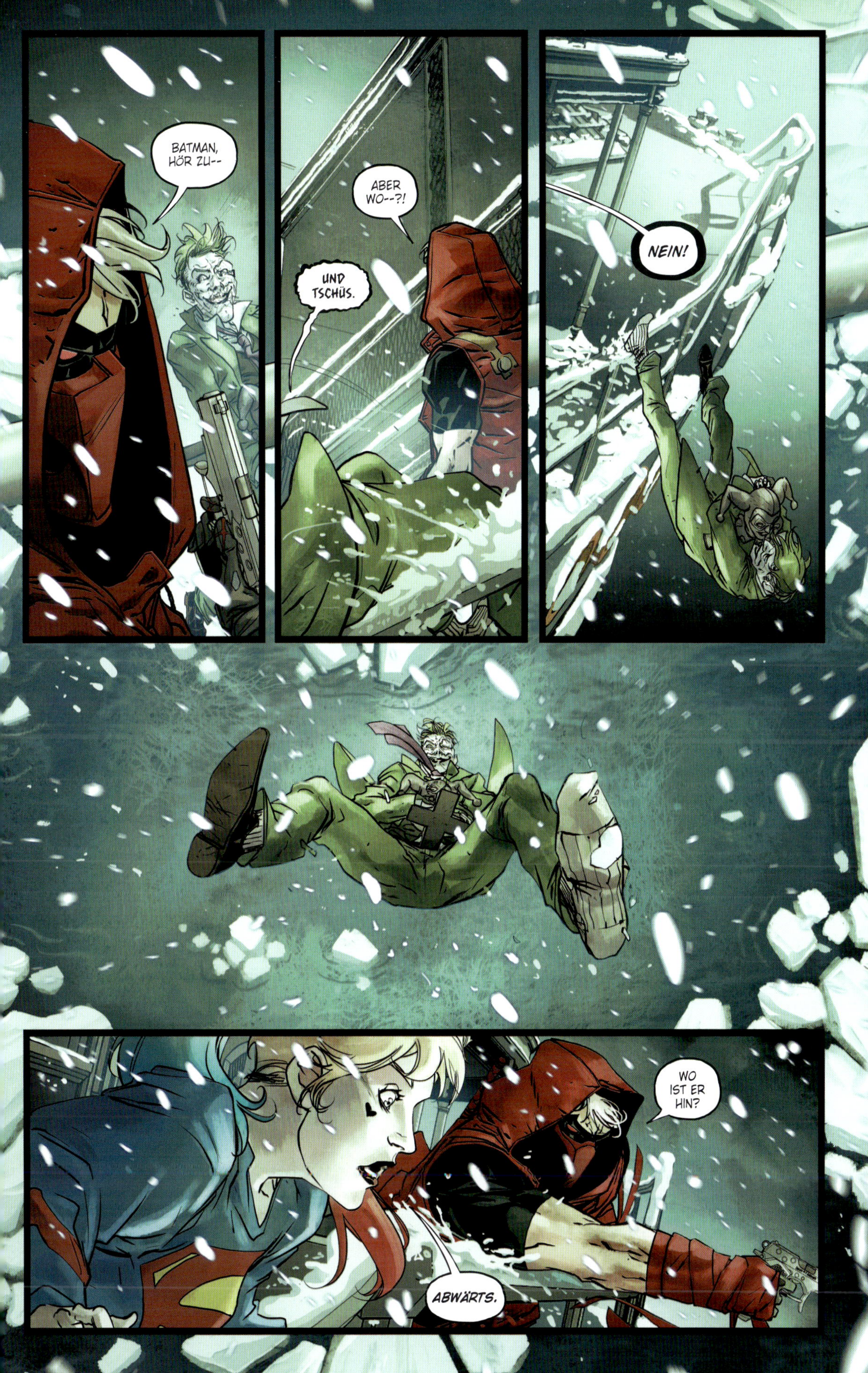
BATMAN, HÖR ZU--
ABER WO--?!
UND TSCHÜS.
NEIN!
WO IST ER HIN?
ABWÄRTS.

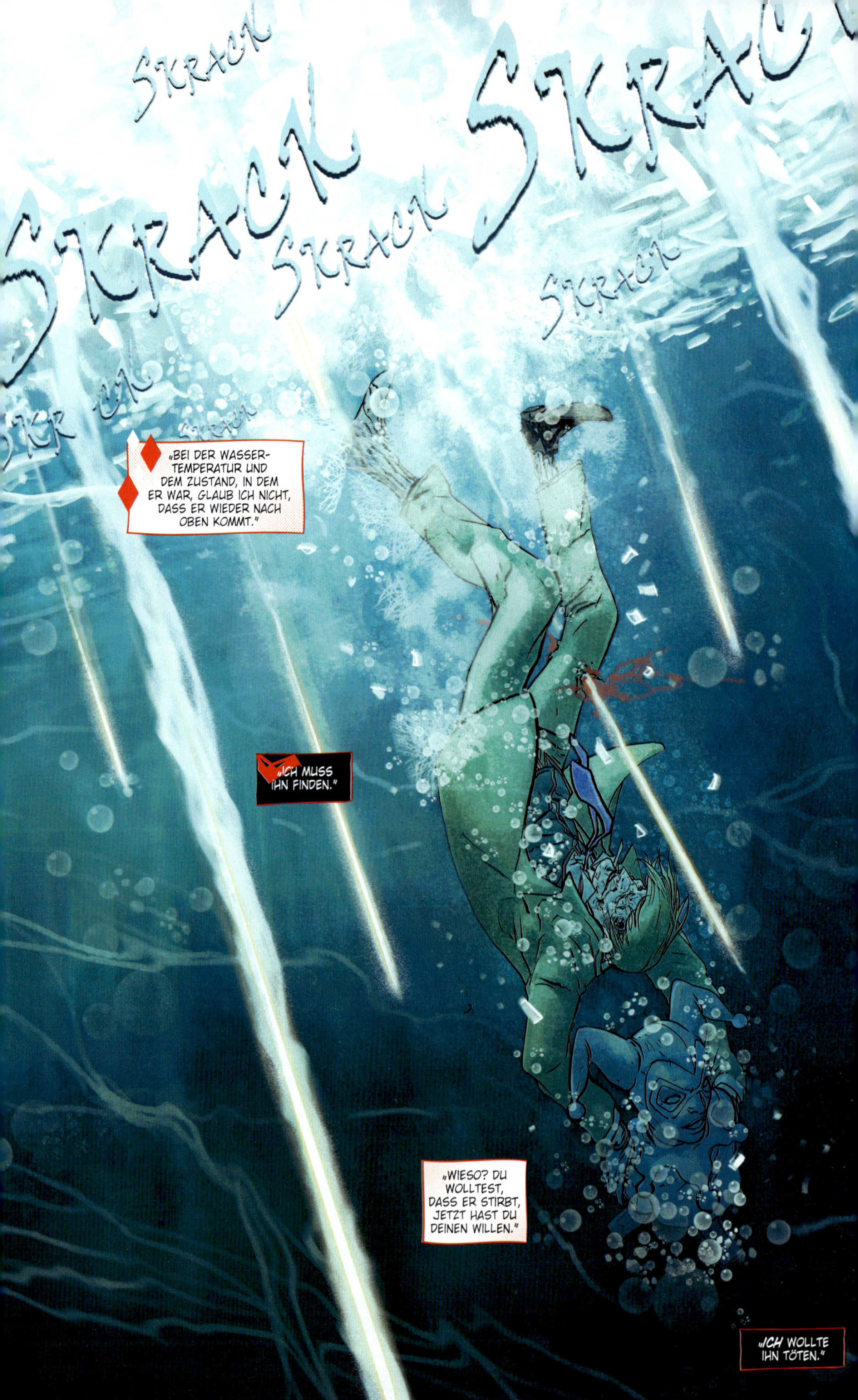
SKRACK
SKRACK
SKRACK
SKRACK
SKRACK
„BEI DER WASSERTEMPERATUR UND DEM ZUSTAND, IN DEM ER WAR, GLAUB ICH NICHT, DASS ER WIEDER NACH OBEN KOMMT."
„ICH MUSS IHN FINDEN."
„WIESO? DU WOLLTEST, DASS ER STIRBT, JETZT HAST DU DEINEN WILLEN."
„ICH WOLLTE IHN TÖTEN."

HALL OF DOOM

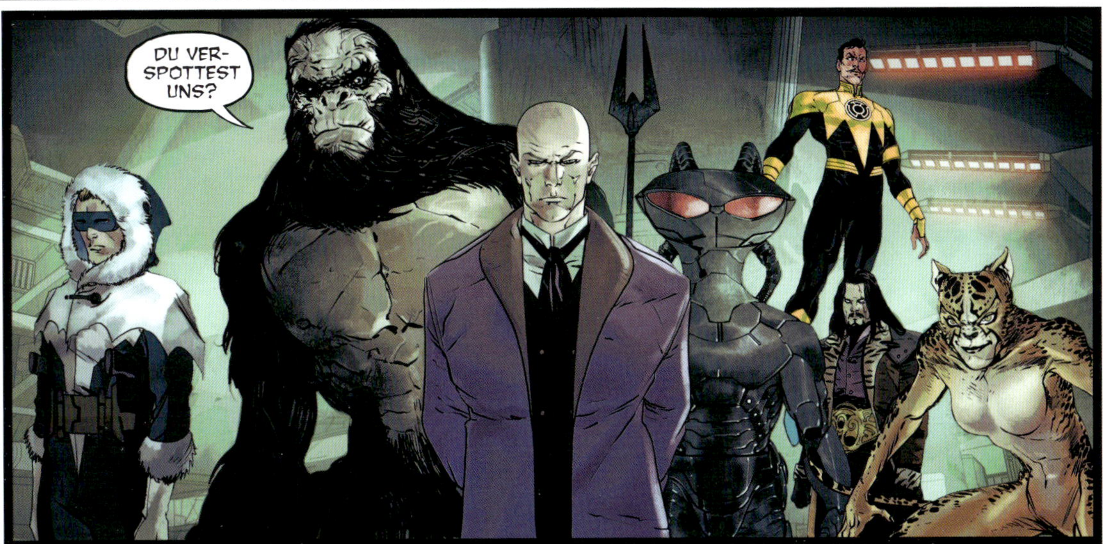
DU VER-
SPOTTEST
UNS?

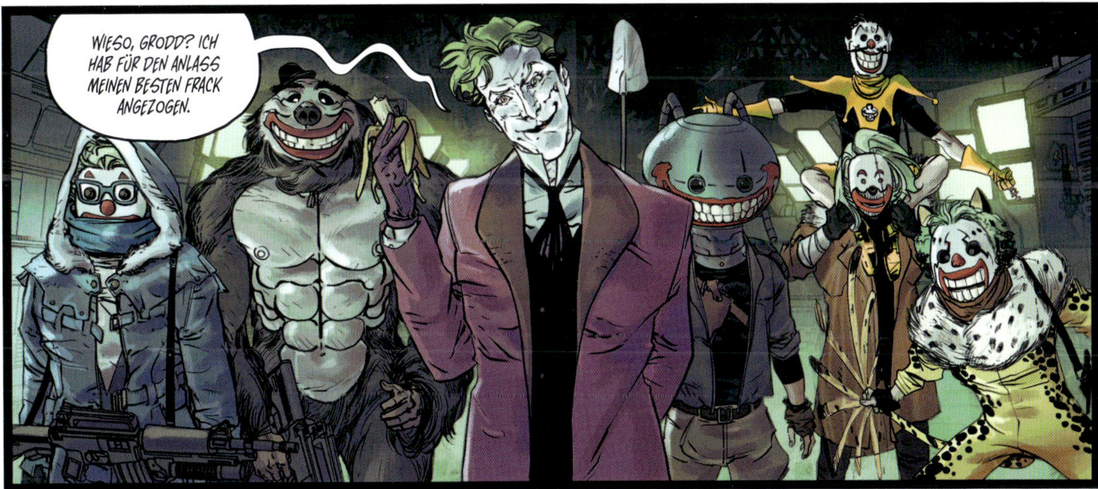
WIESO, GRODD? ICH
HAB FÜR DEN ANLASS
MEINEN BESTEN FRACK
ANGEZOGEN.

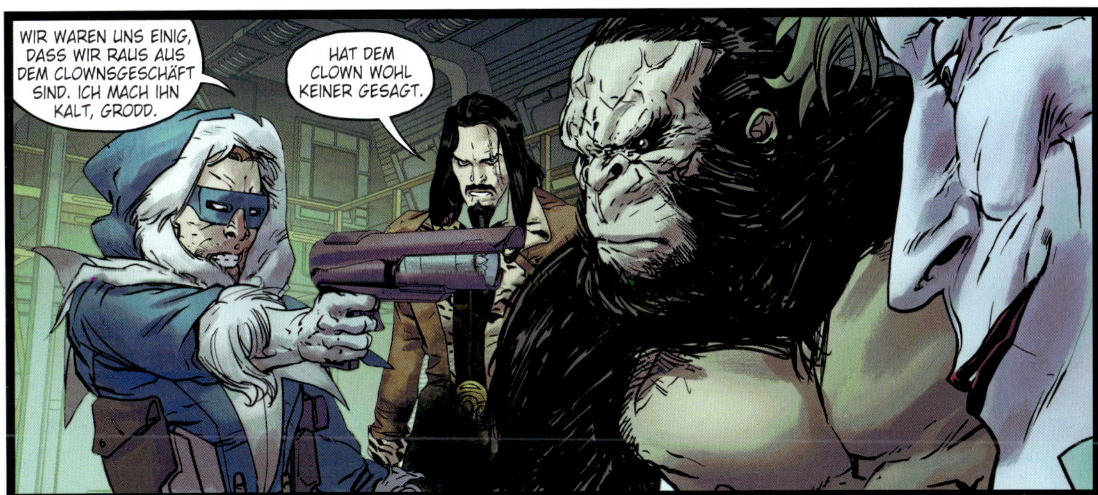
WIR WAREN UNS EINIG,
DASS WIR RAUS AUS
DEM CLOWNSGESCHÄFT
SIND. ICH MACH IHN
KALT, GRODD.
HAT DEM
CLOWN WOHL
KEINER GESAGT.

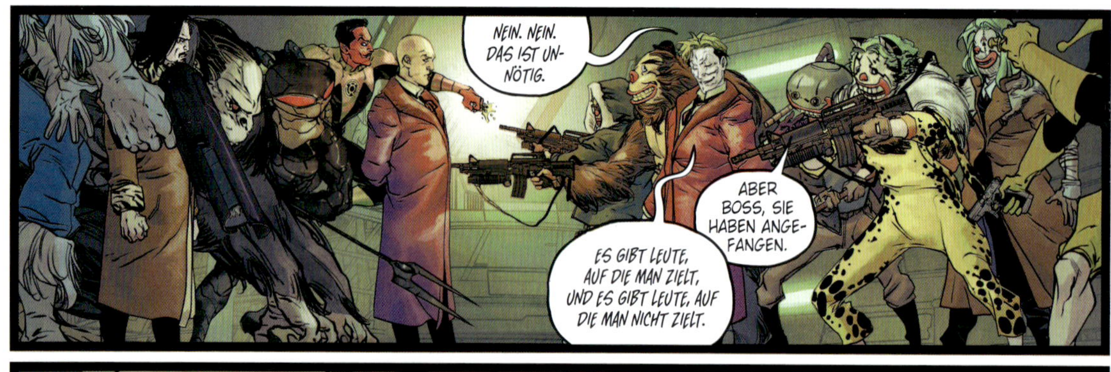
NEIN. NEIN. DAS IST UNNÖTIG.
ABER BOSS, SIE HABEN ANGEFANGEN.
ES GIBT LEUTE, AUF DIE MAN ZIELT, UND ES GIBT LEUTE, AUF DIE MAN NICHT ZIELT.

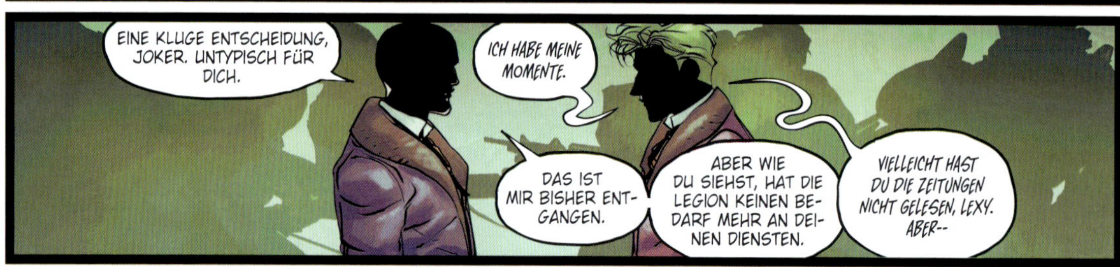
EINE KLUGE ENTSCHEIDUNG, JOKER. UNTYPISCH FÜR DICH.
ICH HABE MEINE MOMENTE.
DAS IST MIR BISHER ENTGANGEN.
ABER WIE DU SIEHST, HAT DIE LEGION KEINEN BEDARF MEHR AN DEINEN DIENSTEN.
VIELLEICHT HAST DU DIE ZEITUNGEN NICHT GELESEN, LEXY. ABER--

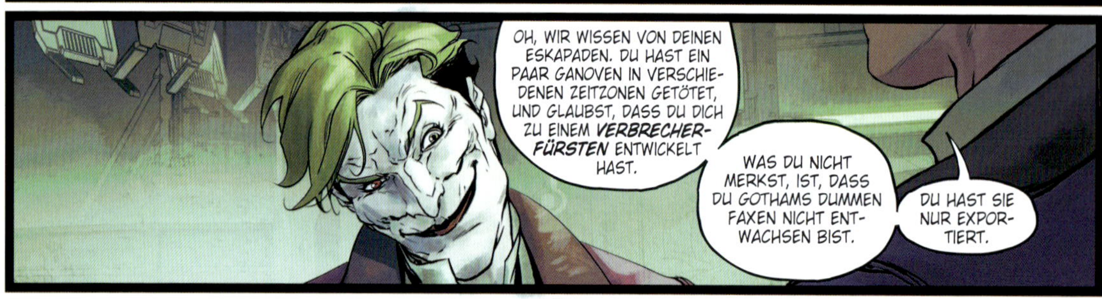
OH, WIR WISSEN VON DEINEN ESKAPADEN. DU HAST EIN PAAR GANOVEN IN VERSCHIEDENEN ZEITZONEN GETÖTET, UND GLAUBST, DASS DU DICH ZU EINEM **VERBRECHERFÜRSTEN** ENTWICKELT HAST.
WAS DU NICHT MERKST, IST, DASS DU GOTHAMS DUMMEN FAXEN NICHT ENTWACHSEN BIST.
DU HAST SIE NUR EXPORTIERT.

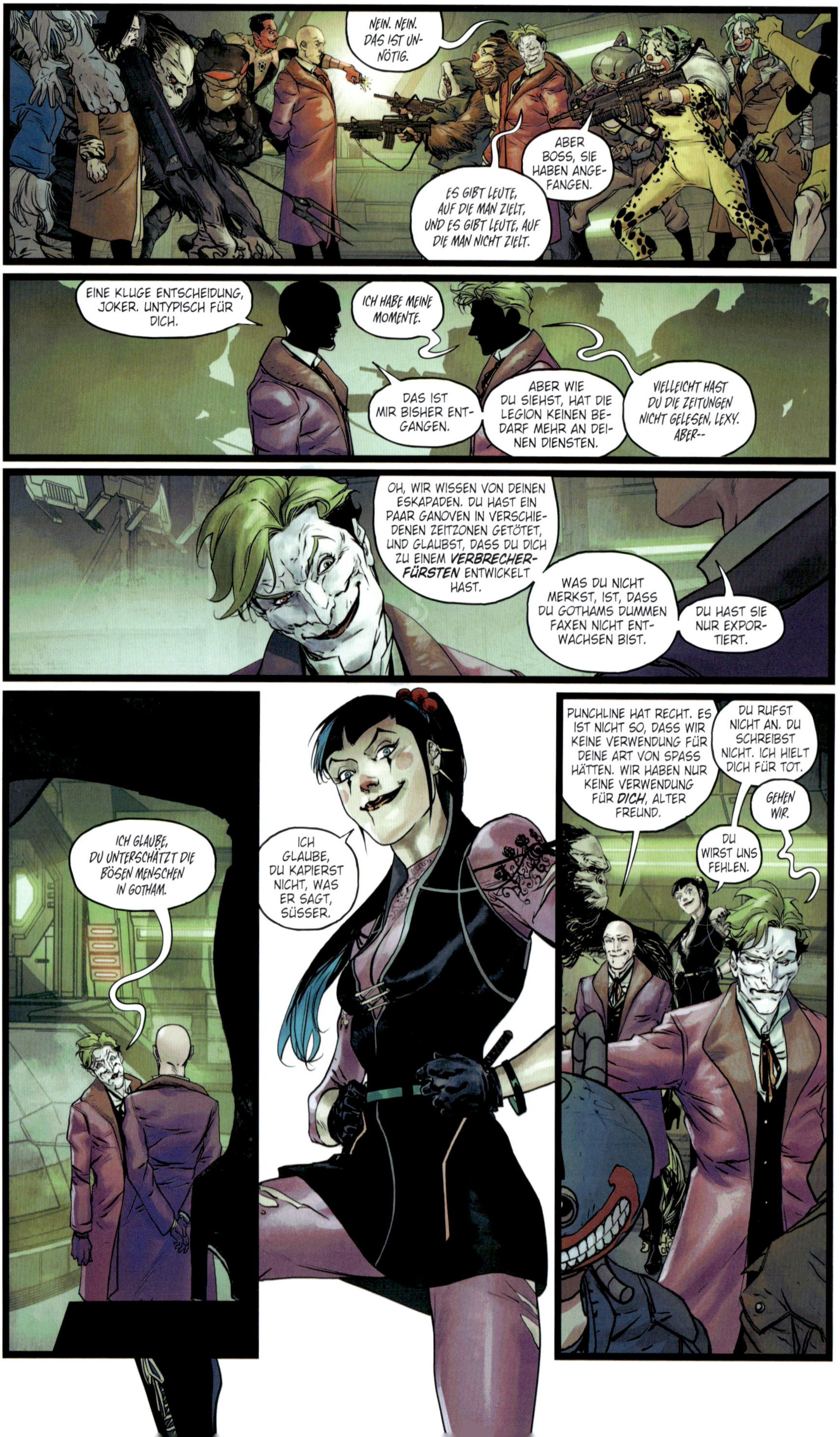

ICH GLAUBE, DU UNTERSCHÄTZT DIE BÖSEN MENSCHEN IN GOTHAM.
ICH GLAUBE, DU KAPIERST NICHT, WAS ER SAGT, SÜSSER.
PUNCHLINE HAT RECHT. ES IST NICHT SO, DASS WIR KEINE VERWENDUNG FÜR DEINE ART VON SPASS HÄTTEN. WIR HABEN NUR KEINE VERWENDUNG FÜR **DICH**, ALTER FREUND.
DU RUFST NICHT AN. DU SCHREIBST NICHT. ICH HIELT DICH FÜR TOT.
DU WIRST UNS FEHLEN.
GEHEN WIR.

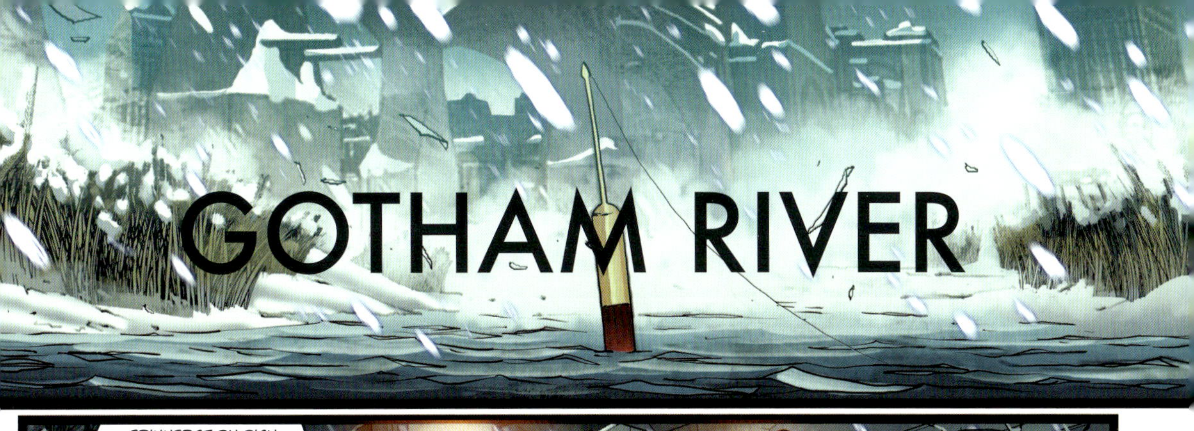
GOTHAM RIVER

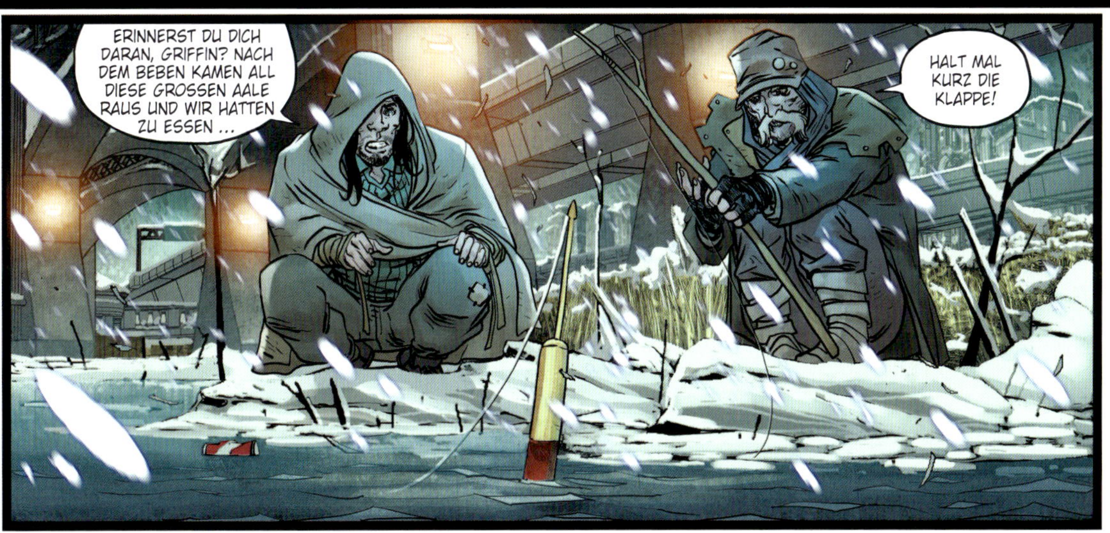
ERINNERST DU DICH DARAN, GRIFFIN? NACH DEM BEBEN KAMEN ALL DIESE GROSSEN AALE RAUS UND WIR HATTEN ZU ESSEN …
HALT MAL KURZ DIE KLAPPE!

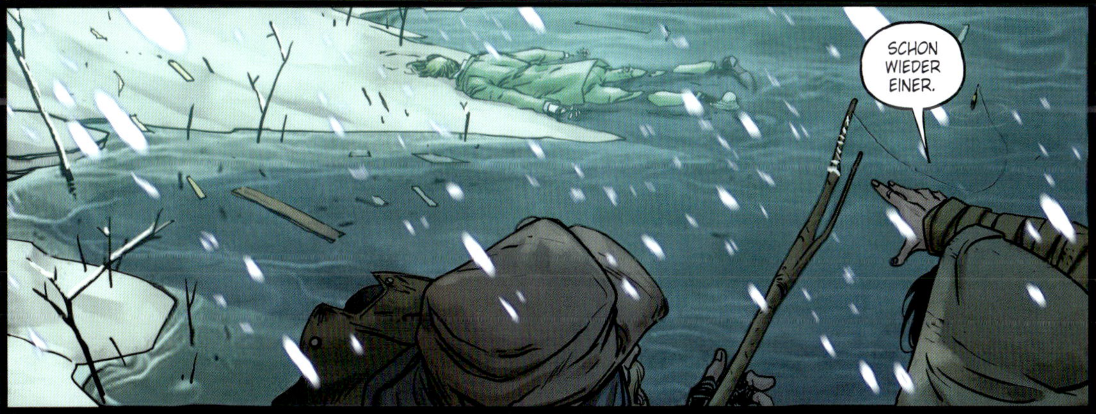
SCHON WIEDER EINER.

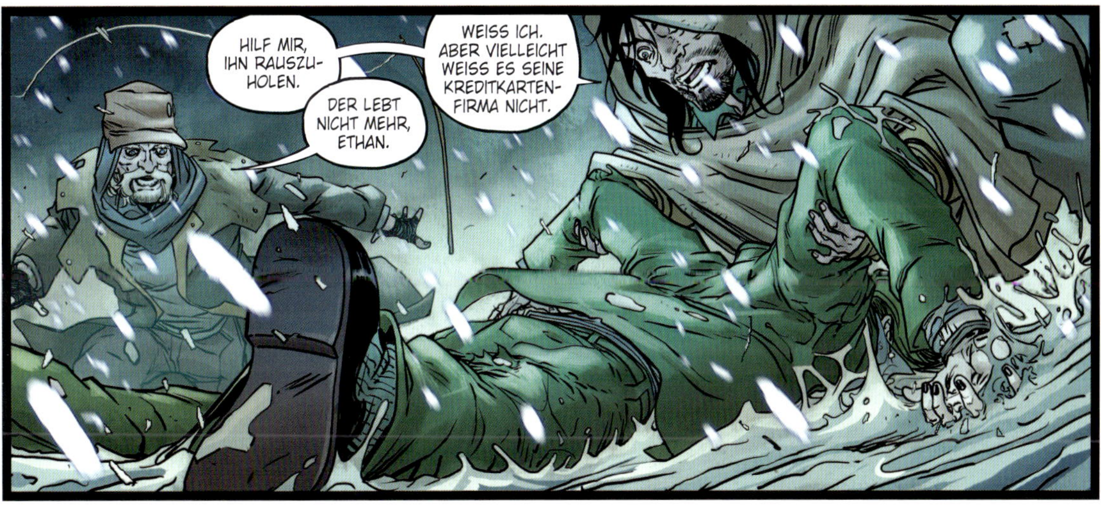
HILF MIR, IHN RAUSZU-HOLEN.
DER LEBT NICHT MEHR, ETHAN.
WEISS ICH. ABER VIELLEICHT WEISS ES SEINE KREDITKARTEN-FIRMA NICHT.

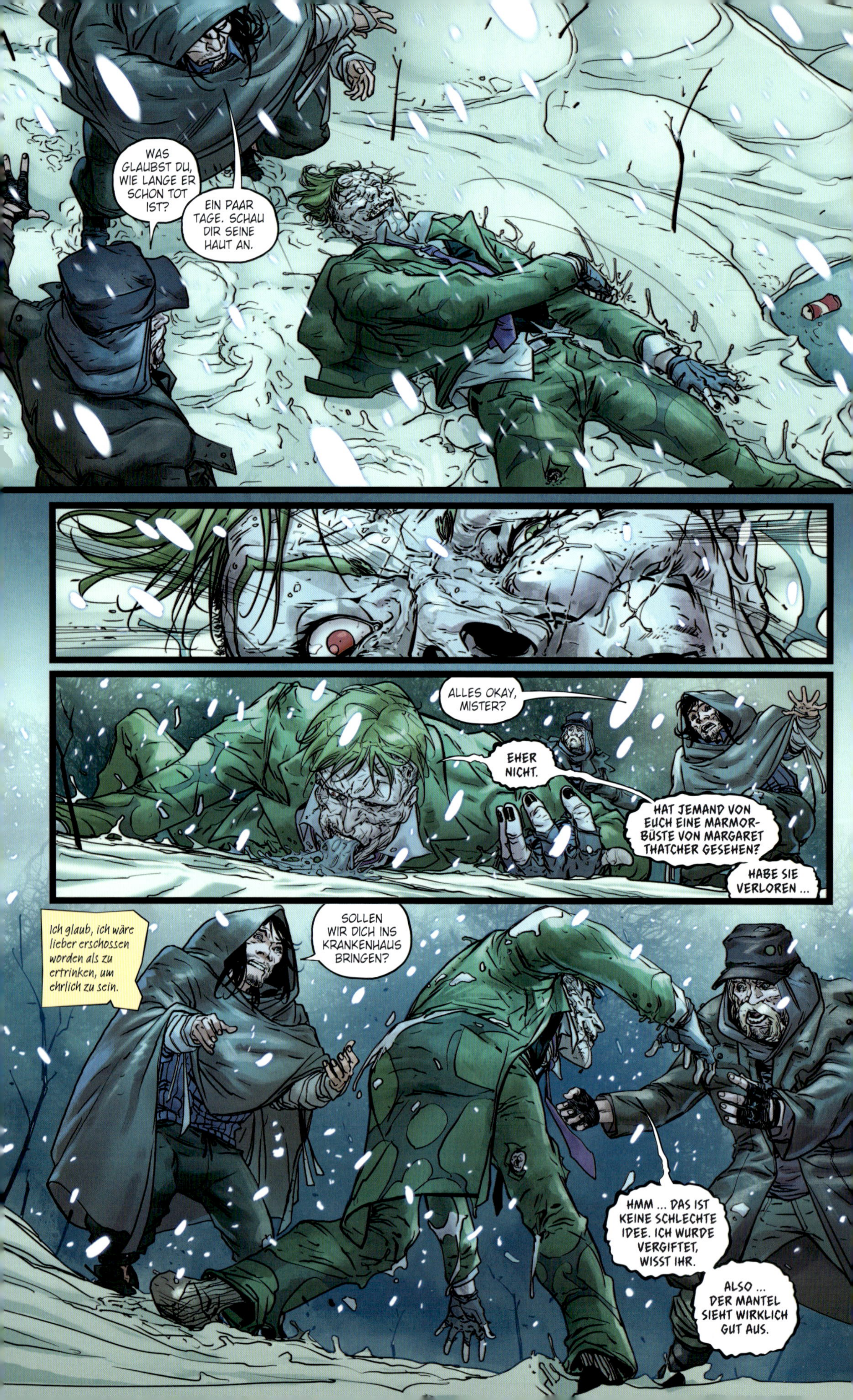
WAS GLAUBST DU, WIE LANGE ER SCHON TOT IST?
EIN PAAR TAGE. SCHAU DIR SEINE HAUT AN.
ALLES OKAY, MISTER?
EHER NICHT.
HAT JEMAND VON EUCH EINE MARMOR-BÜSTE VON MARGARET THATCHER GESEHEN?
HABE SIE VERLOREN …
Ich glaub, ich wäre lieber erschossen worden als zu ertrinken, um ehrlich zu sein.
SOLLEN WIR DICH INS KRANKENHAUS BRINGEN?
HMM … DAS IST KEINE SCHLECHTE IDEE. ICH WURDE VERGIFTET, WISST IHR.
ALSO … DER MANTEL SIEHT WIRKLICH GUT AUS.

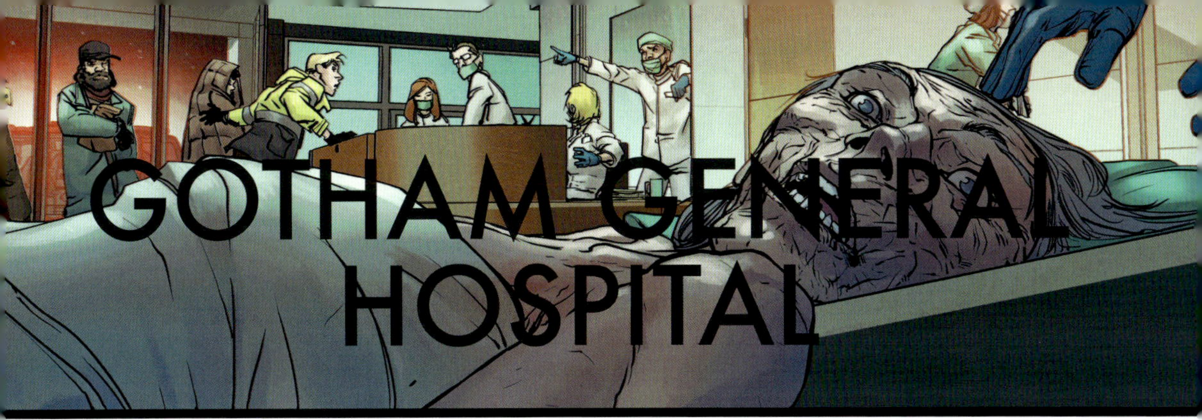
GOTHAM GENERAL HOSPITAL

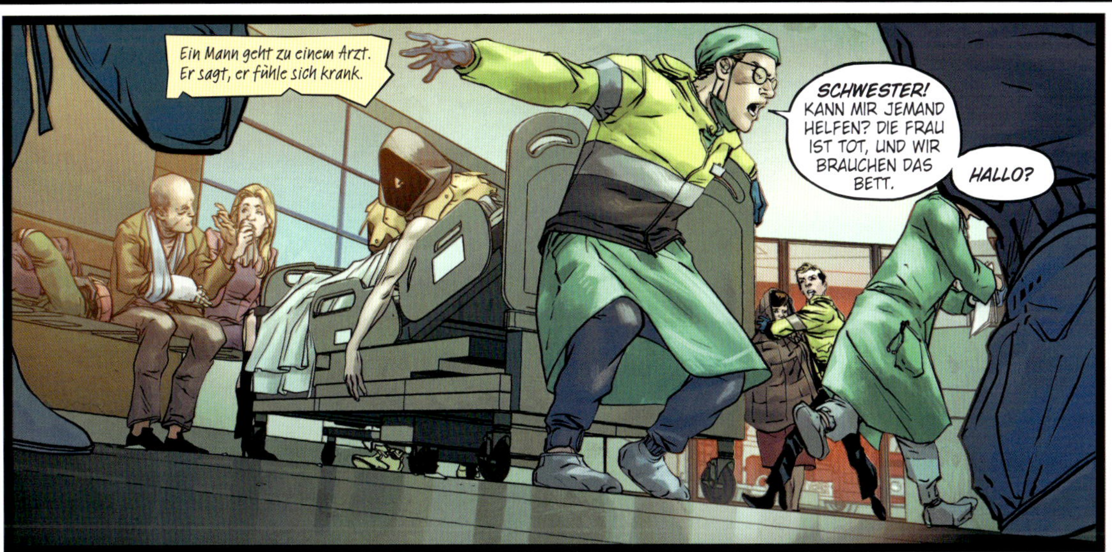
Ein Mann geht zu einem Arzt. Er sagt, er fühle sich krank.
SCHWESTER! KANN MIR JEMAND HELFEN? DIE FRAU IST TOT, UND WIR BRAUCHEN DAS BETT.
HALLO?

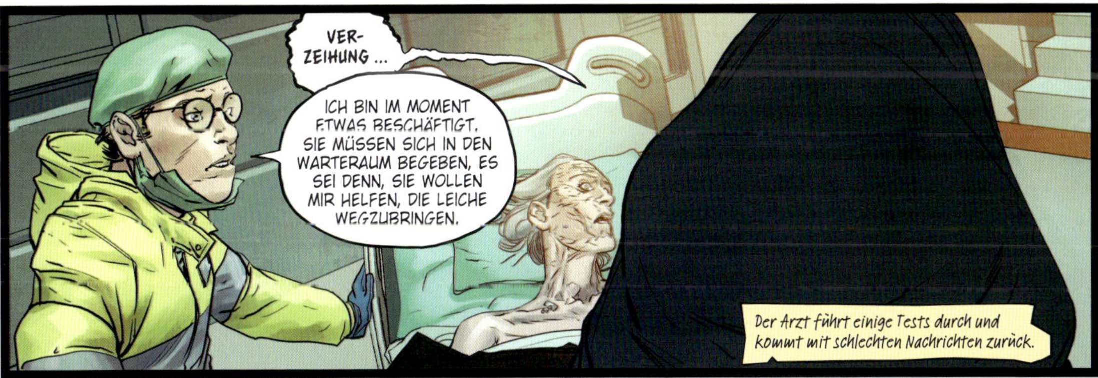
VER-ZEIHUNG ...
ICH BIN IM MOMENT ETWAS BESCHÄFTIGT. SIE MÜSSEN SICH IN DEN WARTERAUM BEGEBEN, ES SEI DENN, SIE WOLLEN MIR HELFEN, DIE LEICHE WEGZUBRINGEN.
Der Arzt führt einige Tests durch und kommt mit schlechten Nachrichten zurück.

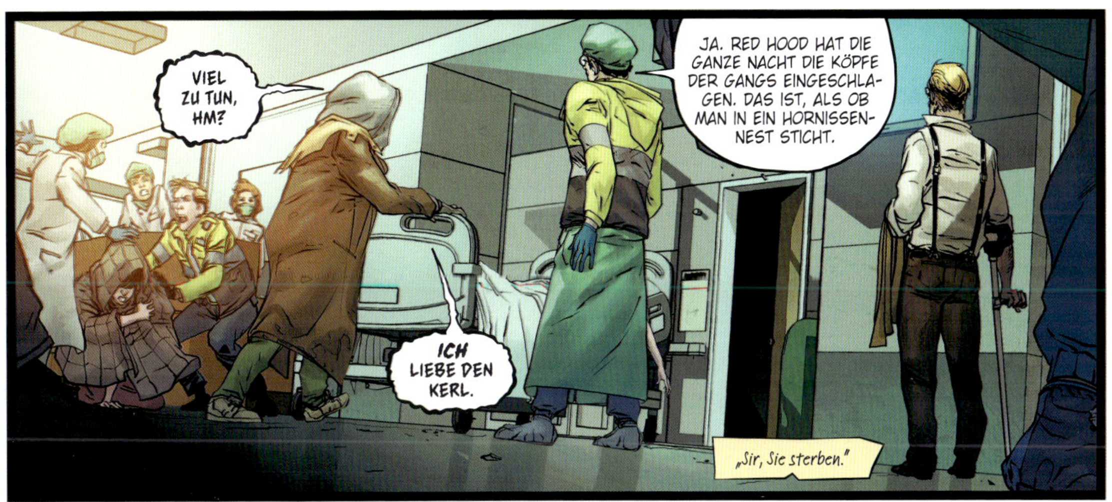
VIEL ZU TUN, HM?
JA. RED HOOD HAT DIE GANZE NACHT DIE KÖPFE DER GANGS EINGESCHLA-GEN. DAS IST, ALS OB MAN IN EIN HORNISSEN-NEST STICHT.
ICH LIEBE DEN KERL.
„Sir, Sie sterben."

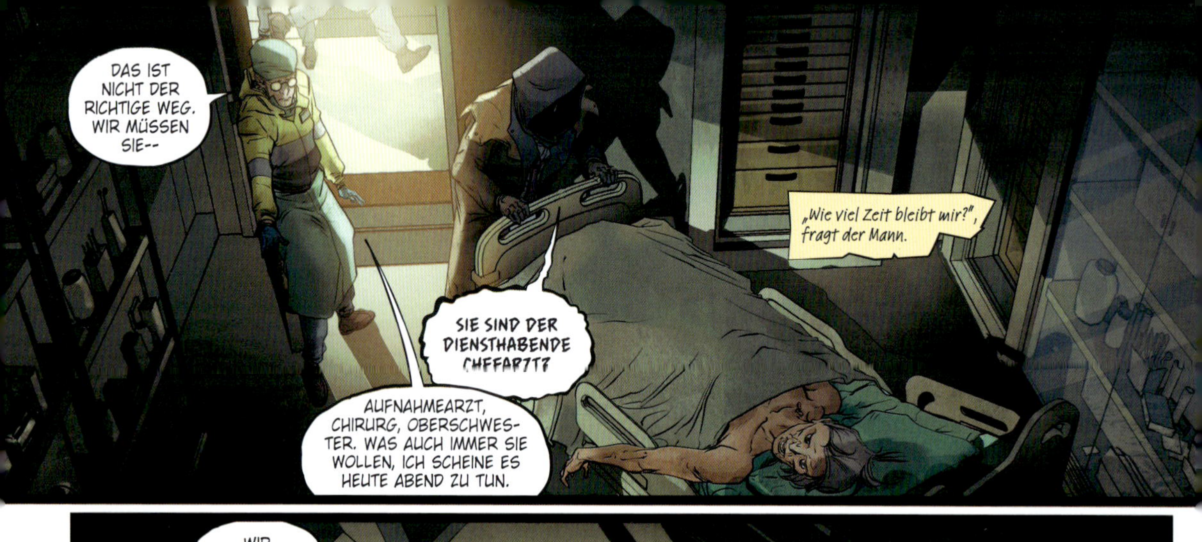

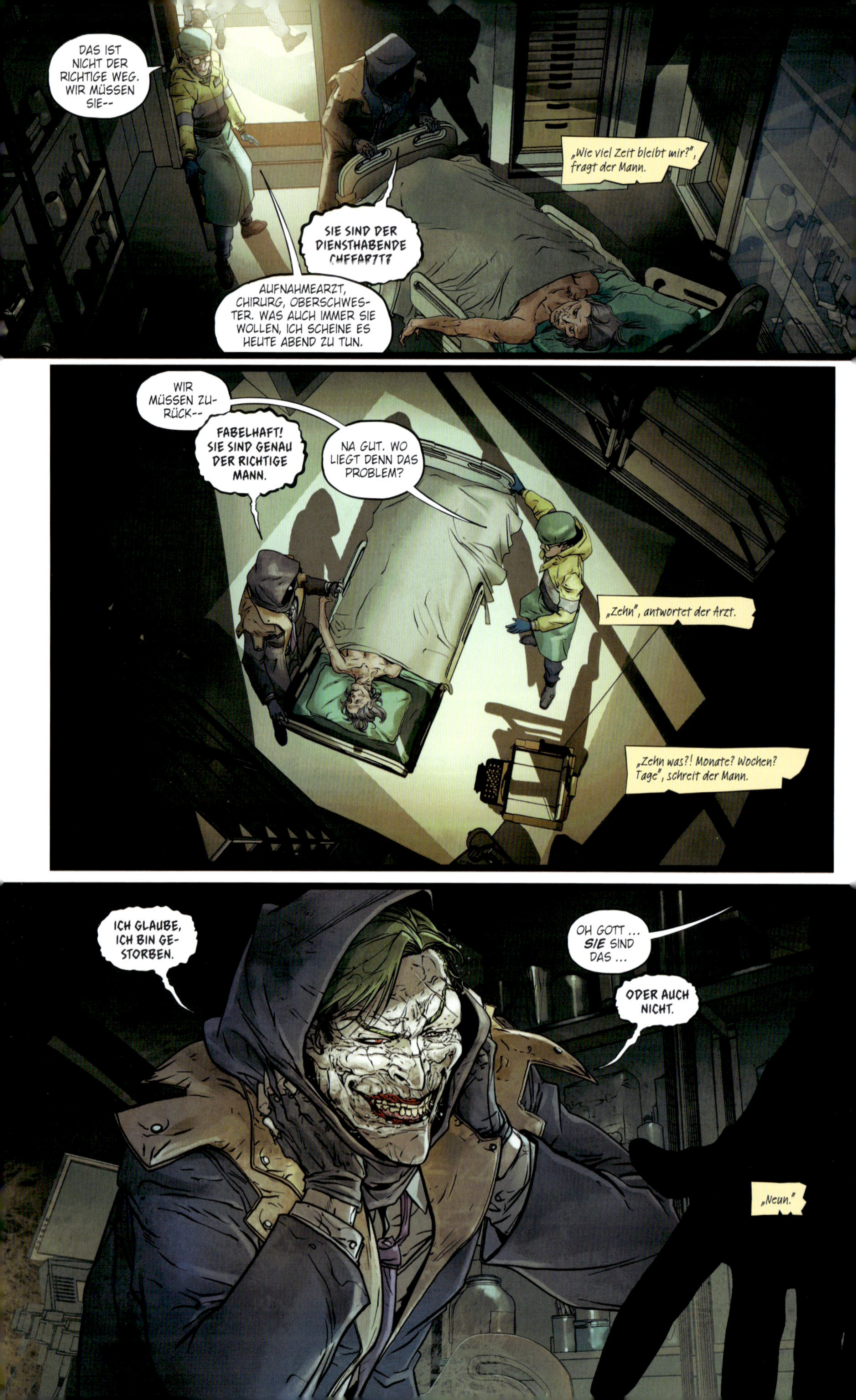

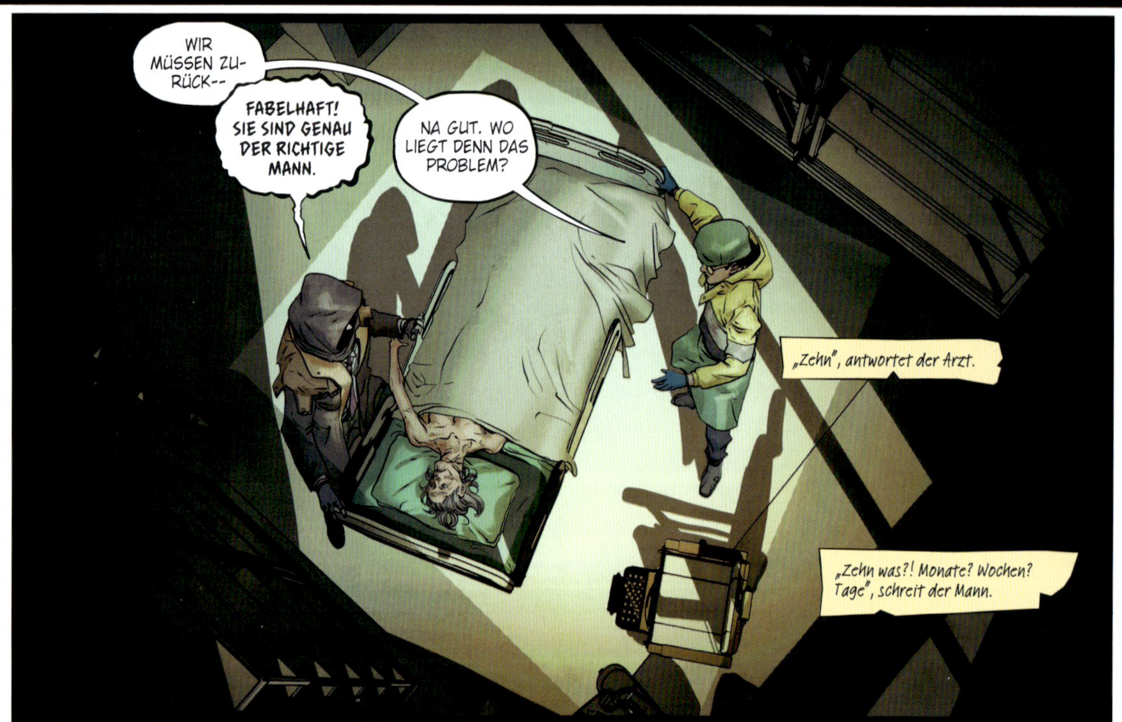

ICH GLAUBE, ICH BIN GE-STORBEN.

OH GOTT ... *SIE* SIND DAS ...

ODER AUCH NICHT.

„Neun."

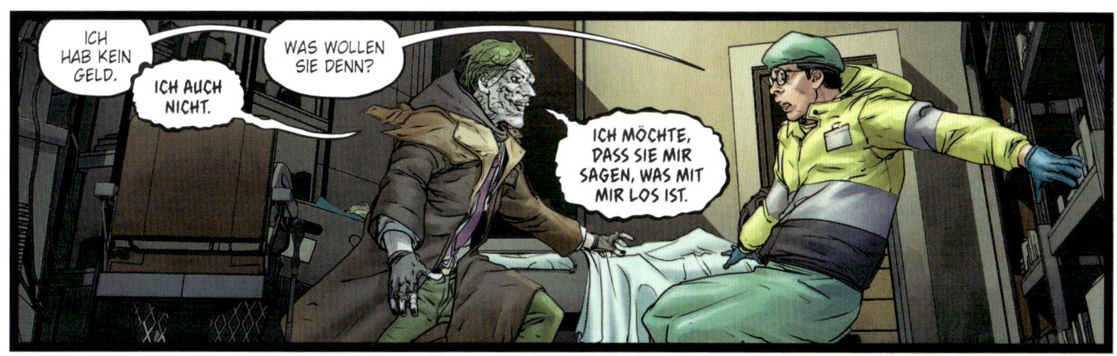
ICH HAB KEIN GELD.
ICH AUCH NICHT.
WAS WOLLEN SIE DENN?
ICH MÖCHTE, DASS SIE MIR SAGEN, WAS MIT MIR LOS IST.

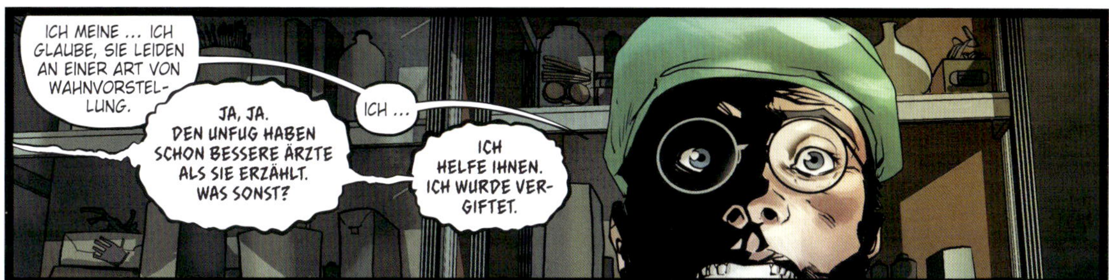
ICH MEINE ... ICH GLAUBE, SIE LEIDEN AN EINER ART VON WAHNVORSTEL-LUNG.
JA, JA. DEN UNFUG HABEN SCHON BESSERE ÄRZTE ALS SIE ERZÄHLT. WAS SONST?
ICH ...
ICH HELFE IHNEN. ICH WURDE VER-GIFTET.

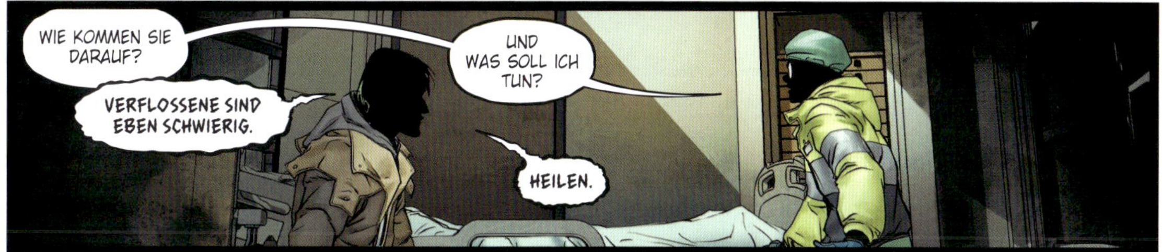
WIE KOMMEN SIE DARAUF?
VERFLOSSENE SIND EBEN SCHWIERIG.
UND WAS SOLL ICH TUN?
HEILEN.

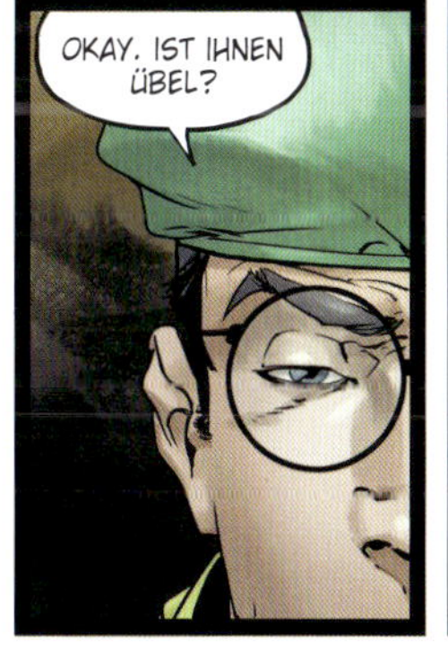
OKAY. IST IHNEN ÜBEL?

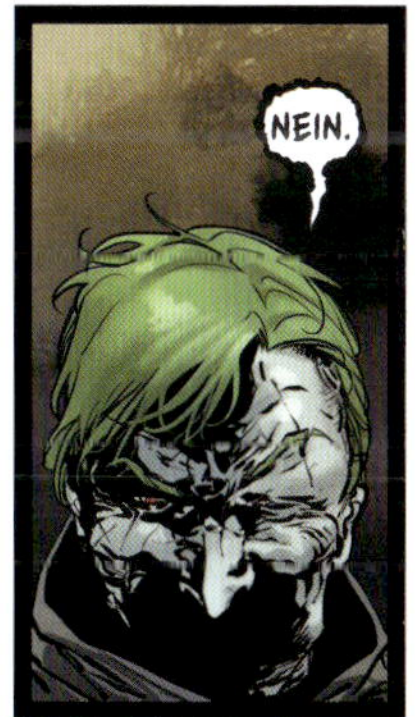
NEIN.

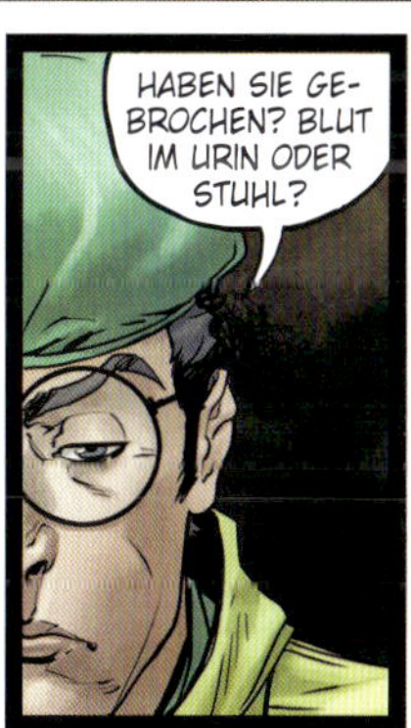
HABEN SIE GE-BROCHEN? BLUT IM URIN ODER STUHL?

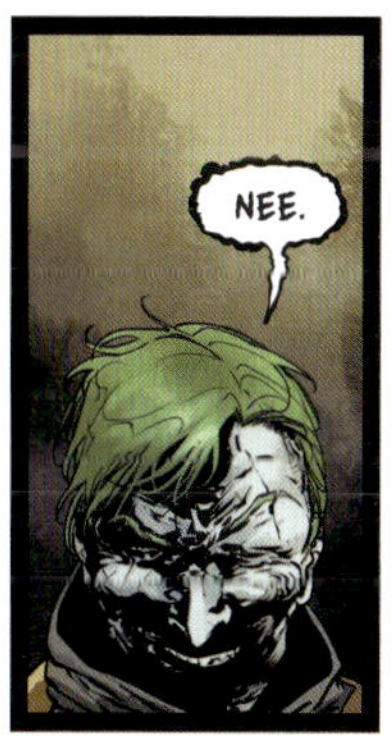
NEE.

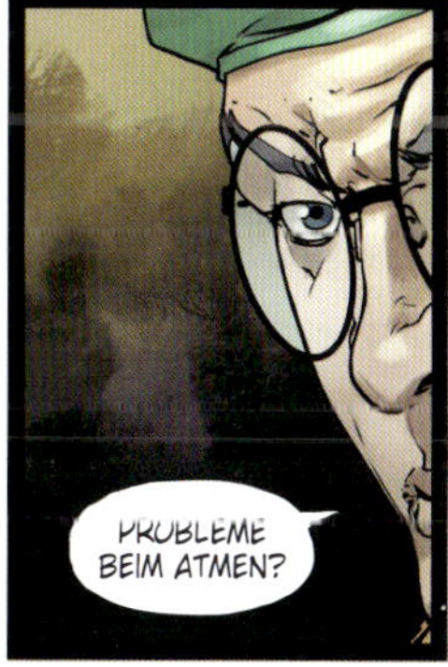
PROBLEME BEIM ATMEN?

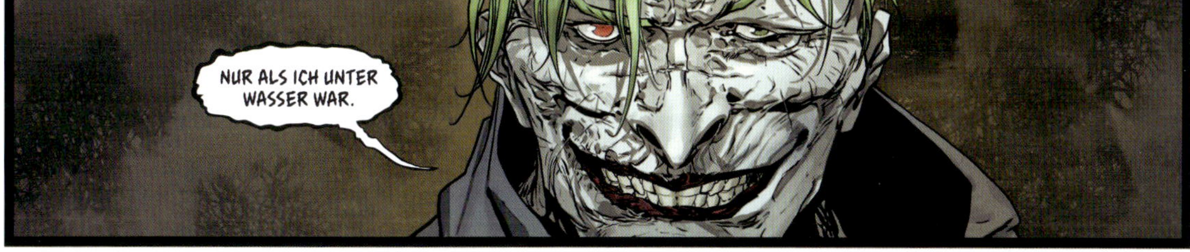
NUR ALS ICH UNTER WASSER WAR.

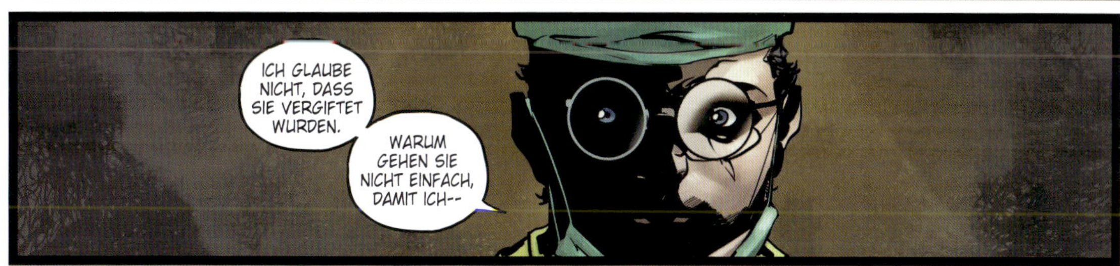
ICH GLAUBE NICHT, DASS SIE VERGIFTET WURDEN.
WARUM GEHEN SIE NICHT EINFACH, DAMIT ICH--

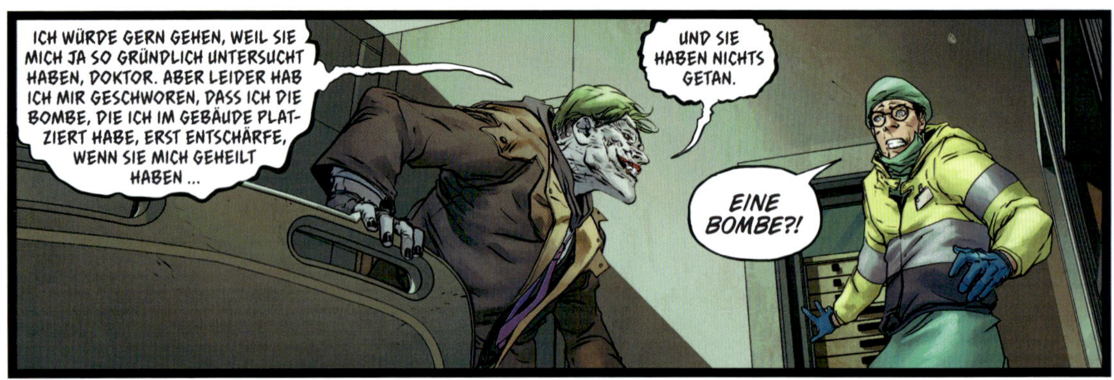
ICH WÜRDE GERN GEHEN, WEIL SIE MICH JA SO GRÜNDLICH UNTERSUCHT HABEN, DOKTOR. ABER LEIDER HAB ICH MIR GESCHWOREN, DASS ICH DIE BOMBE, DIE ICH IM GEBÄUDE PLATZIERT HABE, ERST ENTSCHÄRFE, WENN SIE MICH GEHEILT HABEN ...
UND SIE HABEN NICHTS GETAN.
EINE BOMBE?!

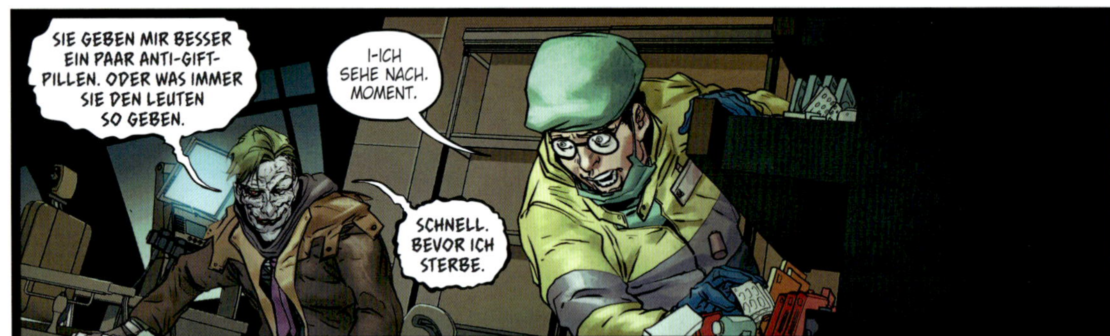
SIE GEBEN MIR BESSER EIN PAAR ANTI-GIFT-PILLEN. ODER WAS IMMER SIE DEN LEUTEN SO GEBEN.
I-ICH SEHE NACH. MOMENT.
SCHNELL. BEVOR ICH STERBE.

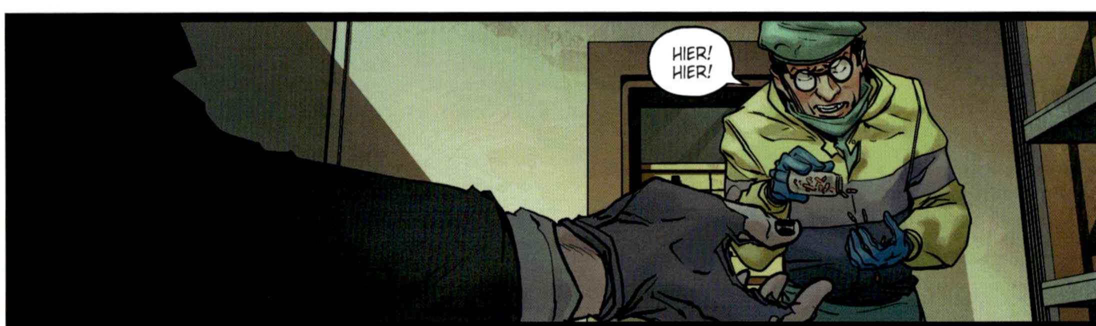
HIER! HIER!

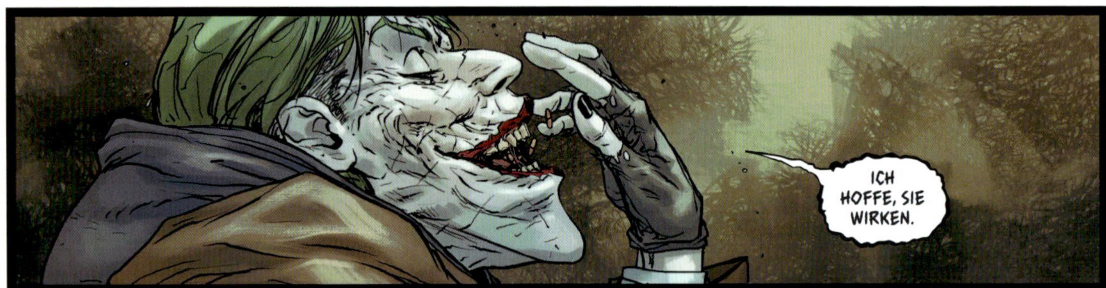
ICH HOFFE, SIE WIRKEN.

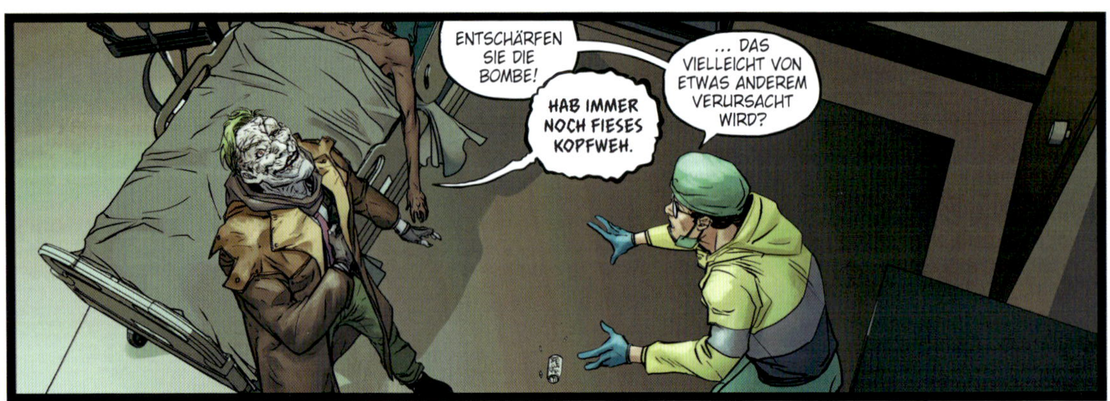
ENTSCHÄRFEN SIE DIE BOMBE!
HAB IMMER NOCH FIESES KOPFWEH.
... DAS VIELLEICHT VON ETWAS ANDEREM VERURSACHT WIRD?

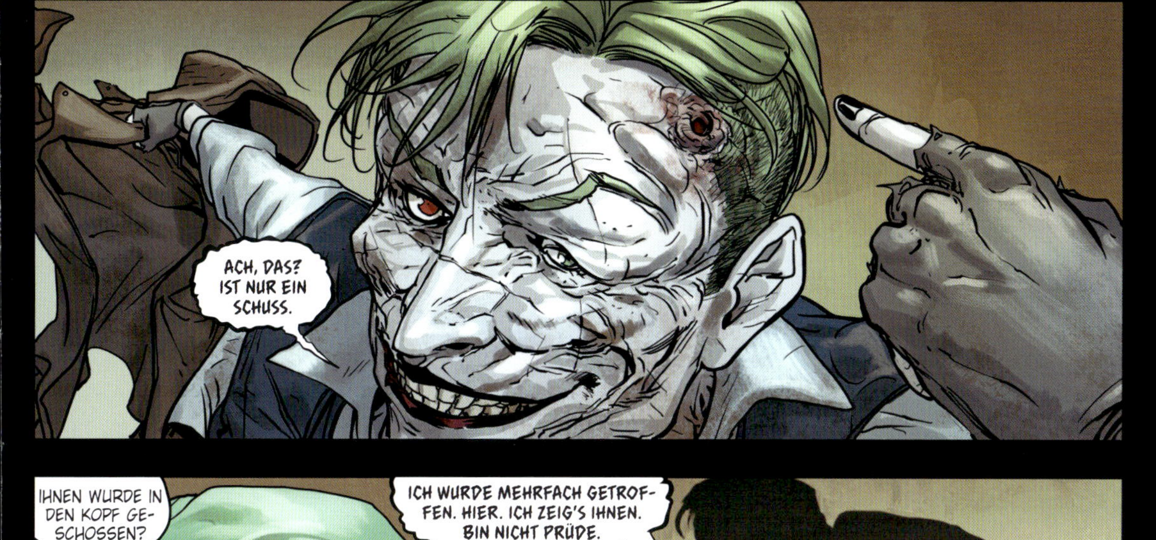

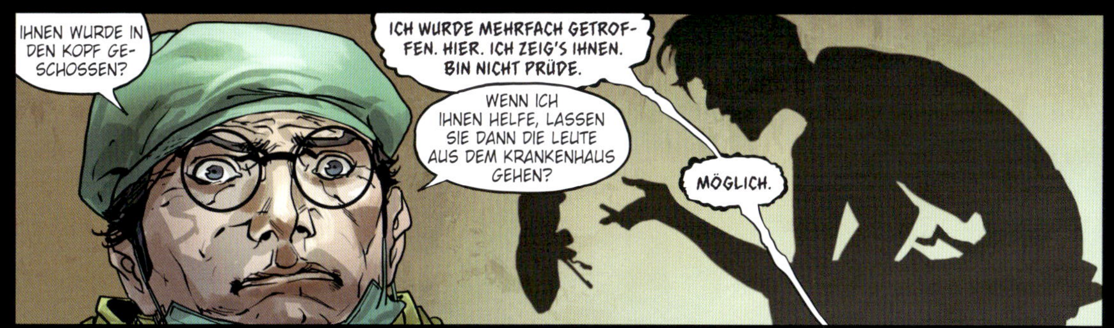

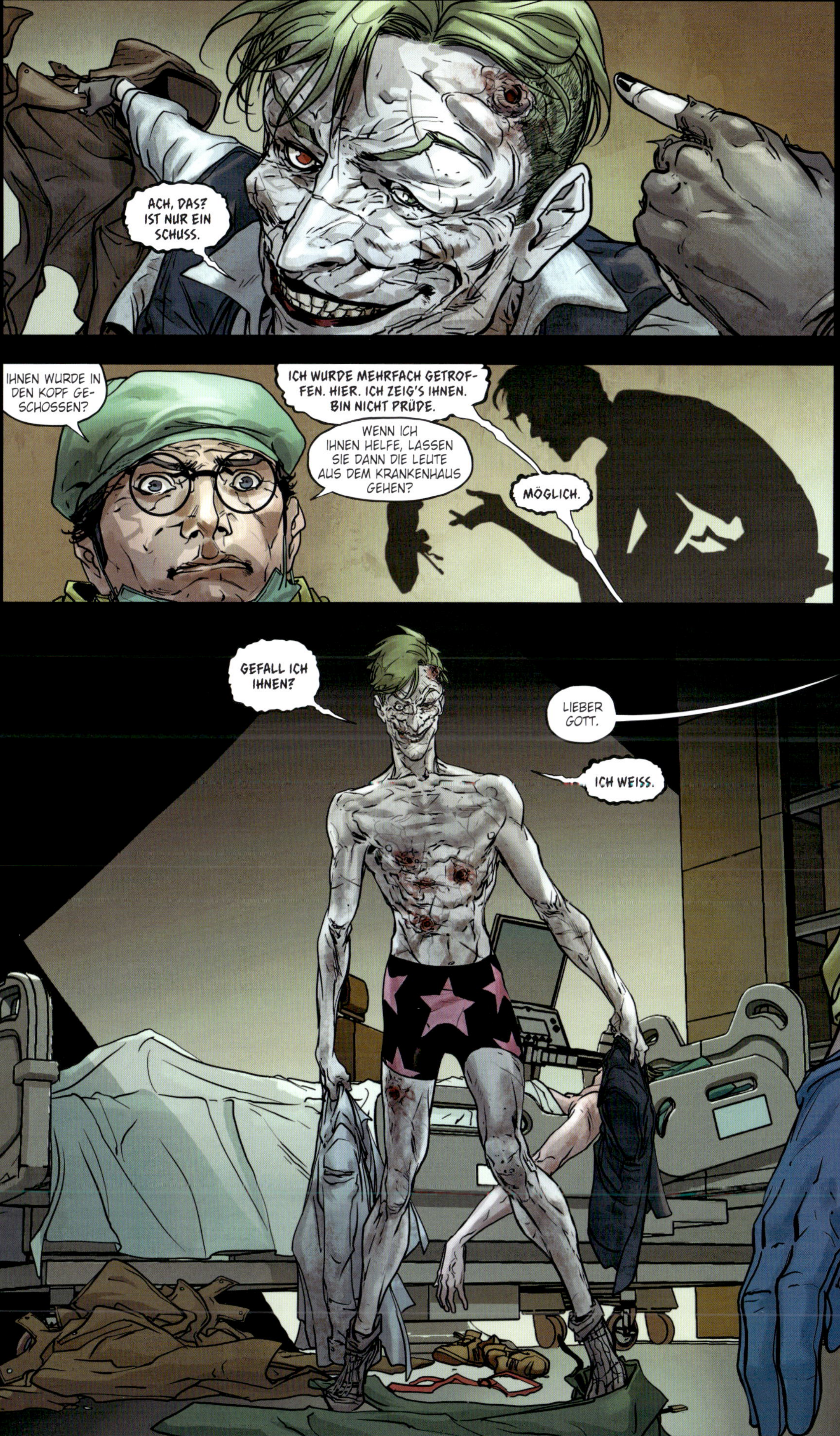

GEFALL ICH IHNEN?

LIEBER GOTT.

ICH WEISS.

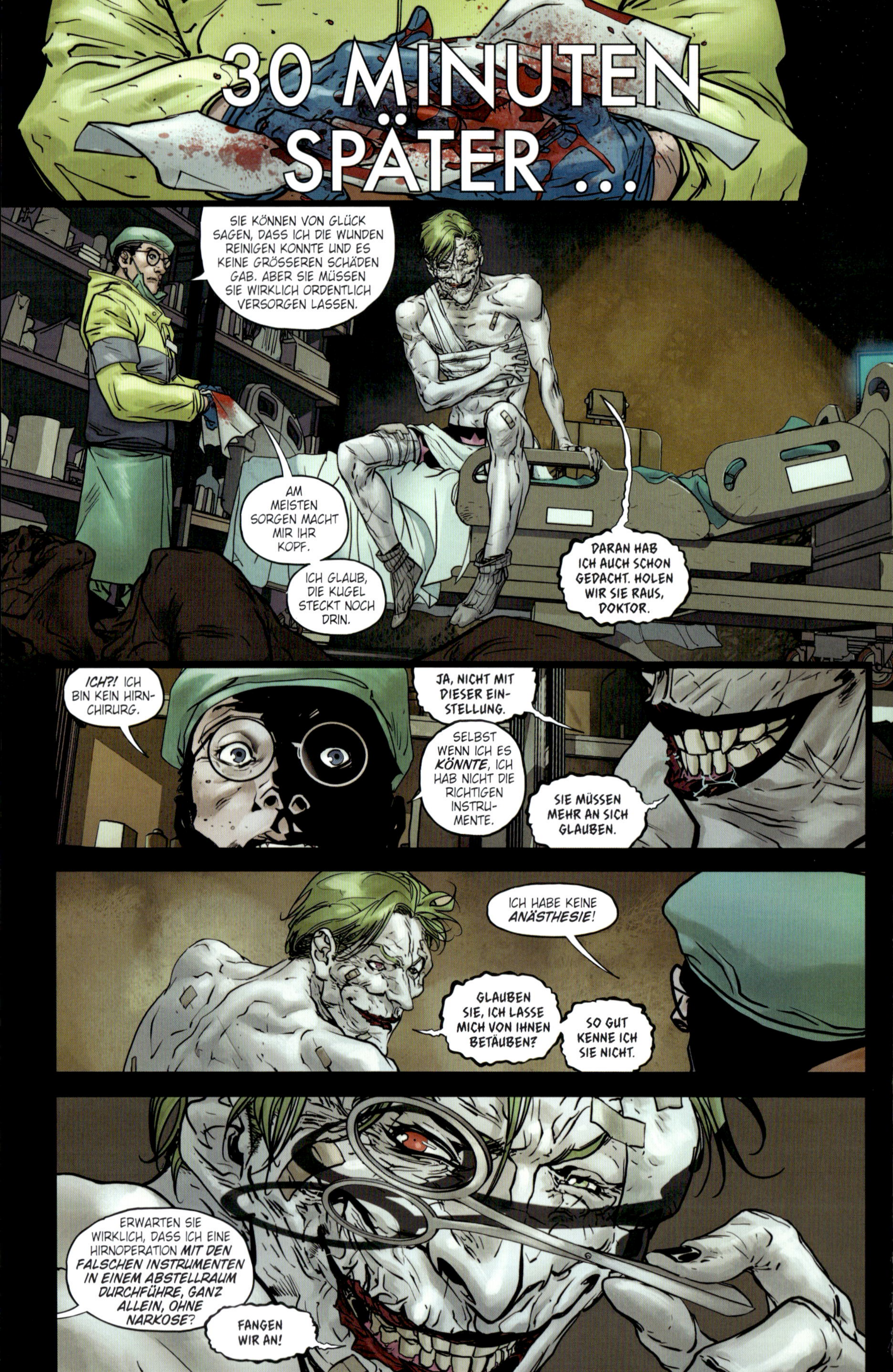
30 MINUTEN SPÄTER ...
SIE KÖNNEN VON GLÜCK SAGEN, DASS ICH DIE WUNDEN REINIGEN KONNTE UND ES KEINE GRÖSSEREN SCHÄDEN GAB. ABER SIE MÜSSEN SIE WIRKLICH ORDENTLICH VERSORGEN LASSEN.
AM MEISTEN SORGEN MACHT MIR IHR KOPF.
ICH GLAUB, DIE KUGEL STECKT NOCH DRIN.
DARAN HAB ICH AUCH SCHON GEDACHT. HOLEN WIR SIE RAUS, DOKTOR.
ICH?! ICH BIN KEIN HIRN-CHIRURG.
JA, NICHT MIT DIESER EIN-STELLUNG.
SELBST WENN ICH ES KÖNNTE, ICH HAB NICHT DIE RICHTIGEN INSTRU-MENTE.
SIE MÜSSEN MEHR AN SICH GLAUBEN.
ICH HABE KEINE ANÄSTHESIE!
GLAUBEN SIE, ICH LASSE MICH VON IHNEN BETÄUBEN?
SO GUT KENNE ICH SIE NICHT.
ERWARTEN SIE WIRKLICH, DASS ICH EINE HIRNOPERATION MIT DEN FALSCHEN INSTRUMENTEN IN EINEM ABSTELLRAUM DURCHFÜHRE, GANZ ALLEIN, OHNE NARKOSE?
FANGEN WIR AN!

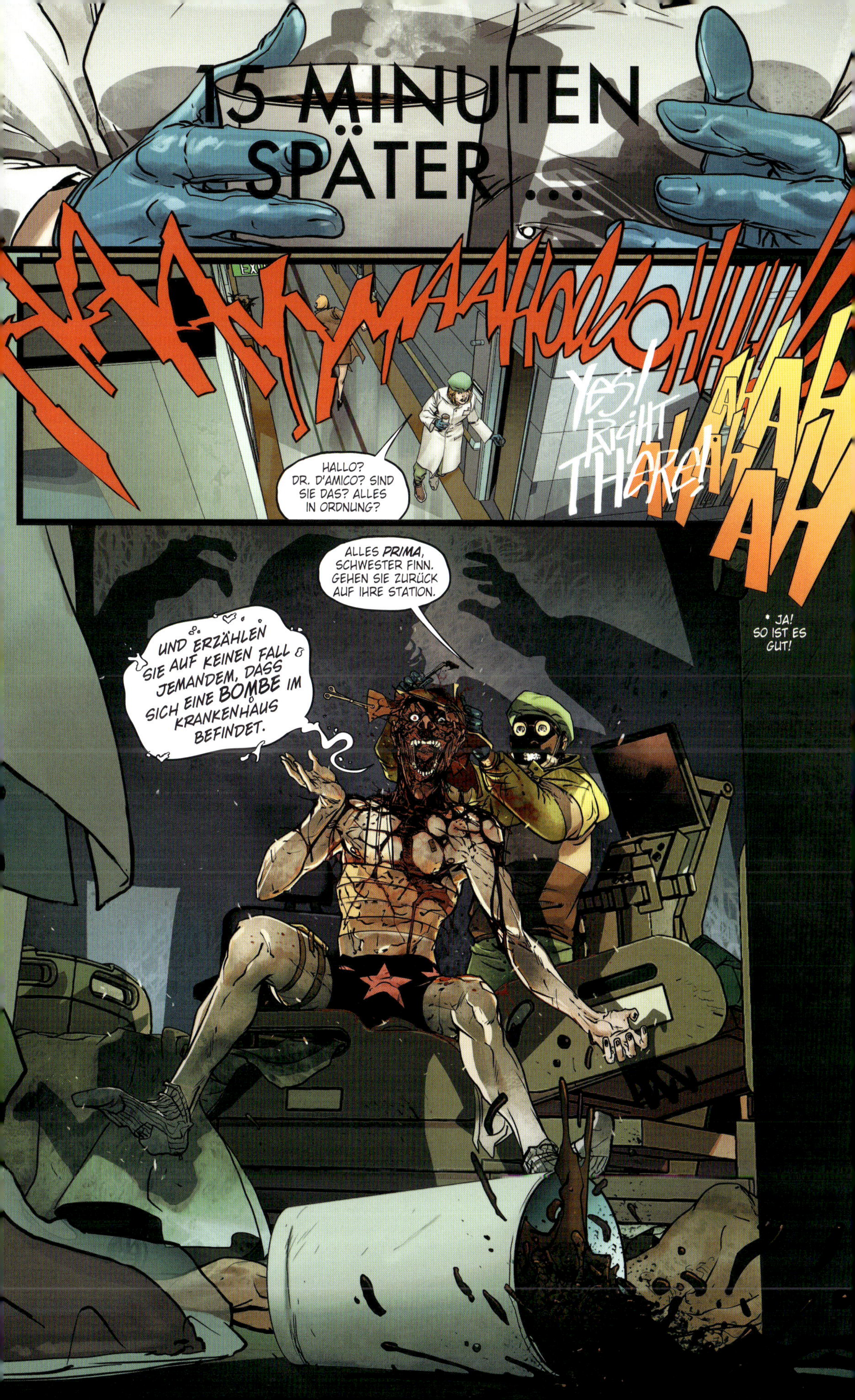
15 MINUTEN SPÄTER ...
AAAAAAHMAAAHAAAOHHH!
YES! RIGHT THERE!*
AAAAAAAAH
HALLO? DR. D'AMICO? SIND SIE DAS? ALLES IN ORDNUNG?
ALLES PRIMA, SCHWESTER FINN. GEHEN SIE ZURÜCK AUF IHRE STATION.
UND ERZÄHLEN SIE AUF KEINEN FALL JEMANDEM, DASS SICH EINE BOMBE IM KRANKENHAUS BEFINDET.
* JA! SO IST ES GUT!

AM ANDEREN ENDE DER STADT

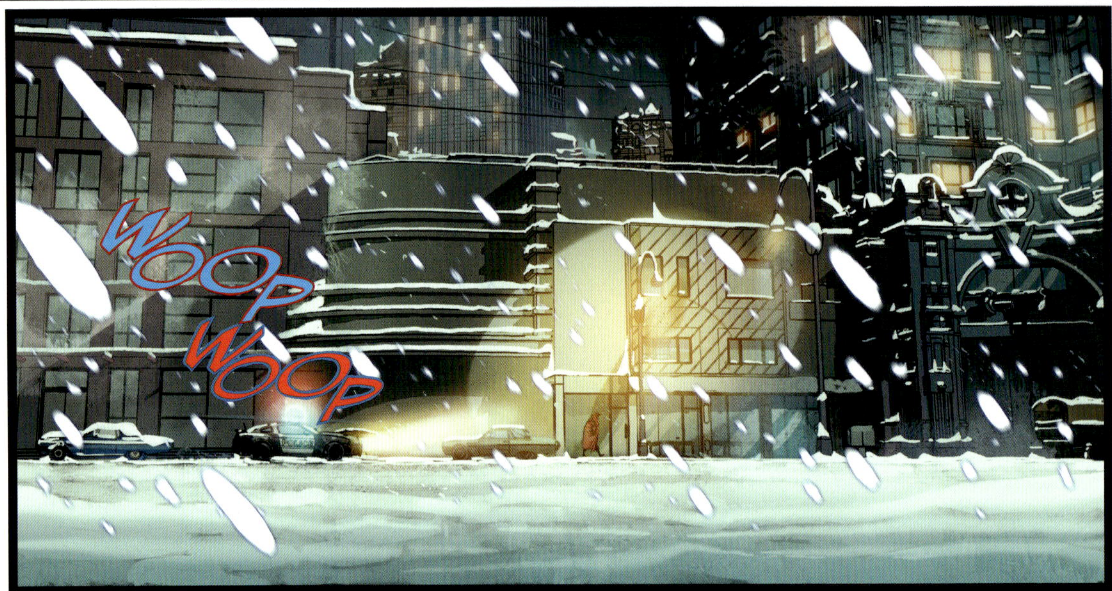

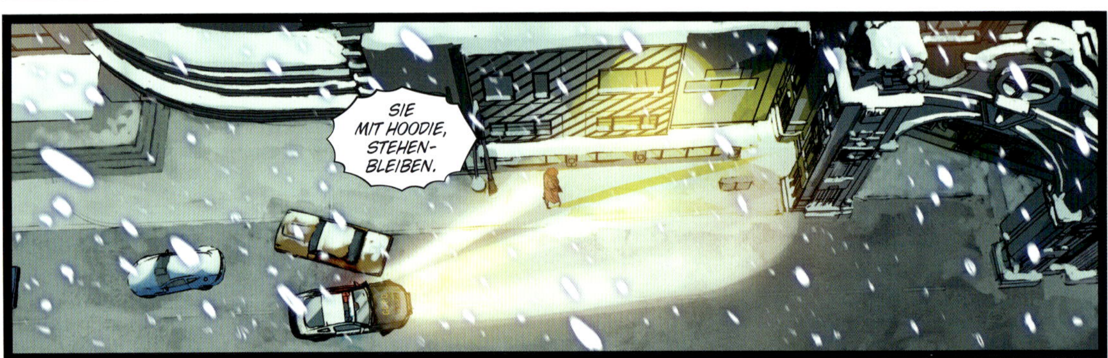

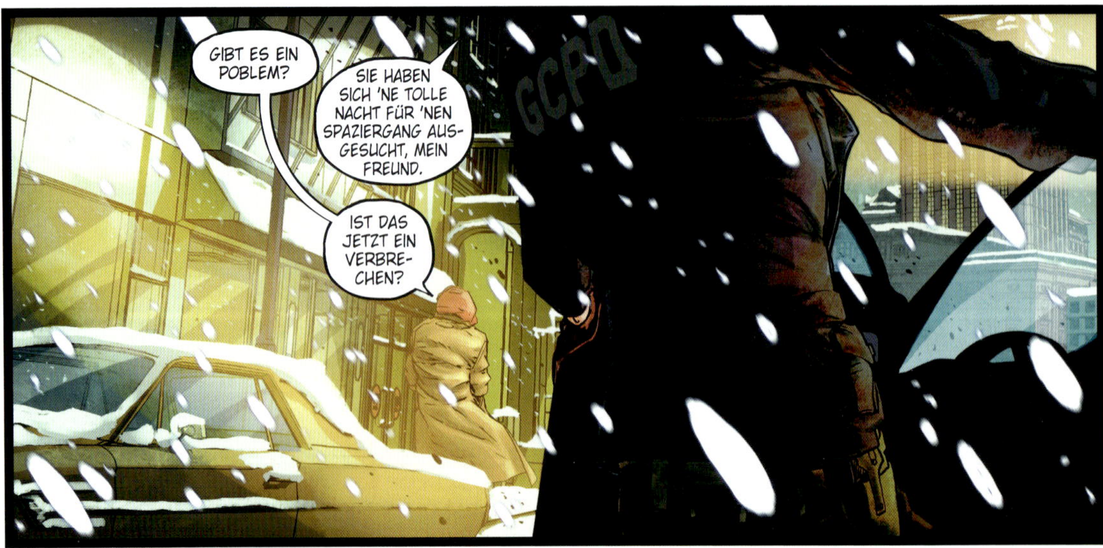

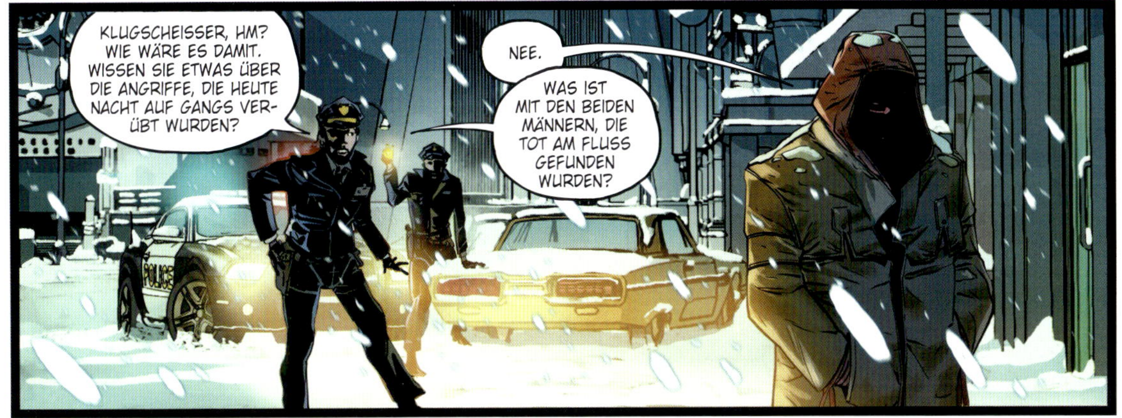
KLUGSCHEISSER, HM? WIE WÄRE ES DAMIT. WISSEN SIE ETWAS ÜBER DIE ANGRIFFE, DIE HEUTE NACHT AUF GANGS VERÜBT WURDEN?
NEE.
WAS IST MIT DEN BEIDEN MÄNNERN, DIE TOT AM FLUSS GEFUNDEN WURDEN?
POLICE

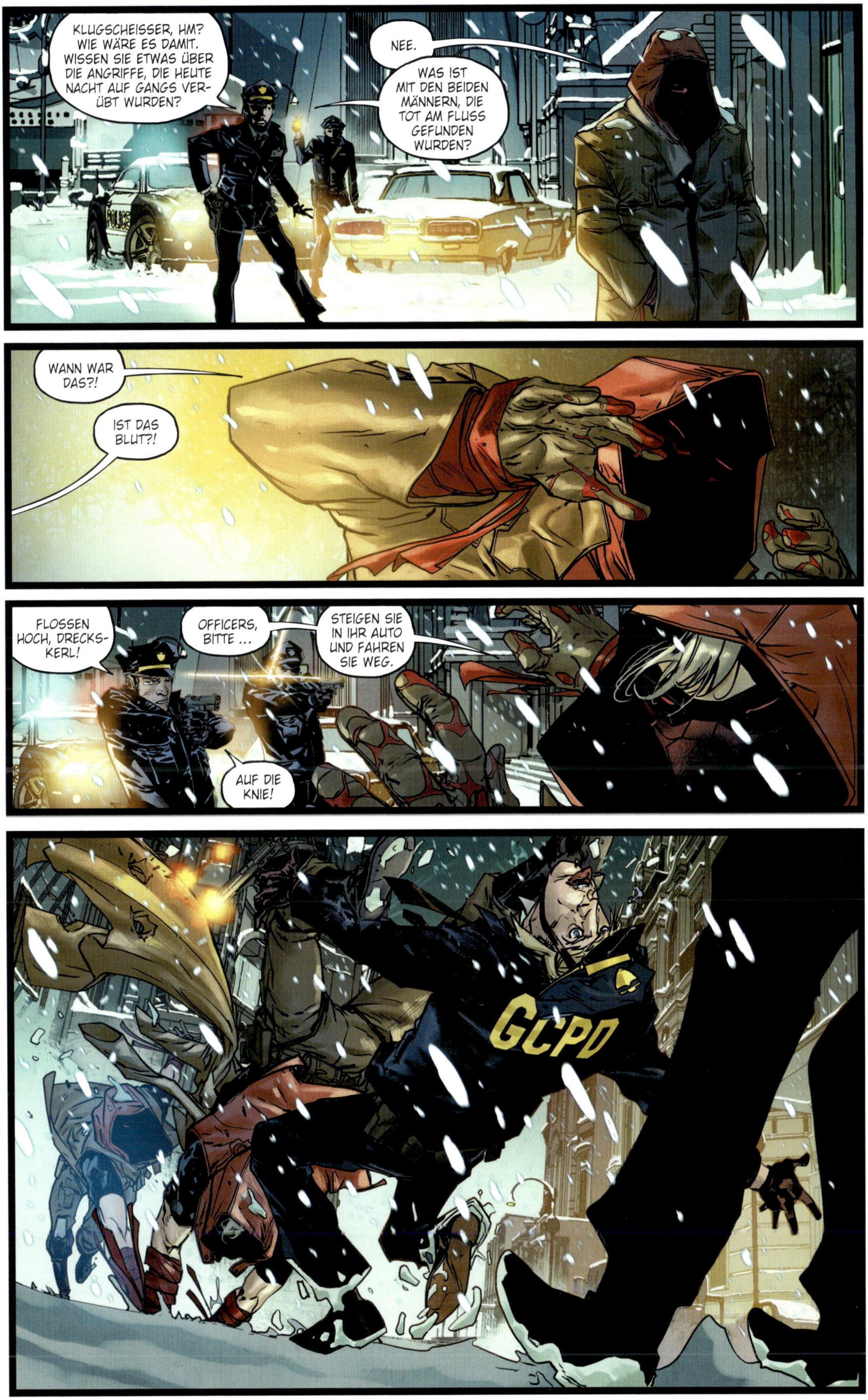

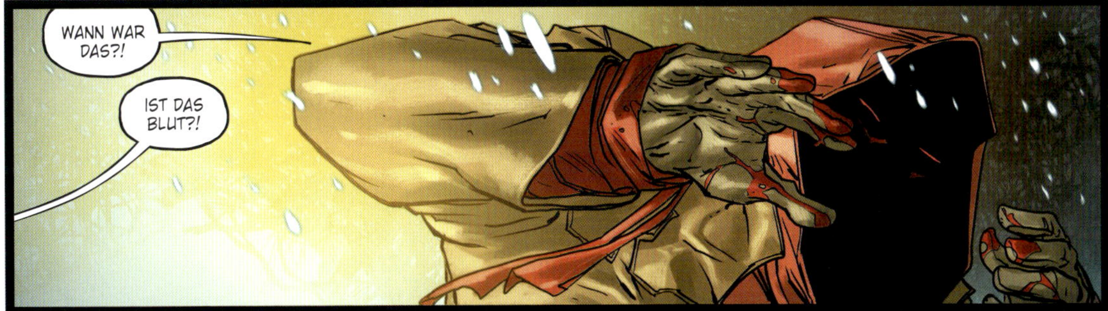
WANN WAR DAS?!
IST DAS BLUT?!

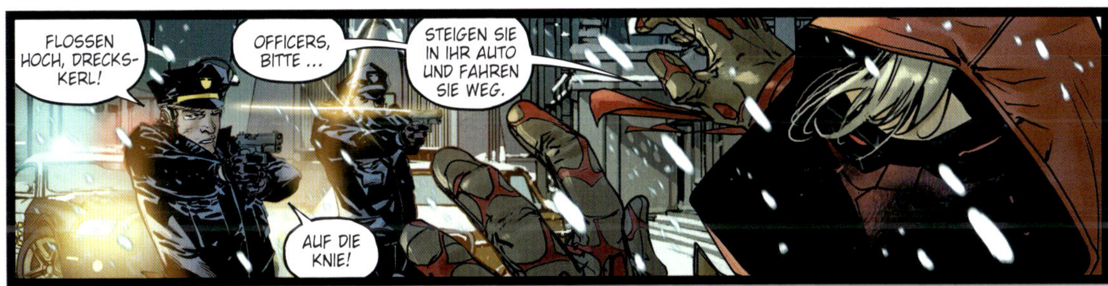
FLOSSEN HOCH, DRECKSKERL!
OFFICERS, BITTE ...
STEIGEN SIE IN IHR AUTO UND FAHREN SIE WEG.
AUF DIE KNIE!

GCPD

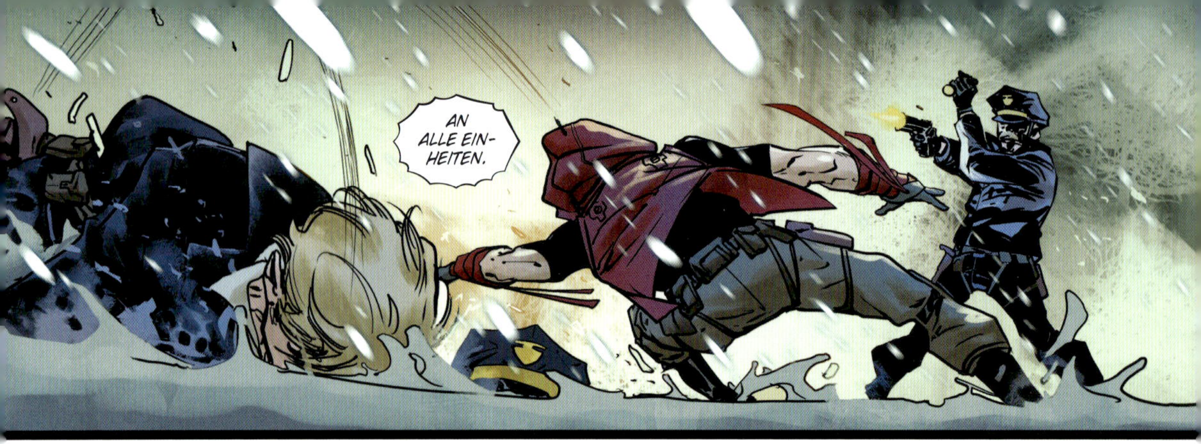
AN ALLE EIN-HEITEN.

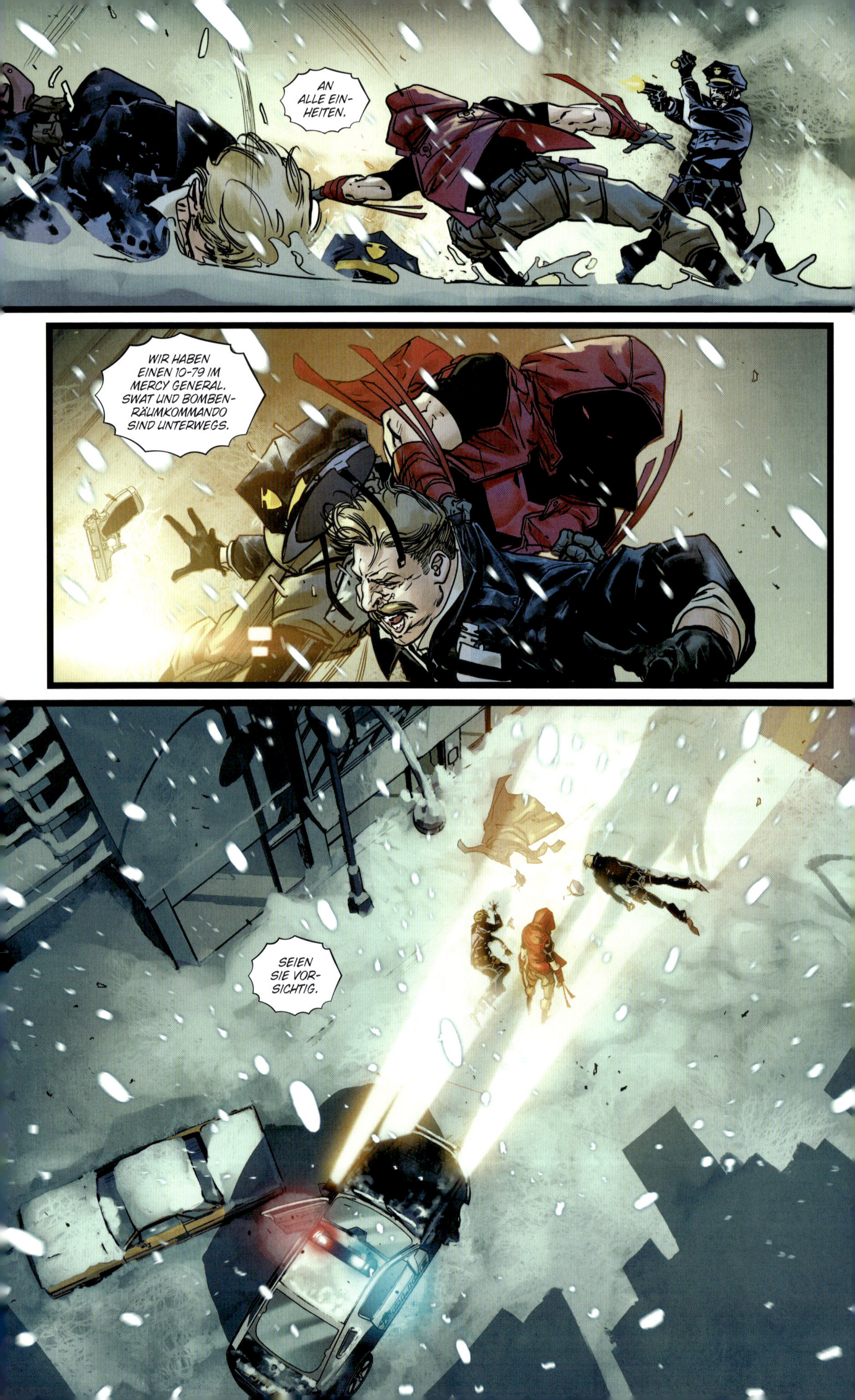

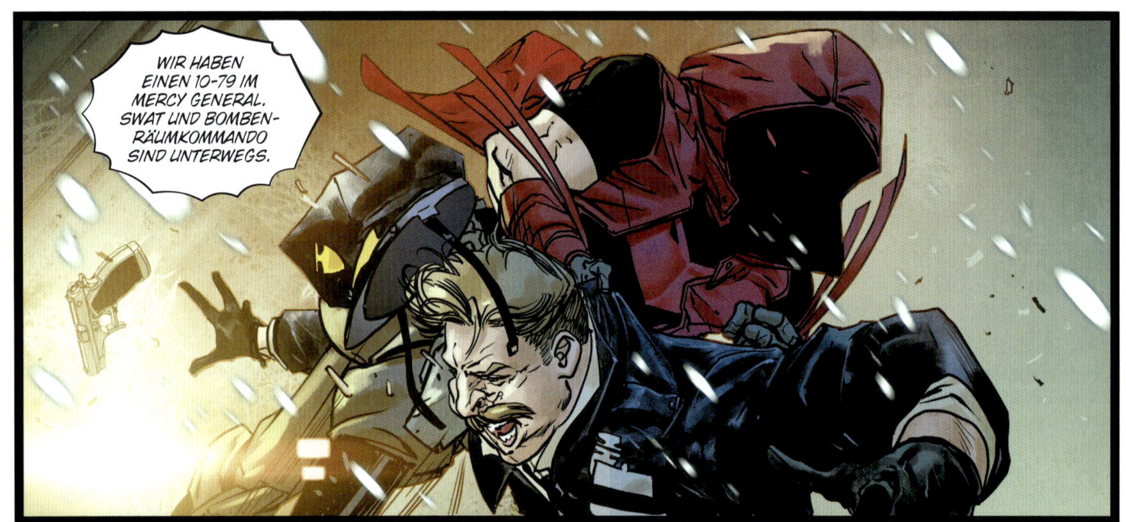
WIR HABEN EINEN 10-79 IM MERCY GENERAL. SWAT UND BOMBEN-RÄUMKOMMANDO SIND UNTERWEGS.

SEIEN SIE VOR-SICHTIG.

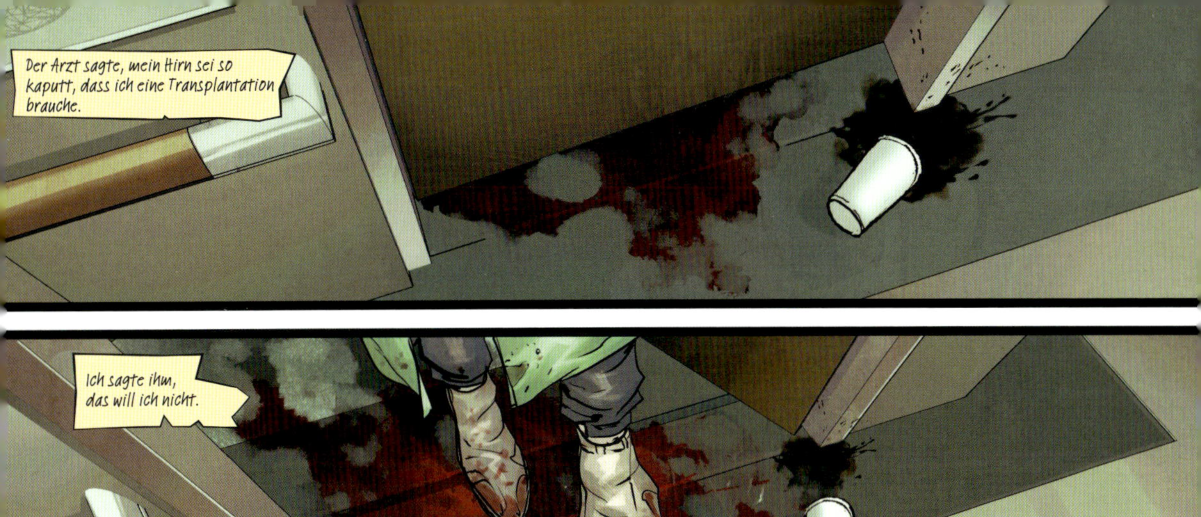

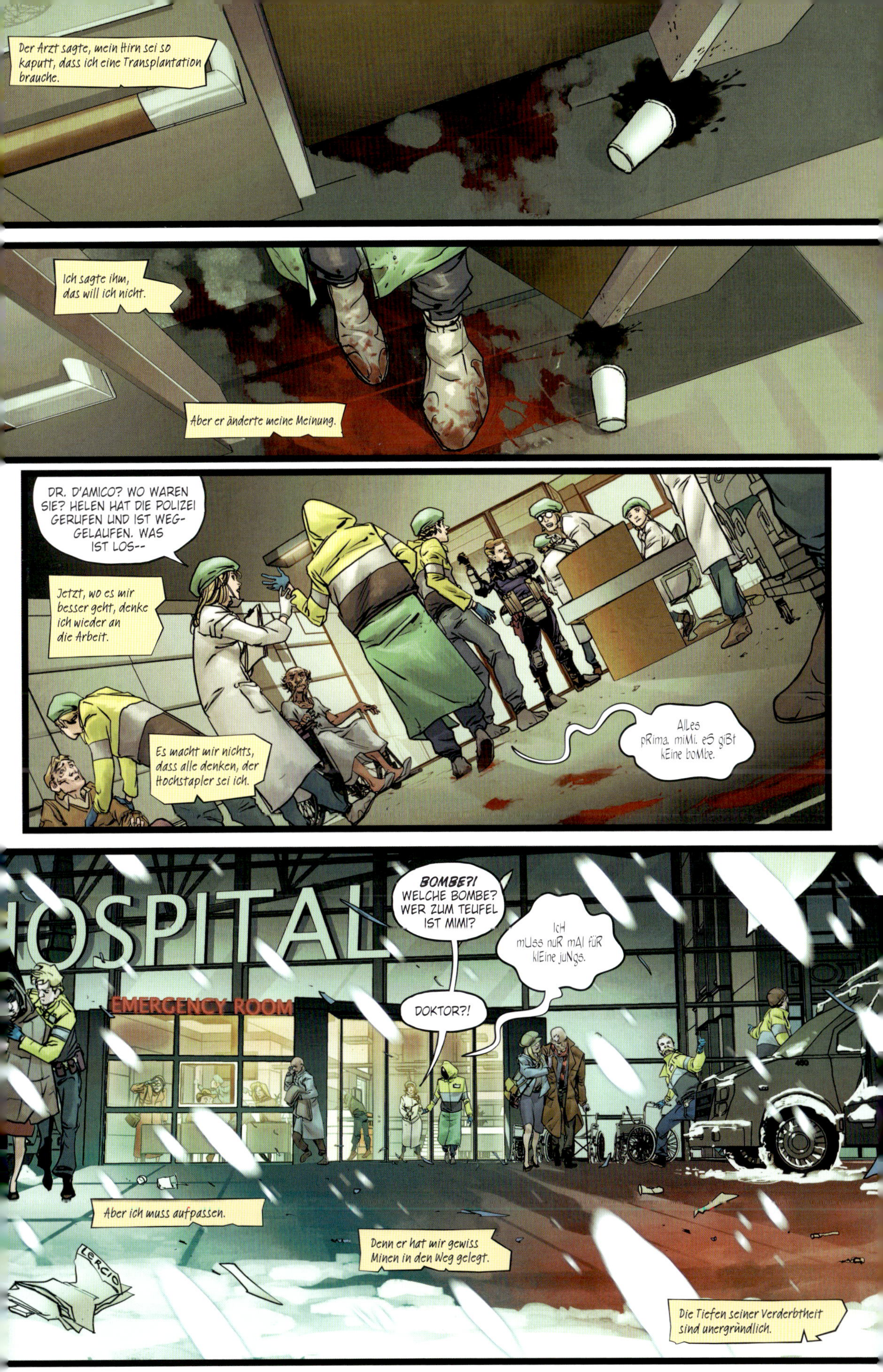

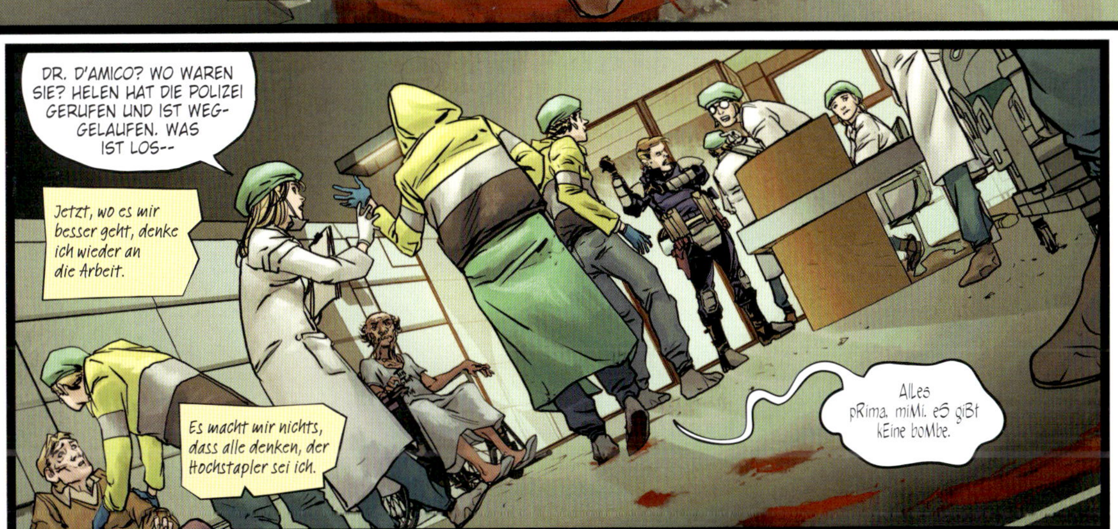

BOMBE?! WELCHE BOMBE? WER ZUM TEUFEL IST MIMI?

IcH mUss nuR mAl füR klEine juNgs.

DOKTOR?!

HOSPITAL

EMERGENCY ROOM

Aber ich muss aufpassen.

Denn er hat mir gewiss Minen in den Weg gelegt.

Die Tiefen seiner Verderbtheit sind unergründlich.

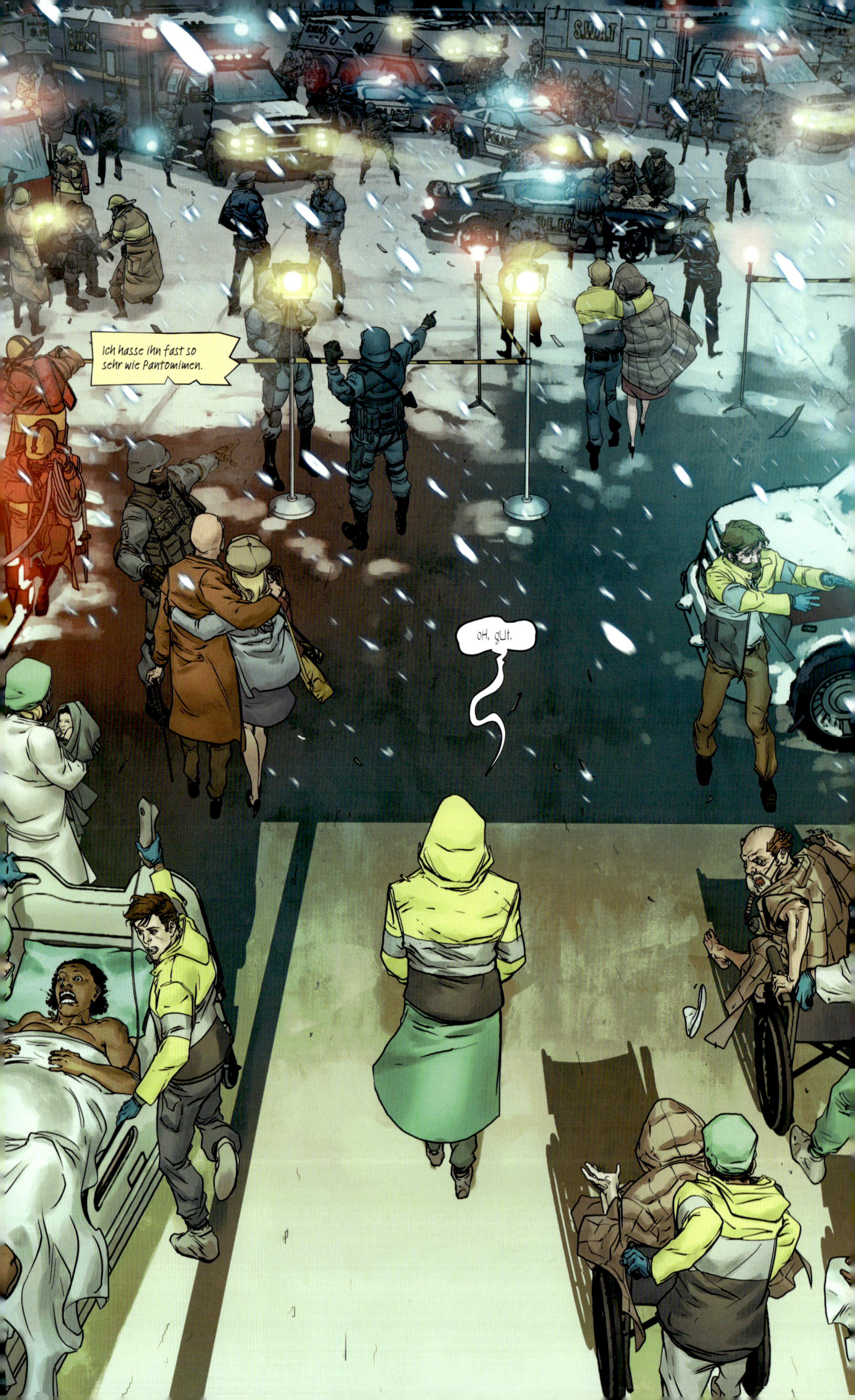
Ich hasse ihn fast so sehr wie Pantomimen.
OH, GUT.

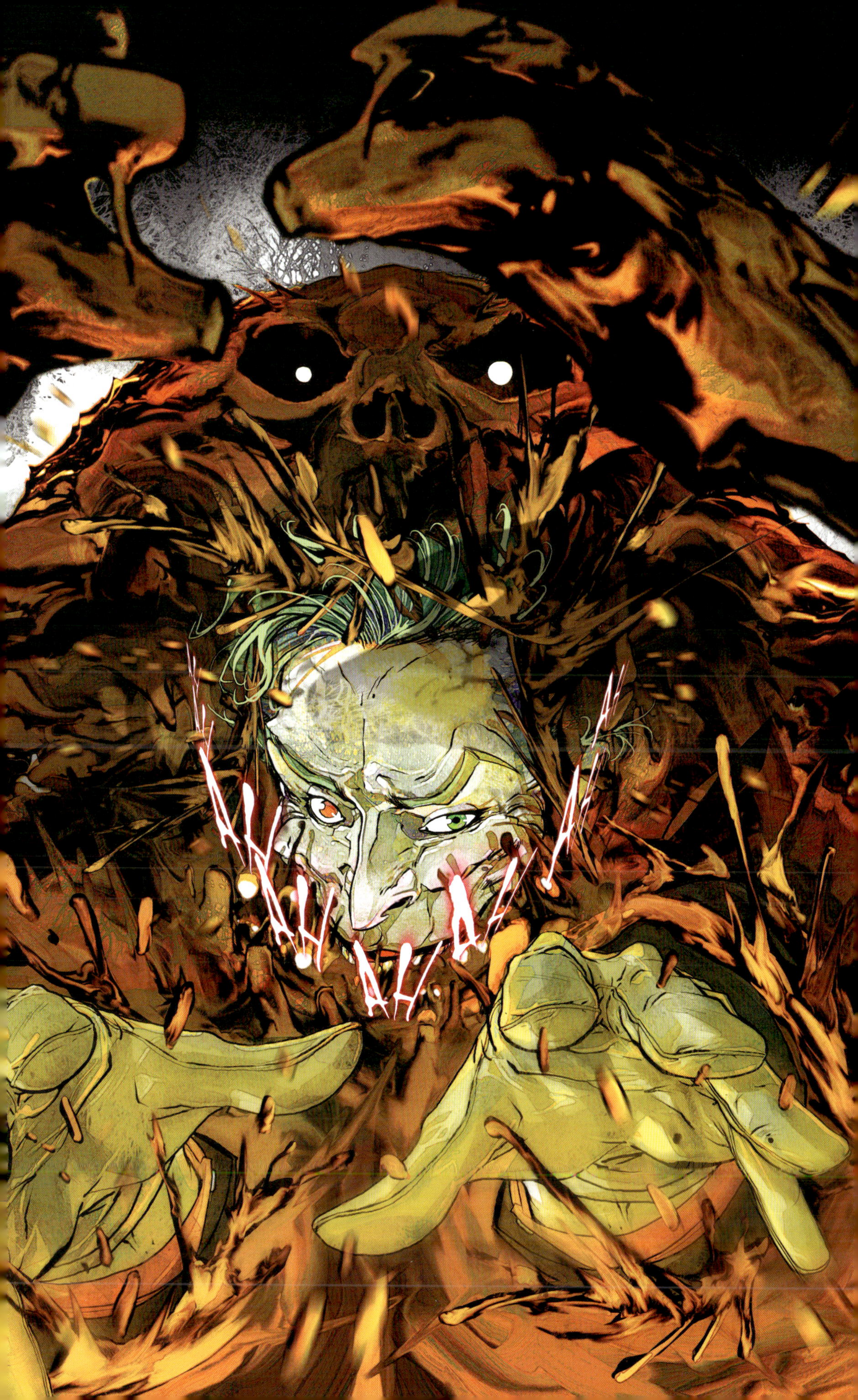
AH AH AH AH AH

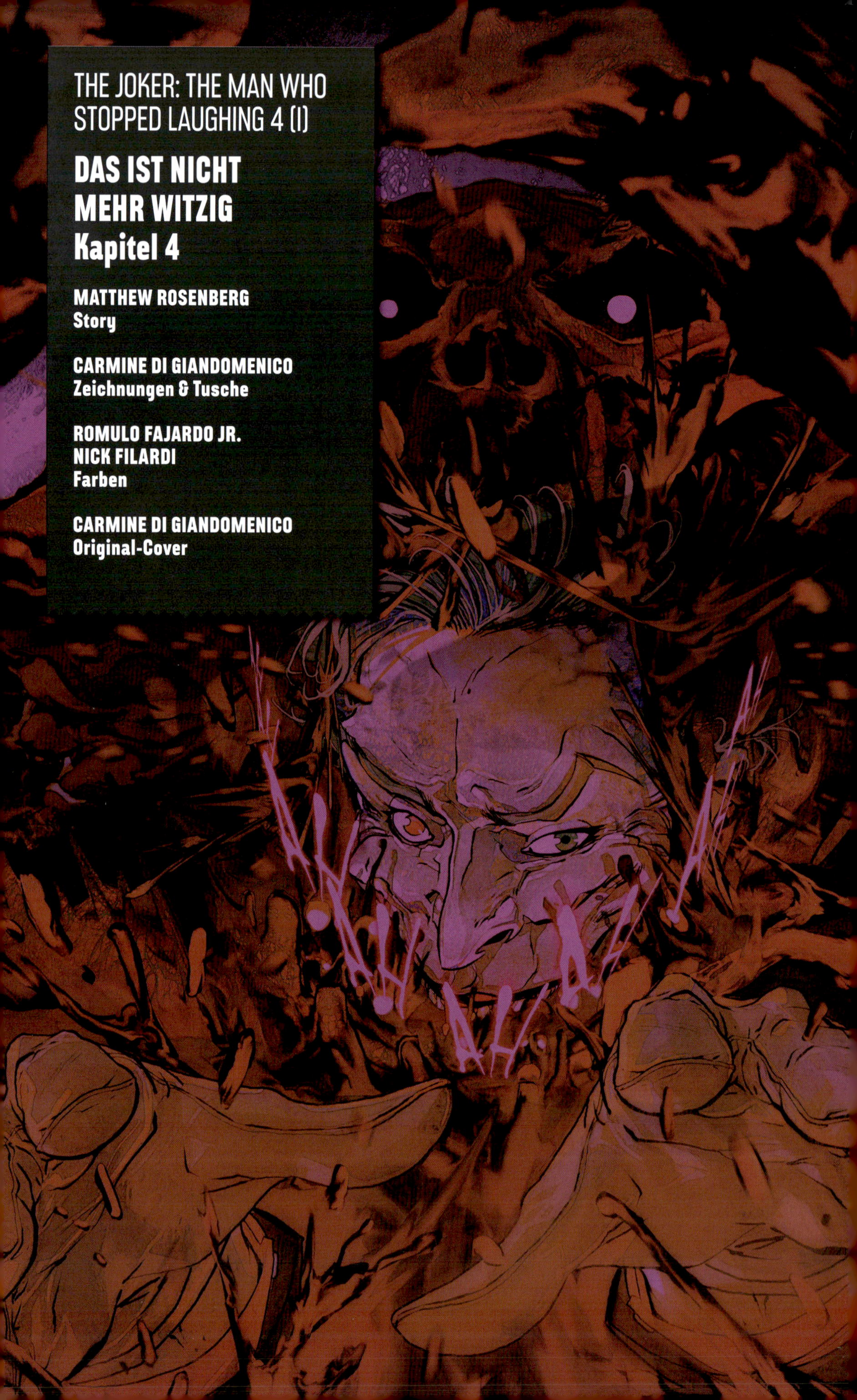

THE JOKER: THE MAN WHO STOPPED LAUGHING 4 (I)

DAS IST NICHT MEHR WITZIG
Kapitel 4

MATTHEW ROSENBERG
Story

CARMINE DI GIANDOMENICO
Zeichnungen & Tusche

ROMULO FAJARDO JR.
NICK FILARDI
Farben

CARMINE DI GIANDOMENICO
Original-Cover

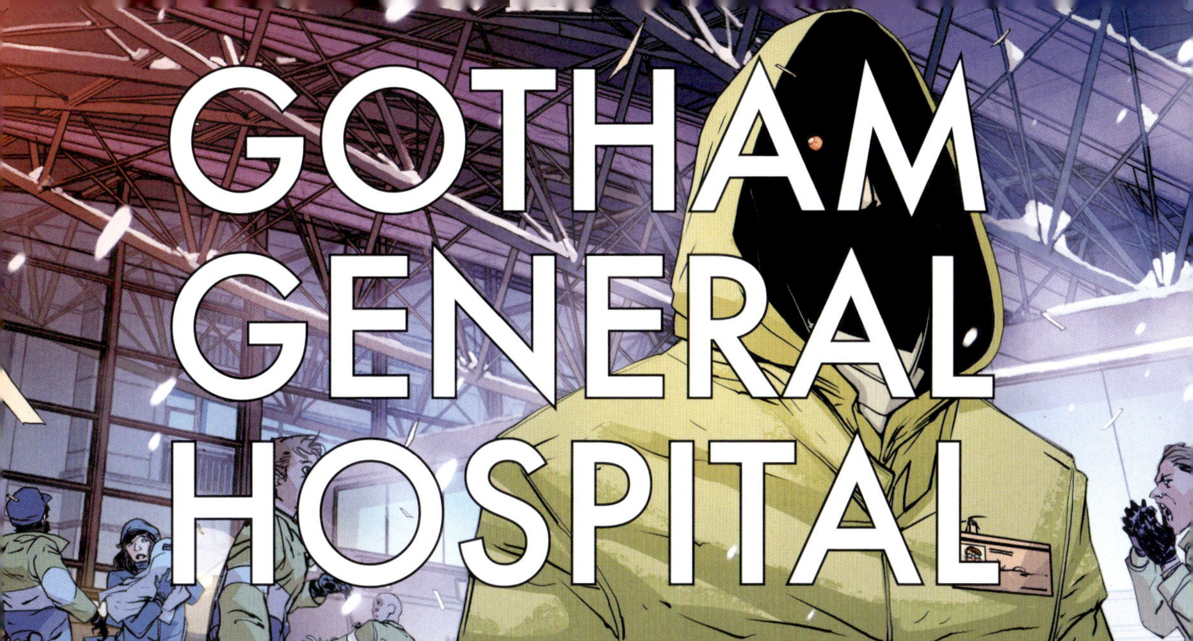
GOTHAM GENERAL HOSPITAL

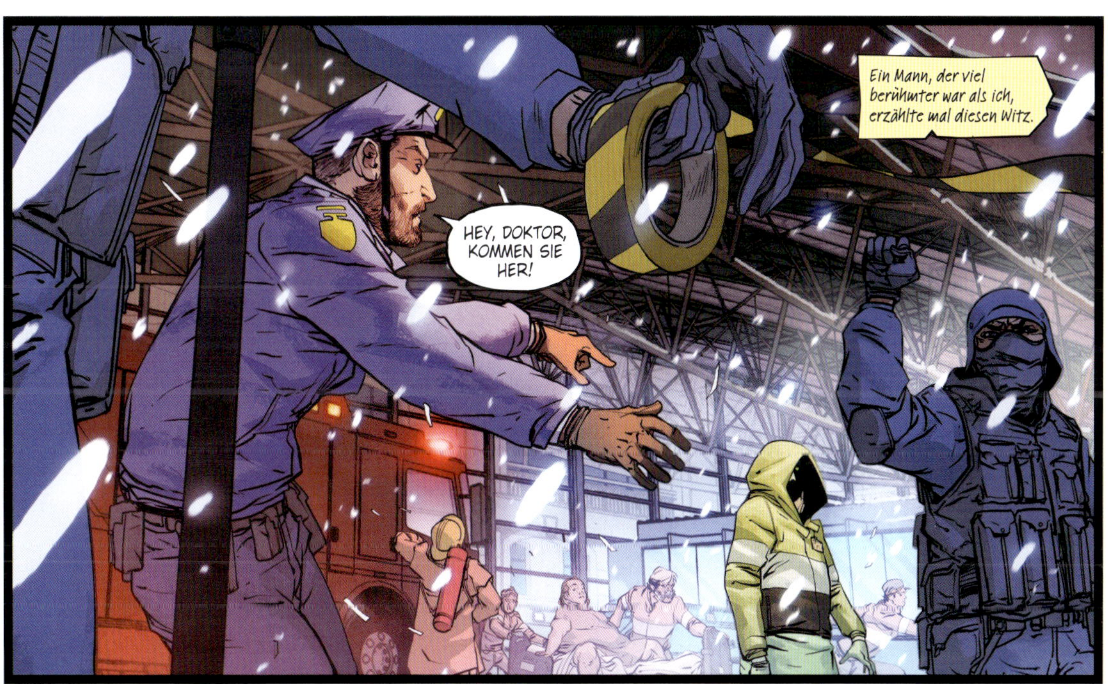
Ein Mann, der viel berühmter war als ich, erzählte mal diesen Witz.
HEY, DOKTOR, KOMMEN SIE HER!

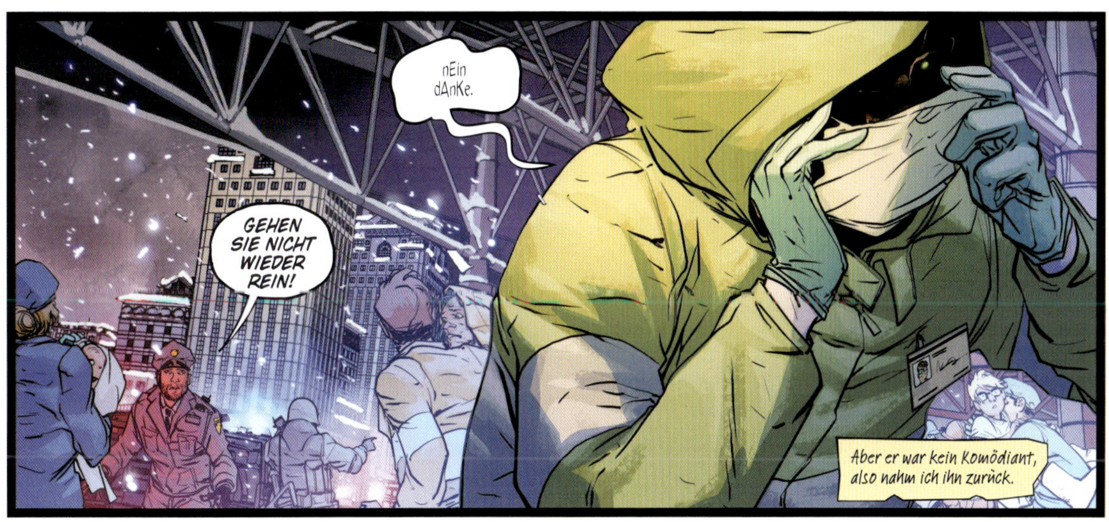
nEin dAnKe.
GEHEN SIE NICHT WIEDER REIN!
Aber er war kein Komödiant, also nahm ich ihn zurück.

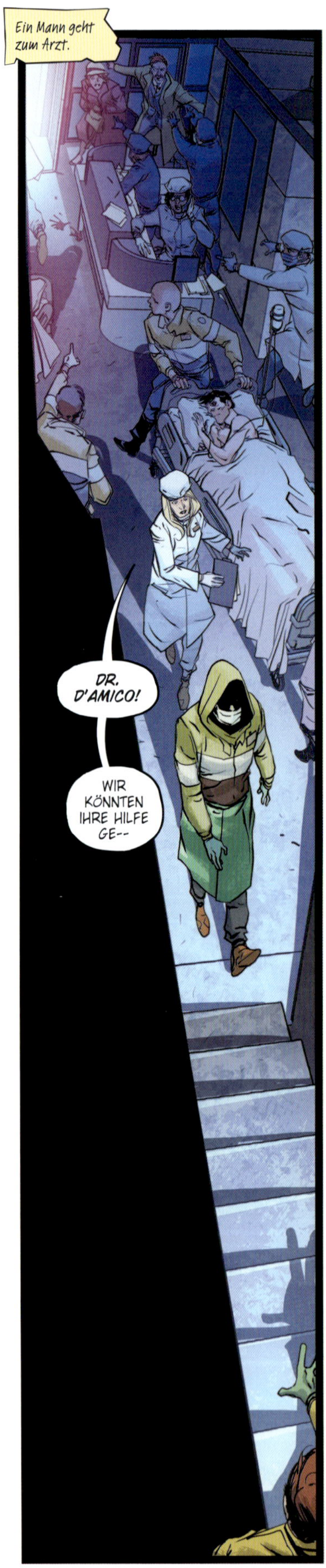
Ein Mann geht zum Arzt.
DR. D'AMICO!
WIR KÖNNTEN IHRE HILFE GE--

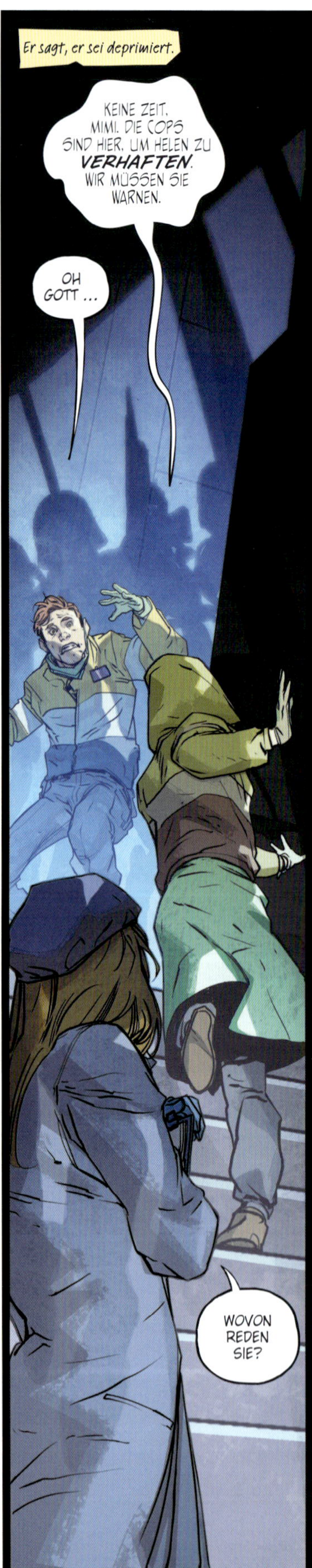
Er sagt, er sei deprimiert.
KEINE ZEIT, MIMI. DIE COPS SIND HIER, UM HELEN ZU VERHAFTEN. WIR MÜSSEN SIE WARNEN.
OH GOTT ...
WOVON REDEN SIE?

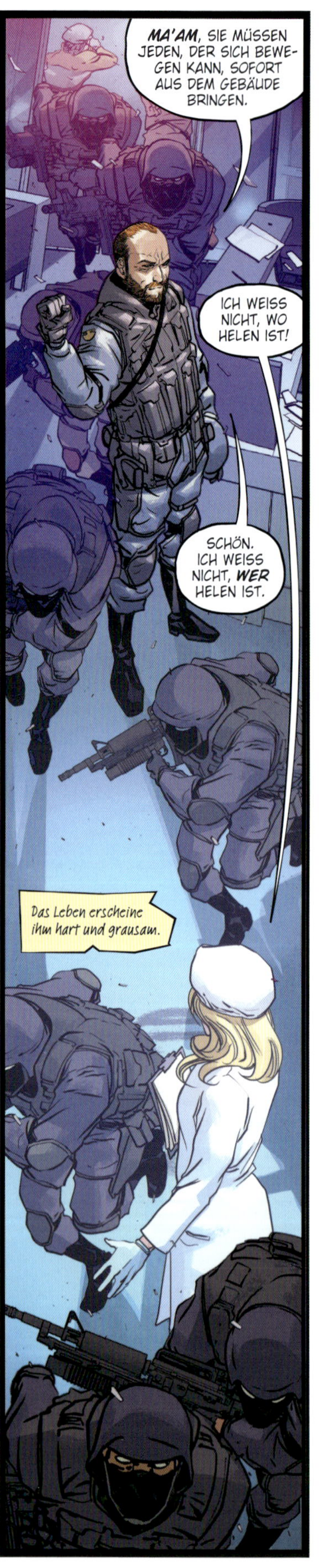
MA'AM, SIE MÜSSEN JEDEN, DER SICH BEWEGEN KANN, SOFORT AUS DEM GEBÄUDE BRINGEN.
ICH WEISS NICHT, WO HELEN IST!
SCHÖN. ICH WEISS NICHT, WER HELEN IST.
Das Leben erscheine ihm hart und grausam.

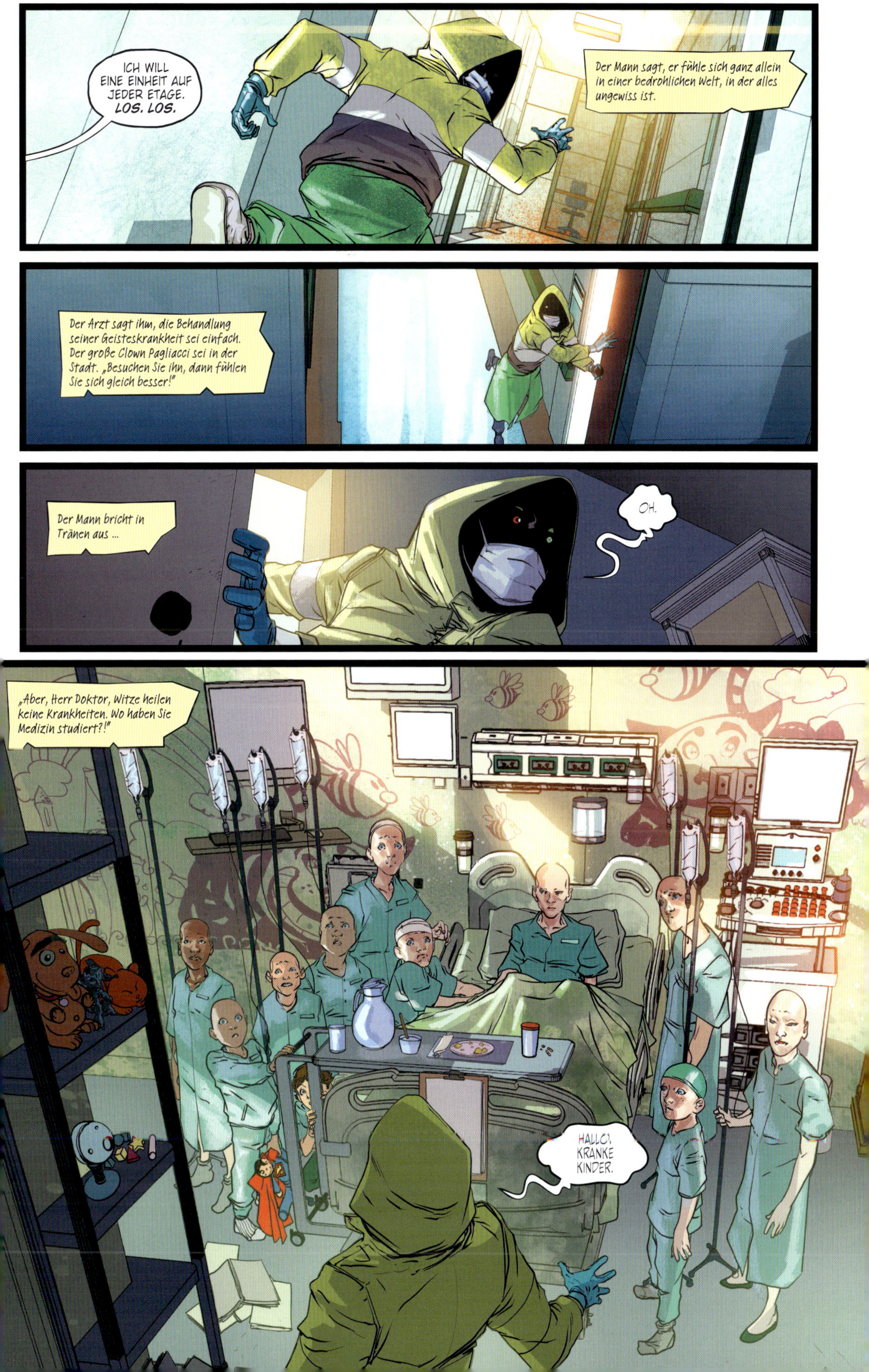

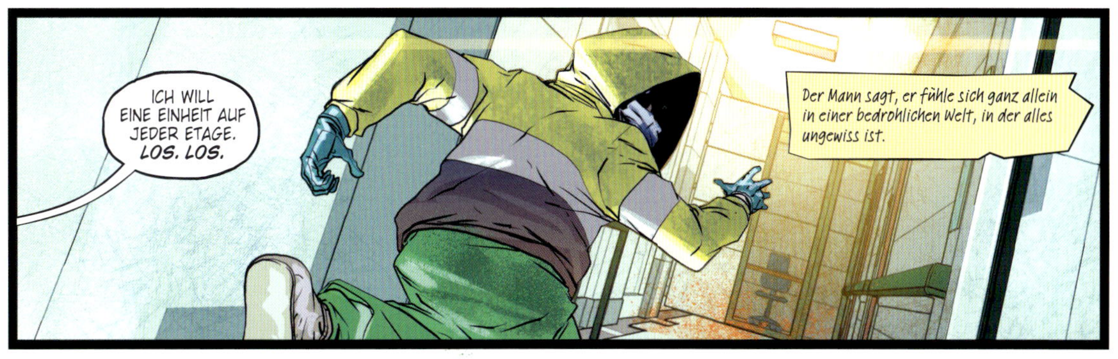

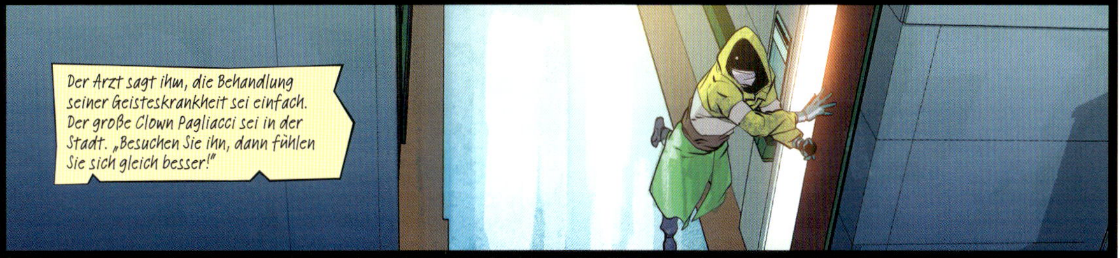

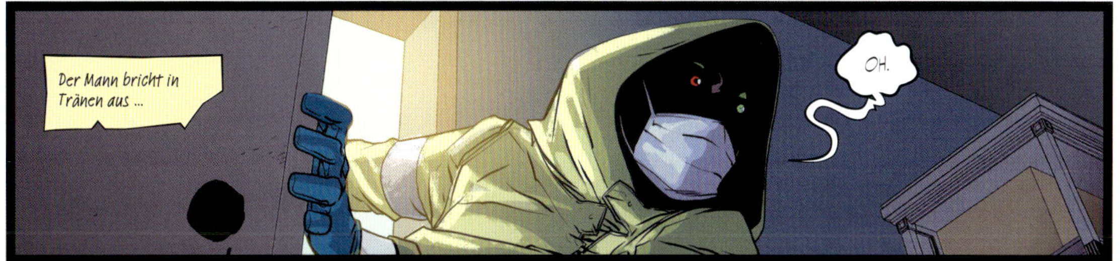

„Aber, Herr Doktor, Witze heilen keine Krankheiten. Wo haben Sie Medizin studiert?!"

HALLO, KRANKE KINDER.

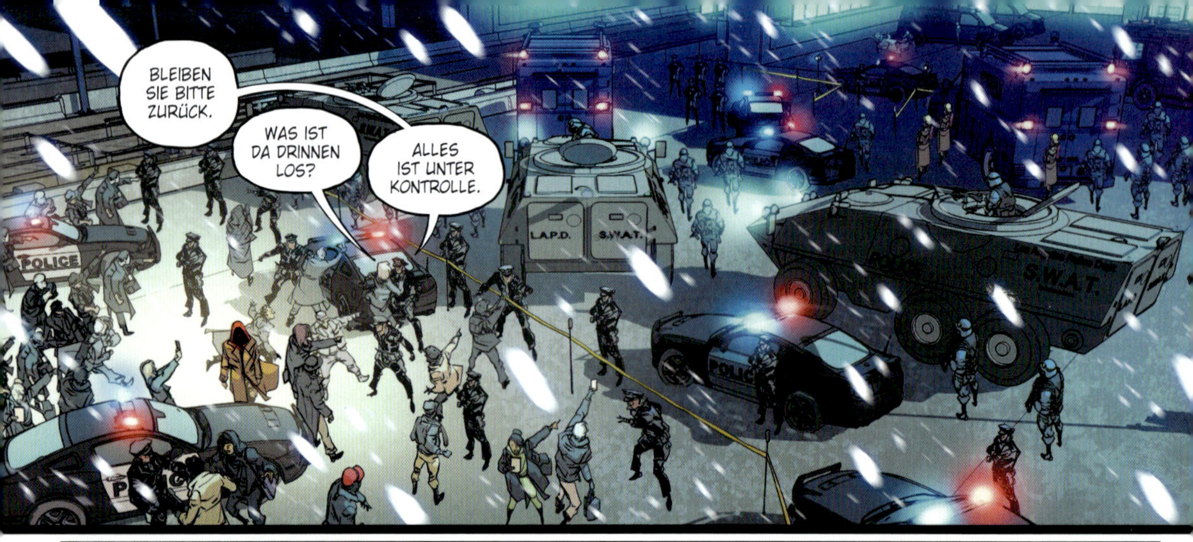
BLEIBEN SIE BITTE ZURÜCK.
WAS IST DA DRINNEN LOS?
ALLES IST UNTER KONTROLLE.

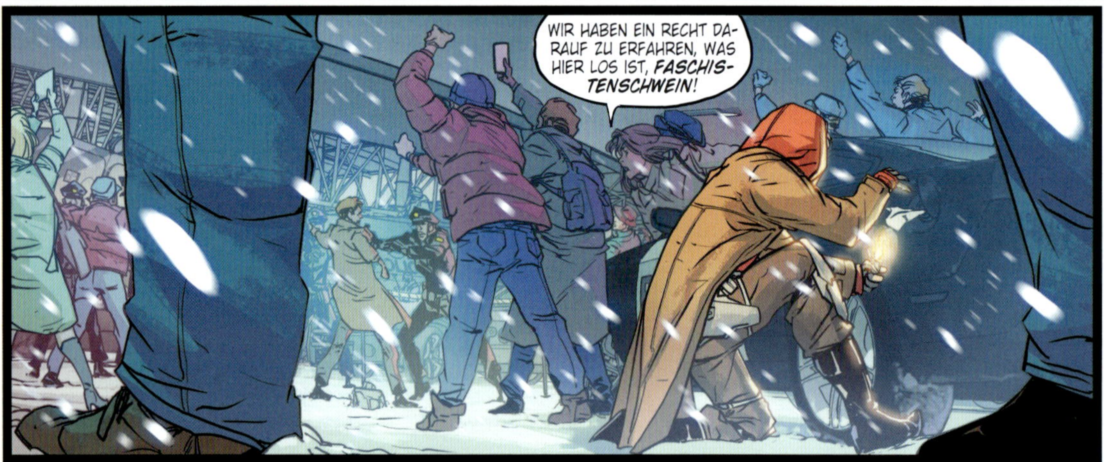
WIR HABEN EIN RECHT DARAUF ZU ERFAHREN, WAS HIER LOS IST, FASCHISTENSCHWEIN!

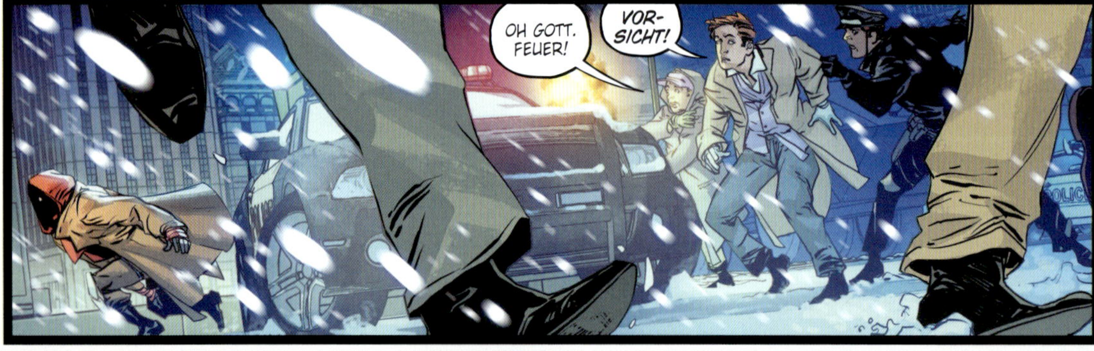
OH GOTT. FEUER!
VORSICHT!

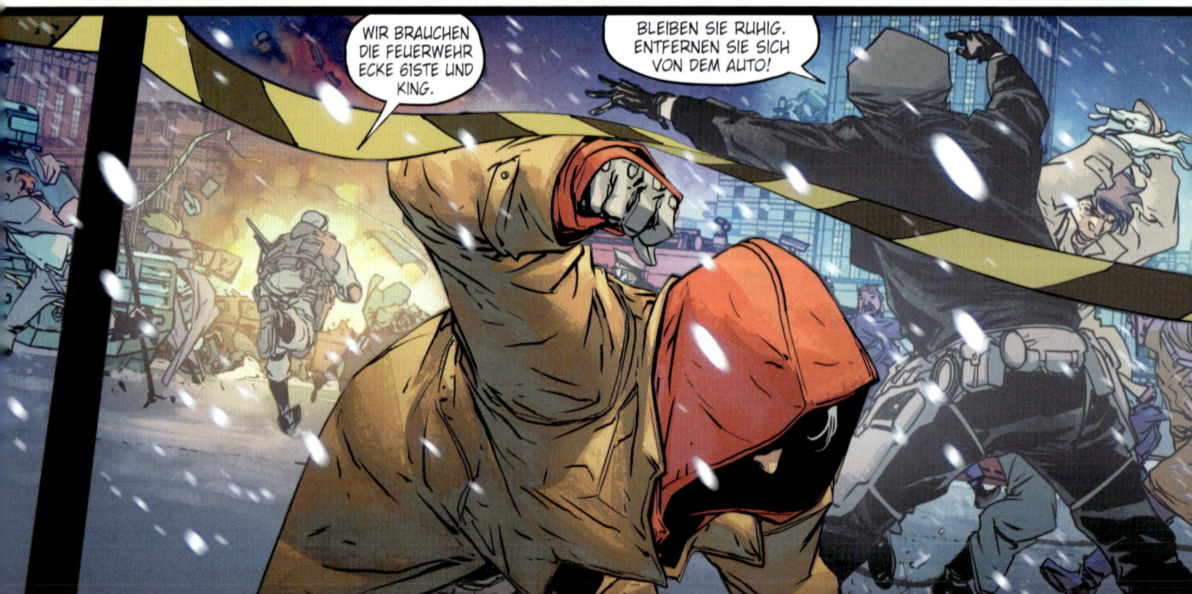
WIR BRAUCHEN DIE FEUERWEHR ECKE 6ISTE UND KING.
BLEIBEN SIE RUHIG. ENTFERNEN SIE SICH VON DEM AUTO!

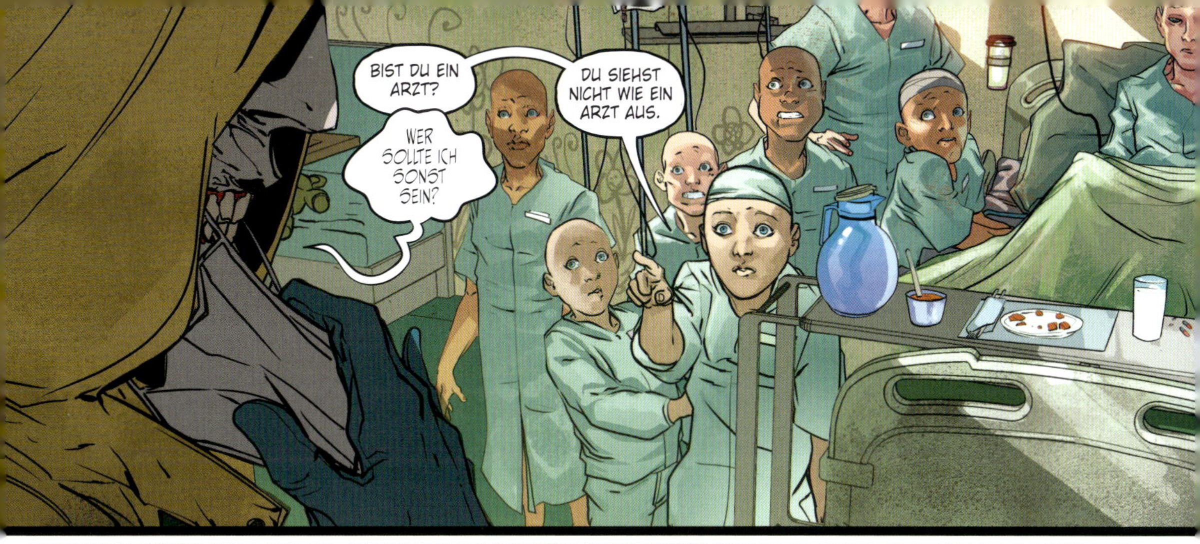
BIST DU EIN ARZT?
WER SOLLTE ICH SONST SEIN?
DU SIEHST NICHT WIE EIN ARZT AUS.

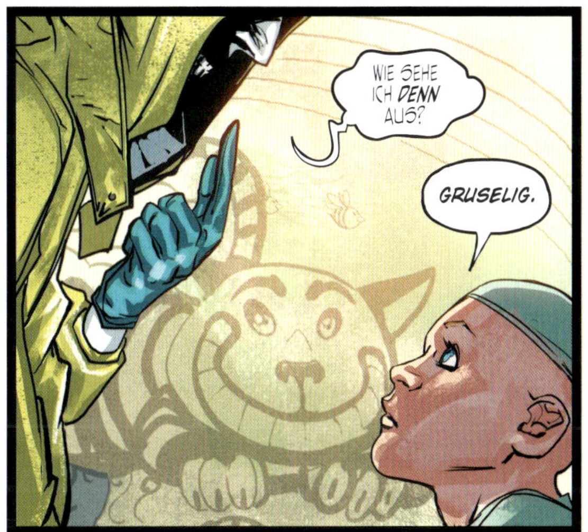
WIE SEHE ICH DENN AUS?
GRUSELIG.

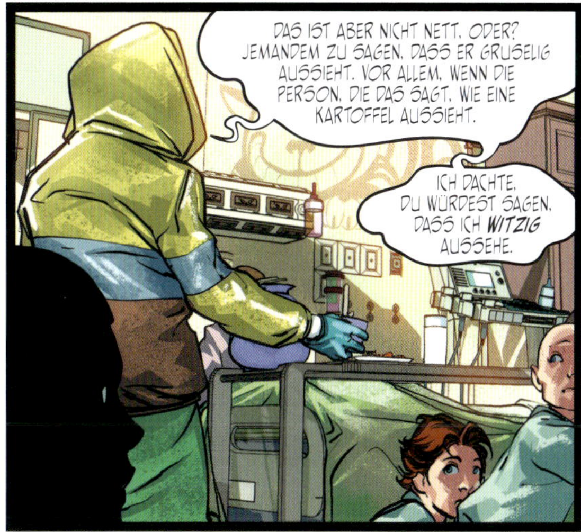
DAS IST ABER NICHT NETT, ODER? JEMANDEM ZU SAGEN, DASS ER GRUSELIG AUSSIEHT. VOR ALLEM, WENN DIE PERSON, DIE DAS SAGT, WIE EINE KARTOFFEL AUSSIEHT.
ICH DACHTE, DU WÜRDEST SAGEN, DASS ICH WITZIG AUSSEHE.

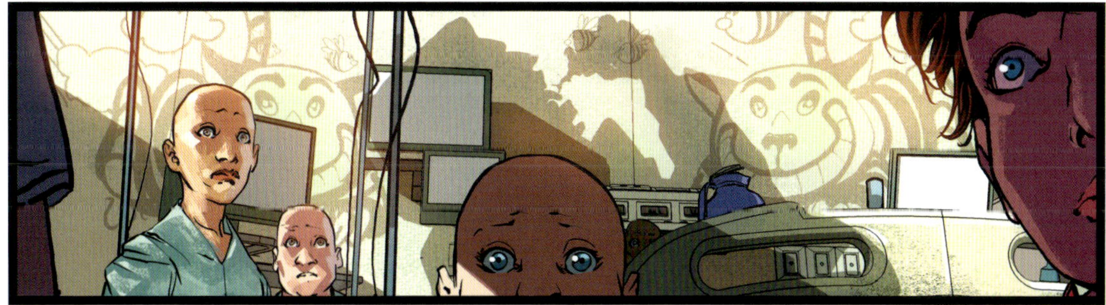

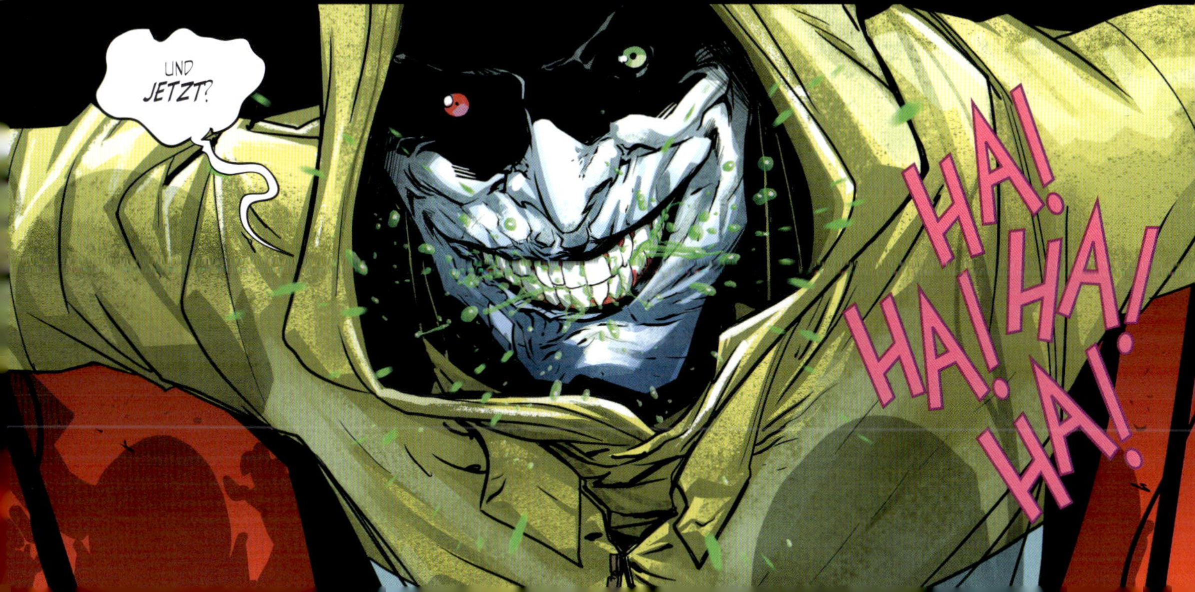
UND JETZT?
HA! HA! HA! HA!

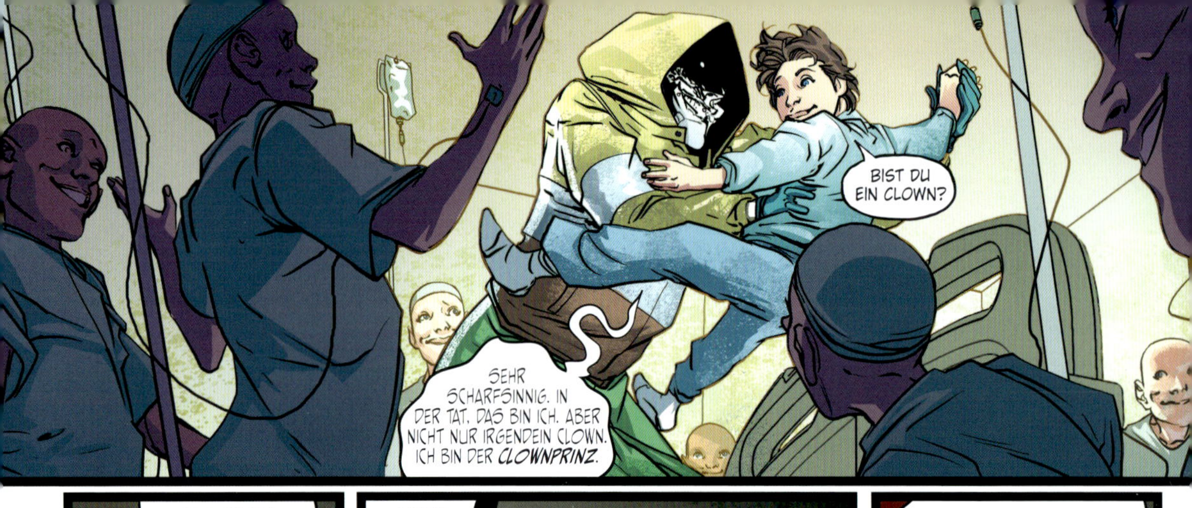
BIST DU EIN CLOWN?
SEHR SCHARFSINNIG. IN DER TAT. DAS BIN ICH. ABER NICHT NUR IRGENDEIN CLOWN. ICH BIN DER **CLOWNPRINZ**.

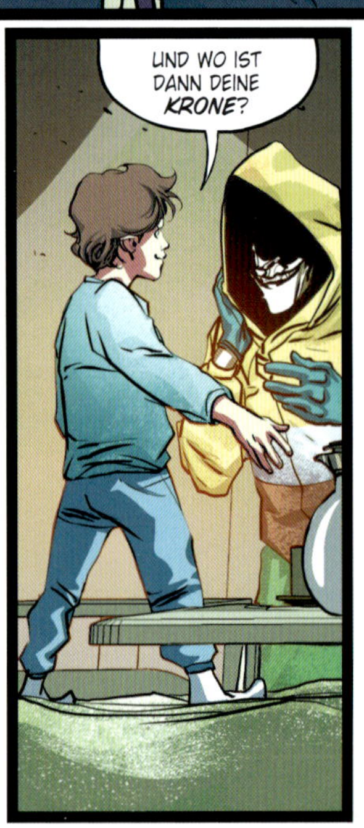
UND WO IST DANN DEINE **KRONE**?

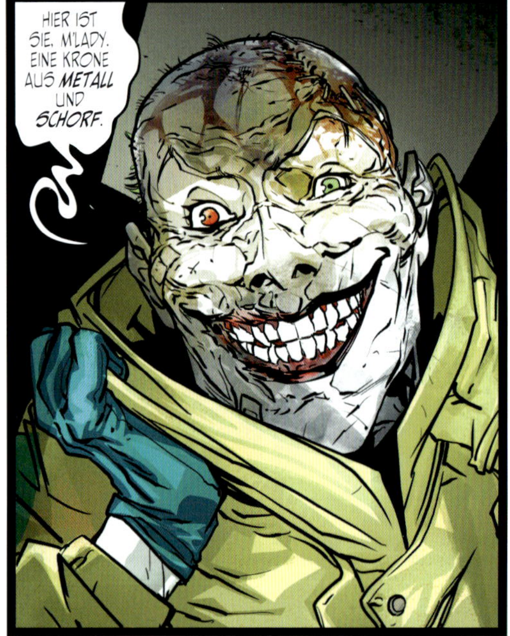
HIER IST SIE, M'LADY. EINE KRONE AUS **METALL** UND **SCHORF**.

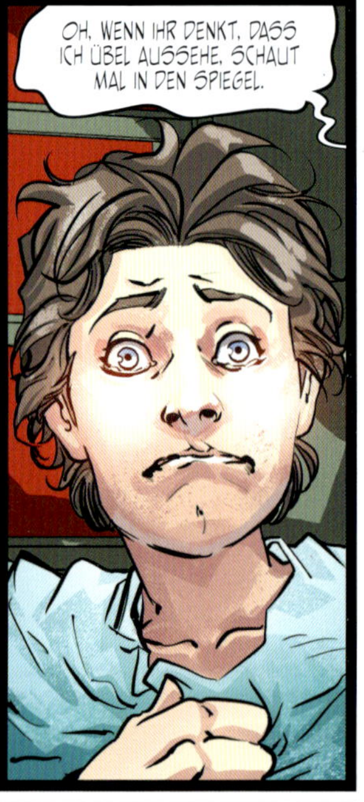
OH, WENN IHR DENKT, DASS ICH ÜBEL AUSSEHE, SCHAUT MAL IN DEN SPIEGEL.

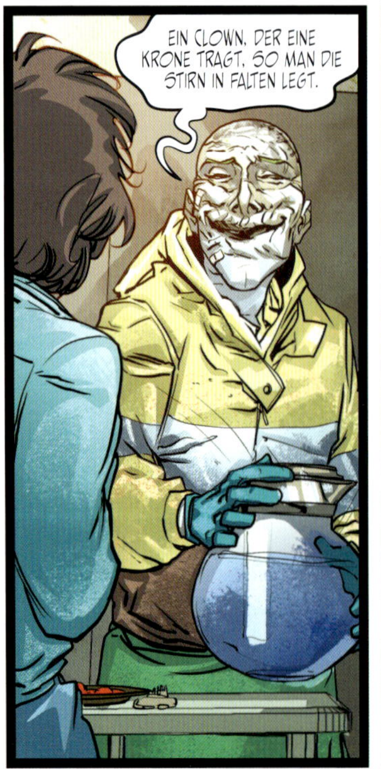
EIN CLOWN, DER EINE KRONE TRÄGT, SO MAN DIE STIRN IN FALTEN LEGT.

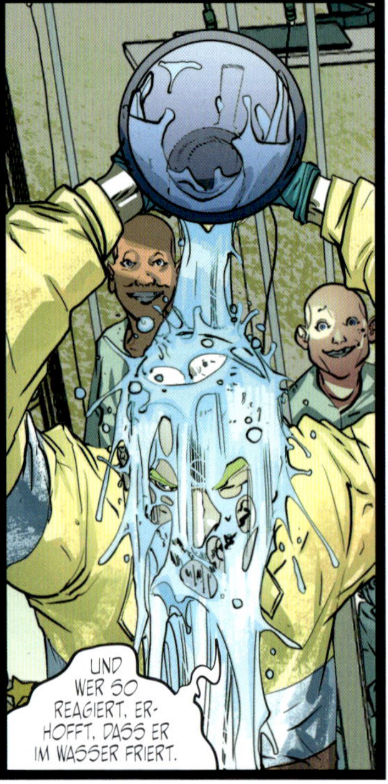
UND WER SO REAGIERT, ERHOFFT, DASS ER IM WASSER FRIERT.

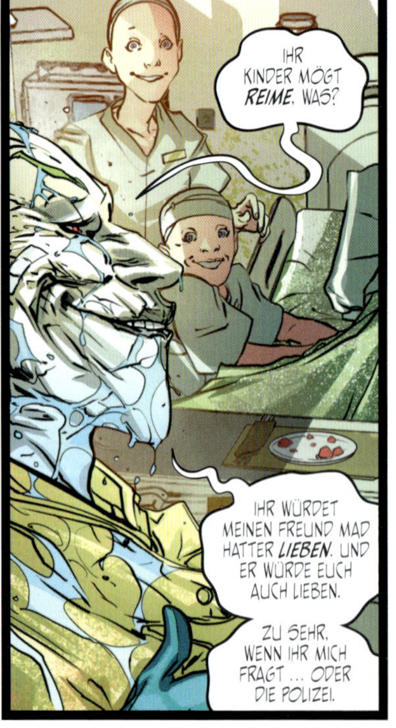
IHR KINDER MÖGT **REIME**, WAS?
IHR WÜRDET MEINEN FREUND MAD HATTER **LIEBEN**. UND ER WÜRDE EUCH AUCH LIEBEN.
ZU SEHR, WENN IHR MICH FRAGT ... ODER DIE POLIZEI.

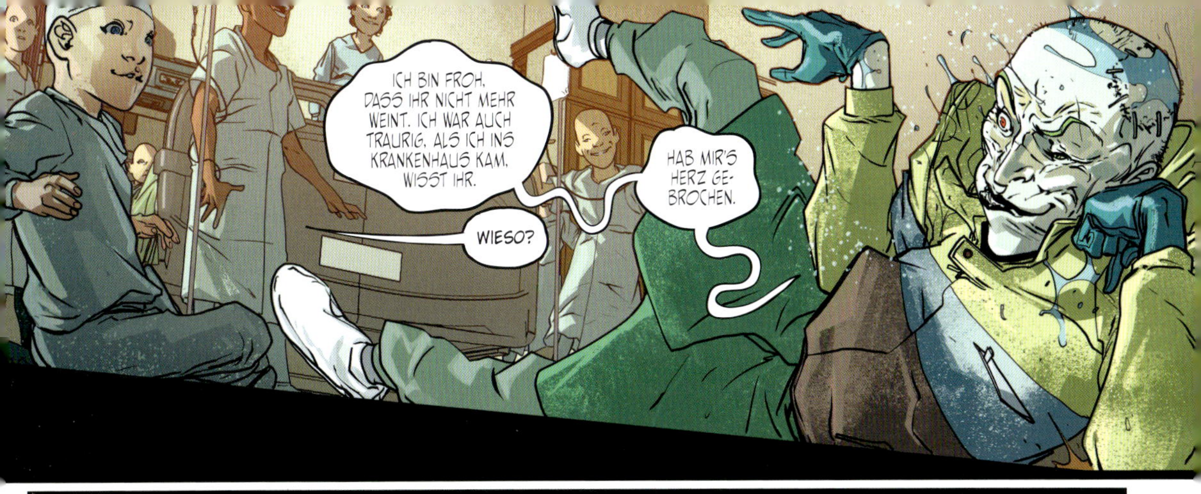
ICH BIN FROH, DASS IHR NICHT MEHR WEINT. ICH WAR AUCH TRAURIG, ALS ICH INS KRANKENHAUS KAM, WISST IHR.
WIESO?
HAB MIR'S HERZ GEBROCHEN.
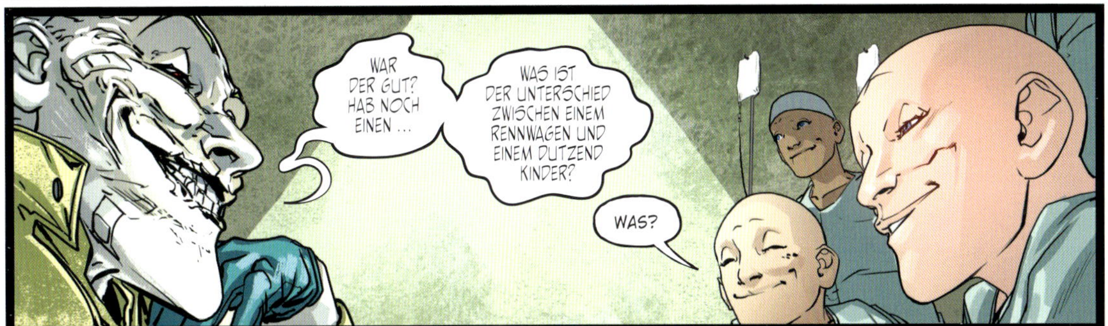
WAR DER GUT? HAB NOCH EINEN …
WAS IST DER UNTERSCHIED ZWISCHEN EINEM RENNWAGEN UND EINEM DUTZEND KINDER?
WAS?
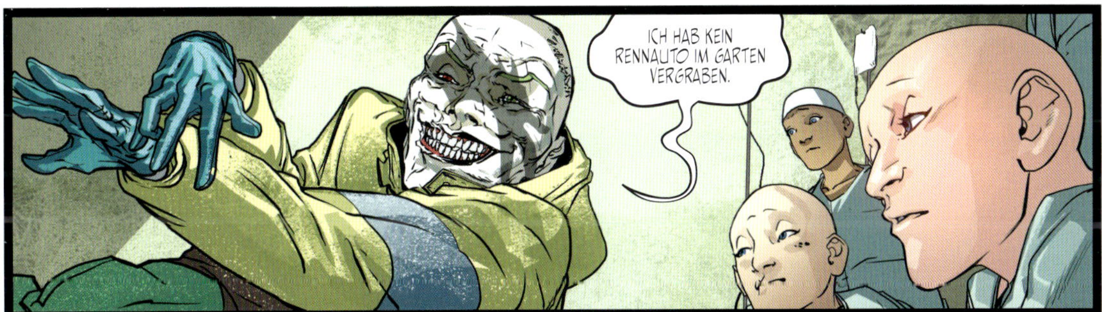
ICH HAB KEIN RENNAUTO IM GARTEN VERGRABEN.
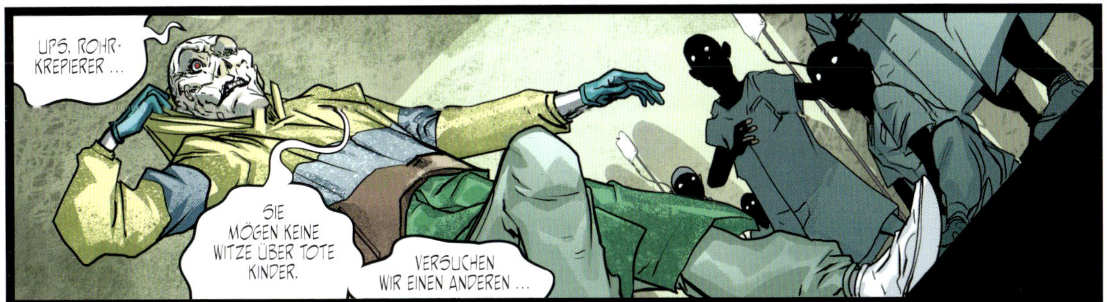
UPS, ROHRKREPIERER …
SIE MÖGEN KEINE WITZE ÜBER TOTE KINDER.
VERSUCHEN WIR EINEN ANDEREN …
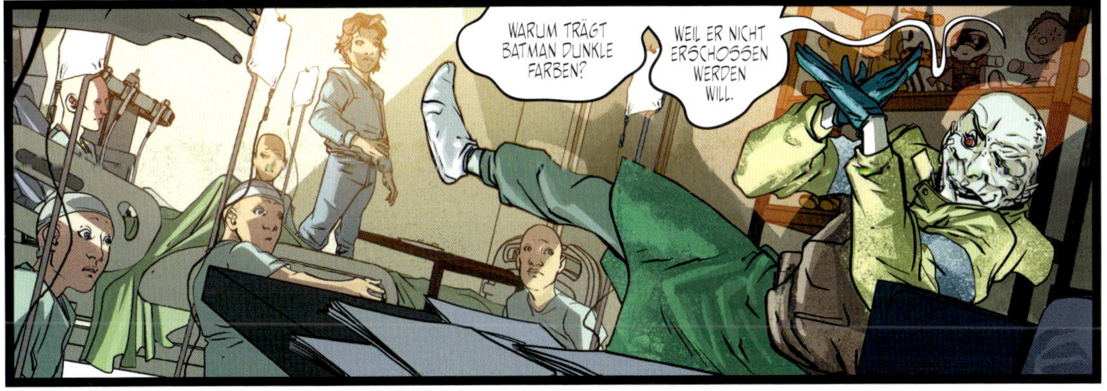
WARUM TRÄGT BATMAN DUNKLE FARBEN?
WEIL ER NICHT ERSCHOSSEN WERDEN WILL.

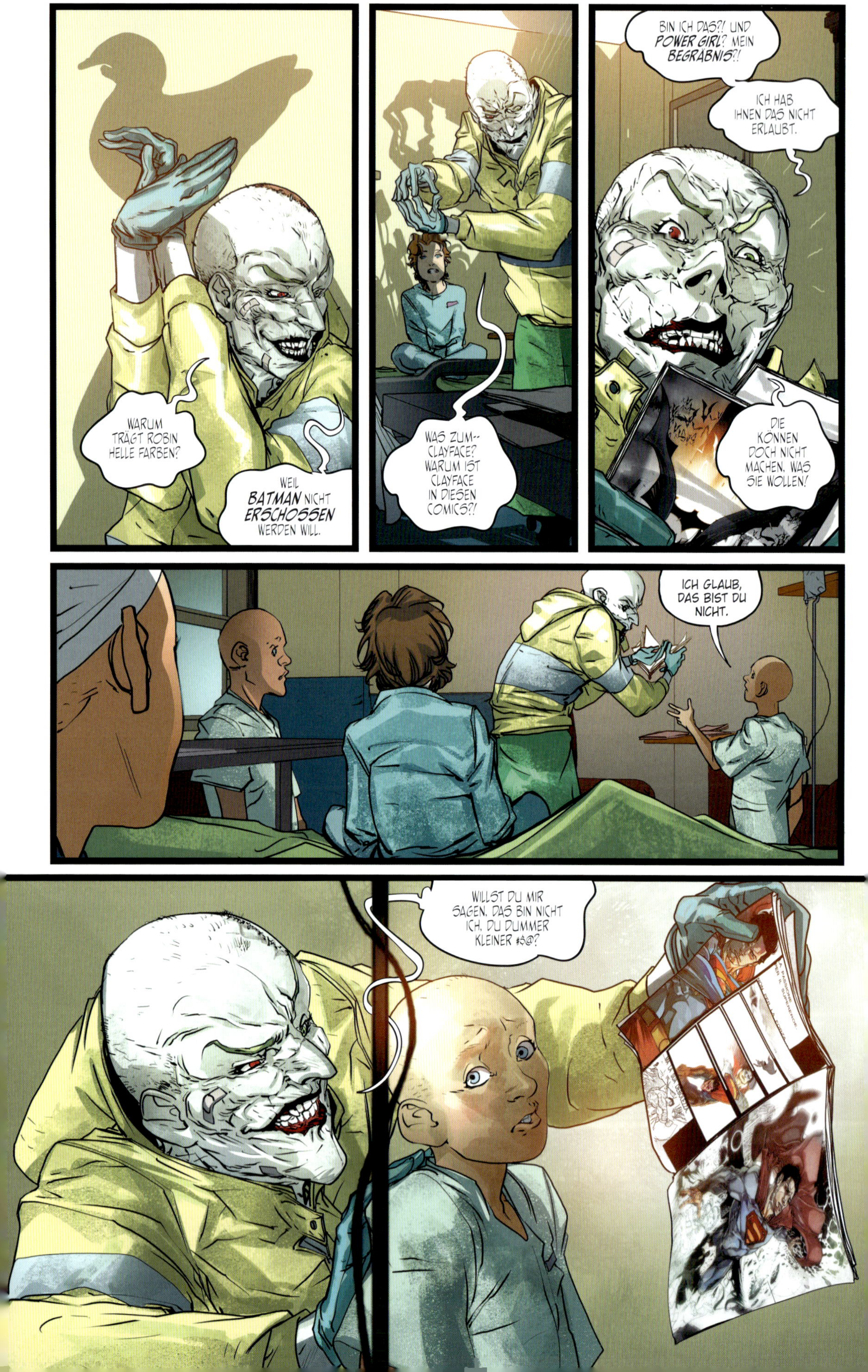

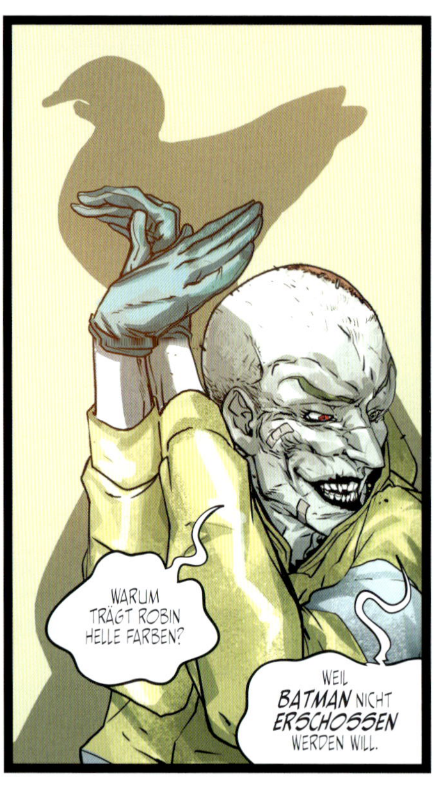
WARUM TRÄGT ROBIN HELLE FARBEN?
WEIL **BATMAN** NICHT **ERSCHOSSEN** WERDEN WILL.

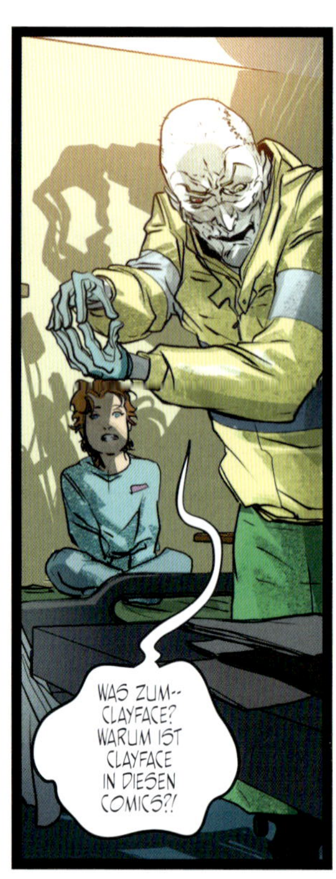
WAS ZUM-- CLAYFACE? WARUM IST CLAYFACE IN DIESEN COMICS?!

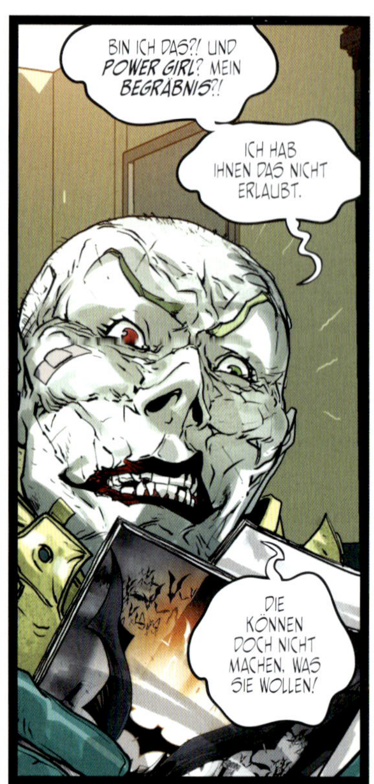
BIN ICH DAS?! UND *POWER GIRL*? MEIN *BEGRÄBNIS*?!
ICH HAB IHNEN DAS NICHT ERLAUBT.
DIE KÖNNEN DOCH NICHT MACHEN, WAS SIE WOLLEN!

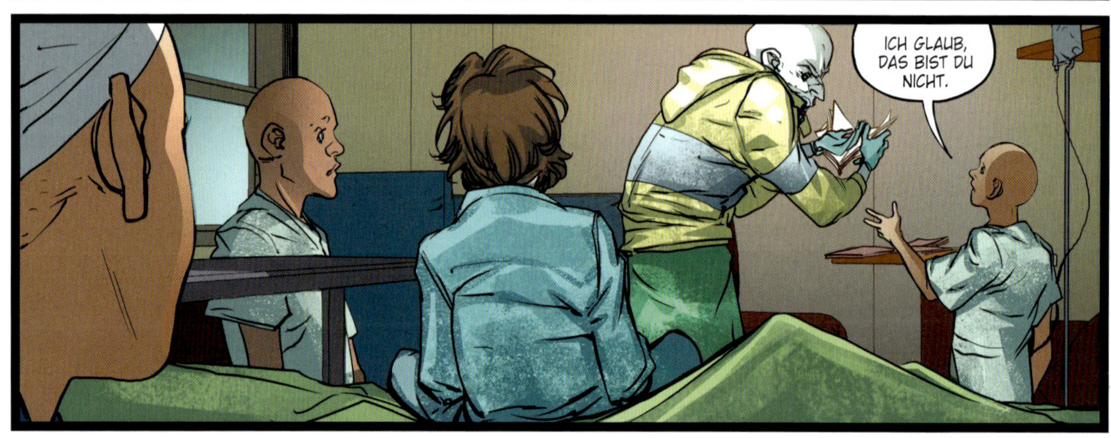
ICH GLAUB, DAS BIST DU NICHT.

WILLST DU MIR SAGEN, DAS BIN NICHT ICH, DU DUMMER KLEINER #$@?

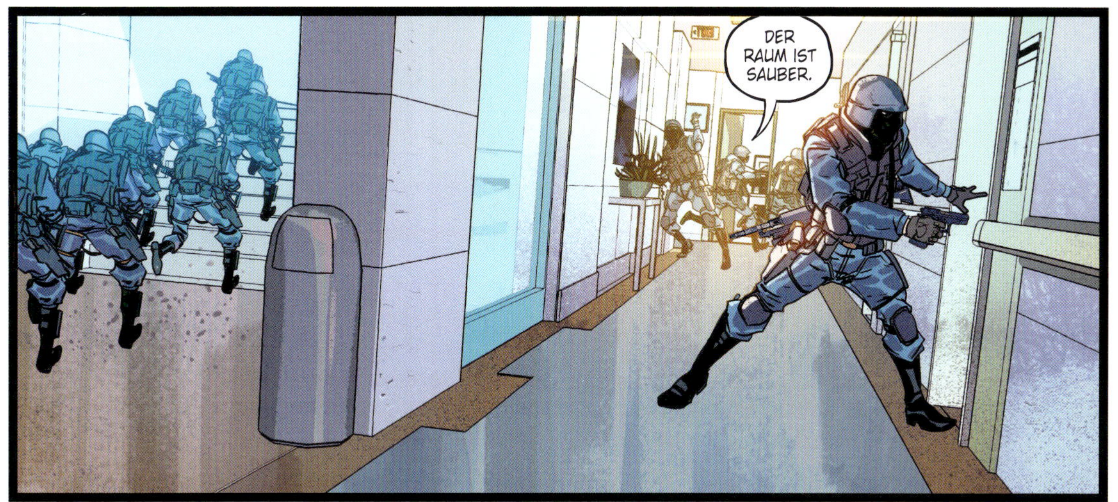
DER RAUM IST SAUBER.

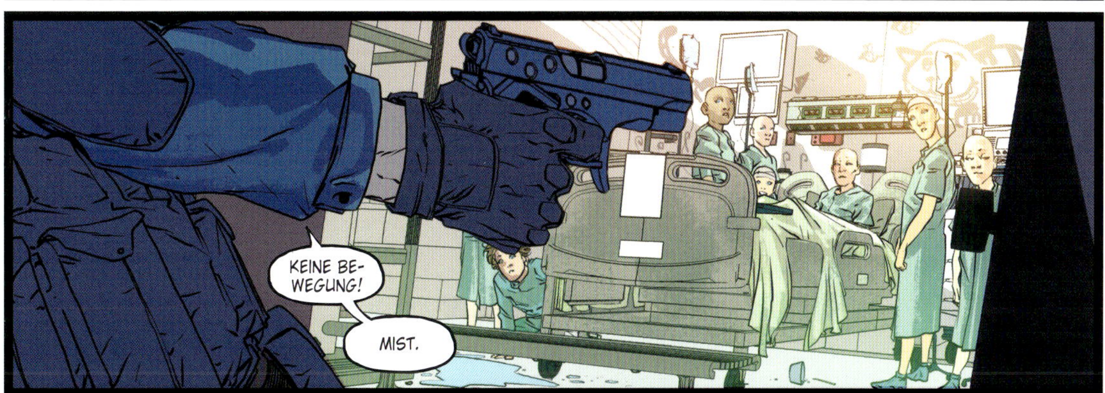
KEINE BE-WEGUNG!
MIST.

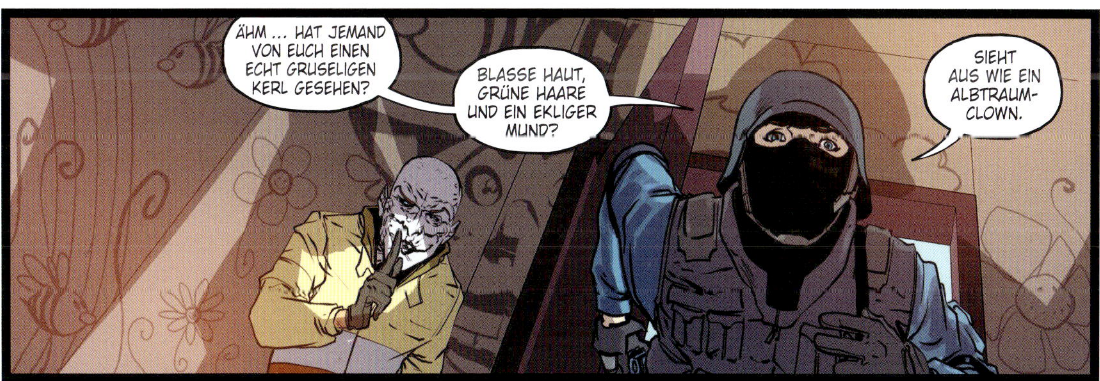
ÄHM ... HAT JEMAND VON EUCH EINEN ECHT GRUSELIGEN KERL GESEHEN?
BLASSE HAUT, GRÜNE HAARE UND EIN EKLIGER MUND?
SIEHT AUS WIE EIN ALBTRAUM-CLOWN.

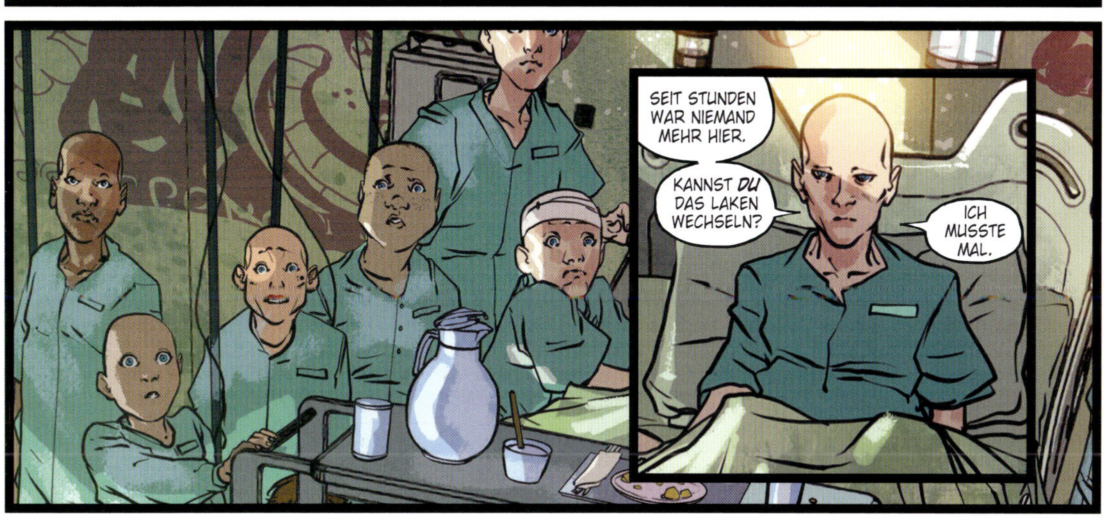
SEIT STUNDEN WAR NIEMAND MEHR HIER.
KANNST DU DAS LAKEN WECHSELN?
ICH MUSSTE MAL.

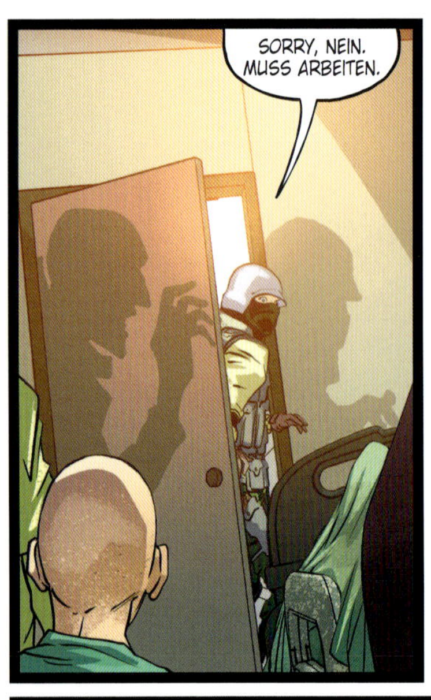
SORRY, NEIN.
MUSS ARBEITEN.
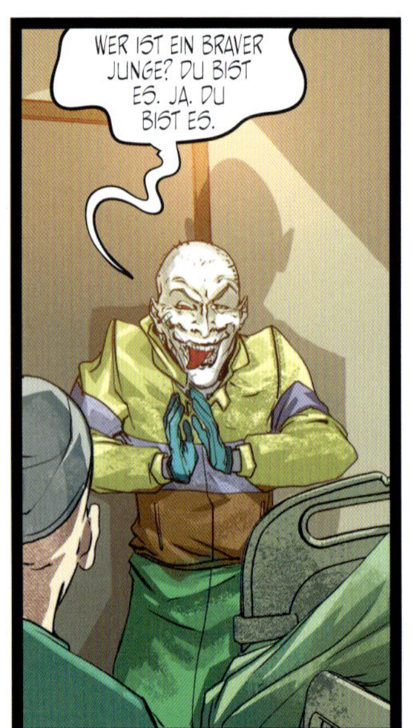
WER IST EIN BRAVER JUNGE? DU BIST ES. JA. DU BIST ES.
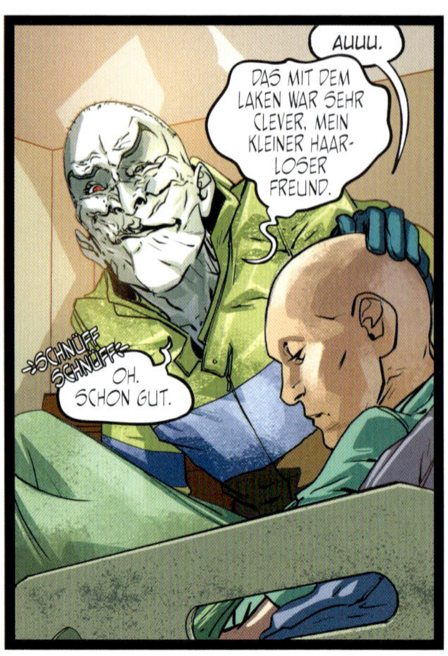
AUUU.
DAS MIT DEM LAKEN WAR SEHR CLEVER. MEIN KLEINER HAAR-LOSER FREUND.
SCHNÜFF SCHNÜFF
OH. SCHON GUT.
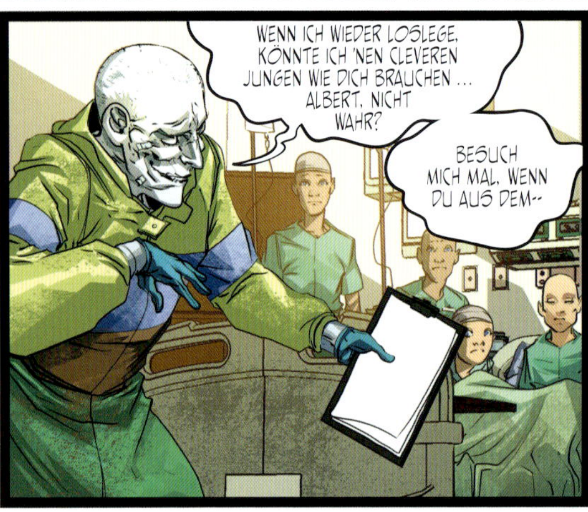
WENN ICH WIEDER LOSLEGE, KÖNNTE ICH 'NEN CLEVEREN JUNGEN WIE DICH BRAUCHEN ... ALBERT, NICHT WAHR?
BESUCH MICH MAL, WENN DU AUS DEM--
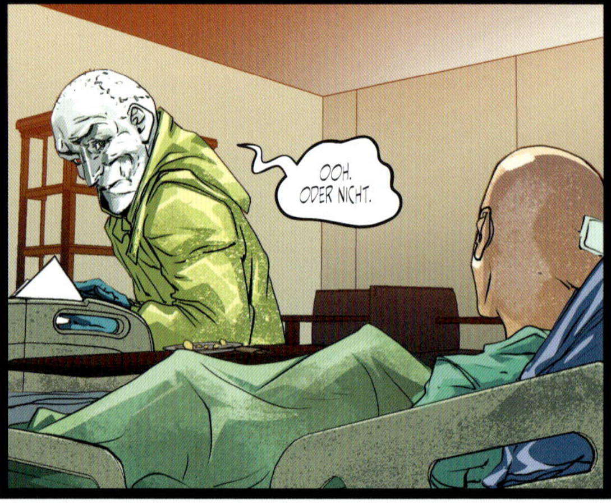
OOH. ODER NICHT.
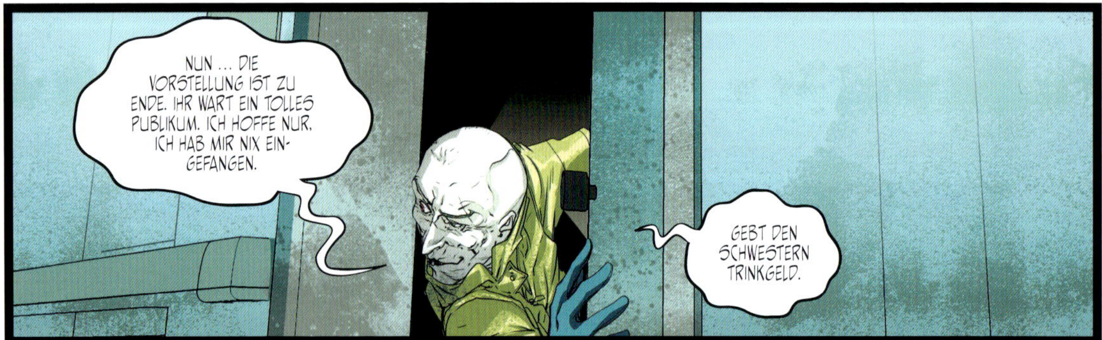
NUN ... DIE VORSTELLUNG IST ZU ENDE. IHR WART EIN TOLLES PUBLIKUM. ICH HOFFE NUR, ICH HAB MIR NIX EIN-GEFANGEN.
GEBT DEN SCHWESTERN TRINKGELD.
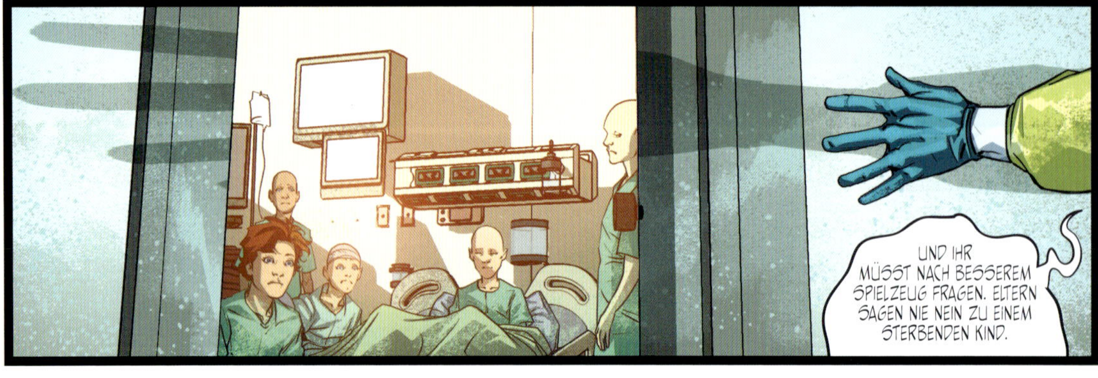
UND IHR MÜSST NACH BESSEREM SPIELZEUG FRAGEN. ELTERN SAGEN NIE NEIN ZU EINEM STERBENDEN KIND.

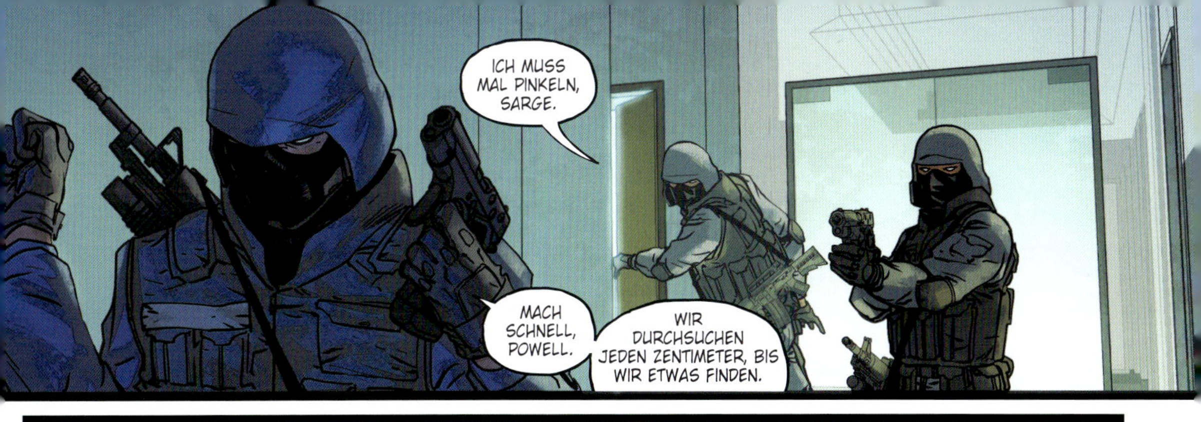
ICH MUSS MAL PINKELN, SARGE.
MACH SCHNELL, POWELL.
WIR DURCHSUCHEN JEDEN ZENTIMETER, BIS WIR ETWAS FINDEN.

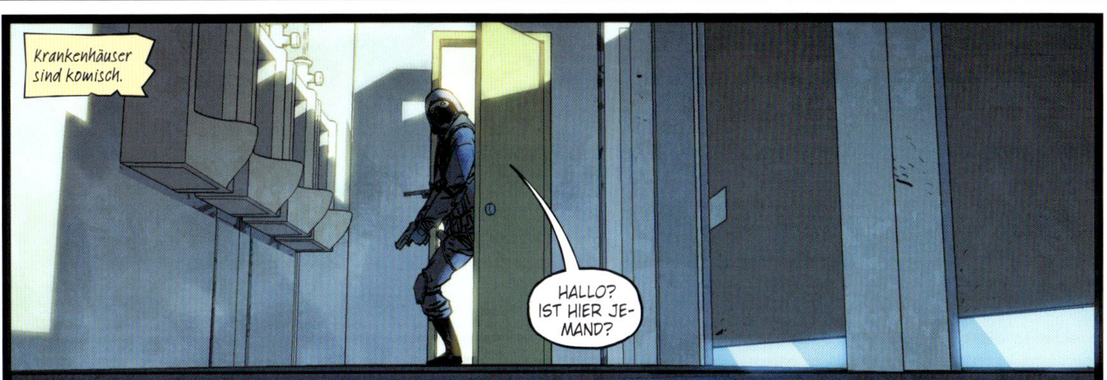
Krankenhäuser sind komisch.
HALLO? IST HIER JE-MAND?

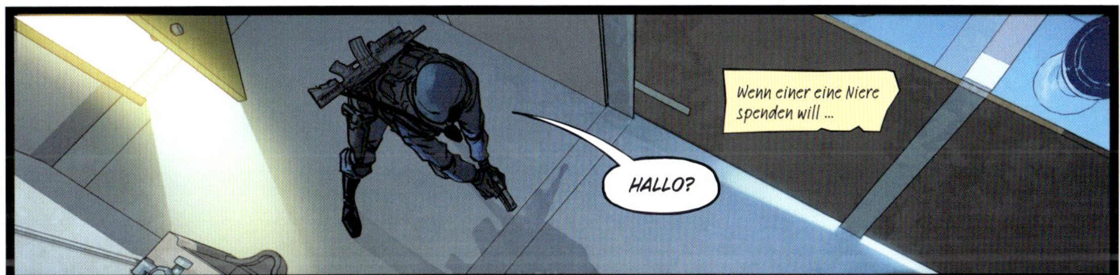
Wenn einer eine Niere spenden will ...
HALLO?

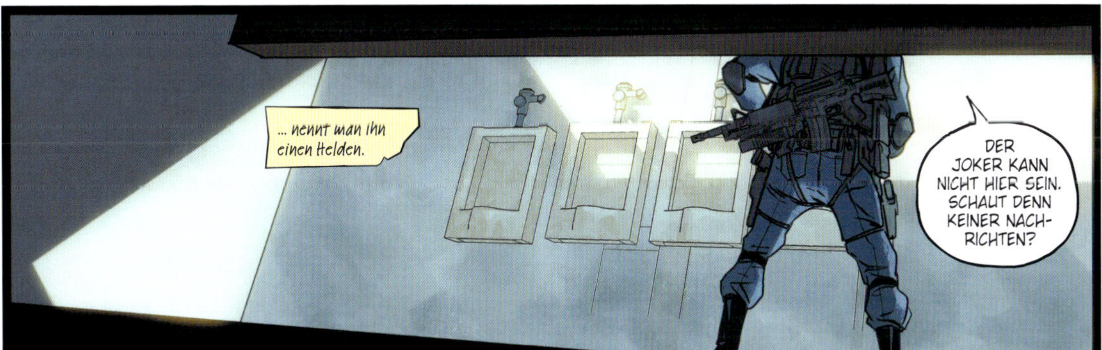
... nennt man ihn einen Helden.
DER JOKER KANN NICHT HIER SEIN. SCHAUT DENN KEINER NACH-RICHTEN?

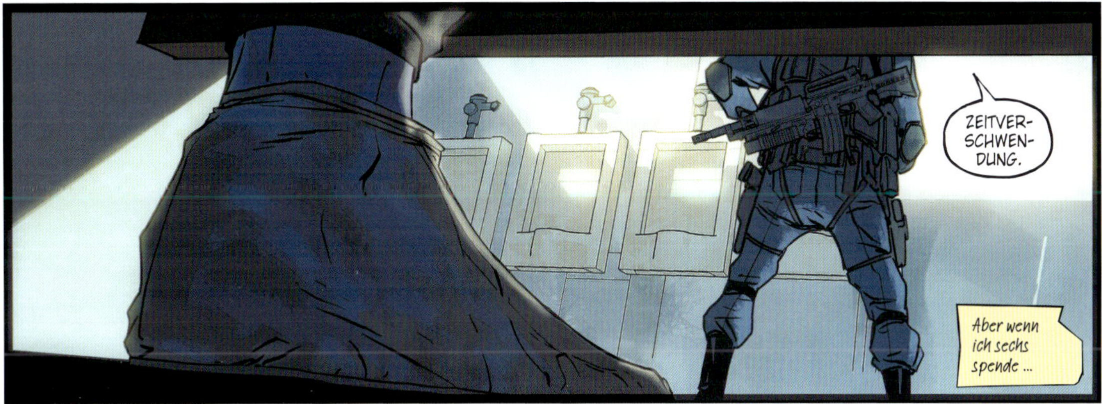
ZEITVER-SCHWEN-DUNG.
Aber wenn ich sechs spende ...

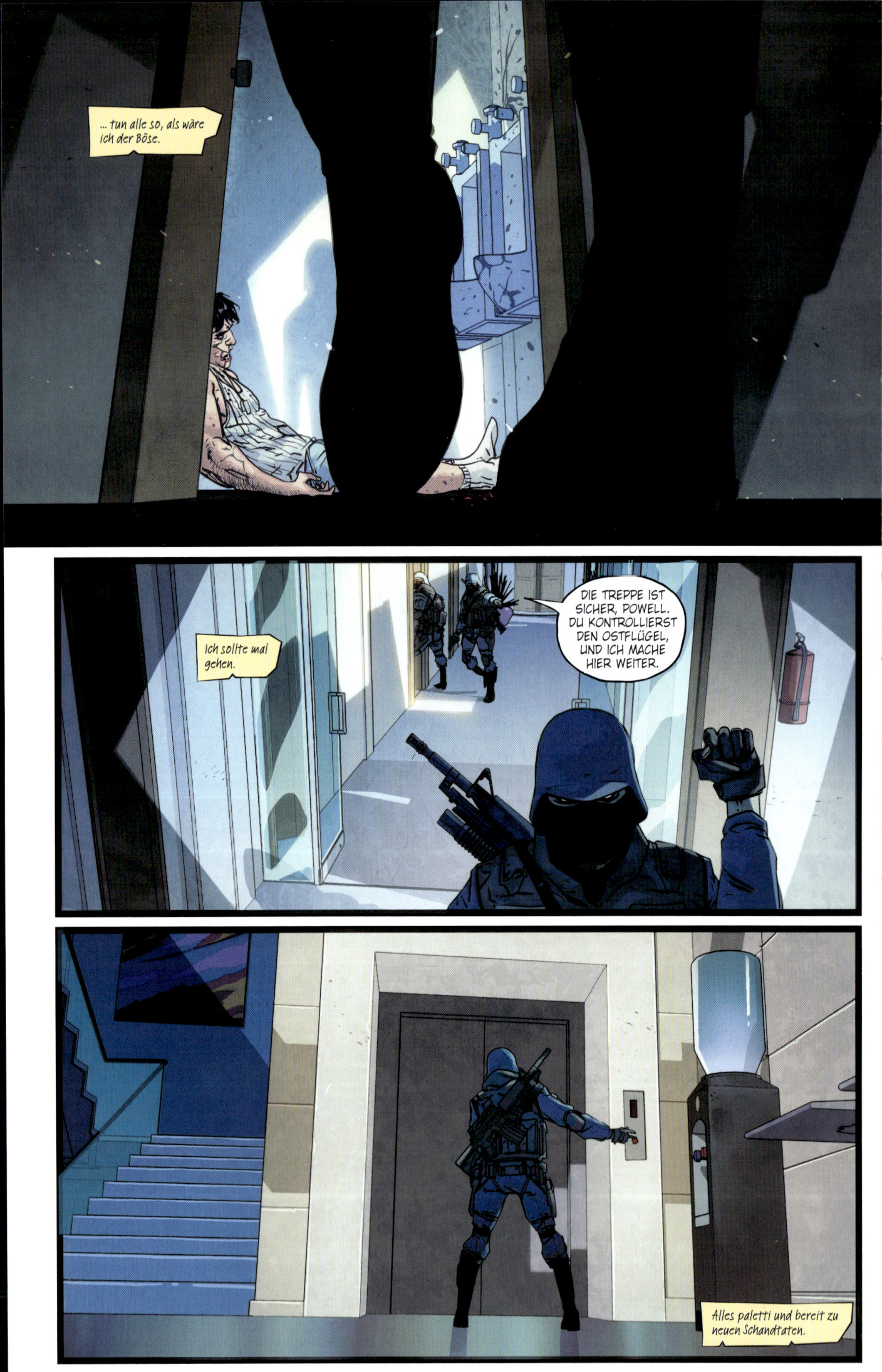

... tun alle so, als wäre ich der Böse.

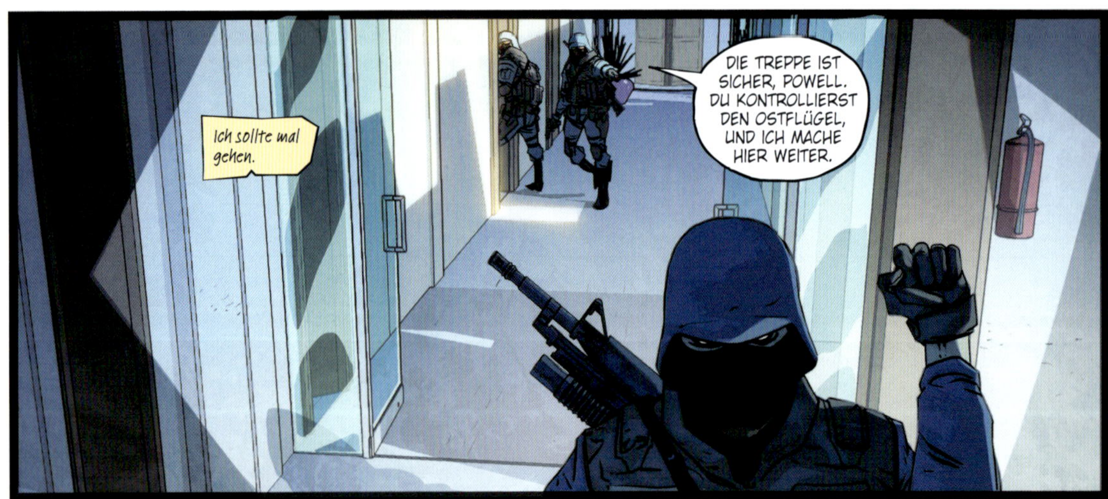

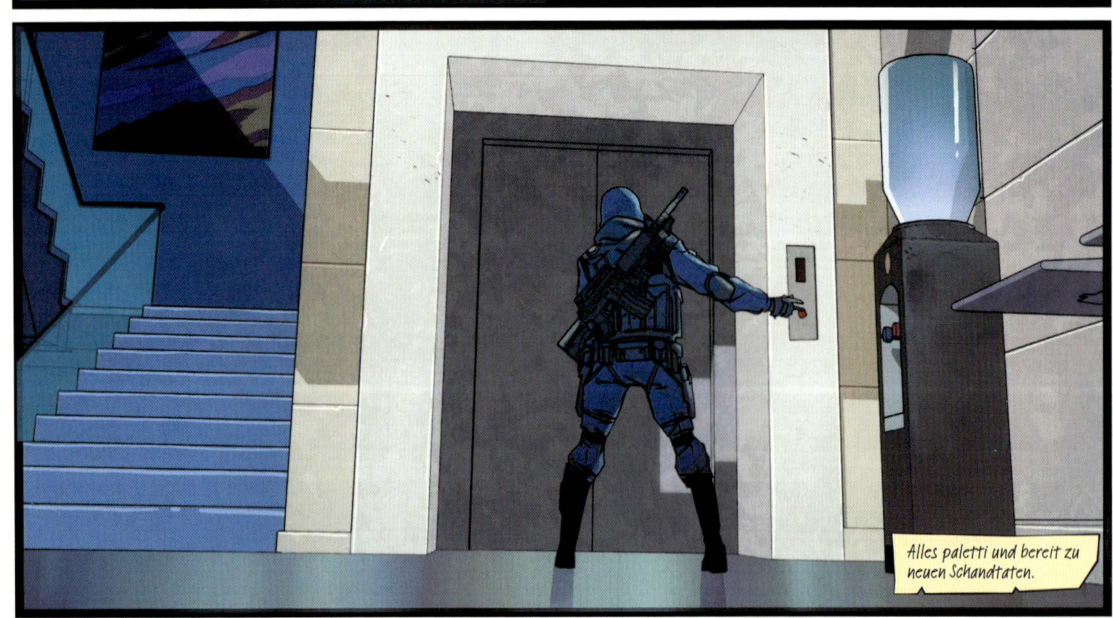

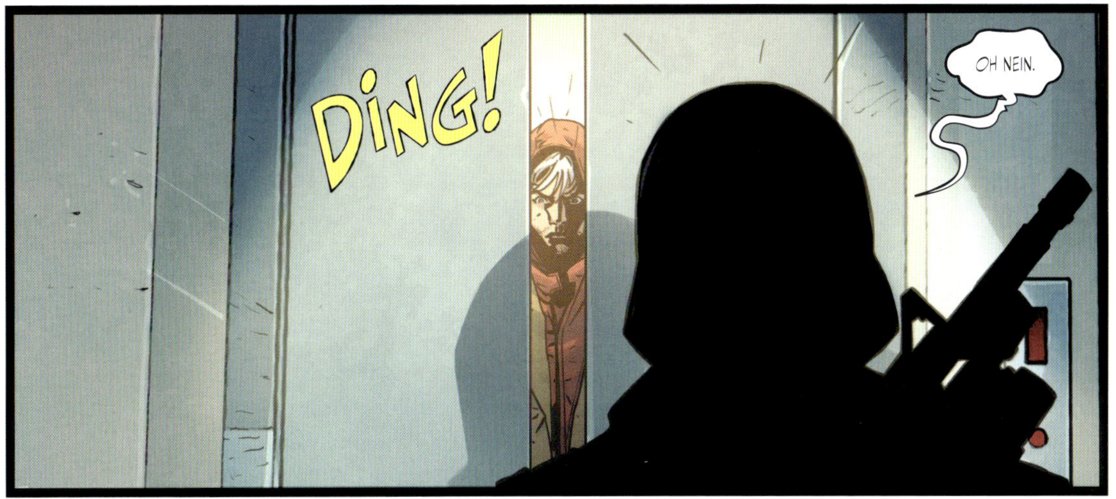
DING!
OH NEIN.

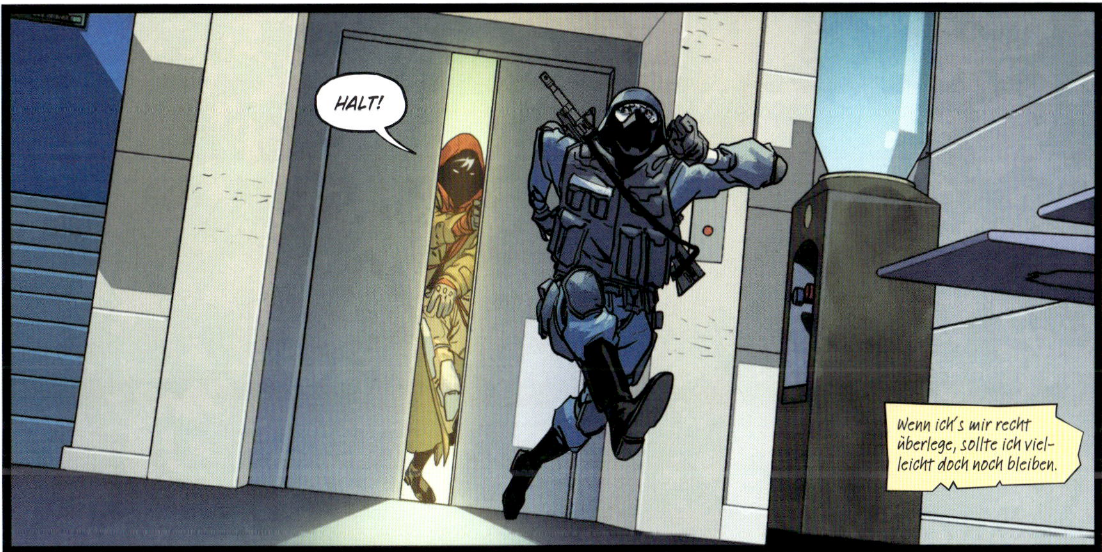
HALT!
Wenn ich's mir recht überlege, sollte ich vielleicht doch noch bleiben.

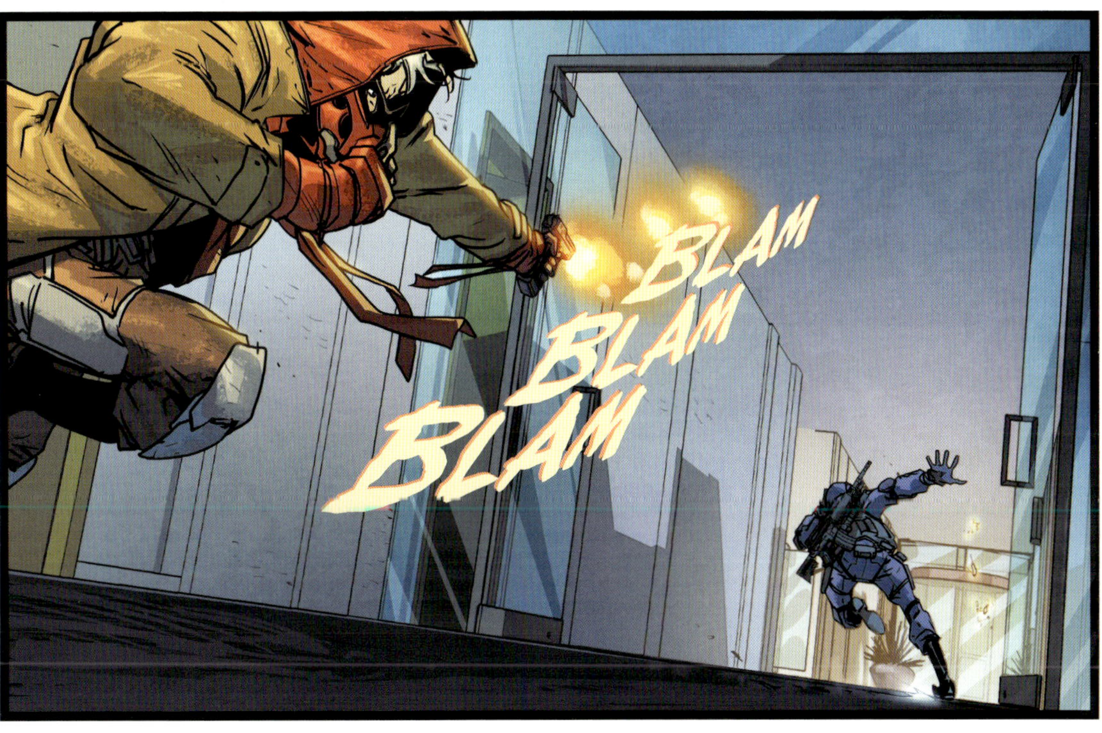
BLAM
BLAM
BLAM

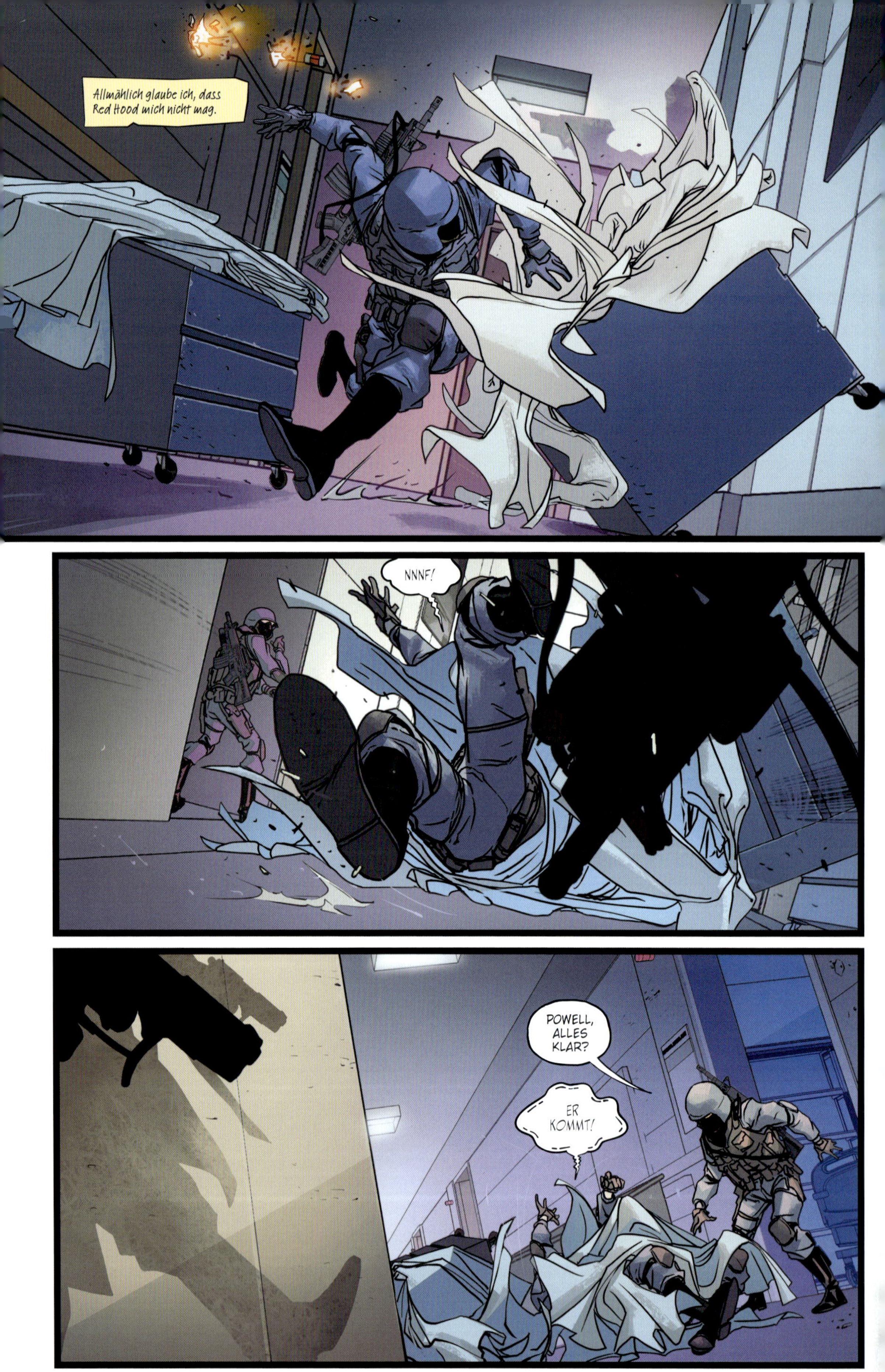

Allmählich glaube ich, dass Red Hood mich nicht mag.

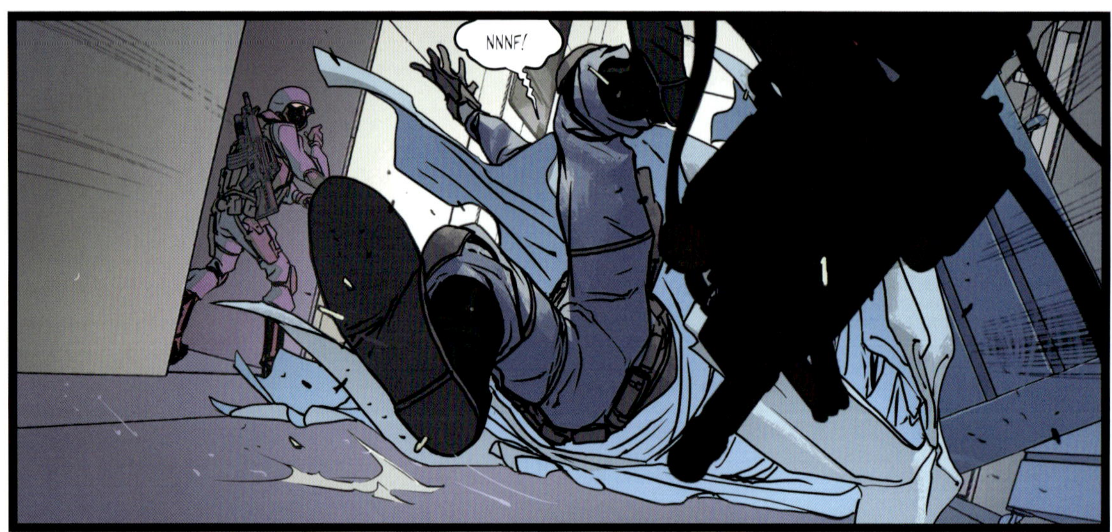

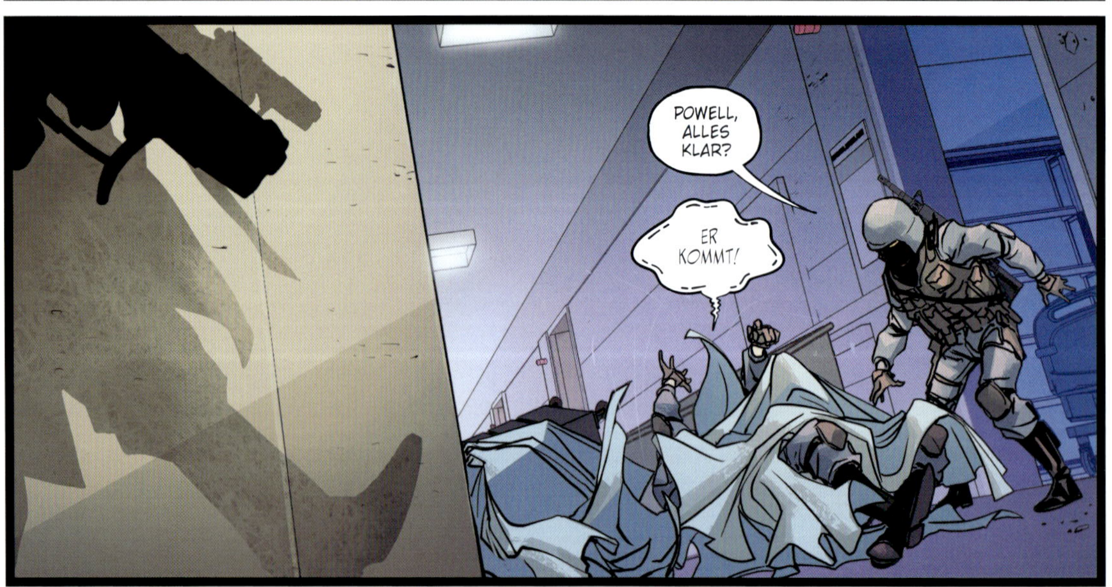

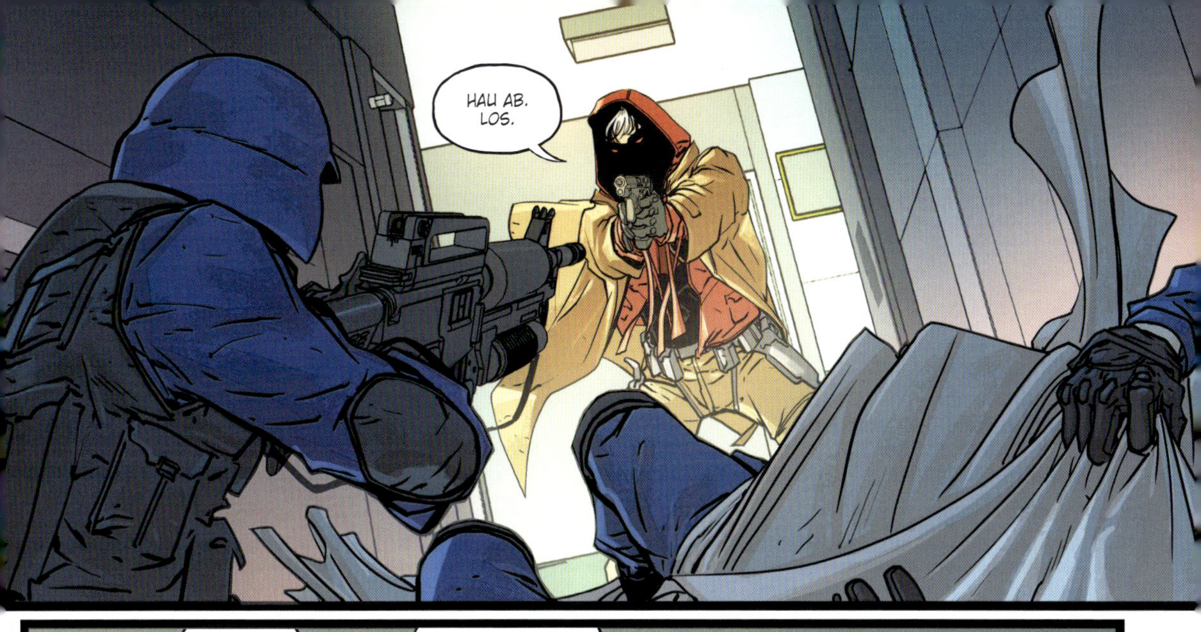
HAU AB.
LOS.

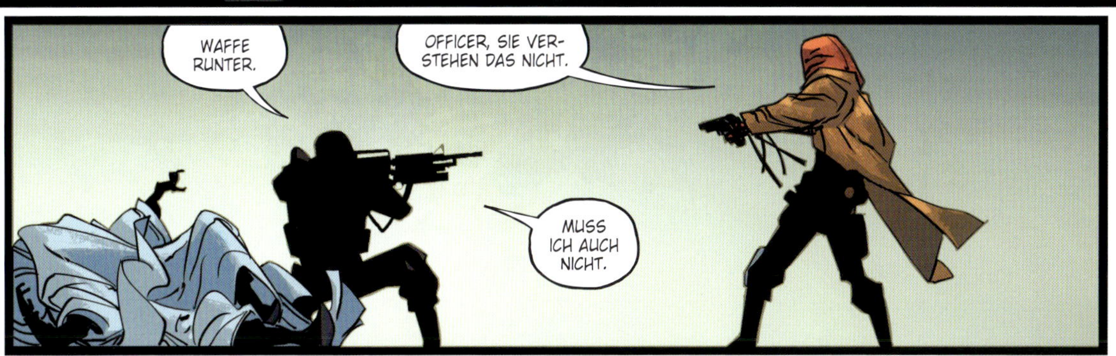
WAFFE RUNTER.
OFFICER, SIE VERSTEHEN DAS NICHT.
MUSS ICH AUCH NICHT.

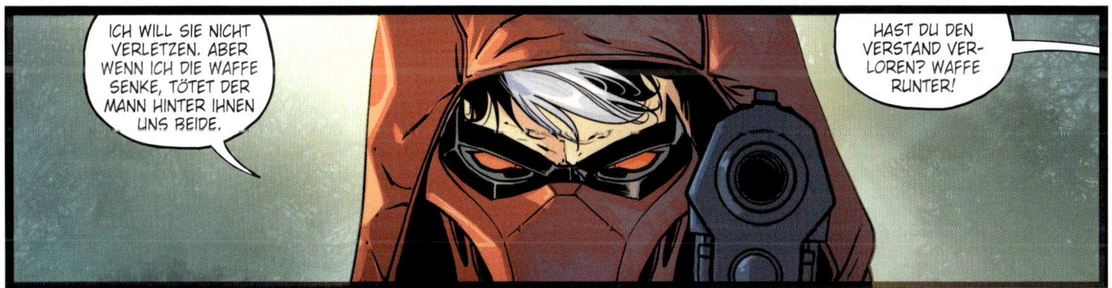
ICH WILL SIE NICHT VERLETZEN. ABER WENN ICH DIE WAFFE SENKE, TÖTET DER MANN HINTER IHNEN UNS BEIDE.
HAST DU DEN VERSTAND VERLOREN? WAFFE RUNTER!

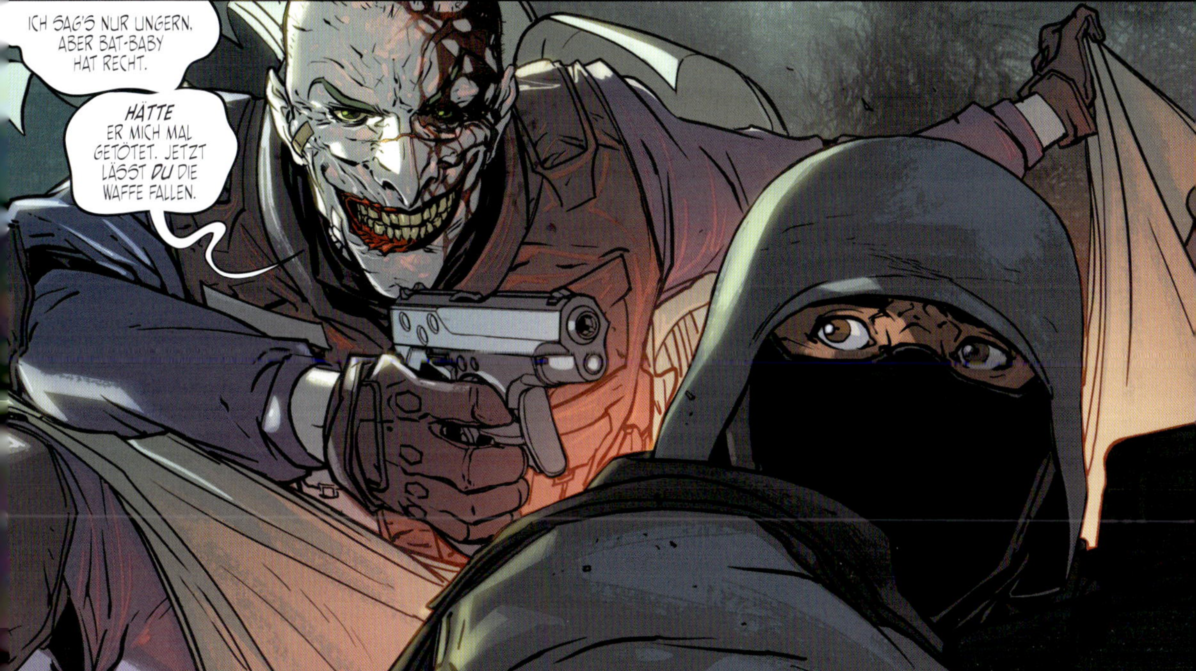
ICH SAG'S NUR UNGERN, ABER BAT-BABY HAT RECHT.
HÄTTE ER MICH MAL GETÖTET. JETZT LÄSST DU DIE WAFFE FALLEN.

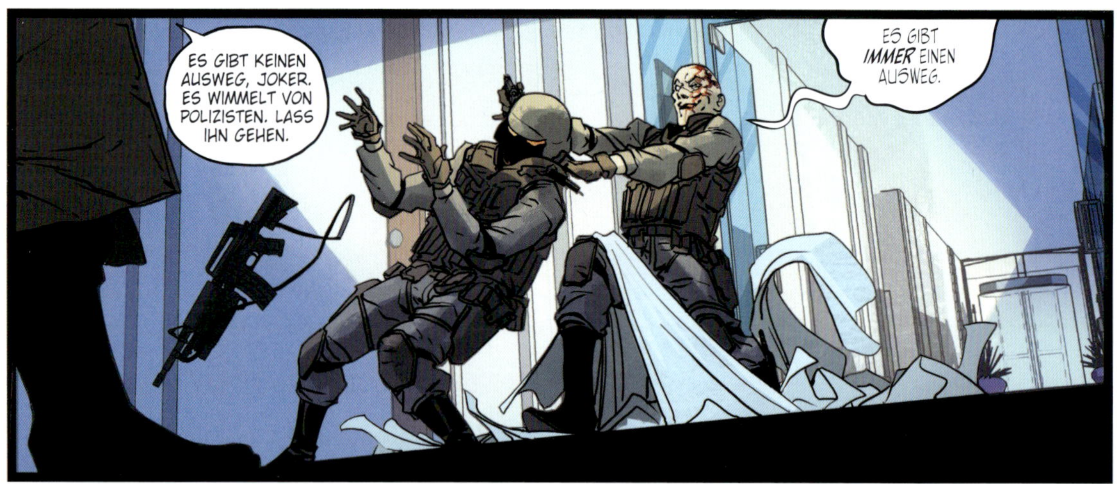
ES GIBT KEINEN AUSWEG, JOKER. ES WIMMELT VON POLIZISTEN. LASS IHN GEHEN.
ES GIBT *IMMER* EINEN AUSWEG.

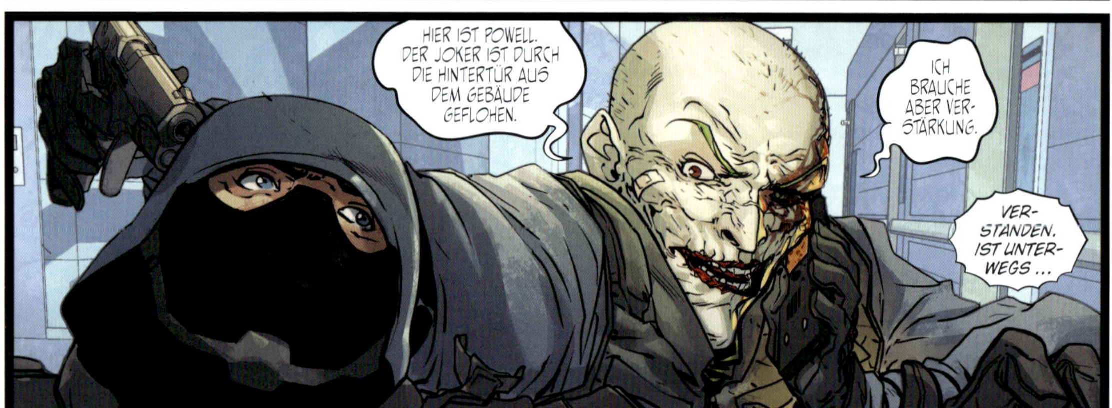
HIER IST POWELL. DER JOKER IST DURCH DIE HINTERTÜR AUS DEM GEBÄUDE GEFLOHEN.
ICH BRAUCHE ABER VERSTÄRKUNG.
VERSTANDEN. IST UNTERWEGS …

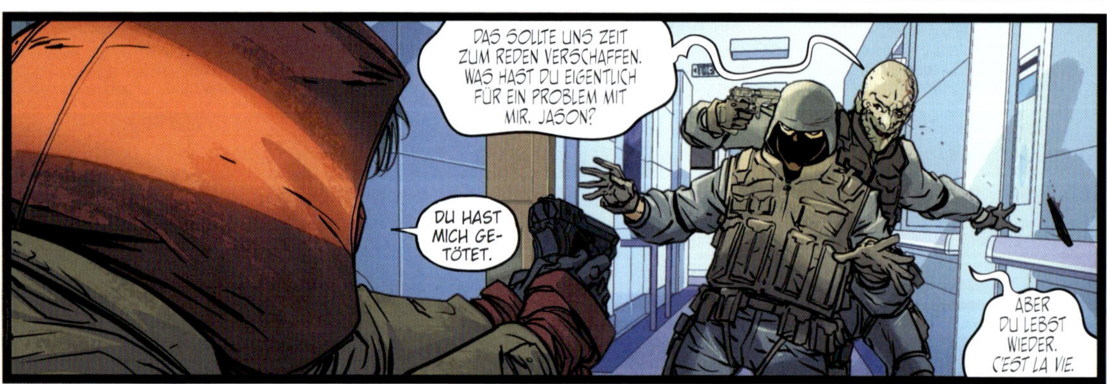
DAS SOLLTE UNS ZEIT ZUM REDEN VERSCHAFFEN. WAS HAST DU EIGENTLICH FÜR EIN PROBLEM MIT MIR, JASON?
DU HAST MICH GETÖTET.
ABER DU LEBST WIEDER. C'EST LA VIE.

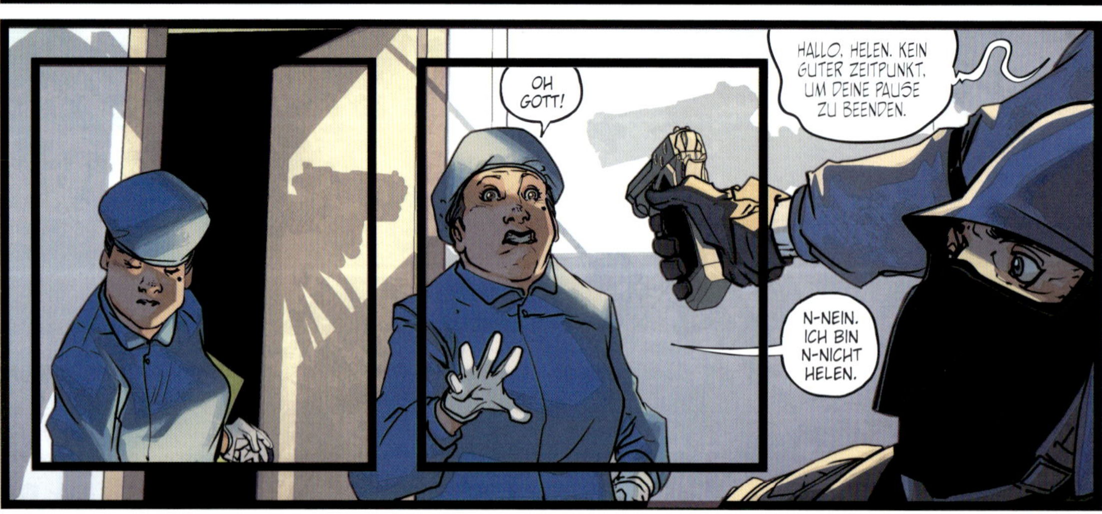
OH GOTT!
HALLO, HELEN. KEIN GUTER ZEITPUNKT, UM DEINE PAUSE ZU BEENDEN.
N-NEIN. ICH BIN N-NICHT HELEN.

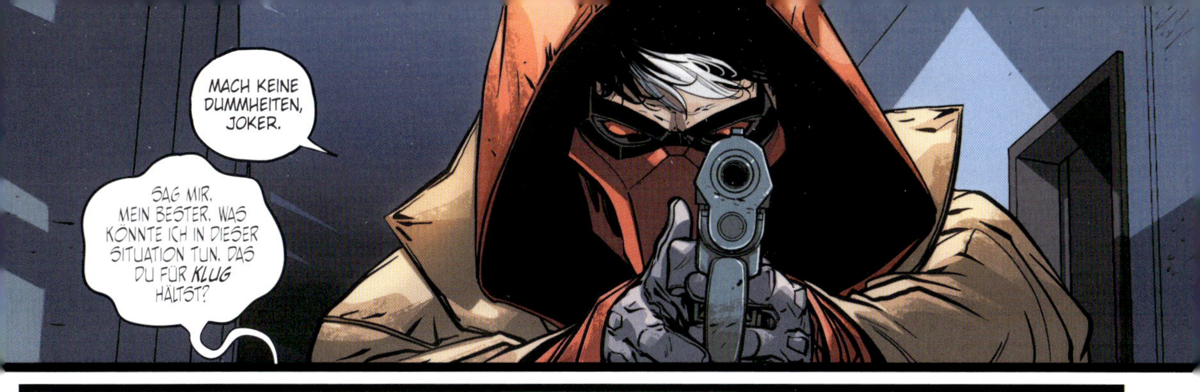
MACH KEINE DUMMHEITEN, JOKER.
SAG MIR, MEIN BESTER, WAS KÖNNTE ICH IN DIESER SITUATION TUN, DAS DU FÜR KLUG HÄLTST?

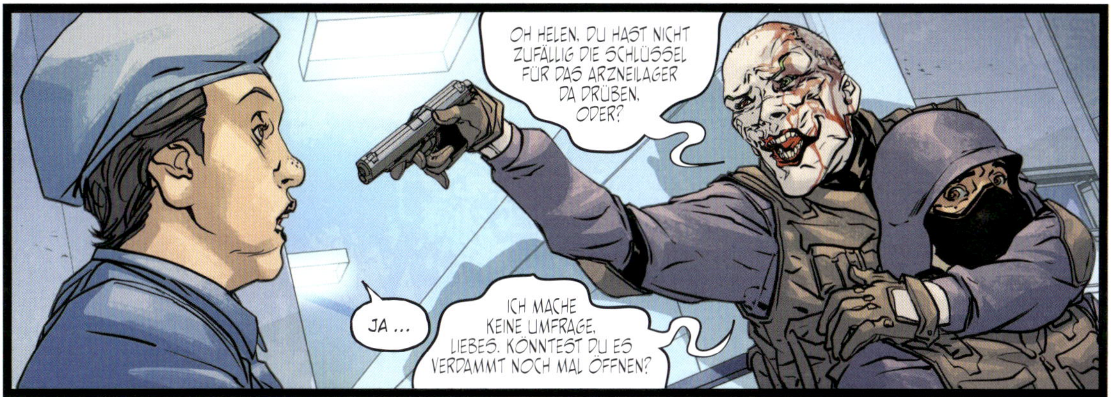
OH HELEN, DU HAST NICHT ZUFÄLLIG DIE SCHLÜSSEL FÜR DAS ARZNEILAGER DA DRÜBEN, ODER?
JA ...
ICH MACHE KEINE UMFRAGE, LIEBES. KÖNNTEST DU ES VERDAMMT NOCH MAL ÖFFNEN?

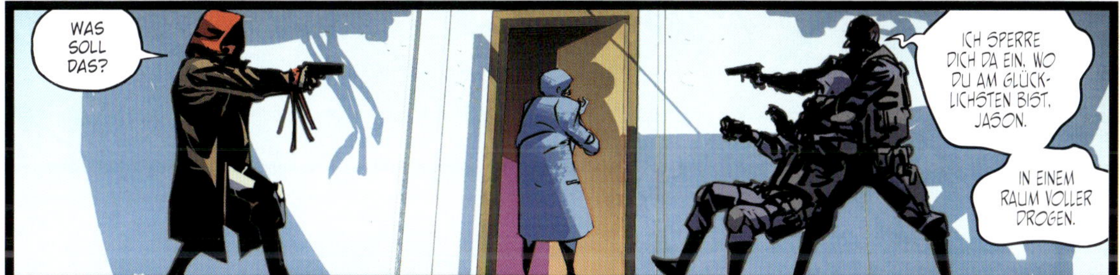
WAS SOLL DAS?
ICH SPERRE DICH DA EIN, WO DU AM GLÜCKLICHSTEN BIST, JASON.
IN EINEM RAUM VOLLER DROGEN.

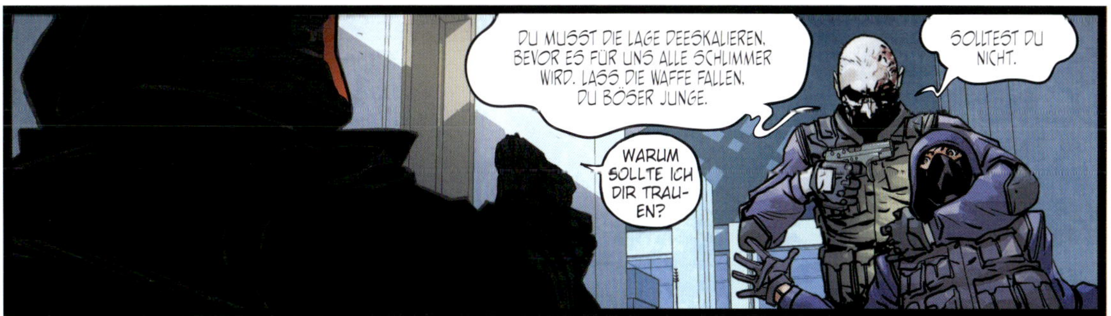
DU MUSST DIE LAGE DEESKALIEREN, BEVOR ES FÜR UNS ALLE SCHLIMMER WIRD. LASS DIE WAFFE FALLEN, DU BÖSER JUNGE.
WARUM SOLLTE ICH DIR TRAUEN?
SOLLTEST DU NICHT.

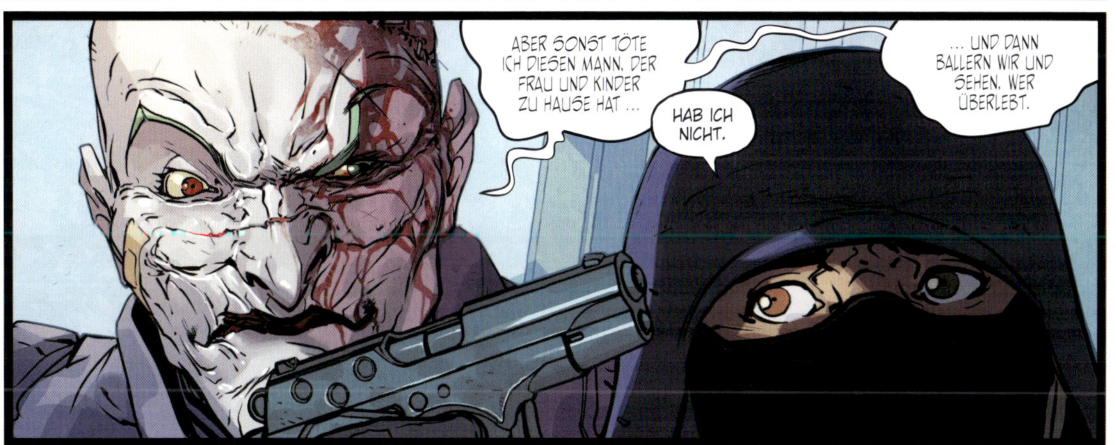
ABER SONST TÖTE ICH DIESEN MANN, DER FRAU UND KINDER ZU HAUSE HAT ...
HAB ICH NICHT.
... UND DANN BALLERN WIR UND SEHEN, WER ÜBERLEBT.

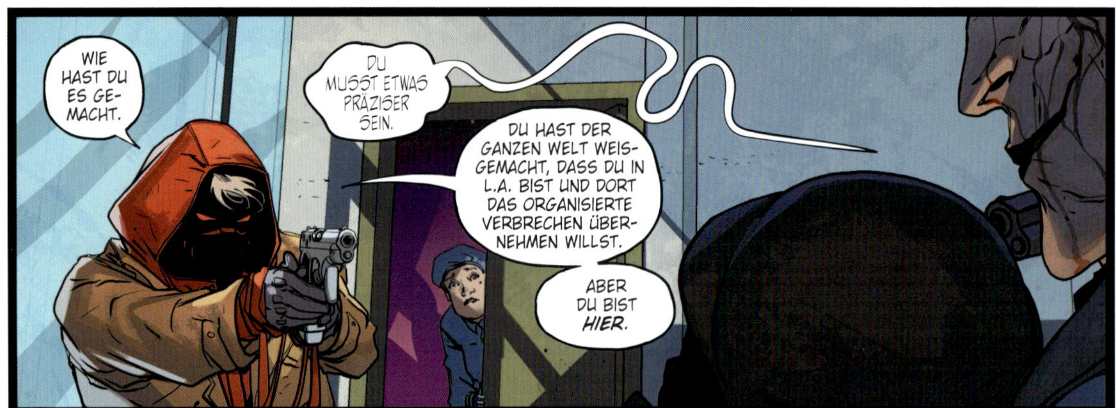
WIE HAST DU ES GEMACHT.
DU MUSST ETWAS PRÄZISER SEIN.
DU HAST DER GANZEN WELT WEISGEMACHT, DASS DU IN L.A. BIST UND DORT DAS ORGANISIERTE VERBRECHEN ÜBERNEHMEN WILLST.
ABER DU BIST HIER.
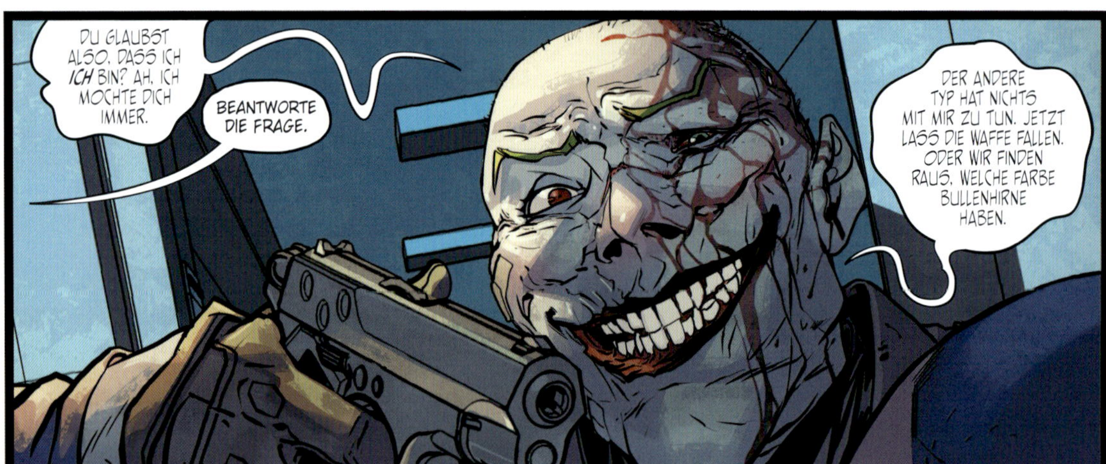
DU GLAUBST ALSO, DASS ICH ICH BIN? AH, ICH MOCHTE DICH IMMER.
BEANTWORTE DIE FRAGE.
DER ANDERE TYP HAT NICHTS MIT MIR ZU TUN. JETZT LASS DIE WAFFE FALLEN. ODER WIR FINDEN RAUS, WELCHE FARBE BULLENHIRNE HABEN.
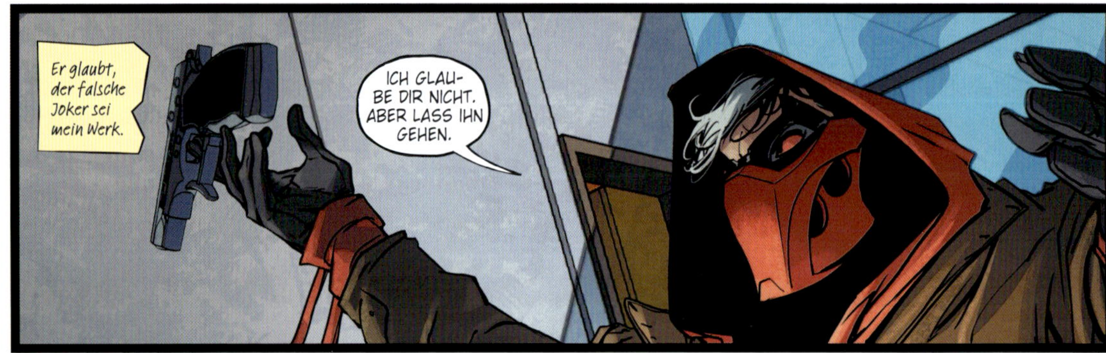
Er glaubt, der falsche Joker sei mein Werk.
ICH GLAUBE DIR NICHT. ABER LASS IHN GEHEN.
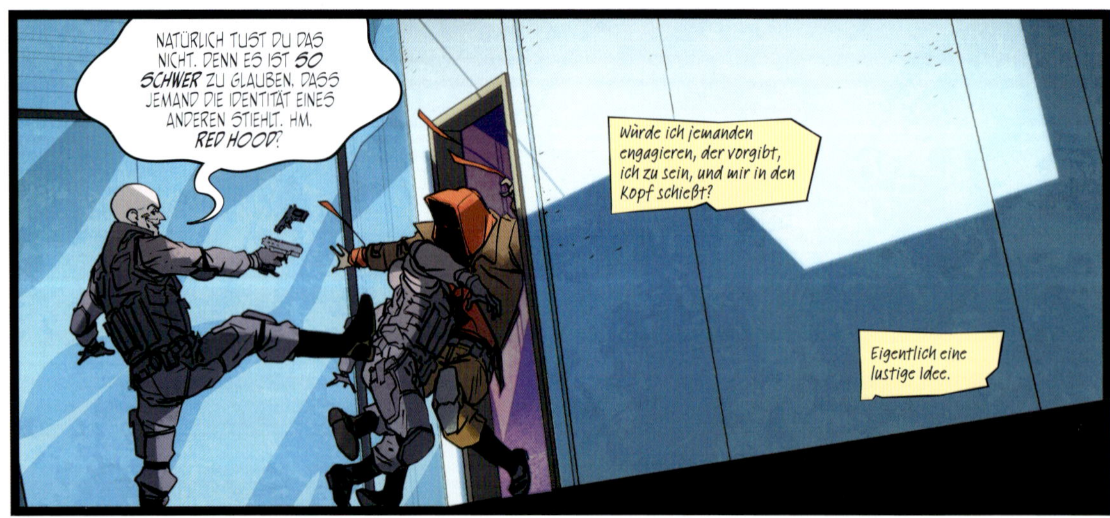
NATÜRLICH TUST DU DAS NICHT. DENN ES IST SO SCHWER ZU GLAUBEN, DASS JEMAND DIE IDENTITÄT EINES ANDEREN STIEHLT. HM, RED HOOD?
Würde ich jemanden engagieren, der vorgibt, ich zu sein, und mir in den Kopf schießt?
Eigentlich eine lustige Idee.

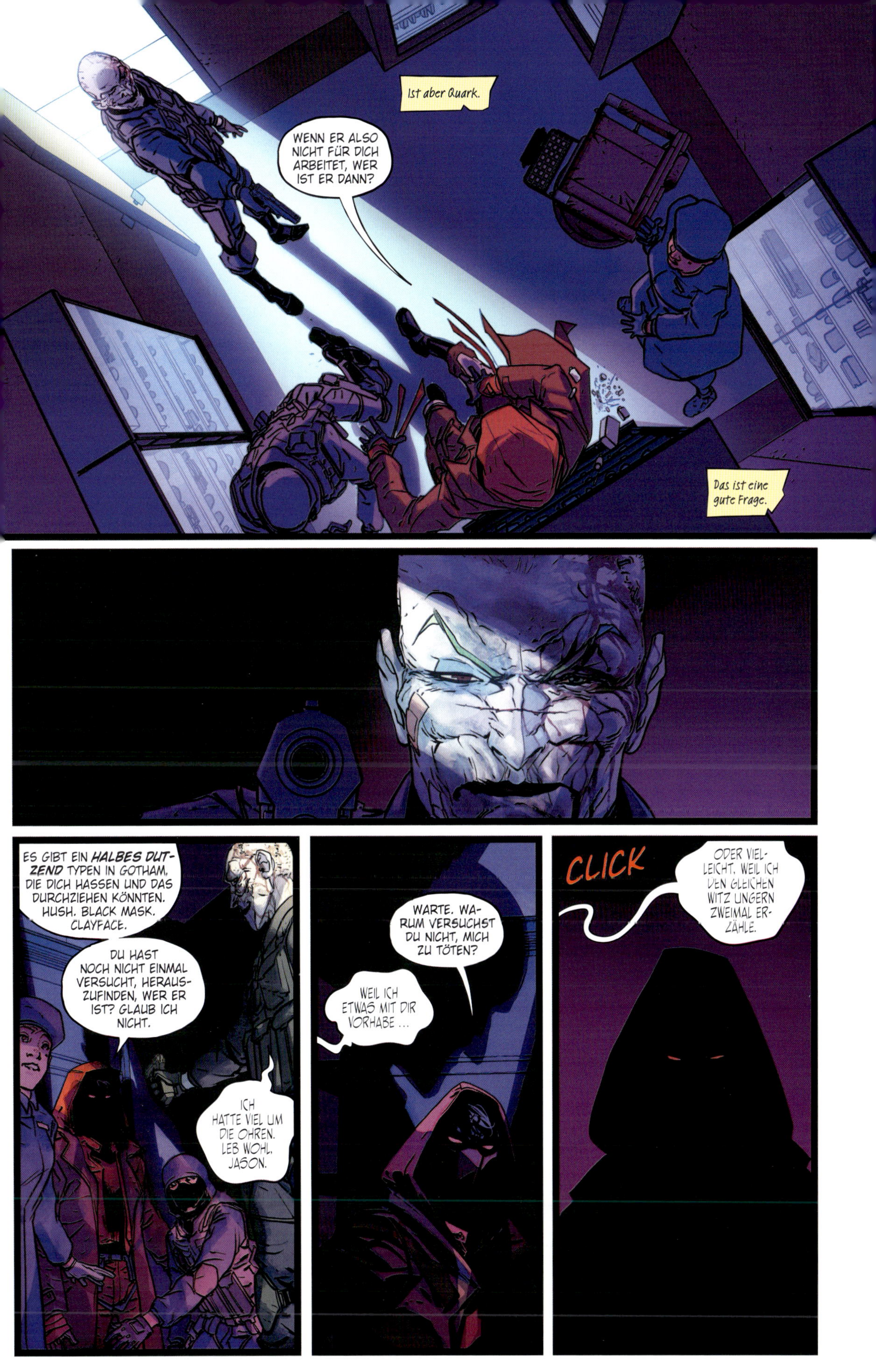

Ist aber Quark.

WENN ER ALSO NICHT FÜR DICH ARBEITET, WER IST ER DANN?

Das ist eine gute Frage.

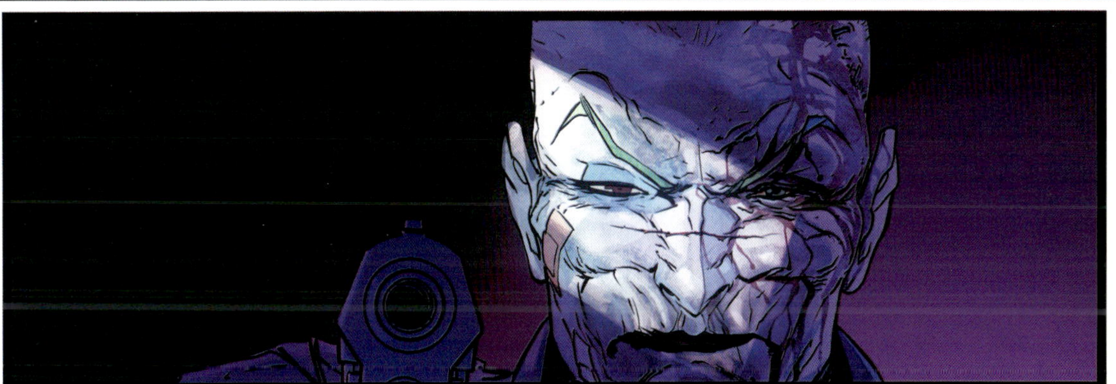

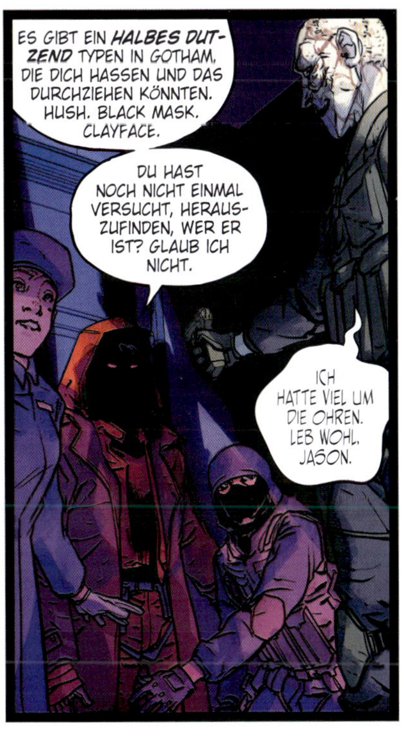

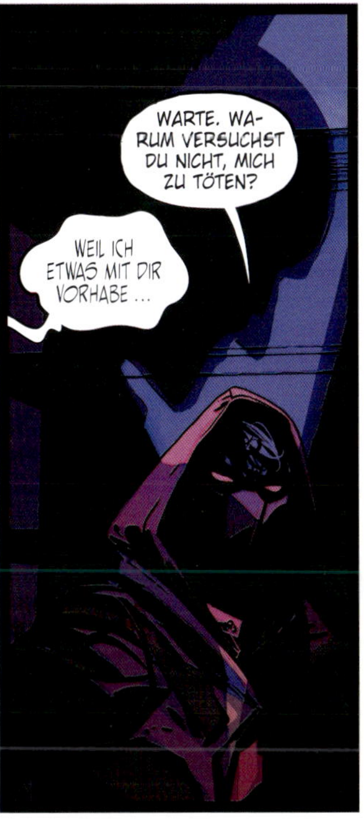

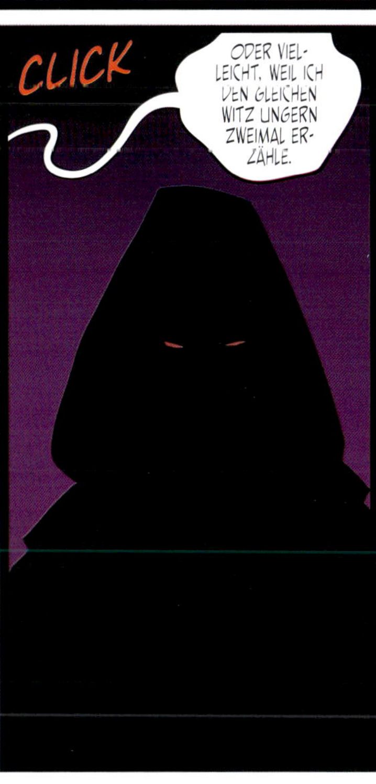

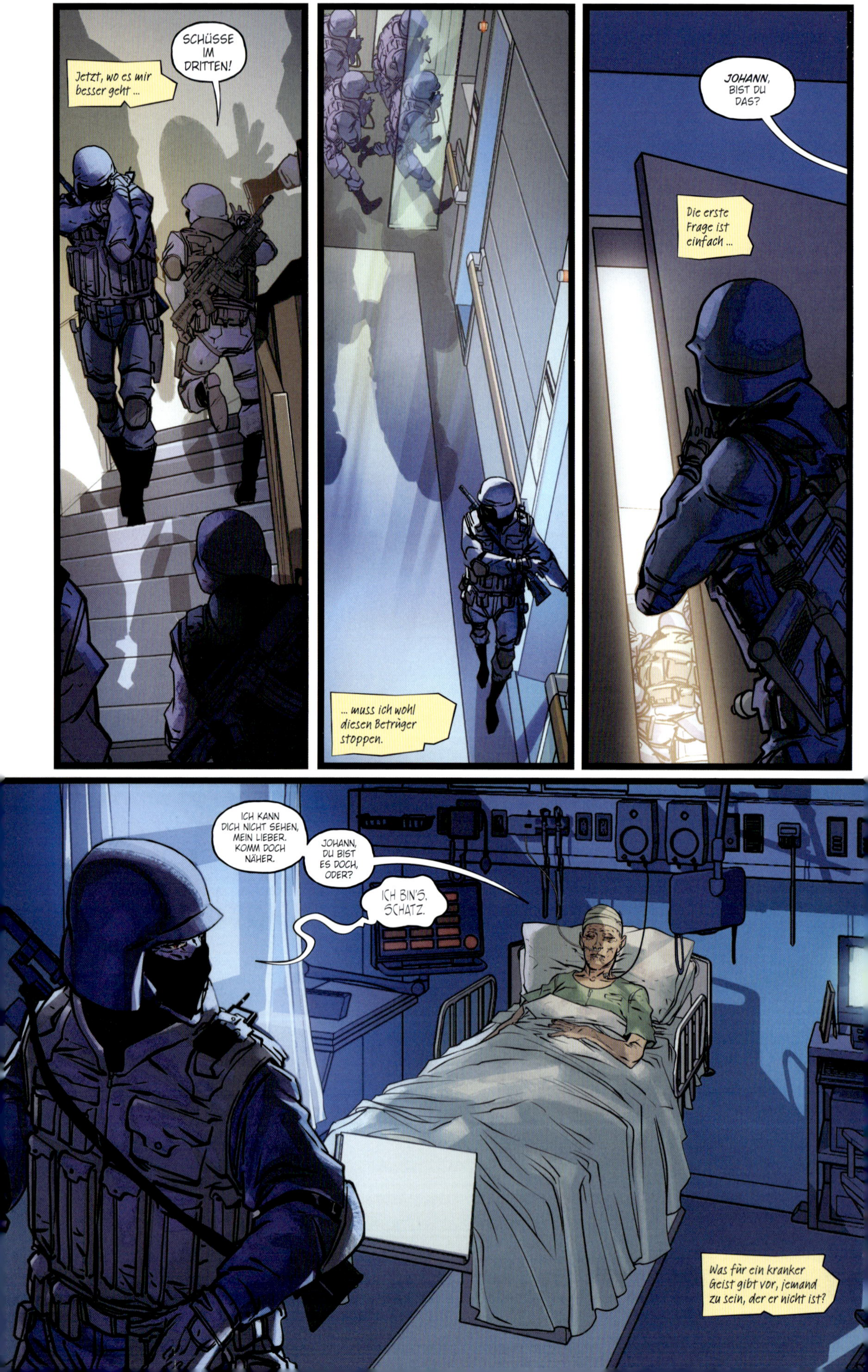

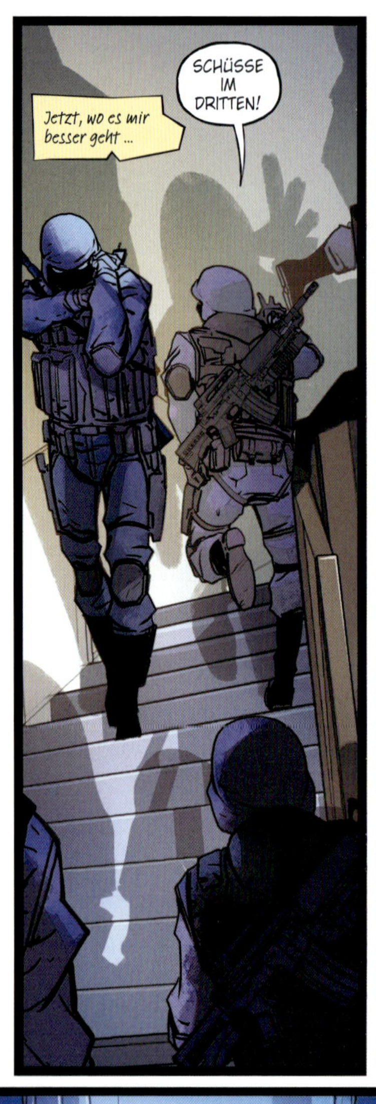

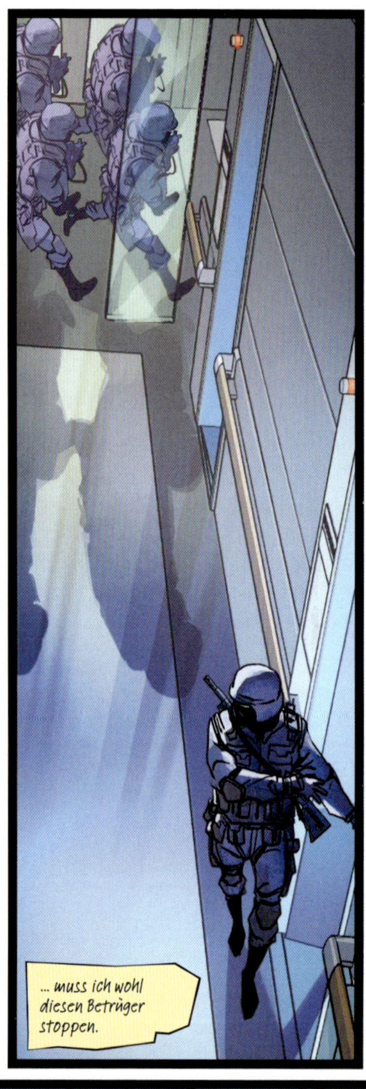

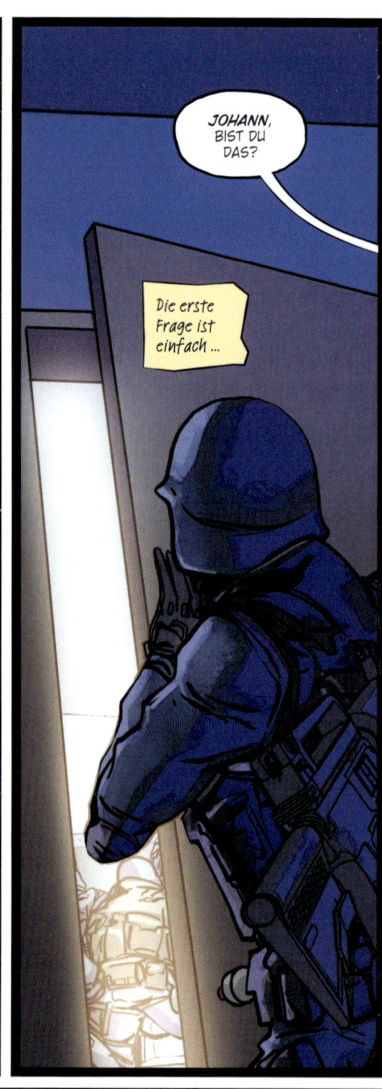

ICH KANN DICH NICHT SEHEN, MEIN LIEBER. KOMM DOCH NÄHER.

JOHANN, DU BIST ES DOCH, ODER?

ICH BIN'S, SCHATZ.

Was für ein kranker Geist gibt vor, jemand zu sein, der er nicht ist?

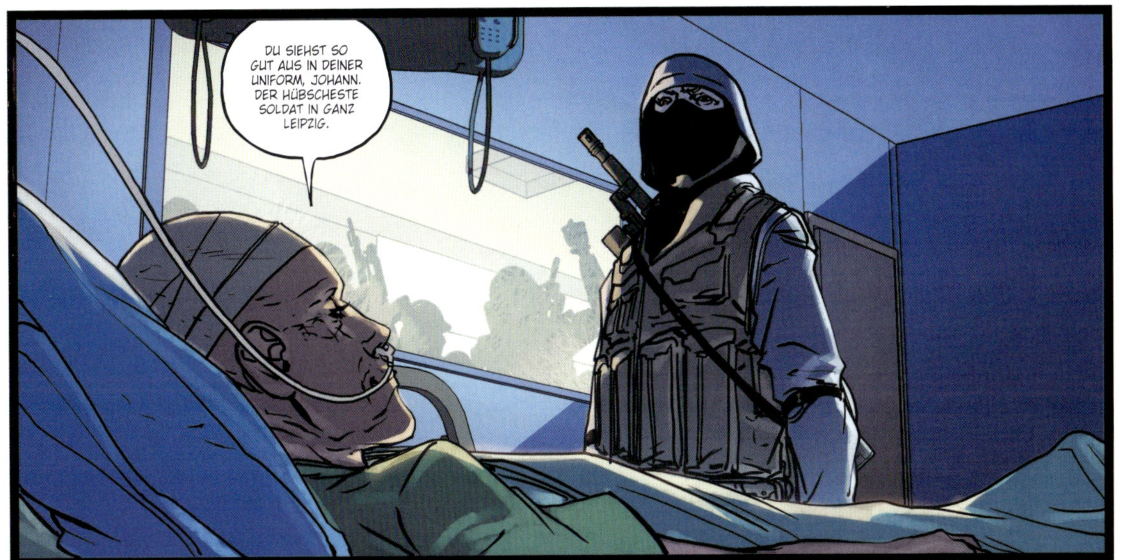
DU SIEHST SO GUT AUS IN DEINER UNIFORM, JOHANN. DER HÜBSCHESTE SOLDAT IN GANZ LEIPZIG.

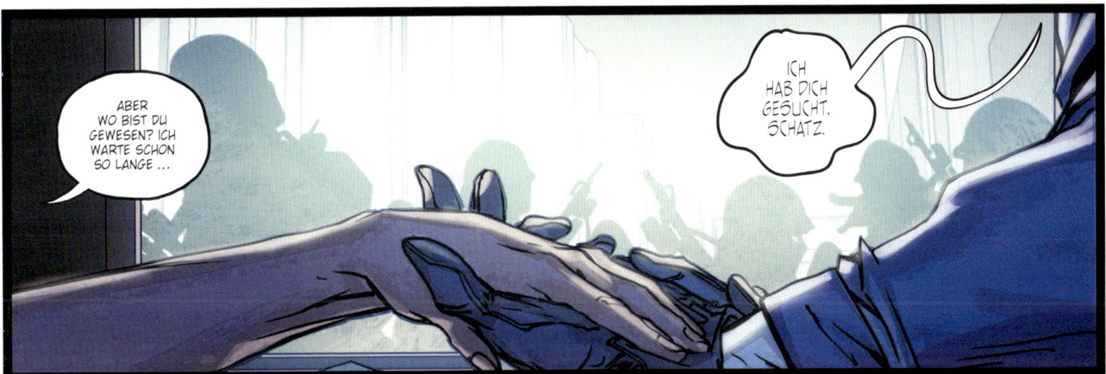
ABER WO BIST DU GEWESEN? ICH WARTE SCHON SO LANGE ...
ICH HAB DICH GESUCHT, SCHATZ.

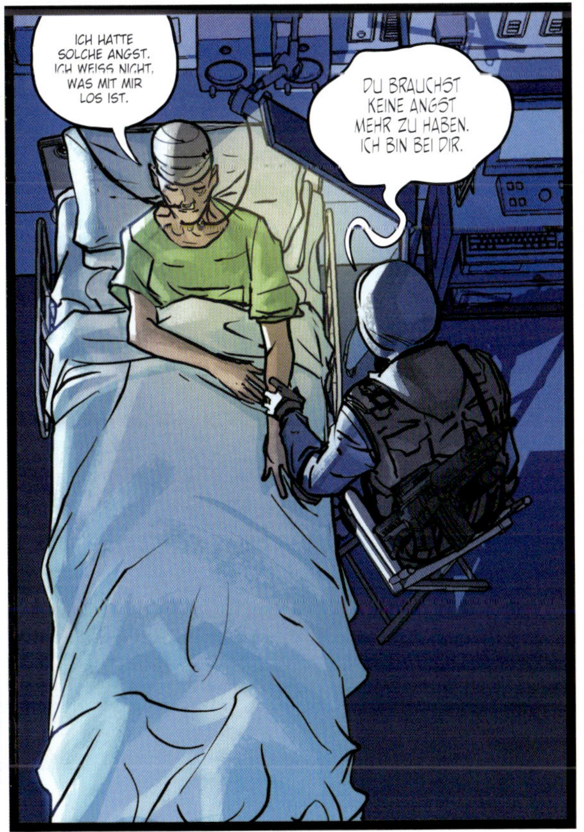
ICH HATTE SOLCHE ANGST. ICH WEISS NICHT, WAS MIT MIR LOS IST.
DU BRAUCHST KEINE ANGST MEHR ZU HABEN. ICH BIN BEI DIR.

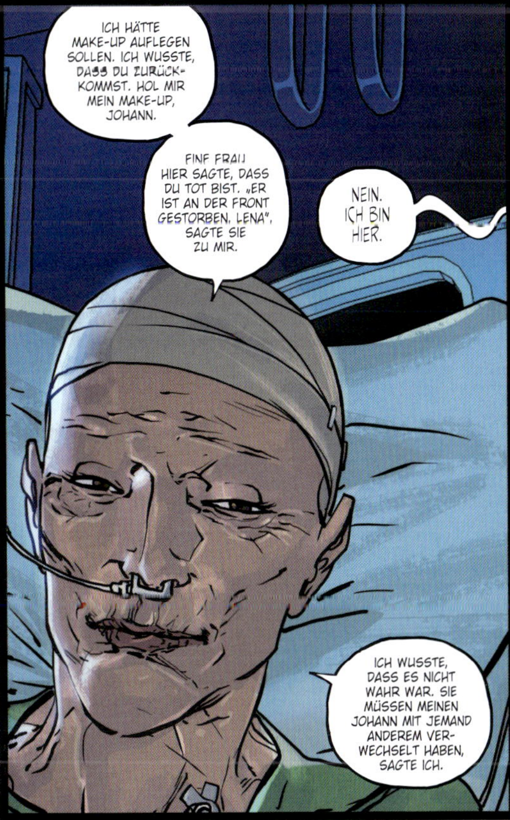
ICH HÄTTE MAKE-UP AUFLEGEN SOLLEN. ICH WUSSTE, DASS DU ZURÜCKKOMMST. HOL MIR MEIN MAKE-UP, JOHANN.
EINE FRAU HIER SAGTE, DASS DU TOT BIST. „ER IST AN DER FRONT GESTORBEN, LENA", SAGTE SIE ZU MIR.
NEIN. ICH BIN HIER.
ICH WUSSTE, DASS ES NICHT WAHR WAR. SIE MÜSSEN MEINEN JOHANN MIT JEMAND ANDEREM VERWECHSELT HABEN, SAGTE ICH.

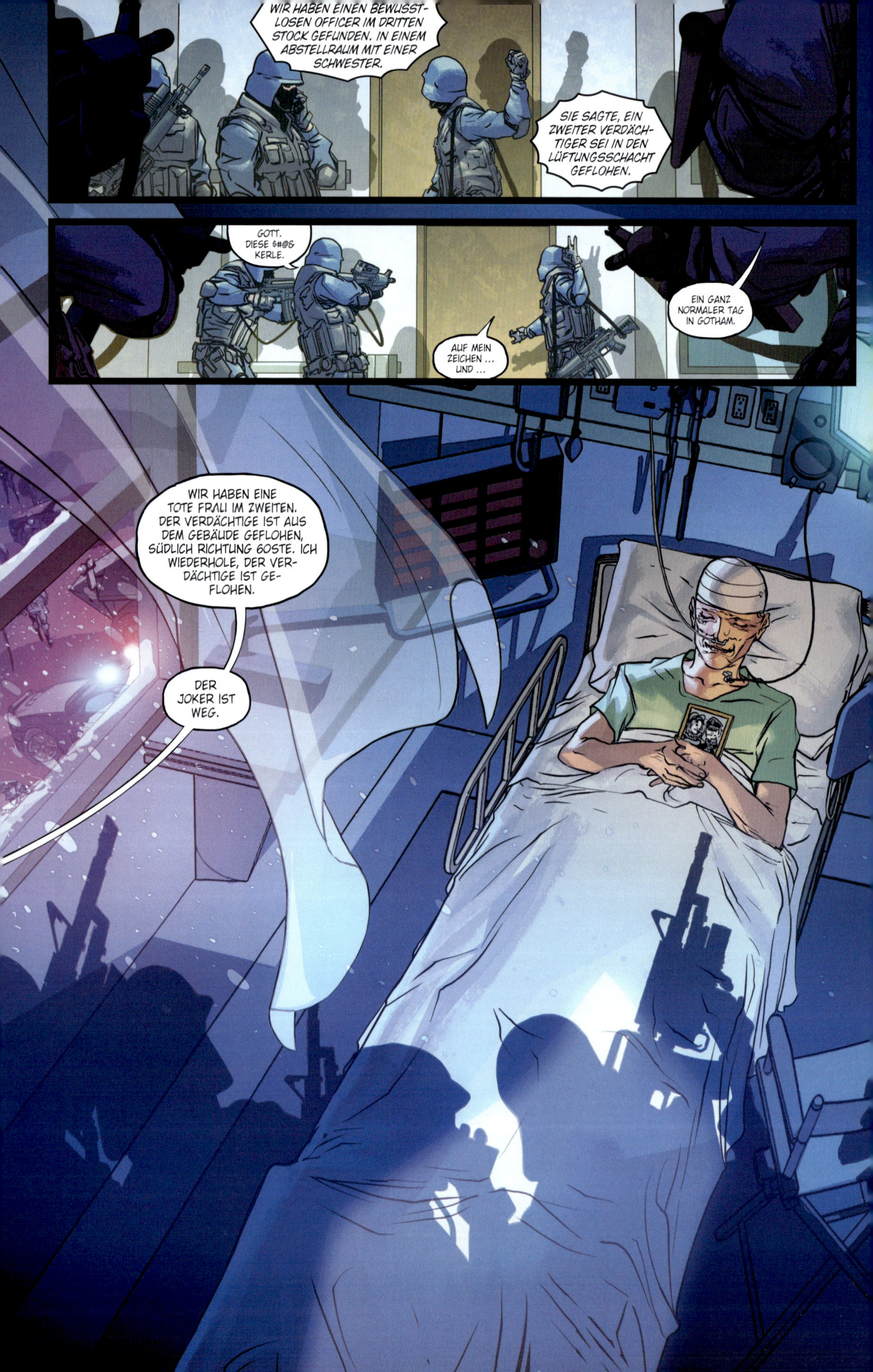
WIR HABEN EINEN BEWUSST-LOSEN OFFICER IM DRITTEN STOCK GEFUNDEN. IN EINEM ABSTELLRAUM MIT EINER SCHWESTER.
SIE SAGTE, EIN ZWEITER VERDÄCHTIGER SEI IN DEN LÜFTUNGSSCHACHT GEFLOHEN.
GOTT. DIESE $#@& KERLE.
EIN GANZ NORMALER TAG IN GOTHAM.
AUF MEIN ZEICHEN ... UND ...
WIR HABEN EINE TOTE FRAU IM ZWEITEN. DER VERDÄCHTIGE IST AUS DEM GEBÄUDE GEFLOHEN, SÜDLICH RICHTUNG 60STE. ICH WIEDERHOLE, DER VERDÄCHTIGE IST GEFLOHEN.
DER JOKER IST WEG.

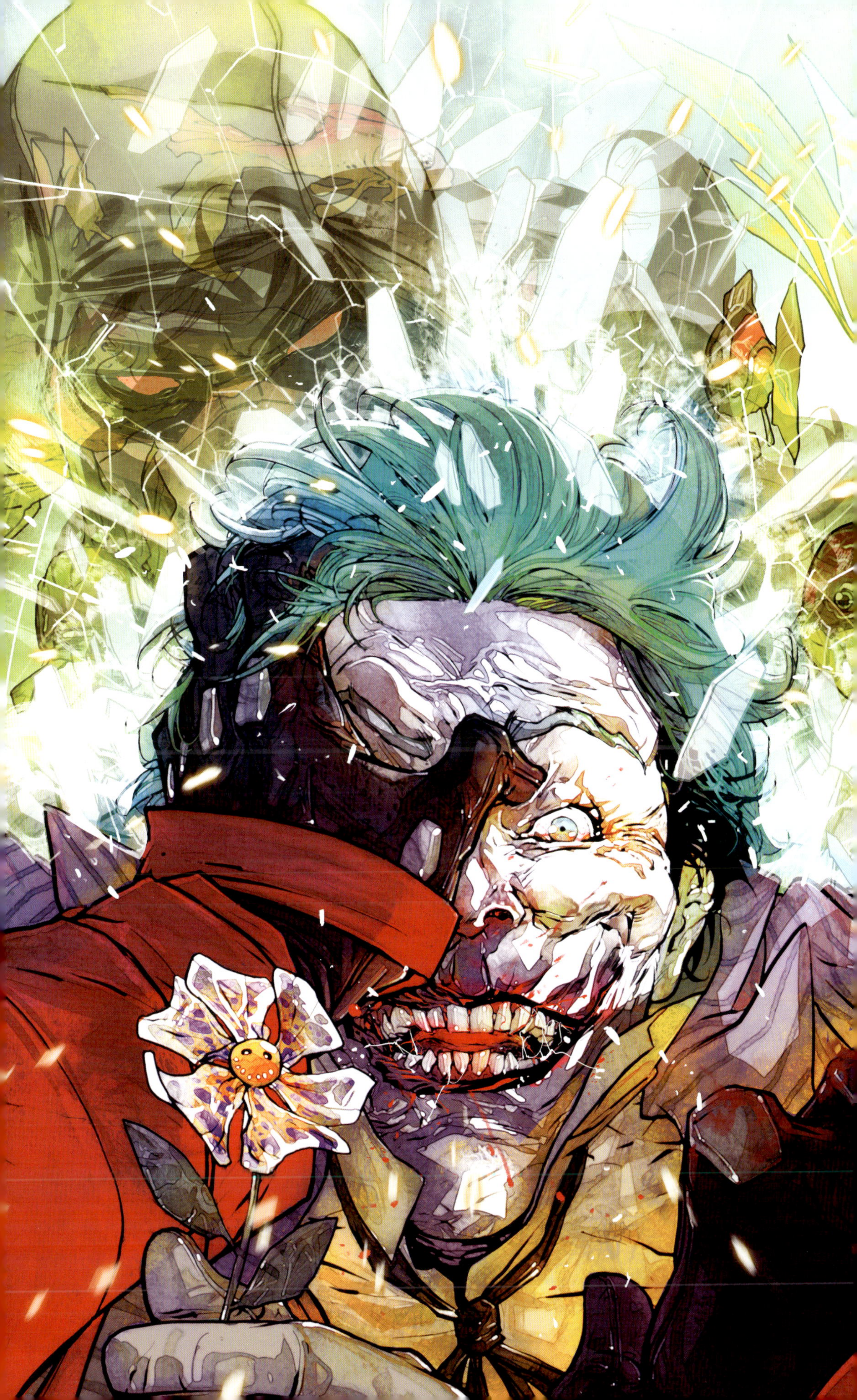

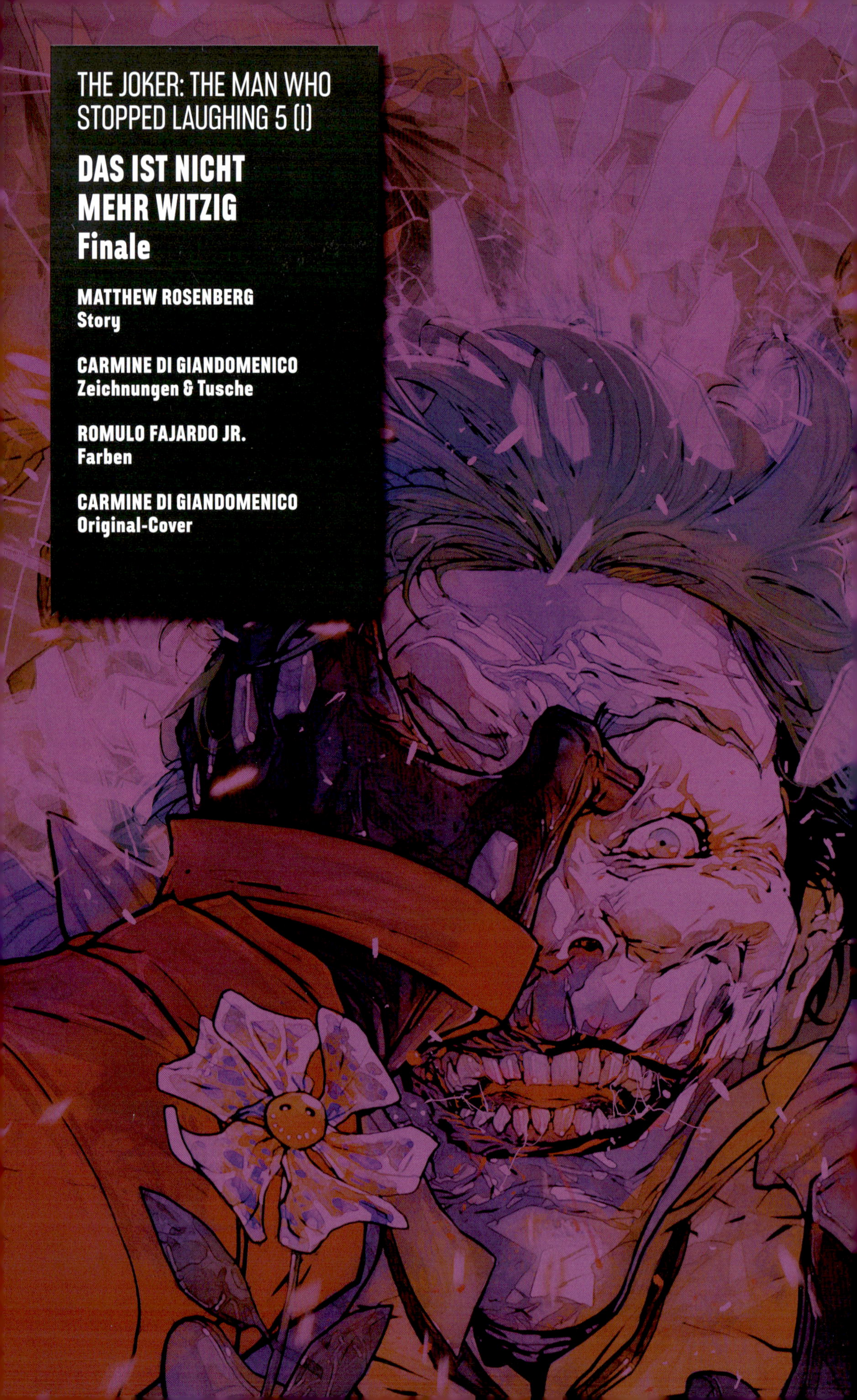

THE JOKER: THE MAN WHO STOPPED LAUGHING 5 (I)

DAS IST NICHT MEHR WITZIG

Finale

MATTHEW ROSENBERG
Story

CARMINE DI GIANDOMENICO
Zeichnungen & Tusche

ROMULO FAJARDO JR.
Farben

CARMINE DI GIANDOMENICO
Original-Cover

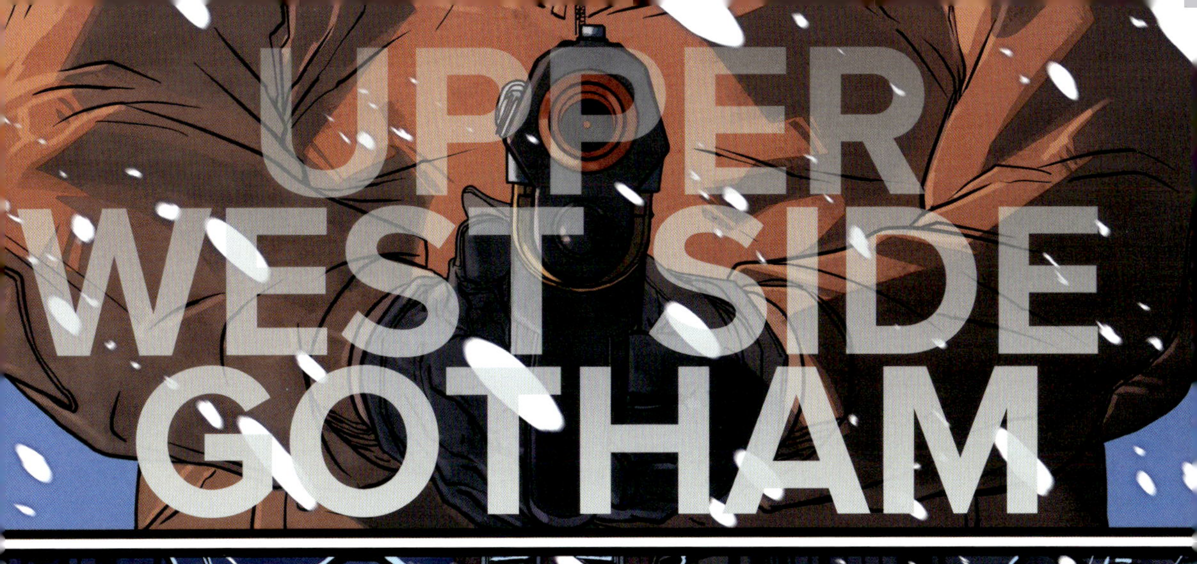
UPPER
WEST SIDE
GOTHAM

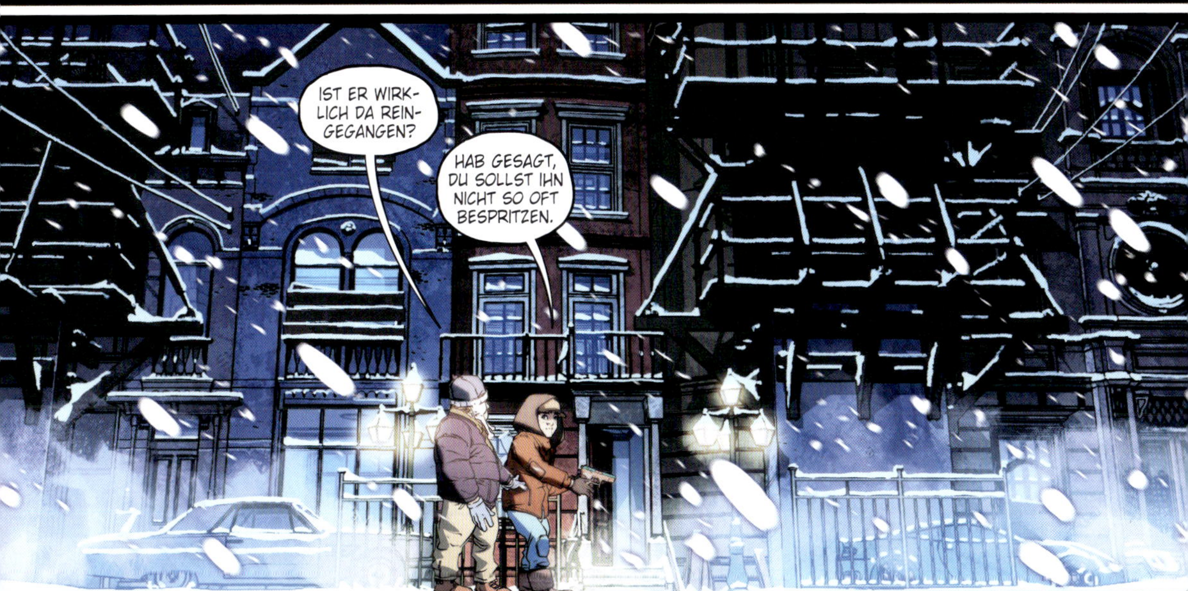
IST ER WIRKLICH DA REINGEGANGEN?
HAB GESAGT, DU SOLLST IHN NICHT SO OFT BESPRITZEN.

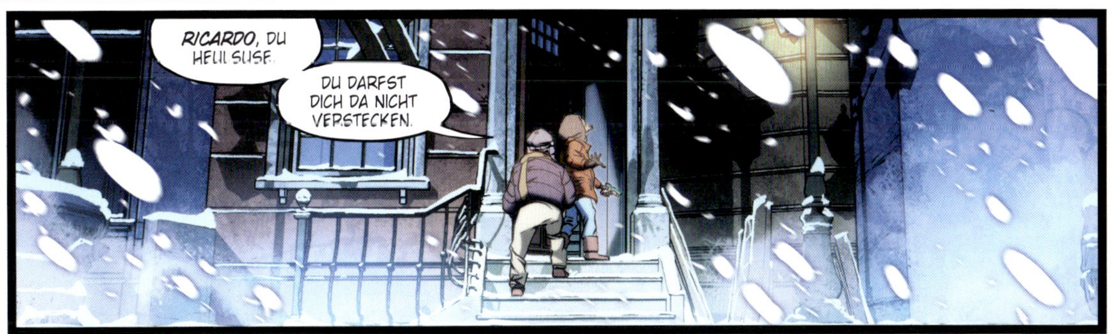
RICARDO, DU HEULSUSE.
DU DARFST DICH DA NICHT VERSTECKEN.

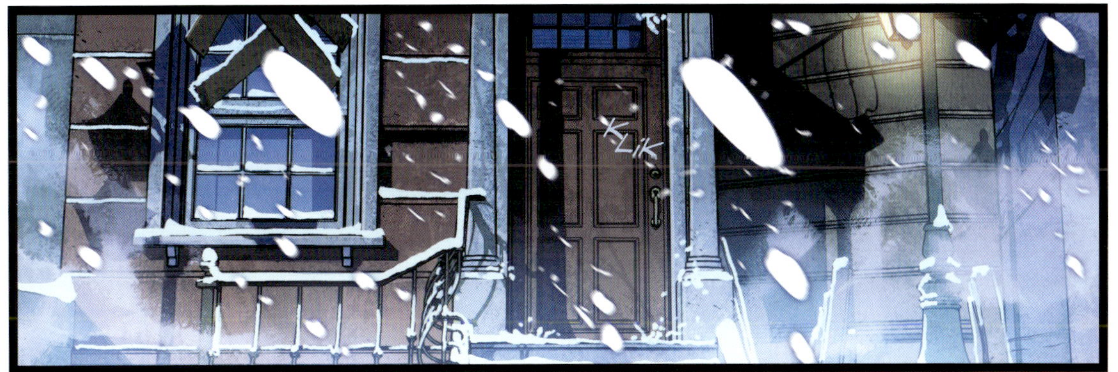
KLIK

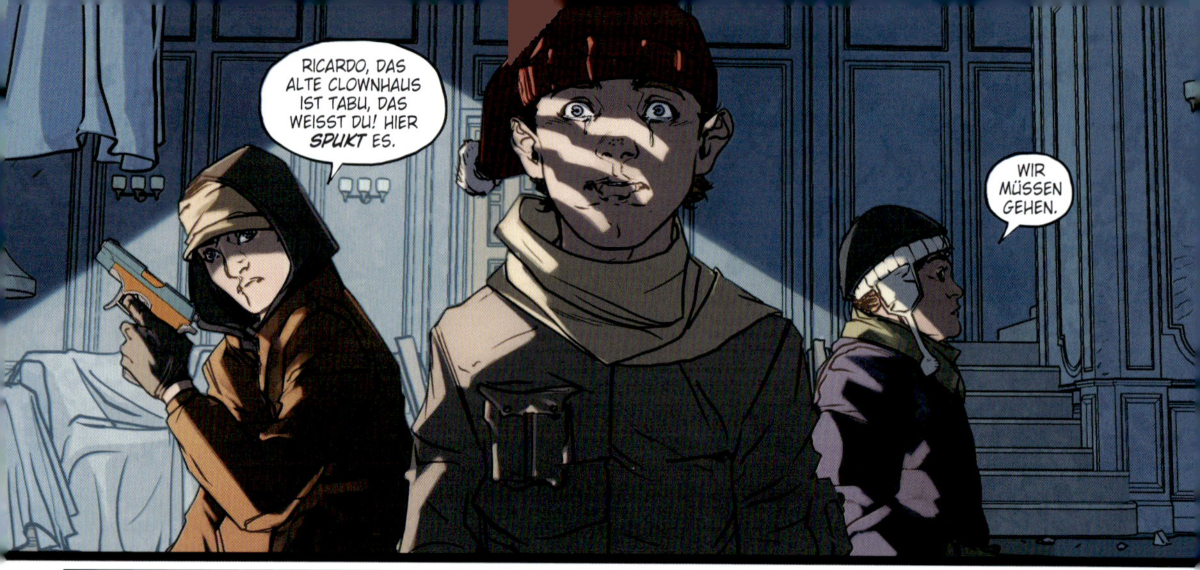
RICARDO, DAS ALTE CLOWNHAUS IST TABU, DAS WEISST DU! HIER **SPUKT** ES.
WIR MÜSSEN GEHEN.

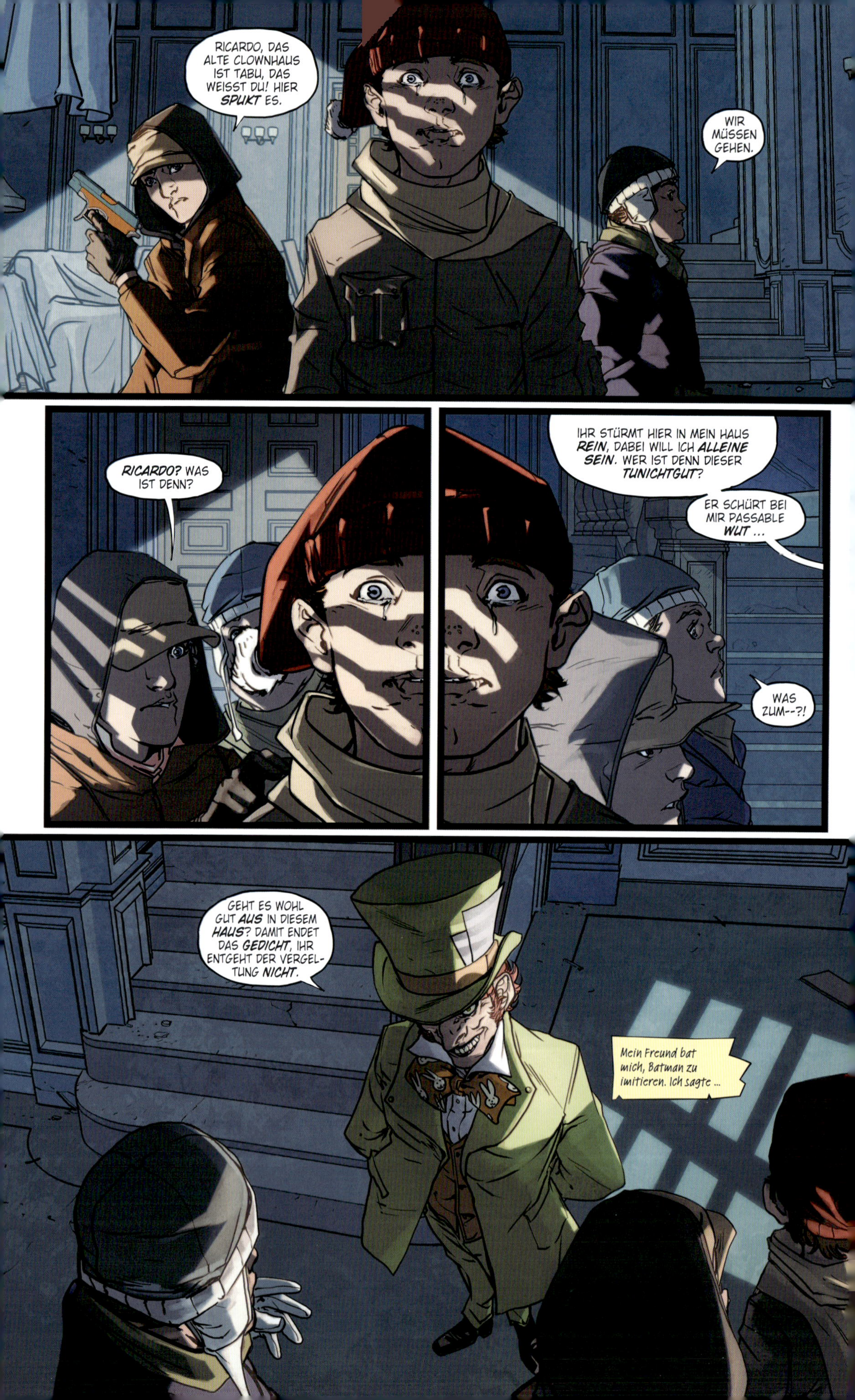

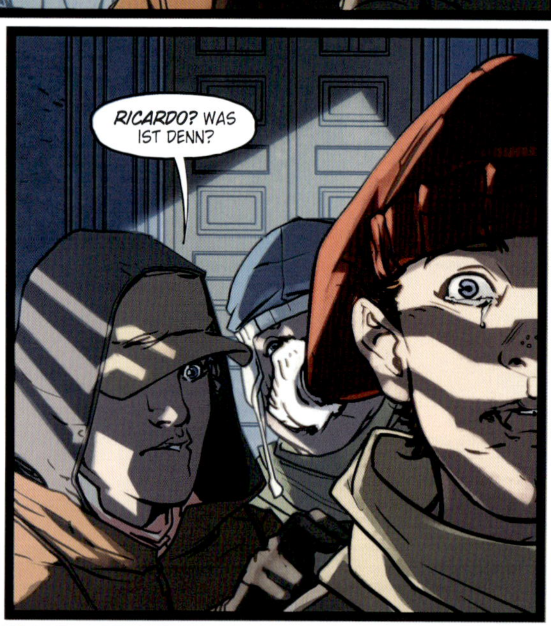
RICARDO? WAS IST DENN?

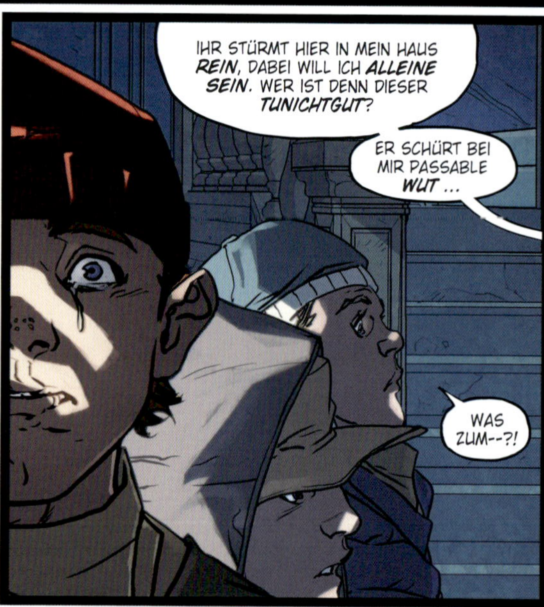
IHR STÜRMT HIER IN MEIN HAUS **REIN**, DABEI WILL ICH **ALLEINE SEIN**. WER IST DENN DIESER **TUNICHTGUT**?
ER SCHÜRT BEI MIR PASSABLE **WUT** ...
WAS ZUM--?!

GEHT ES WOHL GUT **AUS** IN DIESEM **HAUS**? DAMIT ENDET DAS **GEDICHT**, IHR ENTGEHT DER VERGEL-TUNG **NICHT**.
Mein Freund bat mich, Batman zu imitieren. Ich sagte ...

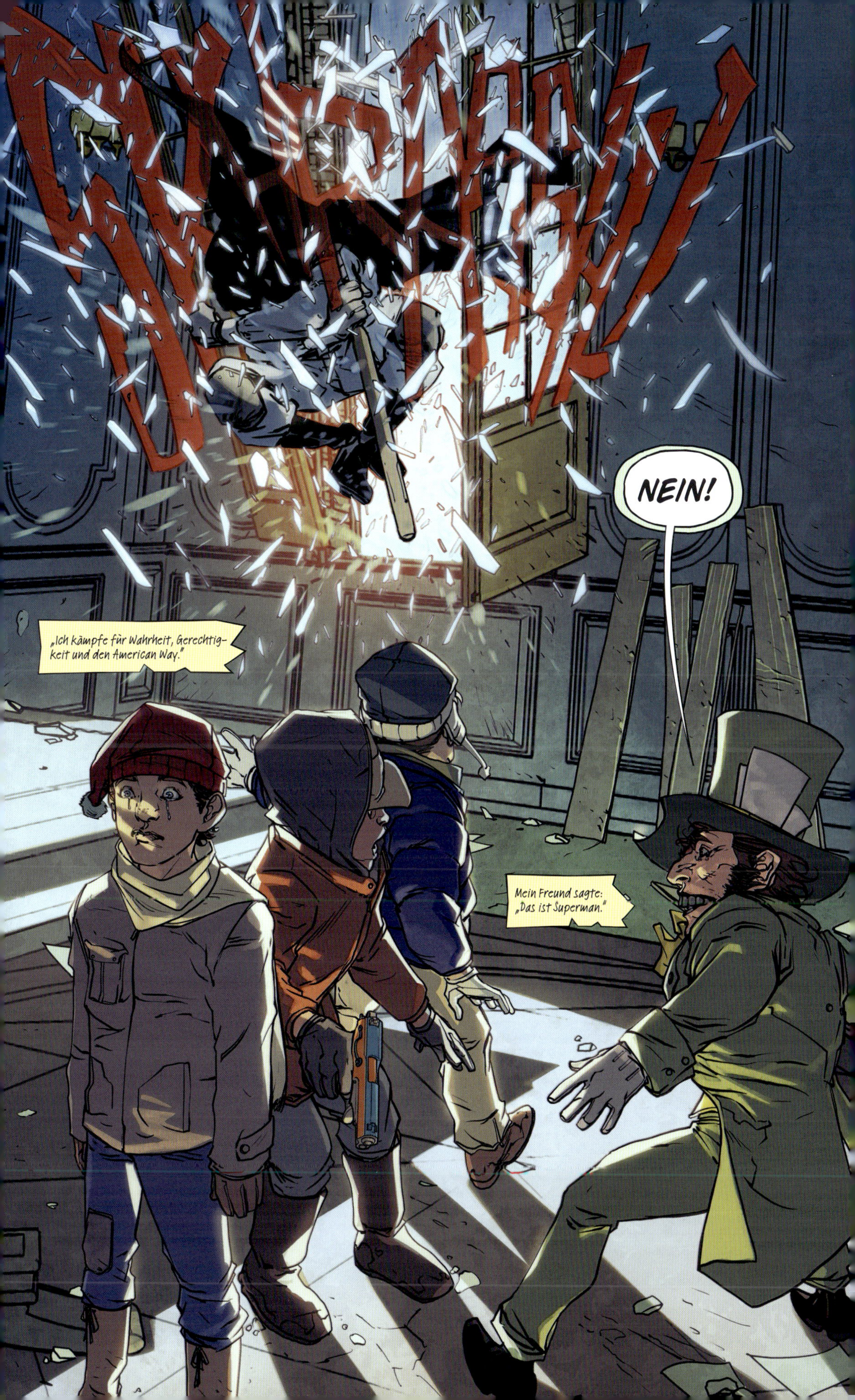
NEIN!
„Ich kämpfe für Wahrheit, Gerechtigkeit und den American Way."
Mein Freund sagte: „Das ist Superman."

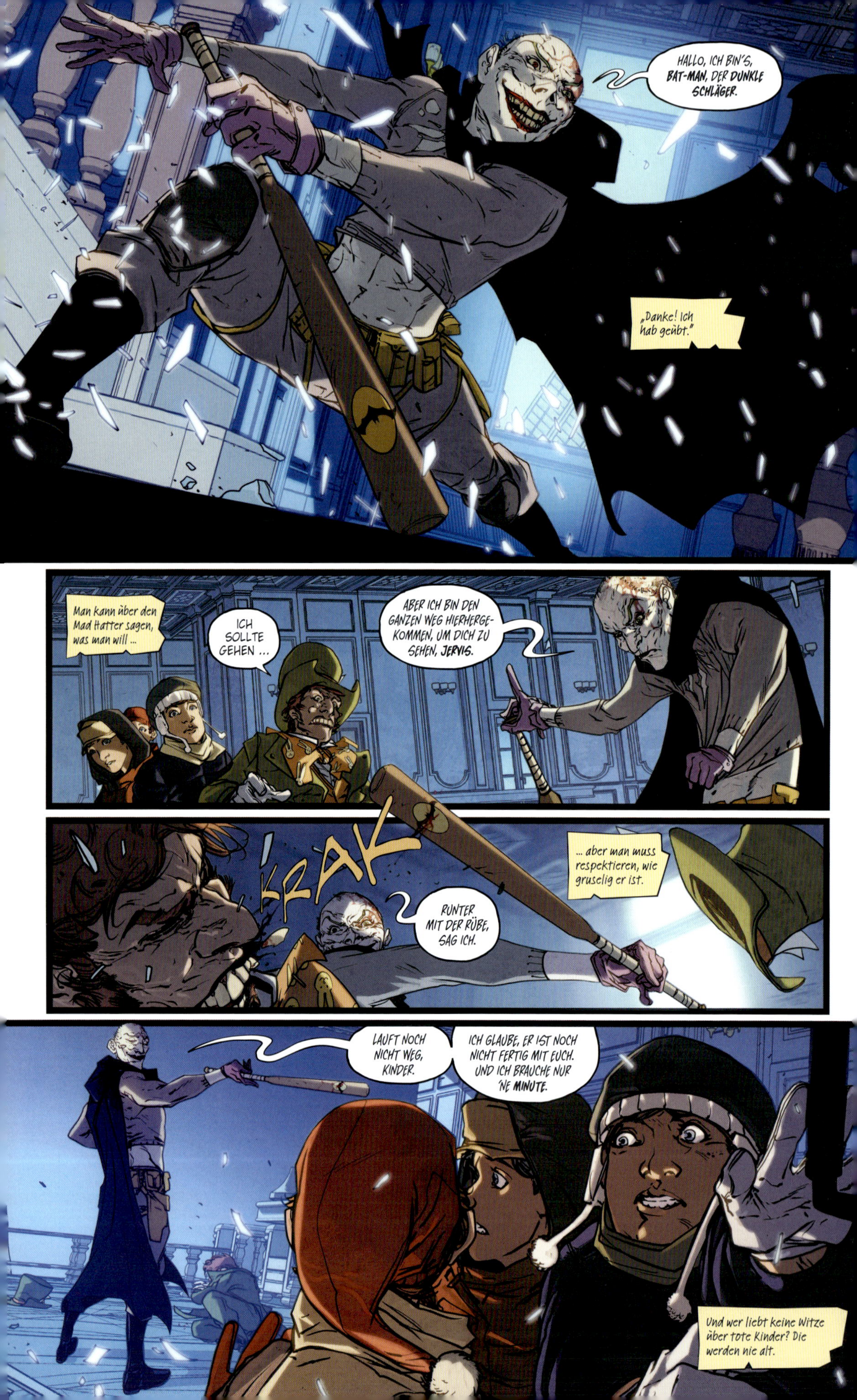

HALLO, ICH BIN'S, BAT-MAN, DER DUNKLE SCHLÄGER.

„Danke! Ich hab geübt."

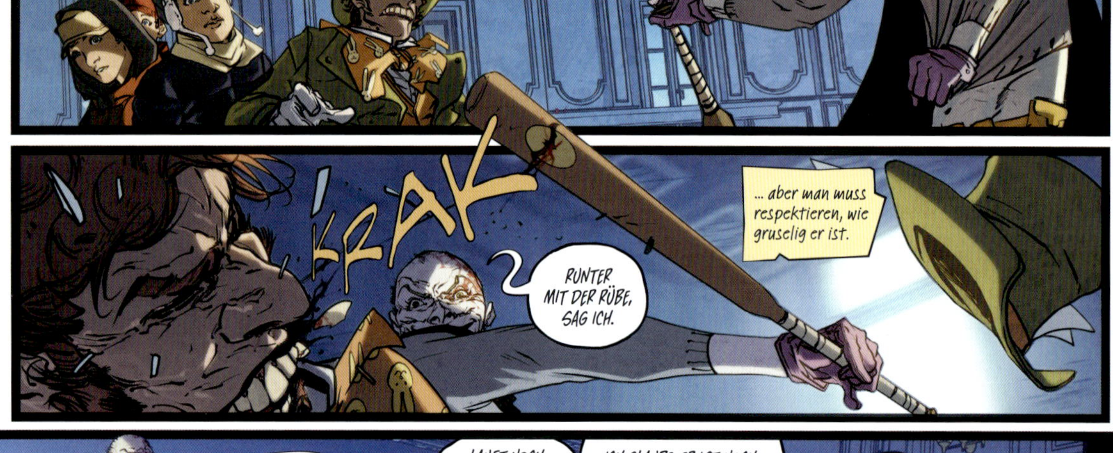

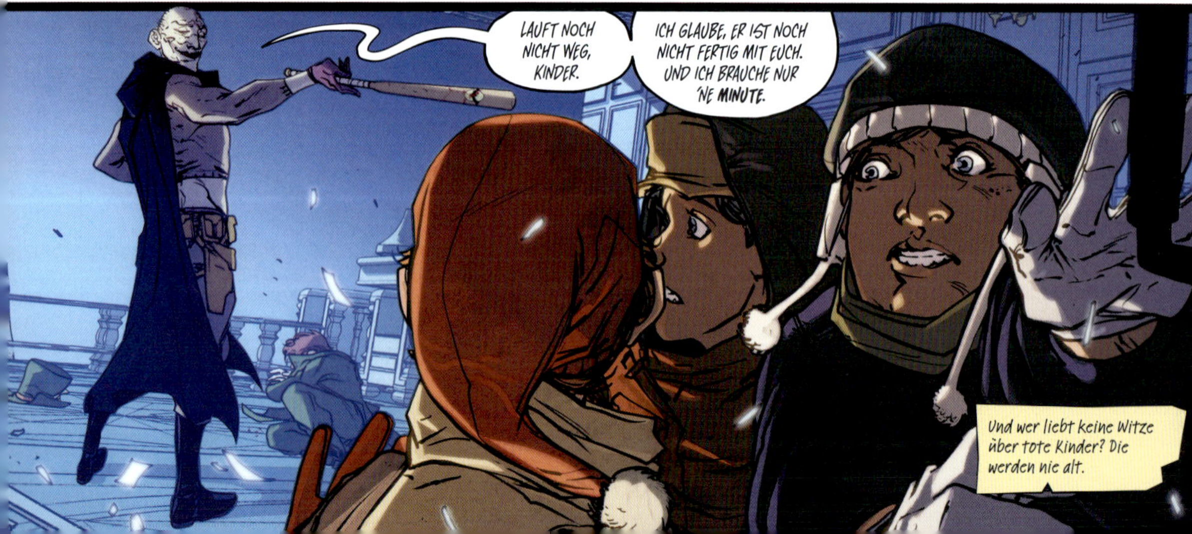

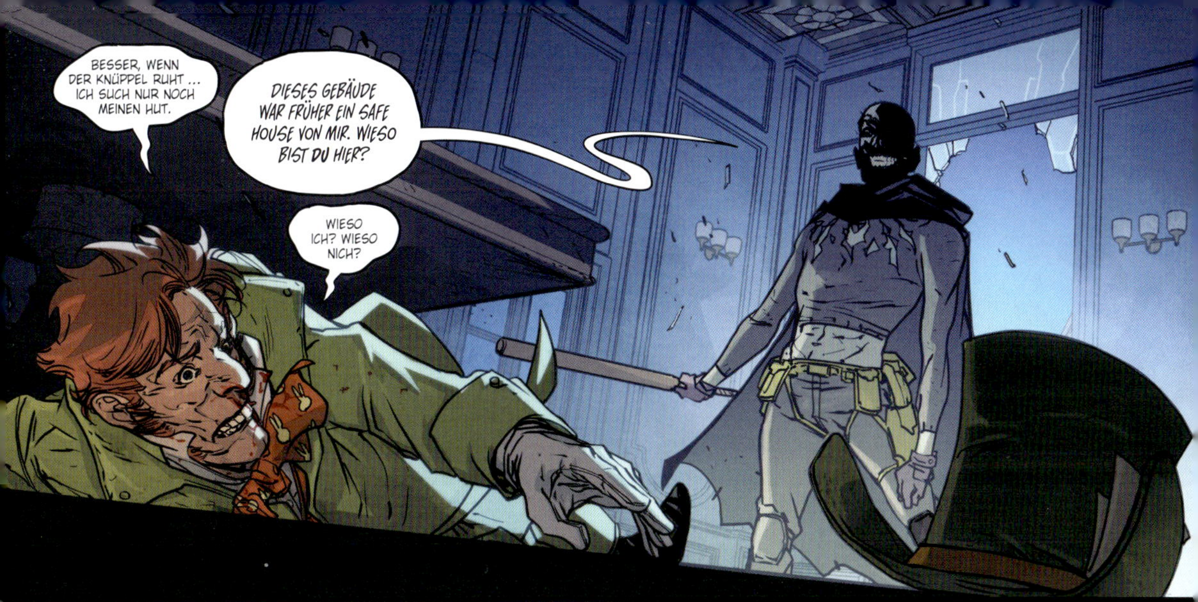
BESSER, WENN DER KNÜPPEL RUHT … ICH SUCH NUR NOCH MEINEN HUT.
DIESES GEBÄUDE WAR FRÜHER EIN SAFE HOUSE VON MIR. WIESO BIST DU HIER?
WIESO ICH? WIESO NICH?

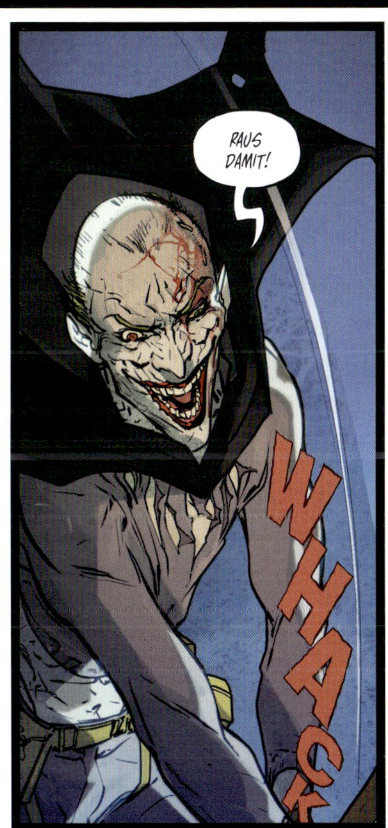
RAUS DAMIT!
WHACK

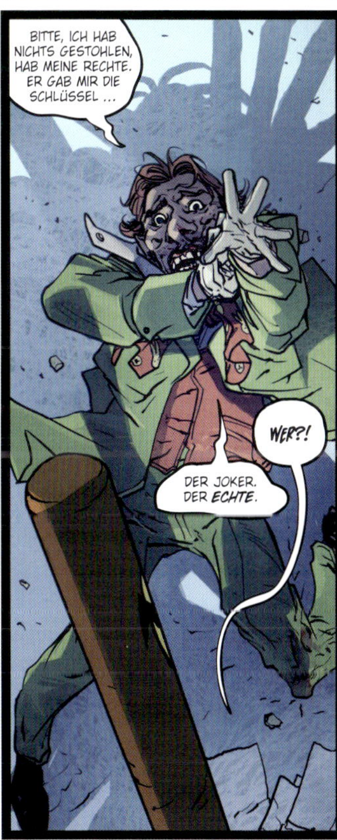
BITTE, ICH HAB NICHTS GESTOHLEN, HAB MEINE RECHTE. ER GAB MIR DIE SCHLÜSSEL …
WER?!
DER JOKER. DER ECHTE.

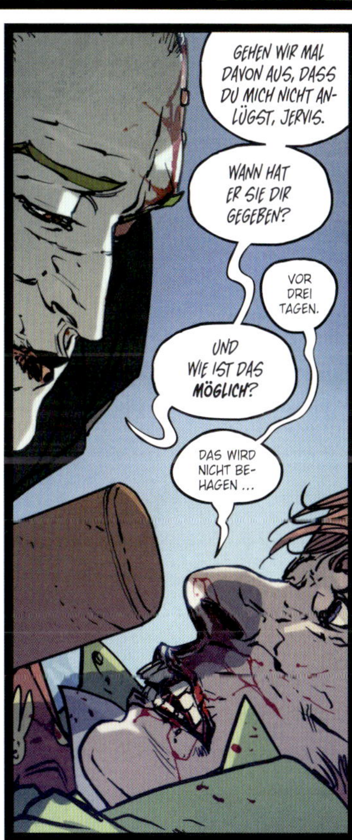
GEHEN WIR MAL DAVON AUS, DASS DU MICH NICHT ANLÜGST, JERVIS.
WANN HAT ER SIE DIR GEGEBEN?
VOR DREI TAGEN.
UND WIE IST DAS MÖGLICH?
DAS WIRD NICHT BEHAGEN …

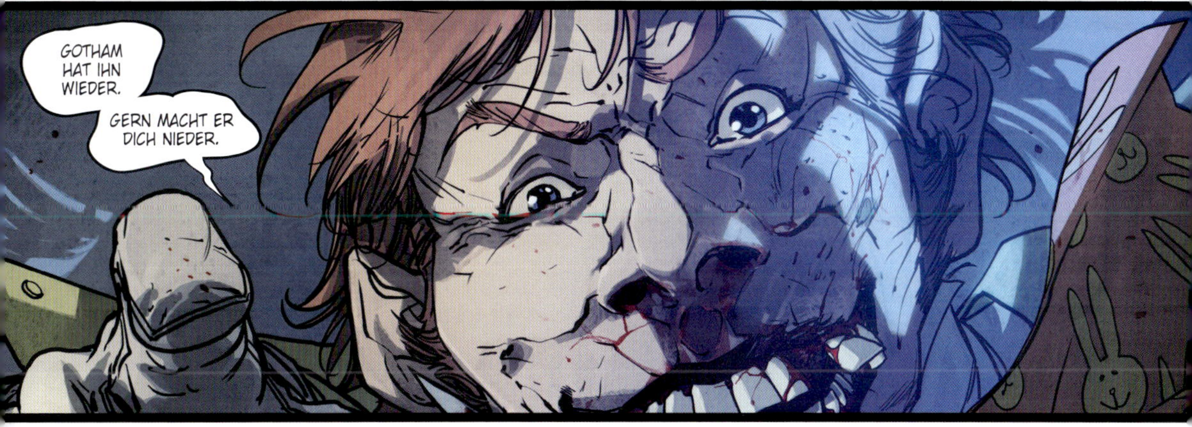
GOTHAM HAT IHN WIEDER.
GERN MACHT ER DICH NIEDER.

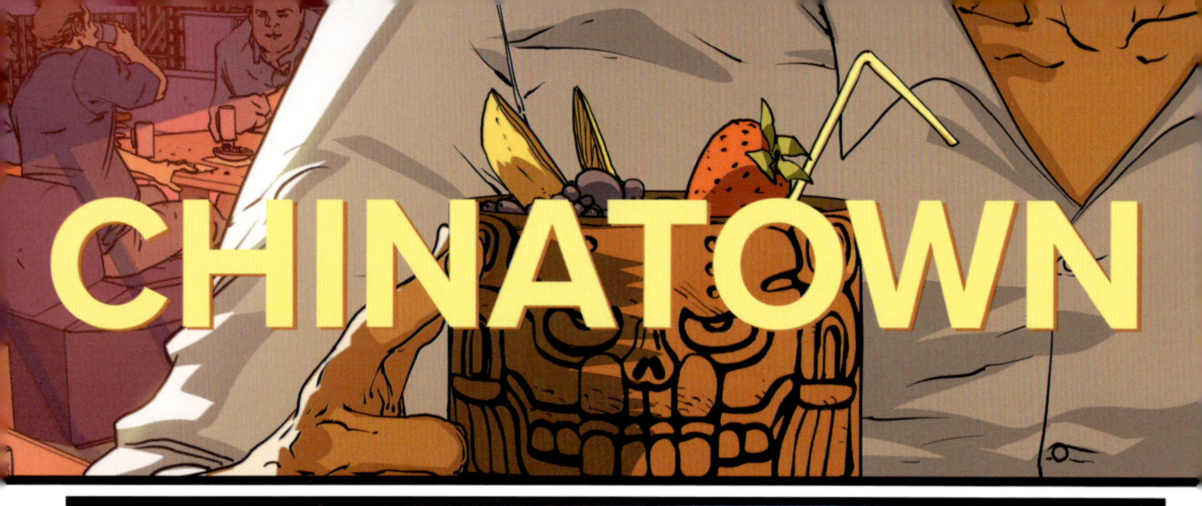
CHINATOWN

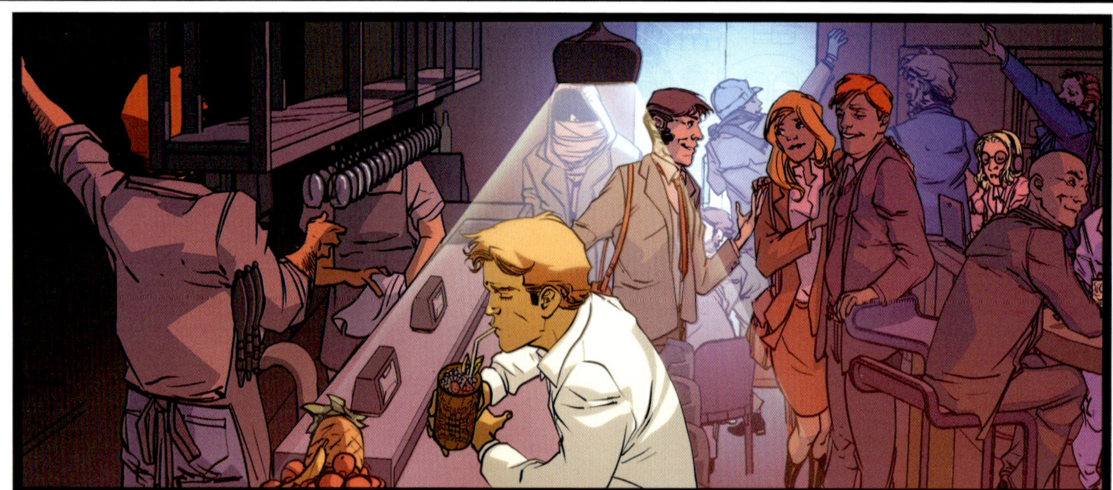

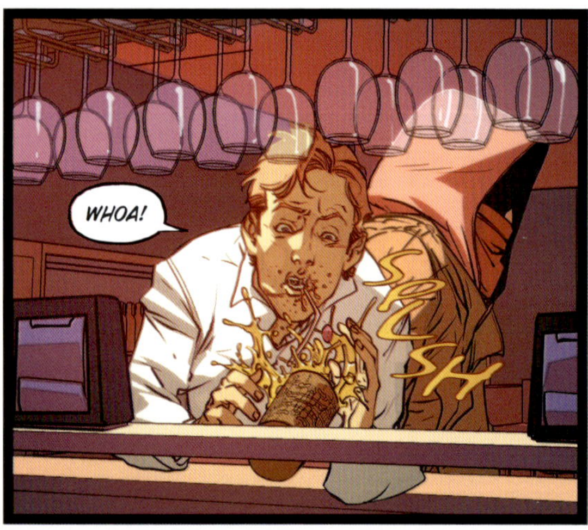
WHOA!
SPLSH

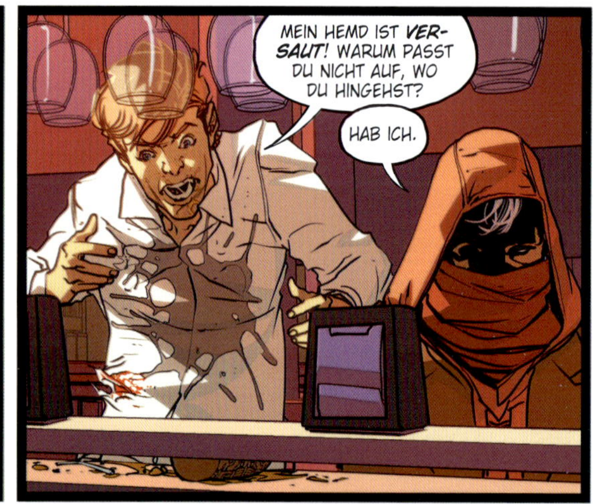
MEIN HEMD IST VER-SAUT! WARUM PASST DU NICHT AUF, WO DU HINGEHST?
HAB ICH.

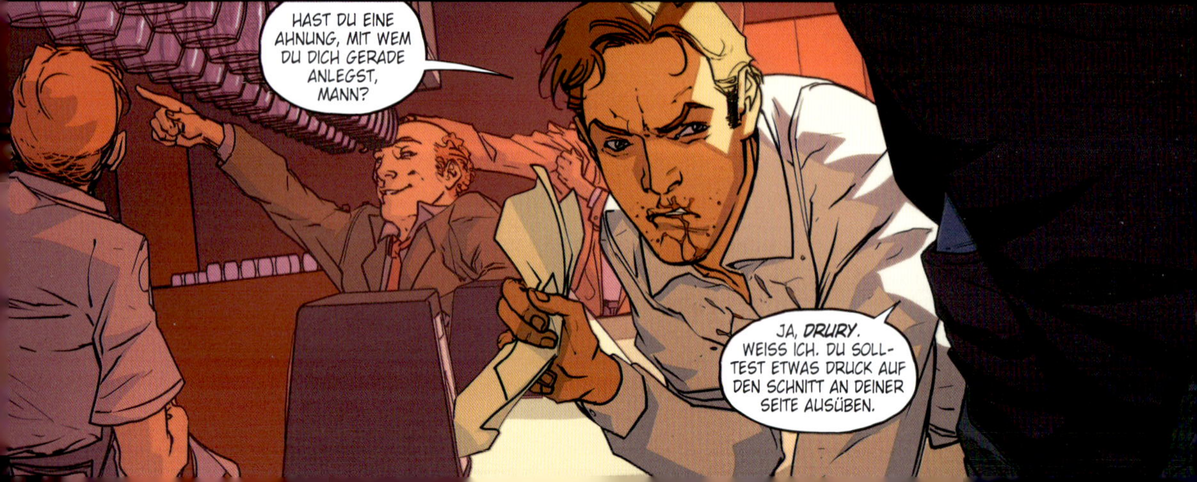
HAST DU EINE AHNUNG, MIT WEM DU DICH GERADE ANLEGST, MANN?
JA, DRURY. WEISS ICH. DU SOLL-TEST ETWAS DRUCK AUF DEN SCHNITT AN DEINER SEITE AUSÜBEN.

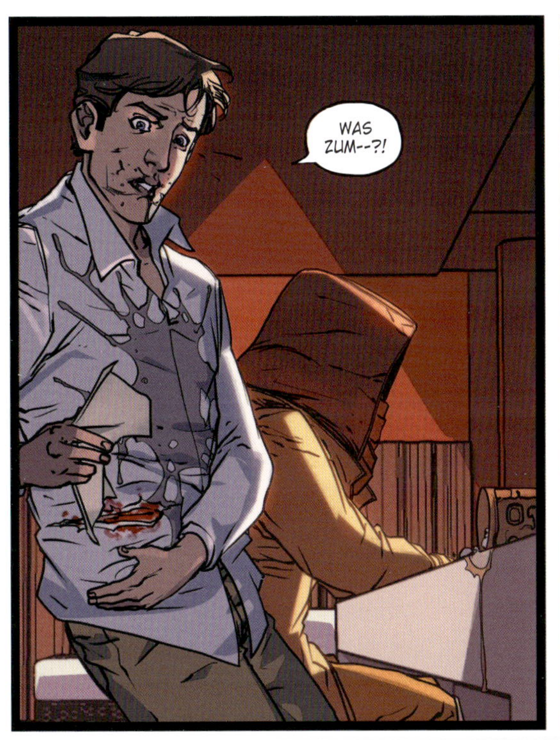
WAS ZUM--?!

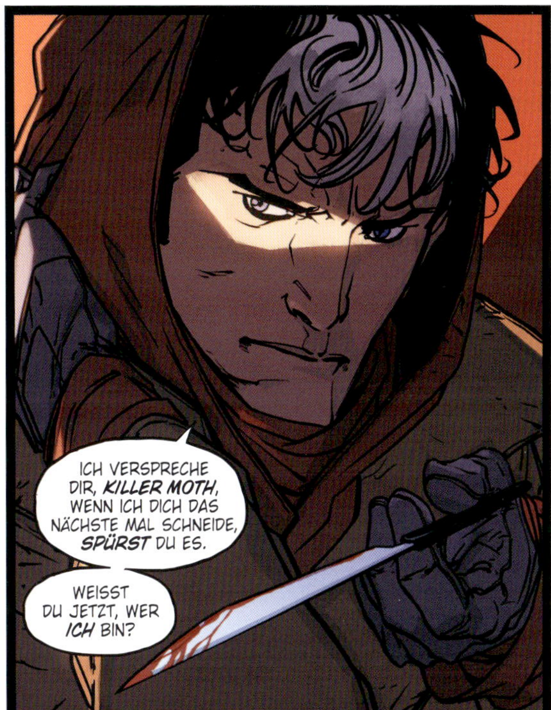
ICH VERSPRECHE DIR, KILLER MOTH, WENN ICH DICH DAS NÄCHSTE MAL SCHNEIDE, SPÜRST DU ES.
WEISST DU JETZT, WER ICH BIN?

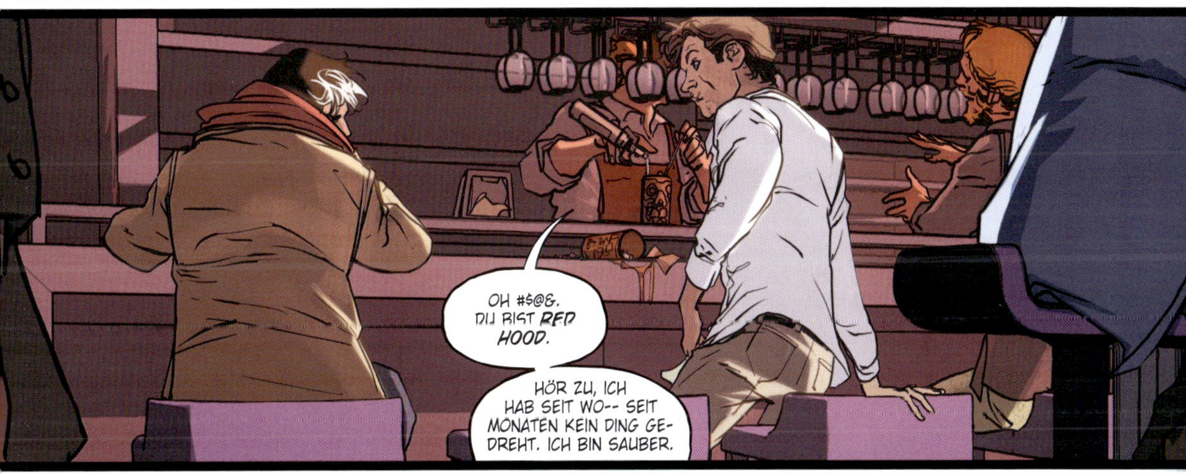
OH #$@&. DU BIST RED HOOD.
HÖR ZU, ICH HAB SEIT WO-- SEIT MONATEN KEIN DING GEDREHT. ICH BIN SAUBER.

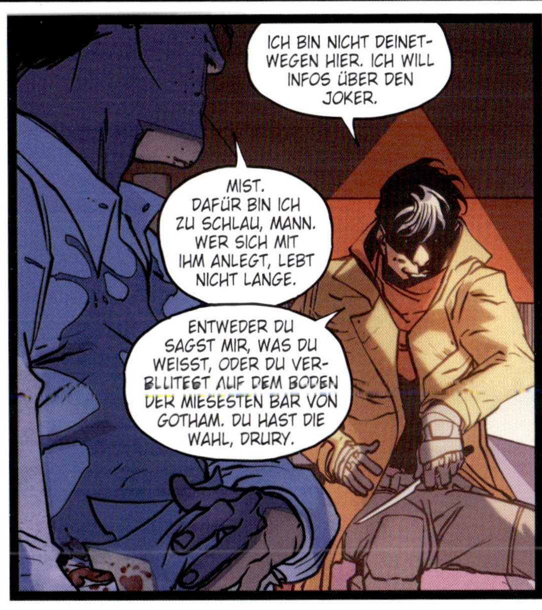
ICH BIN NICHT DEINETWEGEN HIER. ICH WILL INFOS ÜBER DEN JOKER.
MIST. DAFÜR BIN ICH ZU SCHLAU, MANN. WER SICH MIT IHM ANLEGT, LEBT NICHT LANGE.
ENTWEDER DU SAGST MIR, WAS DU WEISST, ODER DU VERBLUTEST AUF DEM BODEN DER MIESESTEN BAR VON GOTHAM. DU HAST DIE WAHL, DRURY.

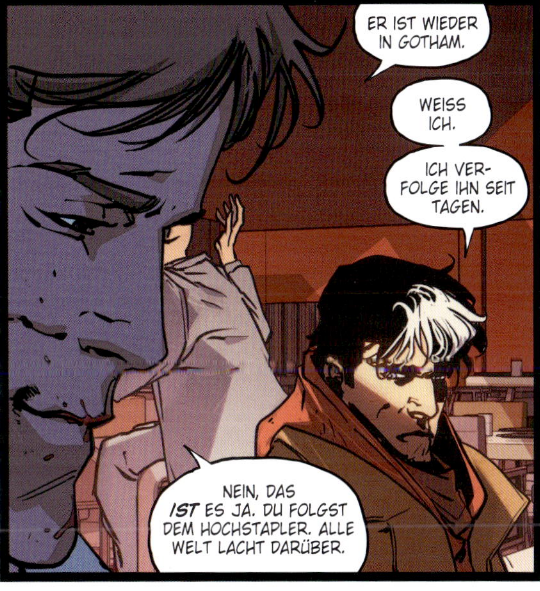
ER IST WIEDER IN GOTHAM.
WEISS ICH.
ICH VERFOLGE IHN SEIT TAGEN.
NEIN, DAS IST ES JA. DU FOLGST DEM HOCHSTAPLER. ALLE WELT LACHT DARÜBER.

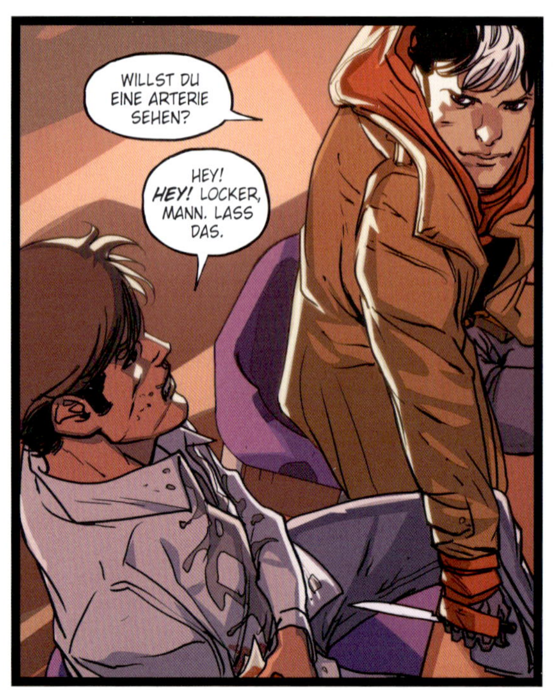
WILLST DU EINE ARTERIE SEHEN?
HEY! **HEY!** LOCKER, MANN. LASS DAS.

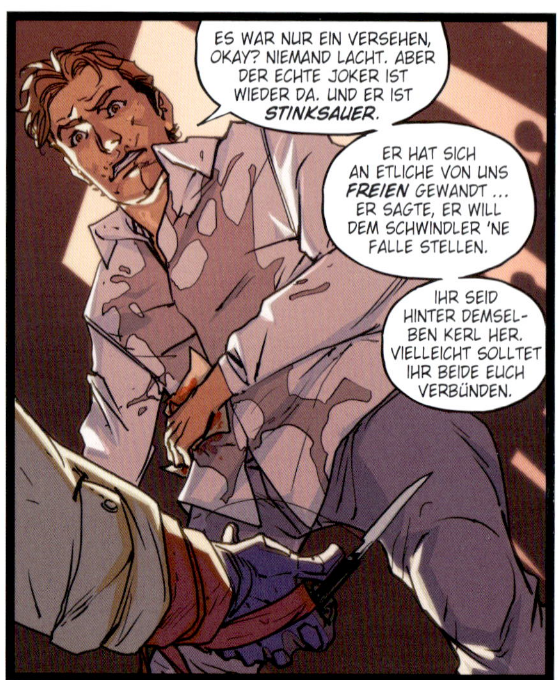
ES WAR NUR EIN VERSEHEN, OKAY? NIEMAND LACHT. ABER DER ECHTE JOKER IST WIEDER DA. UND ER IST **STINKSAUER**.
ER HAT SICH AN ETLICHE VON UNS **FREIEN** GEWANDT ... ER SAGTE, ER WILL DEM SCHWINDLER 'NE FALLE STELLEN.
IHR SEID HINTER DEMSELBEN KERL HER. VIELLEICHT SOLLTET IHR BEIDE EUCH VERBÜNDEN.

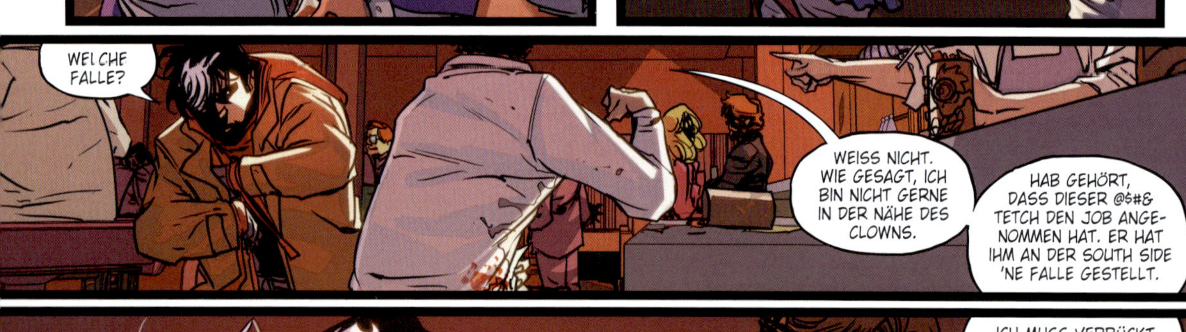
WELCHE FALLE?
WEISS NICHT. WIE GESAGT, ICH BIN NICHT GERNE IN DER NÄHE DES CLOWNS.
HAB GEHÖRT, DASS DIESER @$#& TETCH DEN JOB ANGENOMMEN HAT. ER HAT IHM AN DER SOUTH SIDE 'NE FALLE GESTELLT.

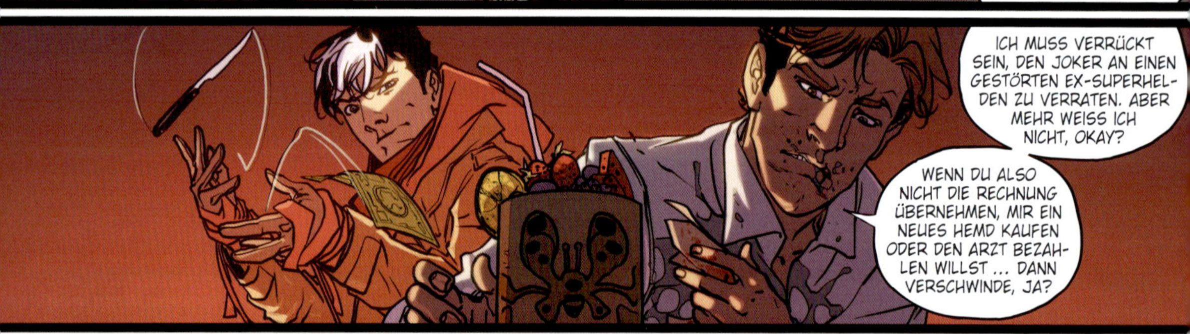
ICH MUSS VERRÜCKT SEIN, DEN JOKER AN EINEN GESTÖRTEN EX-SUPERHELDEN ZU VERRATEN. ABER MEHR WEISS ICH NICHT, OKAY?
WENN DU ALSO NICHT DIE RECHNUNG ÜBERNEHMEN, MIR EIN NEUES HEMD KAUFEN ODER DEN ARZT BEZAHLEN WILLST ... DANN VERSCHWINDE, JA?

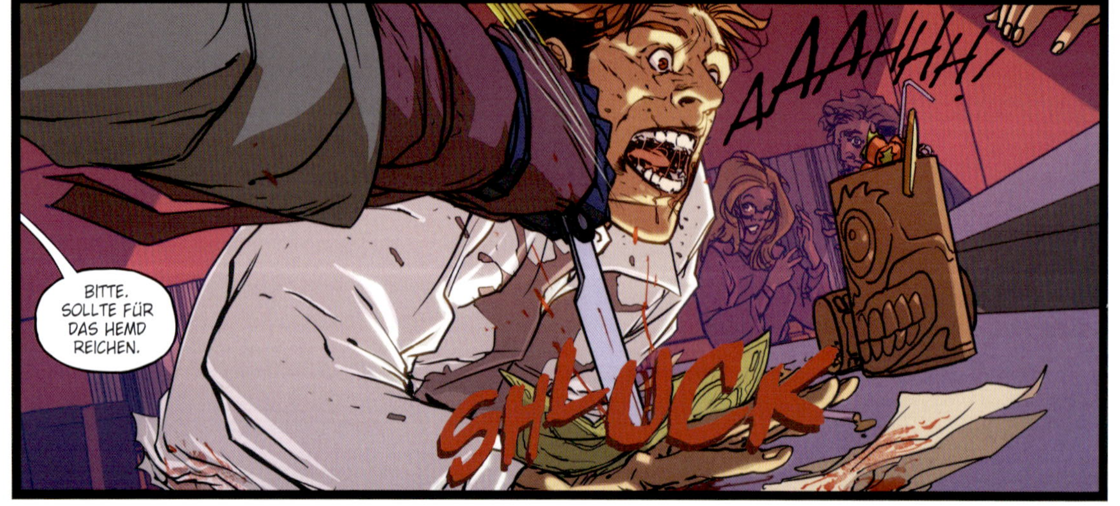
AAAHHH!
BITTE. SOLLTE FÜR DAS HEMD REICHEN.
SHLUCK

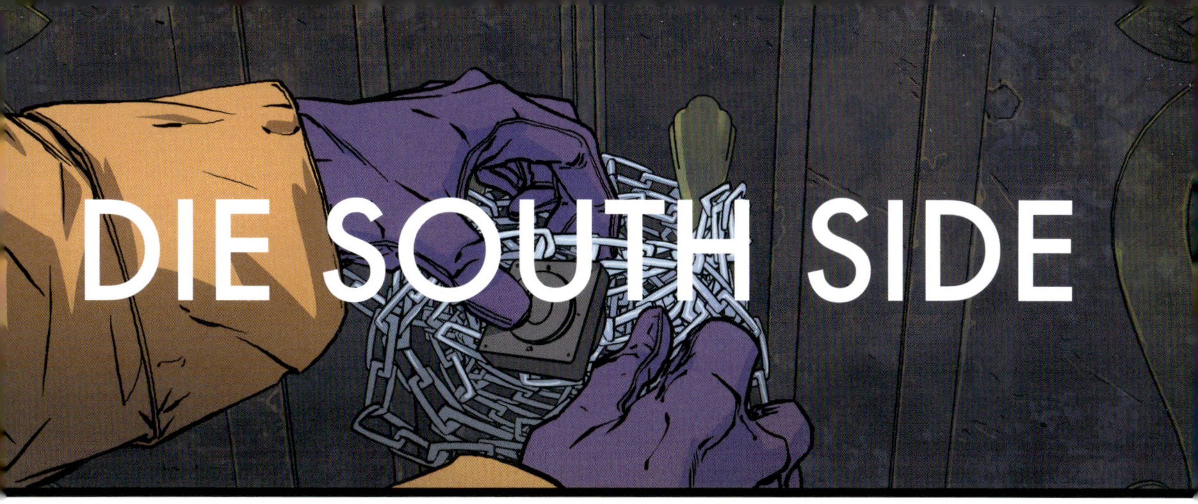

DIE SOUTH SIDE

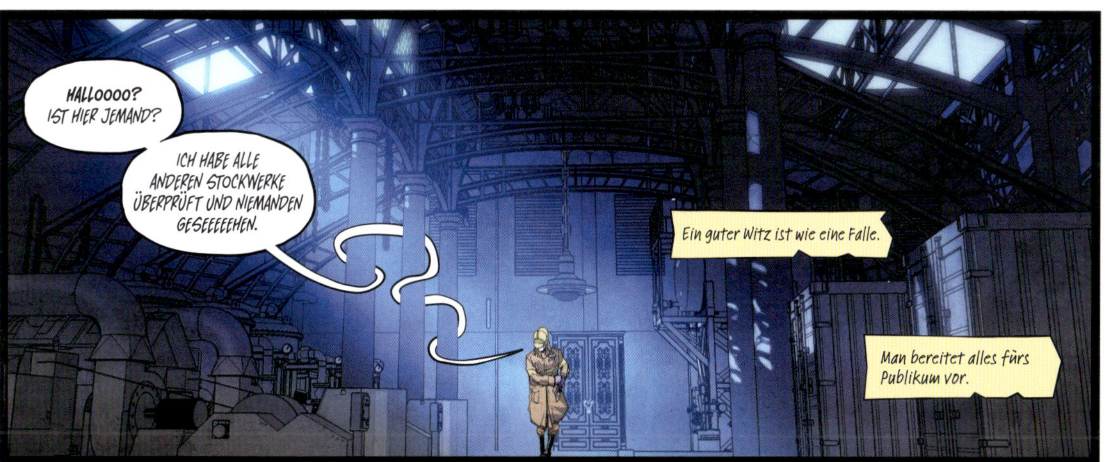

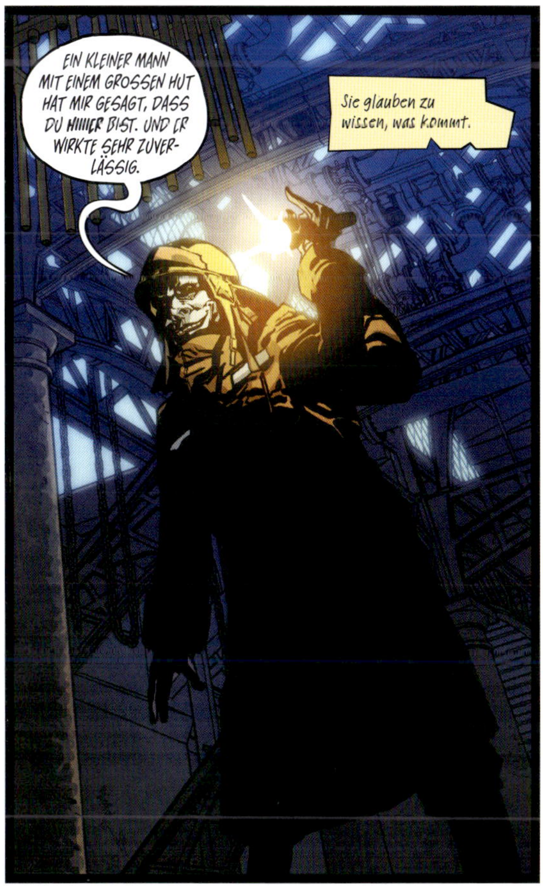

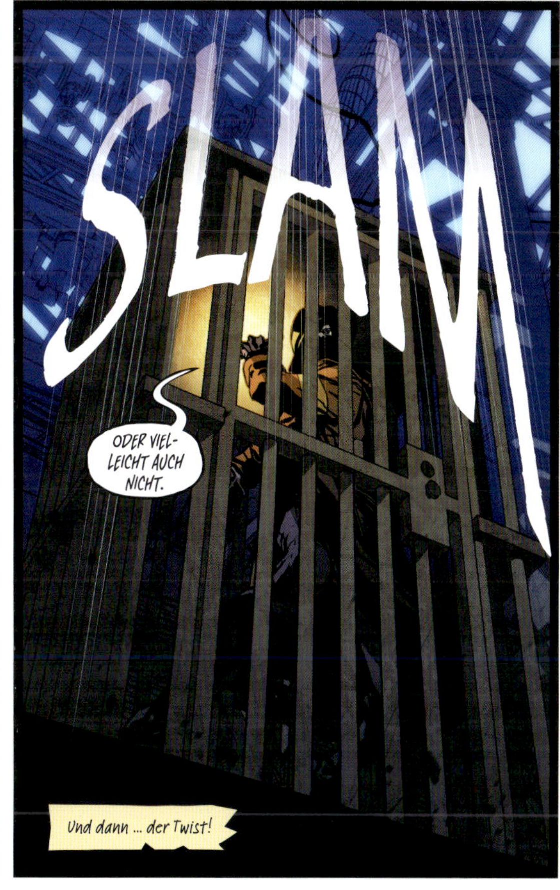

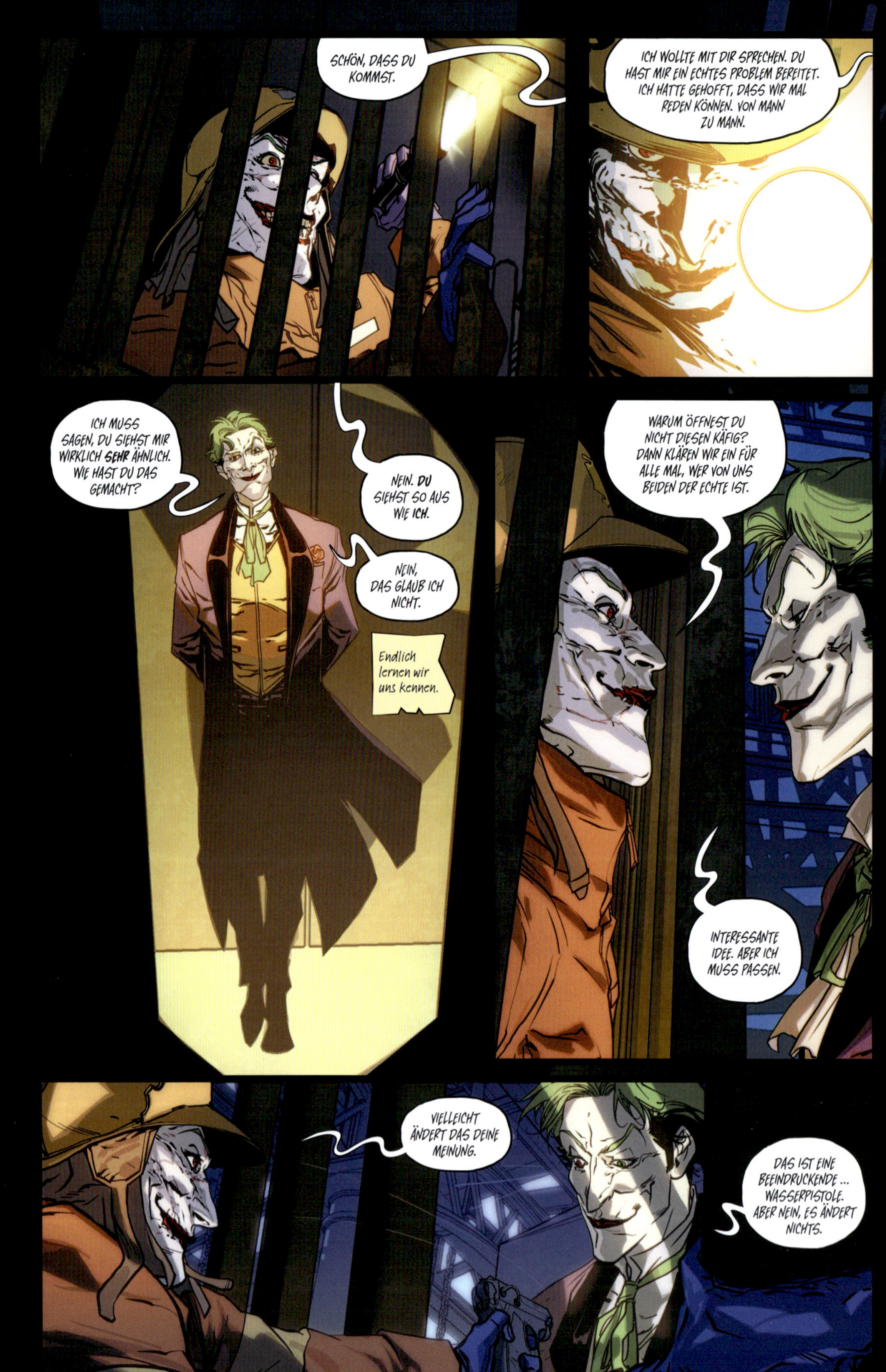
SCHÖN, DASS DU KOMMST.
ICH WOLLTE MIT DIR SPRECHEN. DU HAST MIR EIN ECHTES PROBLEM BEREITET. ICH HATTE GEHOFFT, DASS WIR MAL REDEN KÖNNEN. VON MANN ZU MANN.
ICH MUSS SAGEN, DU SIEHST MIR WIRKLICH **SEHR** ÄHNLICH. WIE HAST DU DAS GEMACHT?
NEIN. **DU** SIEHST SO AUS WIE **ICH**.
NEIN, DAS GLAUB ICH NICHT.
Endlich lernen wir uns kennen.
WARUM ÖFFNEST DU NICHT DIESEN KÄFIG? DANN KLÄREN WIR EIN FÜR ALLE MAL, WER VON UNS BEIDEN DER ECHTE IST.
INTERESSANTE IDEE. ABER ICH MUSS PASSEN.
VIELLEICHT ÄNDERT DAS DEINE MEINUNG.
DAS IST EINE BEEINDRUCKENDE ... WASSERPISTOLE. ABER NEIN, ES ÄNDERT NICHTS.

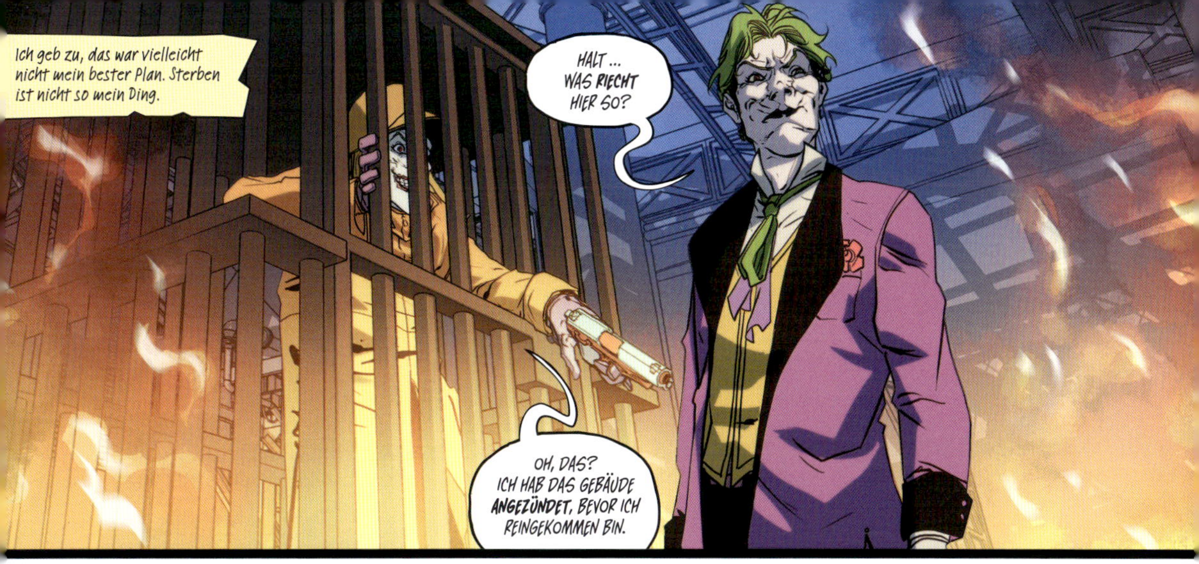
Ich geb zu, das war vielleicht nicht mein bester Plan. Sterben ist nicht so mein Ding.
HALT ... WAS **RIECHT** HIER SO?
OH, DAS? ICH HAB DAS GEBÄUDE **ANGEZÜNDET**, BEVOR ICH REINGEKOMMEN BIN.

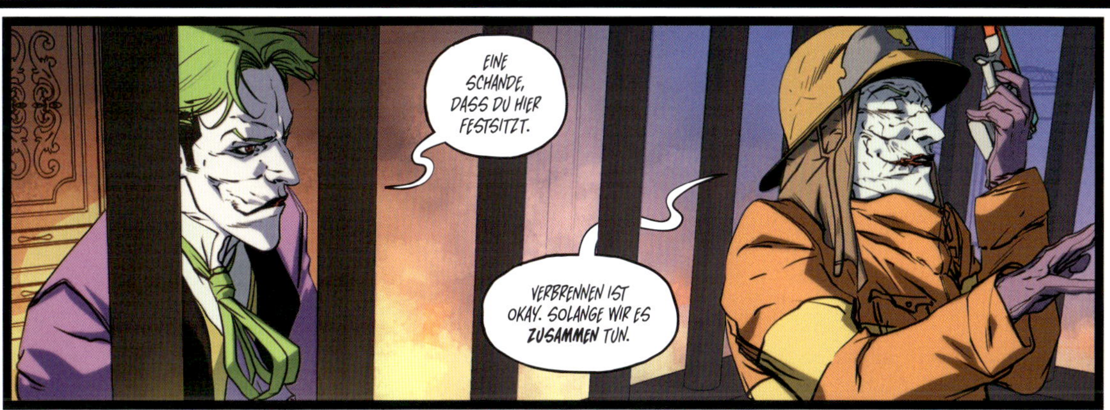
EINE SCHANDE, DASS DU HIER FESTSITZT.
VERBRENNEN IST OKAY. SOLANGE WIR ES **ZUSAMMEN** TUN.

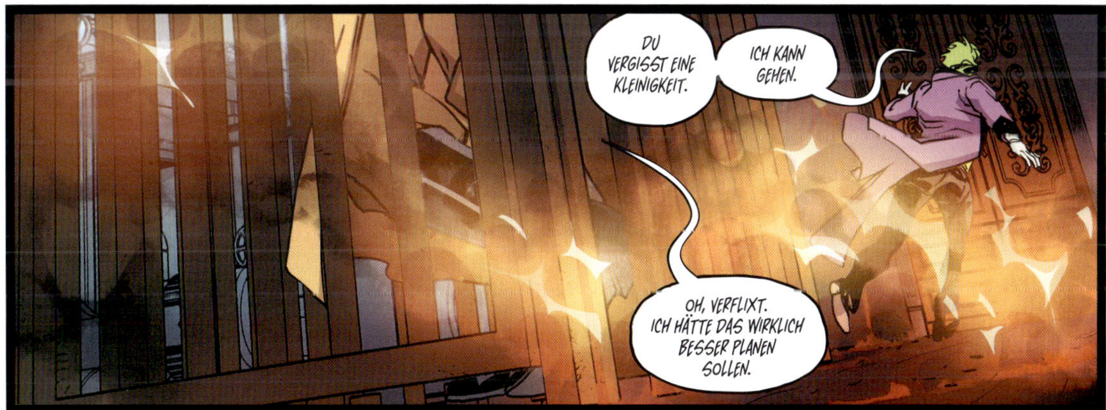
ICH KANN GEHEN.
DU VERGISST EINE KLEINIGKEIT.
OH, VERFLIXT. ICH HÄTTE DAS WIRKLICH BESSER PLANEN SOLLEN.

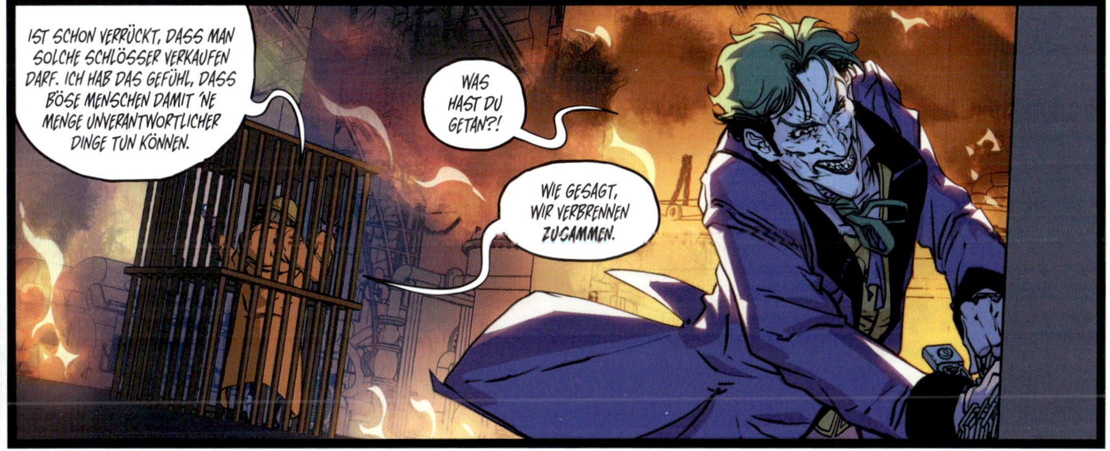
WAS HAST DU GETAN?!
WIE GESAGT, WIR VERBRENNEN **ZUSAMMEN**.
IST SCHON VERRÜCKT, DASS MAN SOLCHE SCHLÖSSER VERKAUFEN DARF. ICH HAB DAS GEFÜHL, DASS BÖSE MENSCHEN DAMIT 'NE MENGE UNVERANTWORTLICHER DINGE TUN KÖNNEN.

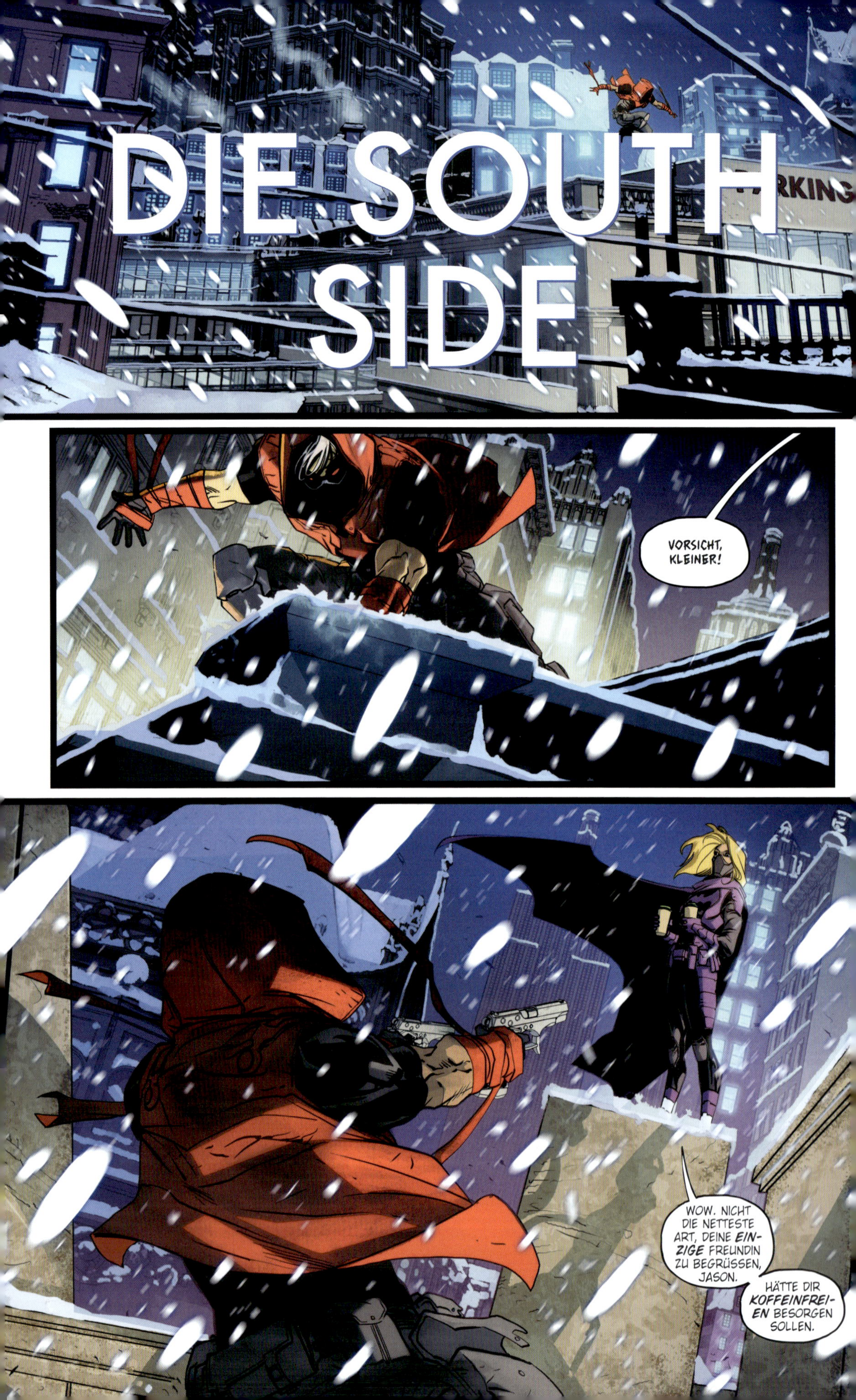

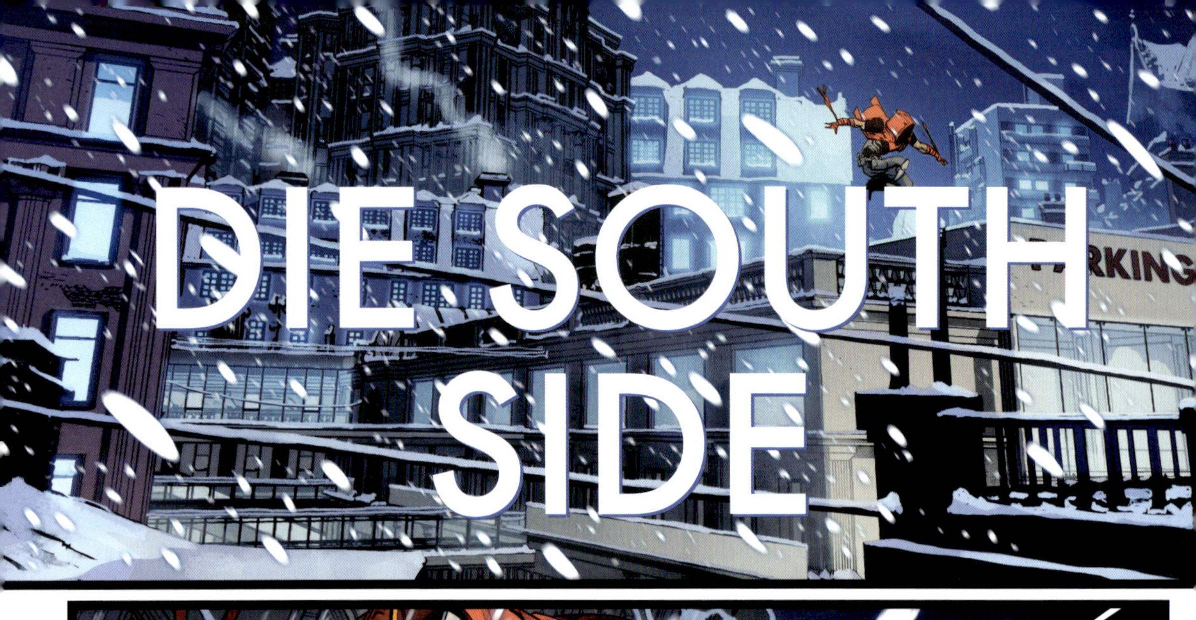

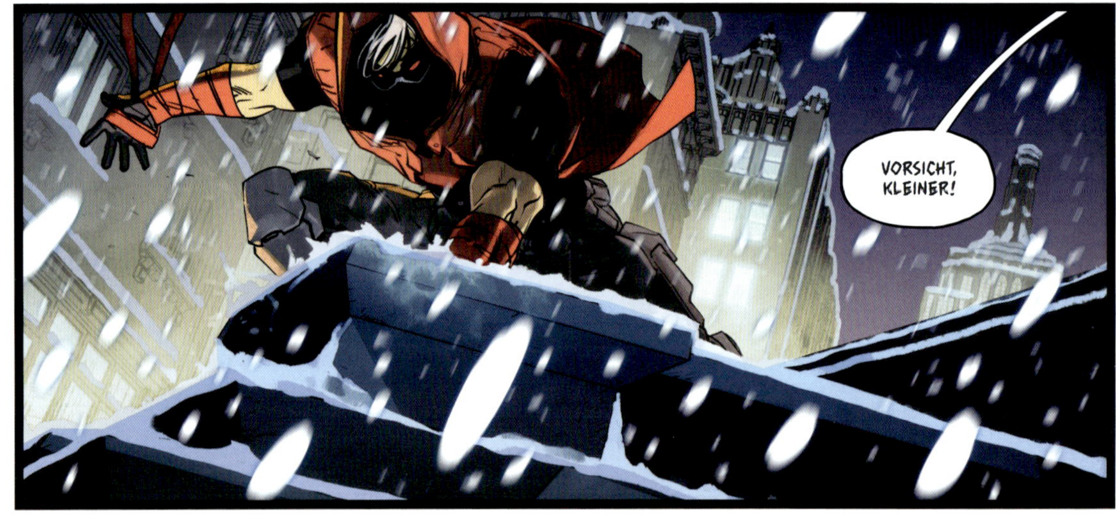

WOW. NICHT DIE NETTESTE ART, DEINE *EINZIGE* FREUNDIN ZU BEGRÜSSEN, JASON.

HÄTTE DIR *KOFFEINFREIEN* BESORGEN SOLLEN.

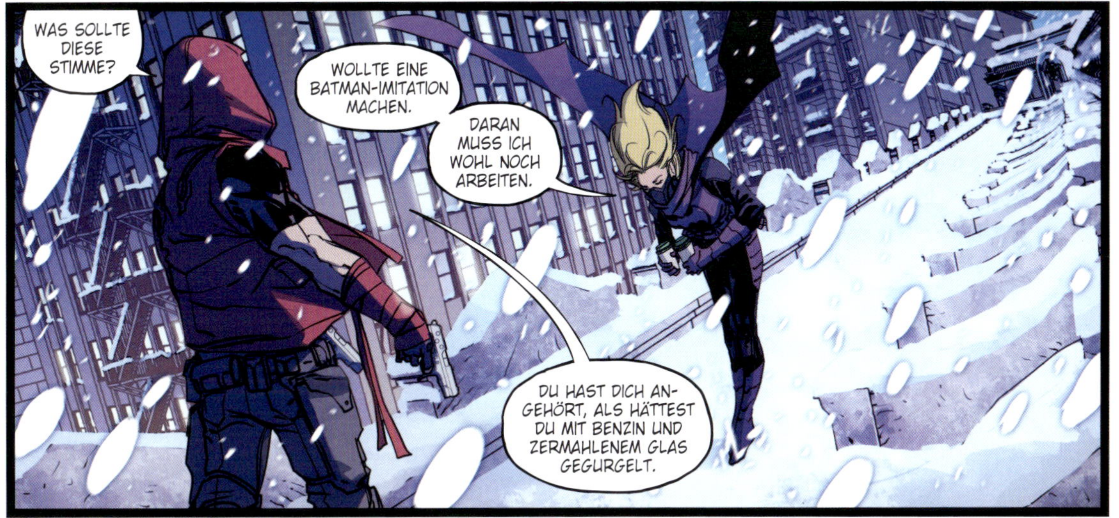
WAS SOLLTE DIESE STIMME?
WOLLTE EINE BATMAN-IMITATION MACHEN.
DARAN MUSS ICH WOHL NOCH ARBEITEN.
DU HAST DICH ANGEHÖRT, ALS HÄTTEST DU MIT BENZIN UND ZERMAHLENEM GLAS GEGURGELT.

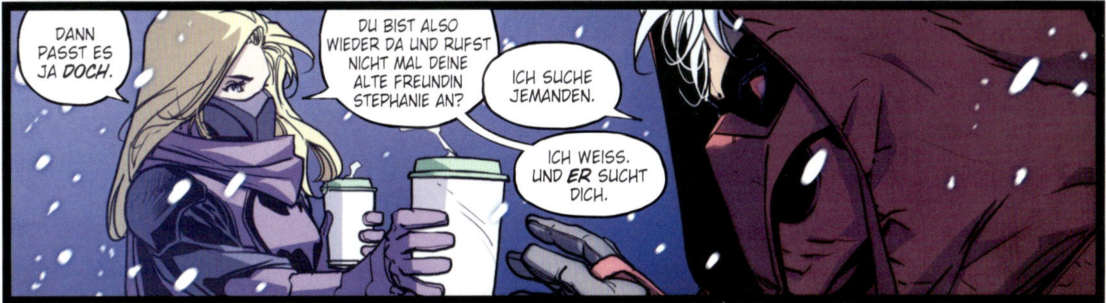
DANN PASST ES JA *DOCH*.
DU BIST ALSO WIEDER DA UND RUFST NICHT MAL DEINE ALTE FREUNDIN STEPHANIE AN?
ICH SUCHE JEMANDEN.
ICH WEISS. UND *ER* SUCHT DICH.

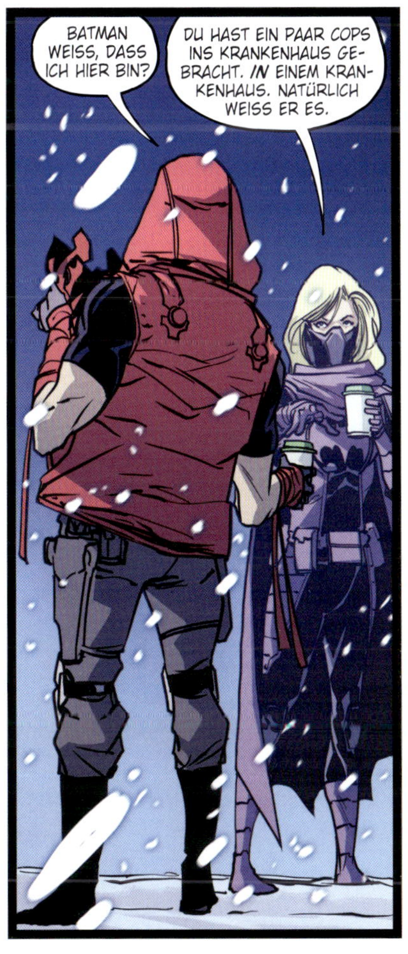
BATMAN WEISS, DASS ICH HIER BIN?
DU HAST EIN PAAR COPS INS KRANKENHAUS GEBRACHT. *IN* EINEM KRANKENHAUS. NATÜRLICH WEISS ER ES.

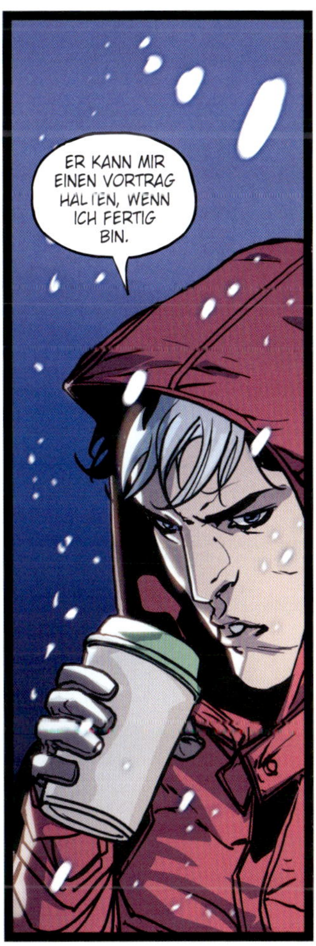
ER KANN MIR EINEN VORTRAG HALTEN, WENN ICH FERTIG BIN.

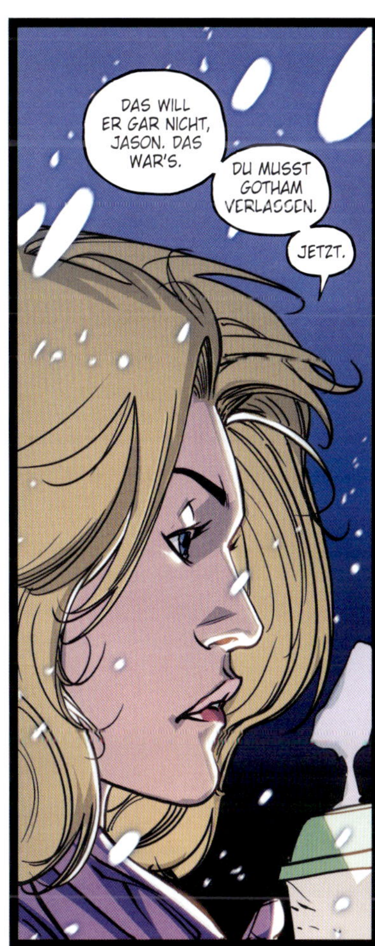
DAS WILL ER GAR NICHT, JASON. DAS WAR'S.
DU MUSST GOTHAM VERLASSEN.
JETZT.

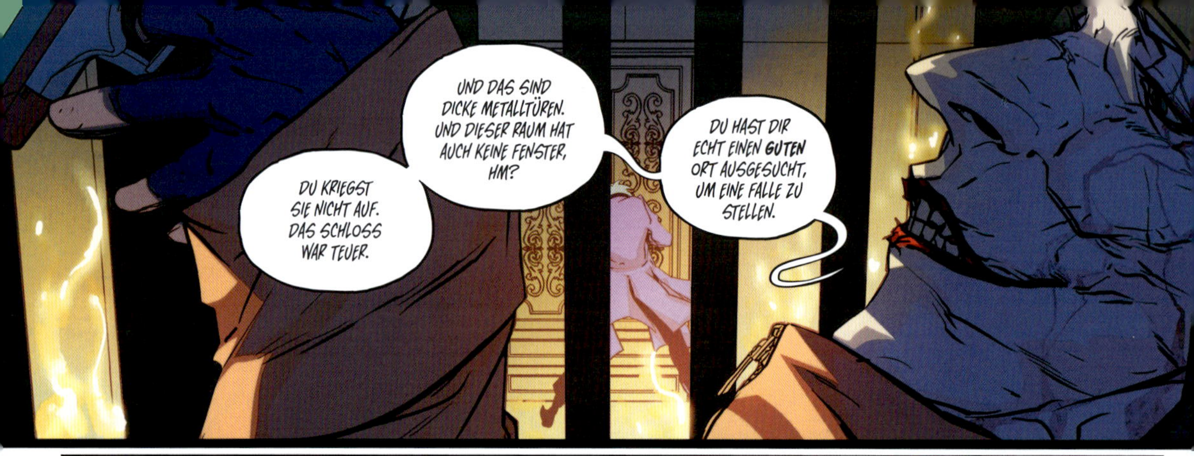
DU KRIEGST SIE NICHT AUF. DAS SCHLOSS WAR TEUER.
UND DAS SIND DICKE METALLTÜREN. UND DIESER RAUM HAT AUCH KEINE FENSTER, HM?
DU HAST DIR ECHT EINEN **GUTEN** ORT AUSGESUCHT, UM EINE FALLE ZU STELLEN.

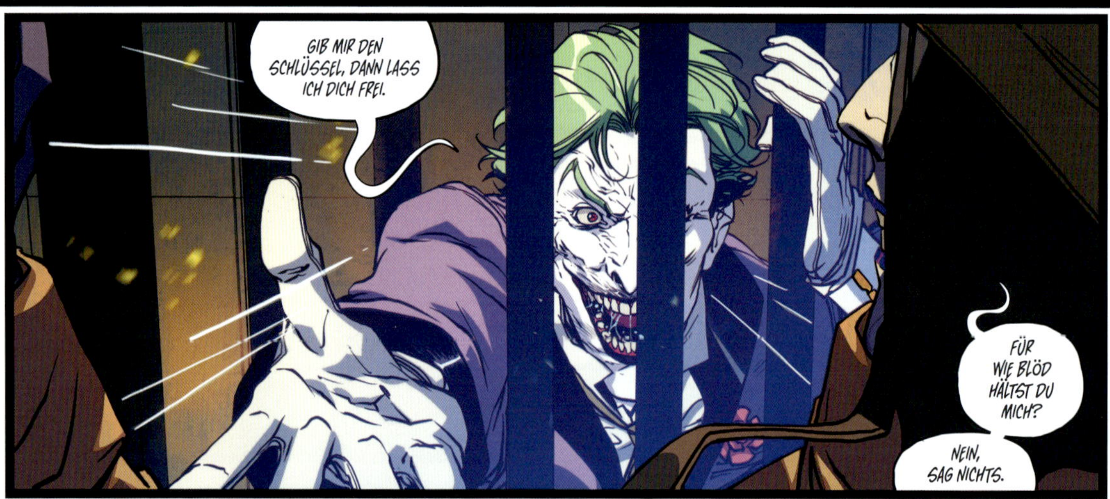
GIB MIR DEN SCHLÜSSEL, DANN LASS ICH DICH FREI.
FÜR WIE BLÖD HÄLTST DU MICH?
NEIN, SAG NICHTS.

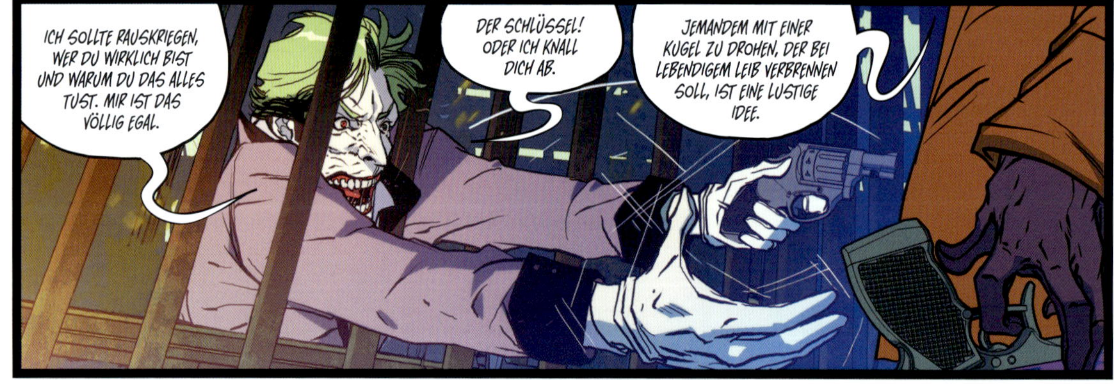
ICH SOLLTE RAUSKRIEGEN, WER DU WIRKLICH BIST UND WARUM DU DAS ALLES TUST. MIR IST DAS VÖLLIG EGAL.
DER SCHLÜSSEL! ODER ICH KNALL DICH AB.
JEMANDEM MIT EINER KUGEL ZU DROHEN, DER BEI LEBENDIGEM LEIB VERBRENNEN SOLL, IST EINE LUSTIGE IDEE.

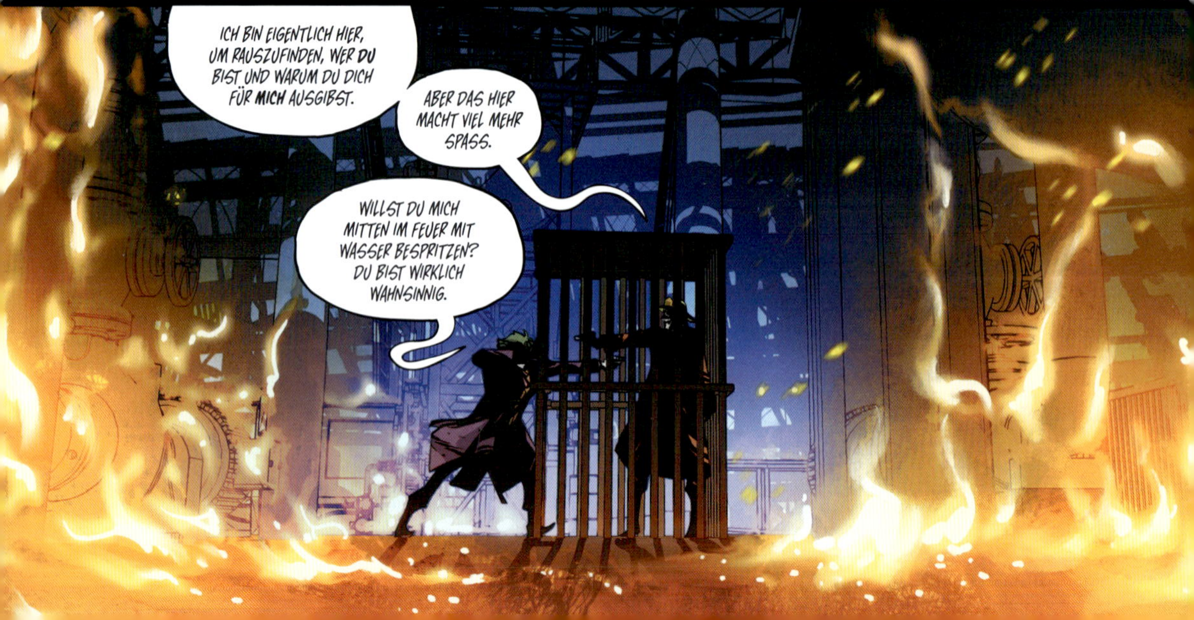
ICH BIN EIGENTLICH HIER, UM RAUSZUFINDEN, WER **DU** BIST UND WARUM DU DICH FÜR **MICH** AUSGIBST.
ABER DAS HIER MACHT VIEL MEHR SPASS.
WILLST DU MICH MITTEN IM FEUER MIT WASSER BESPRITZEN? DU BIST WIRKLICH WAHNSINNIG.

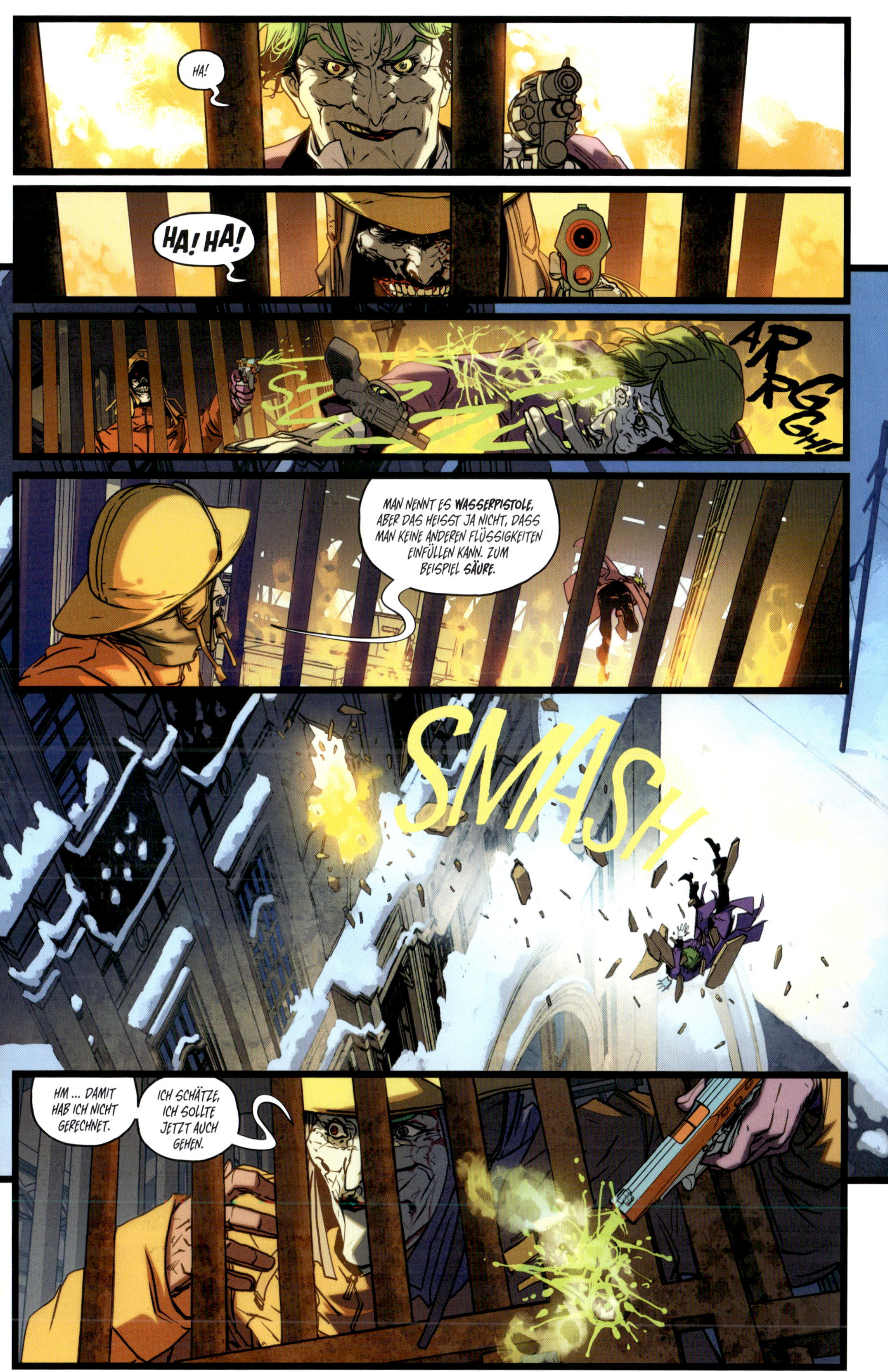
HA!
HA! HA!
ARRGGH!
MAN NENNT ES WASSERPISTOLE, ABER DAS HEISST JA NICHT, DASS MAN KEINE ANDEREN FLÜSSIGKEITEN EINFÜLLEN KANN. ZUM BEISPIEL SÄURE.
SMASH
HM ... DAMIT HAB ICH NICHT GERECHNET.
ICH SCHÄTZE, ICH SOLLTE JETZT AUCH GEHEN.

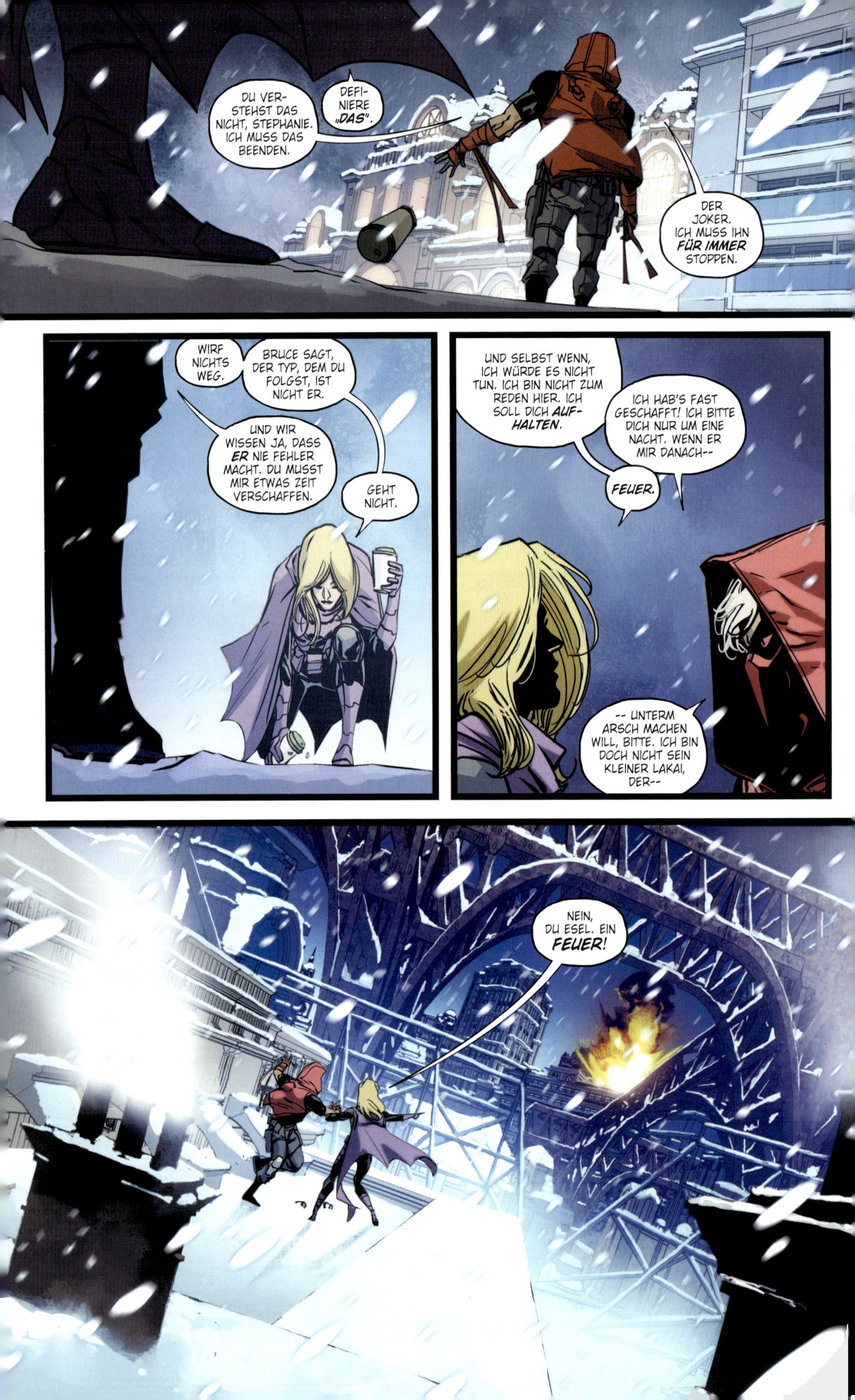

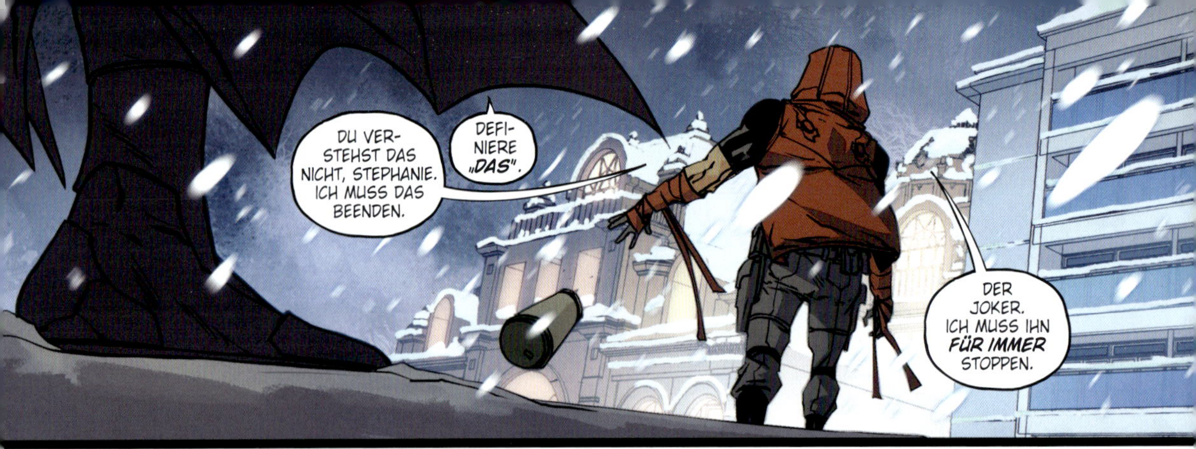

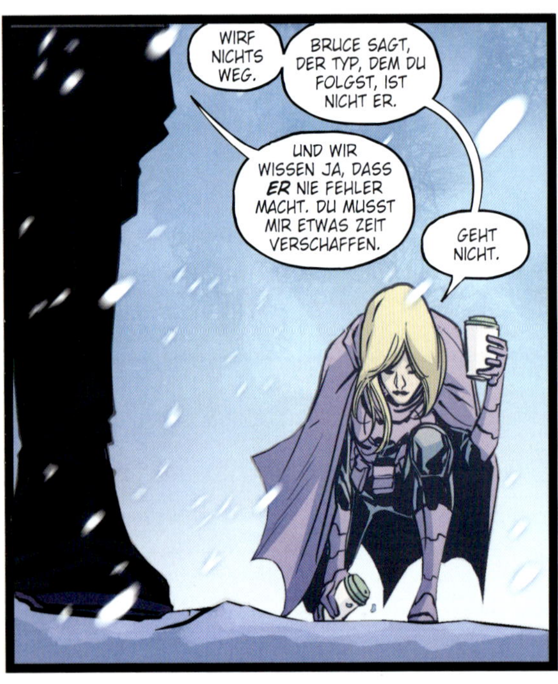

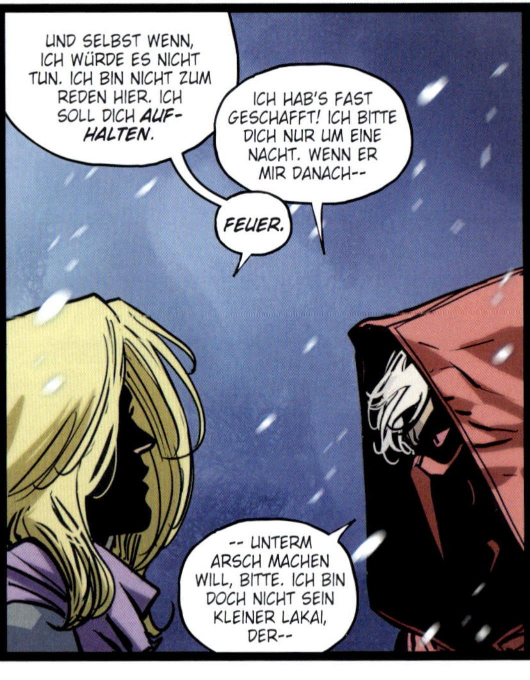

NEIN, DU ESEL. EIN **FEUER!**

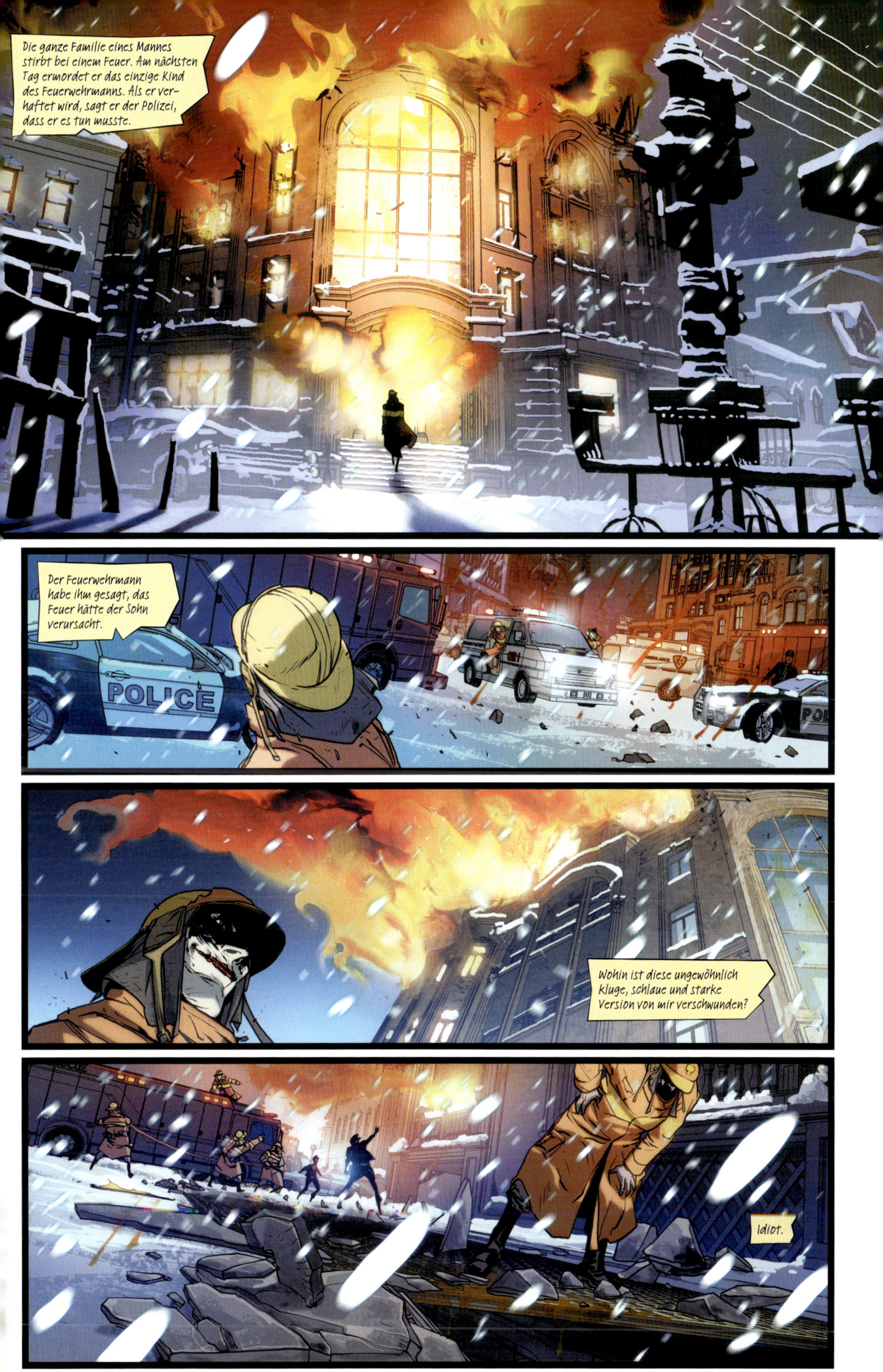

Die ganze Familie eines Mannes stirbt bei einem Feuer. Am nächsten Tag ermordet er das einzige Kind des Feuerwehrmanns. Als er verhaftet wird, sagt er der Polizei, dass er es tun musste.

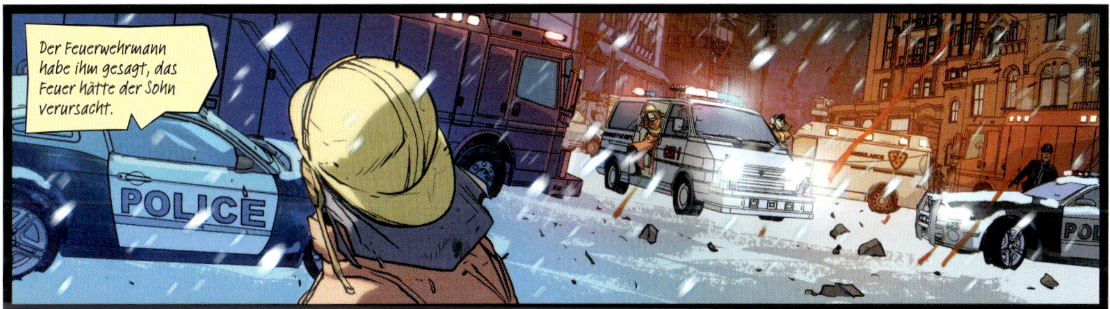

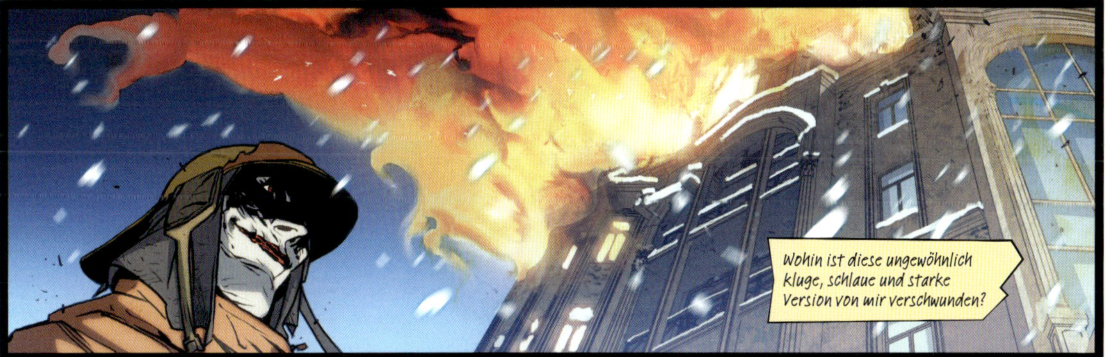

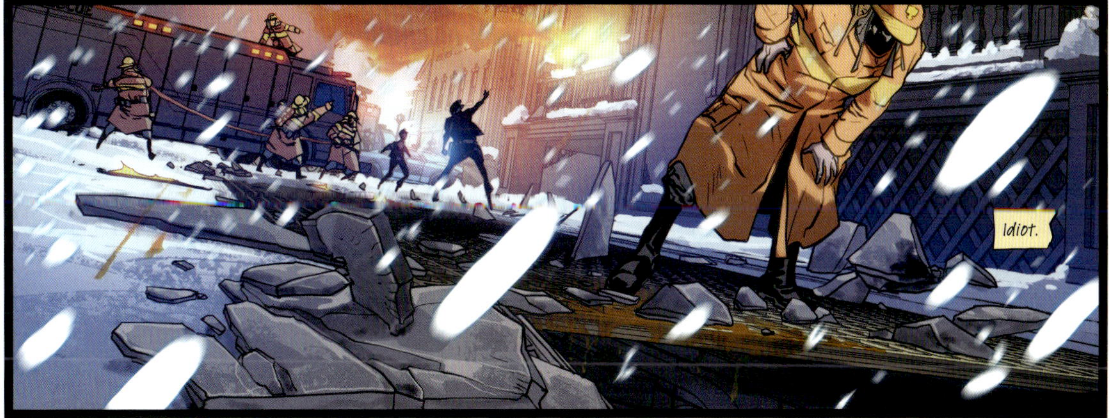

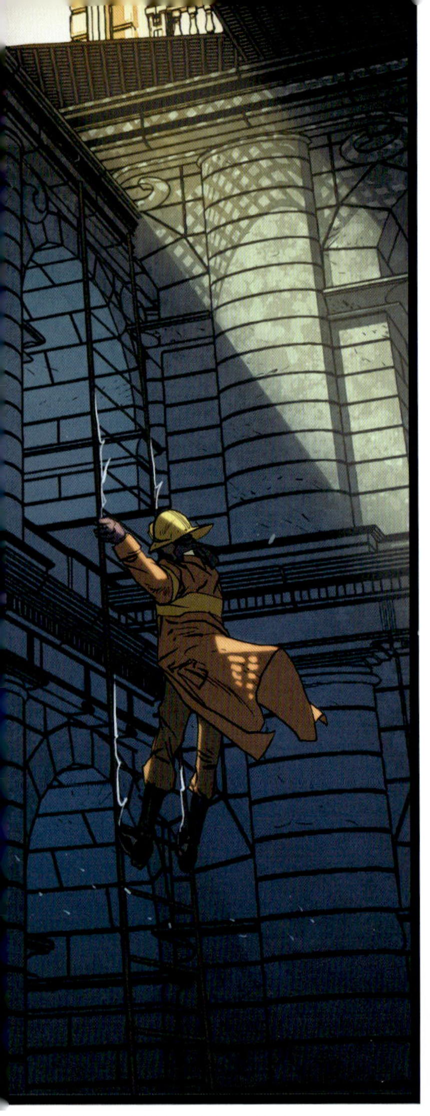

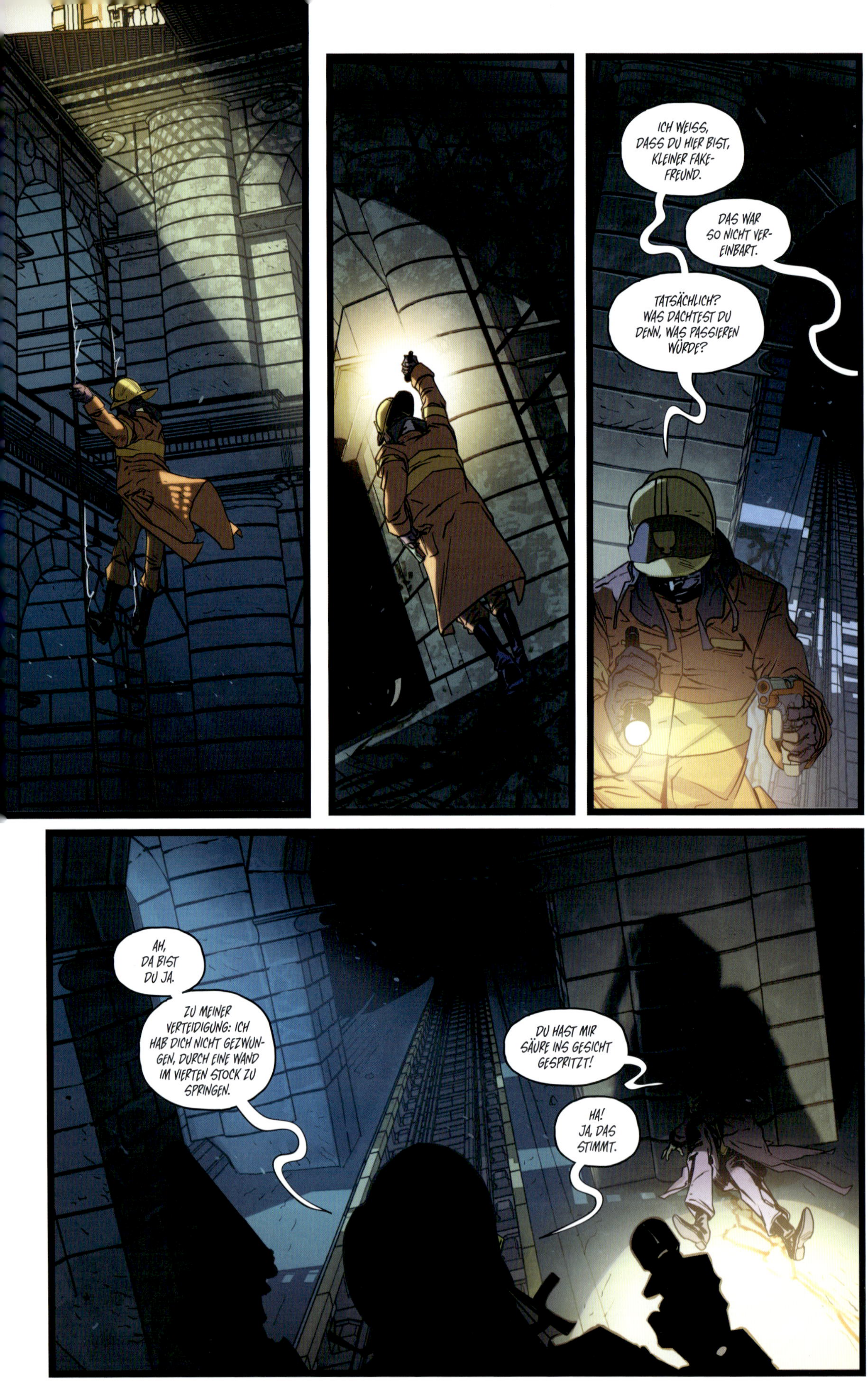

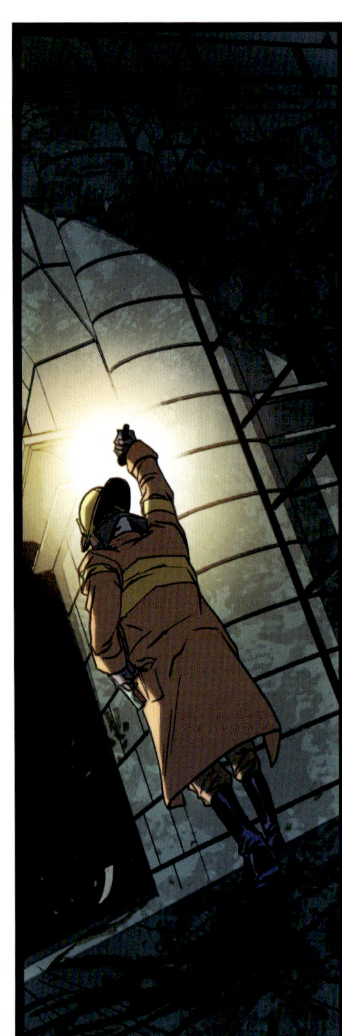

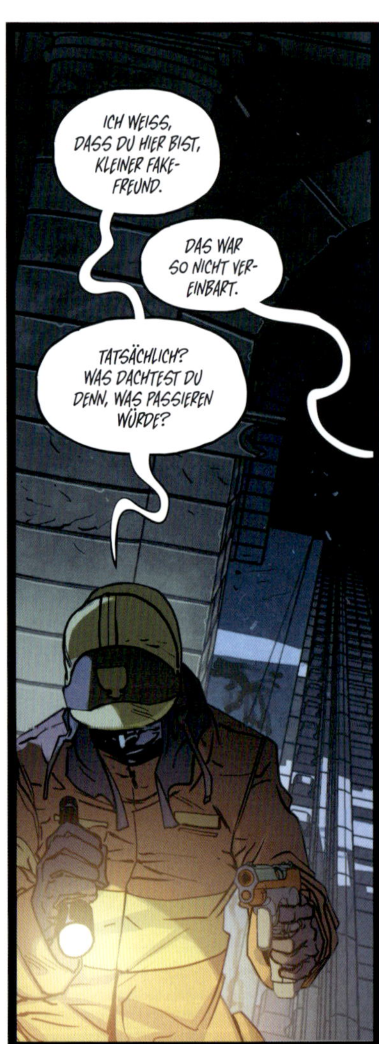

AH, DA BIST DU JA.

ZU MEINER VERTEIDIGUNG: ICH HAB DICH NICHT GEZWUNGEN, DURCH EINE WAND IM VIERTEN STOCK ZU SPRINGEN.

DU HAST MIR SÄURE INS GESICHT GESPRITZT!

HA! JA, DAS STIMMT.

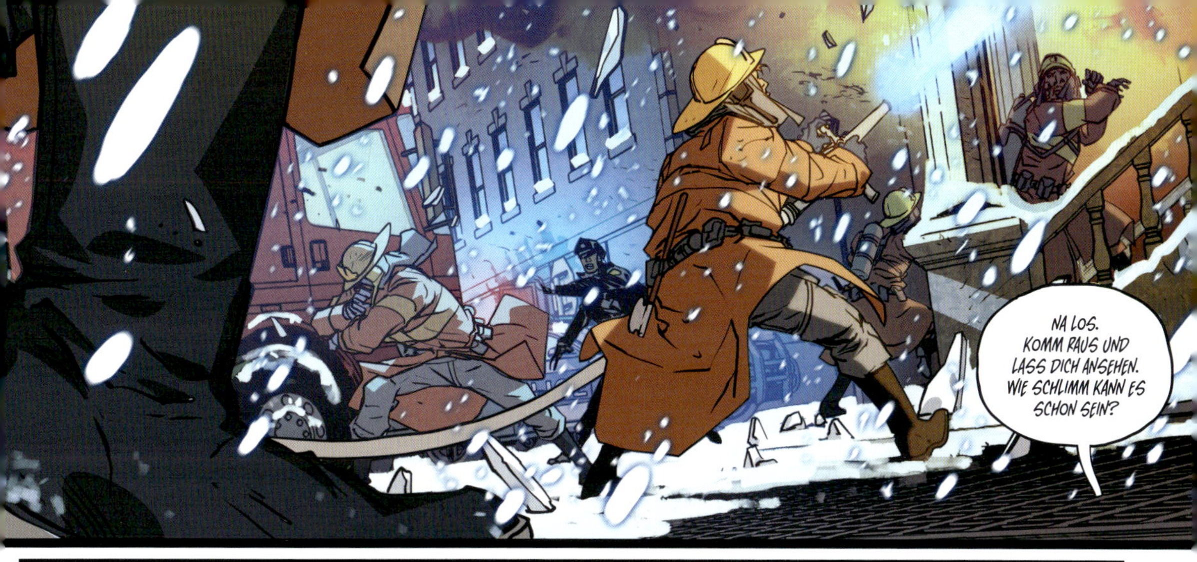
NA LOS. KOMM RAUS UND LASS DICH ANSEHEN. WIE SCHLIMM KANN ES SCHON SEIN?

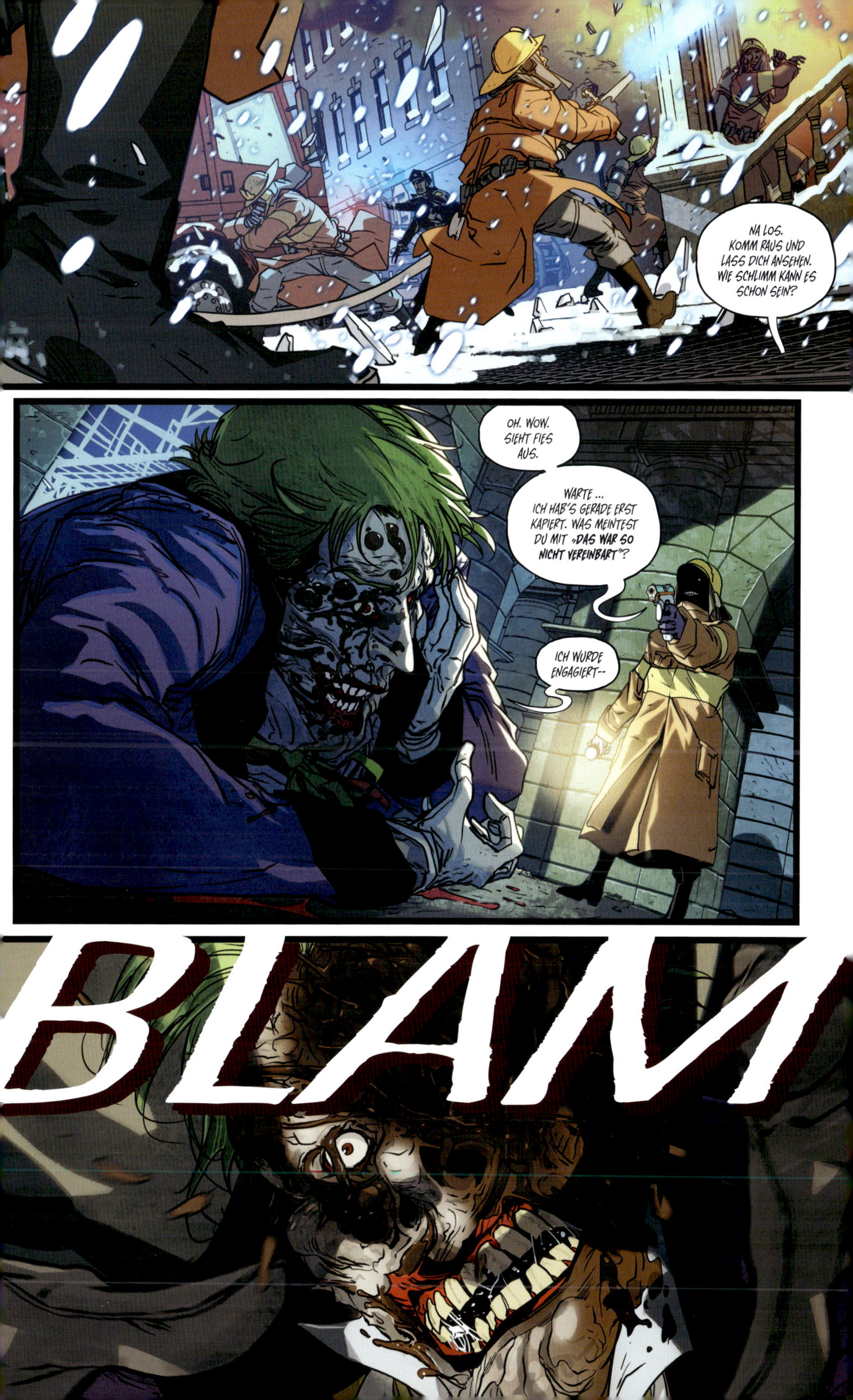

OH. WOW. SIEHT FIES AUS.
WARTE ... ICH HAB'S GERADE ERST KAPIERT. WAS MEINTEST DU MIT „DAS WAR SO NICHT VEREINBART"?
ICH WURDE ENGAGIERT--

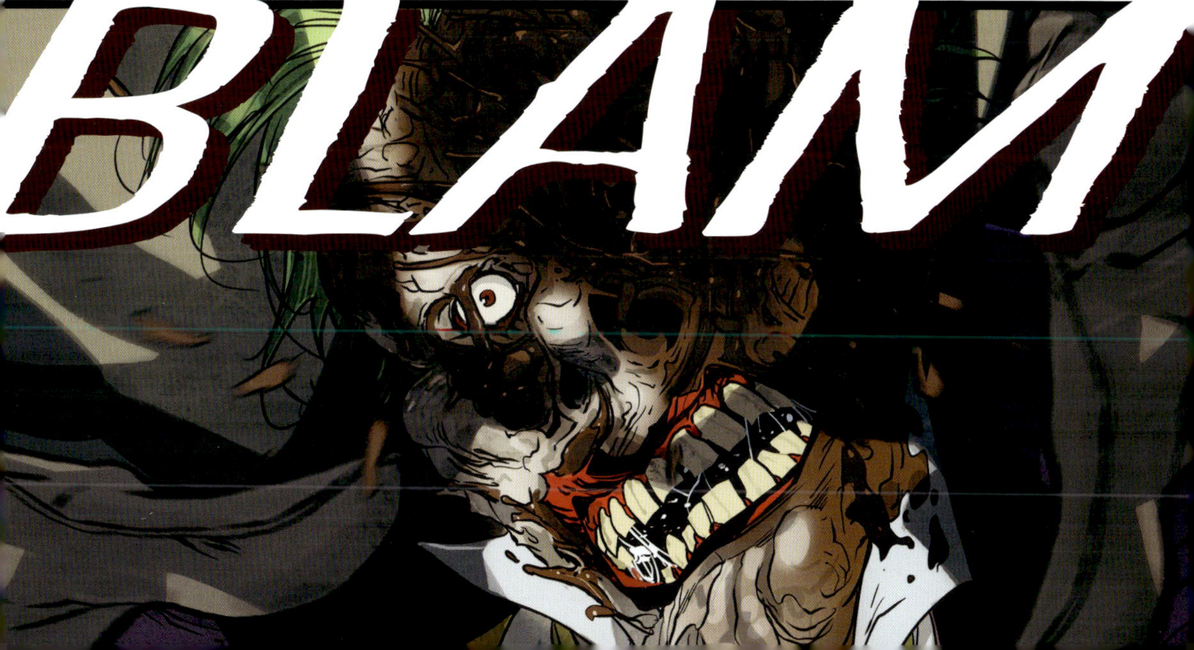
BLAM

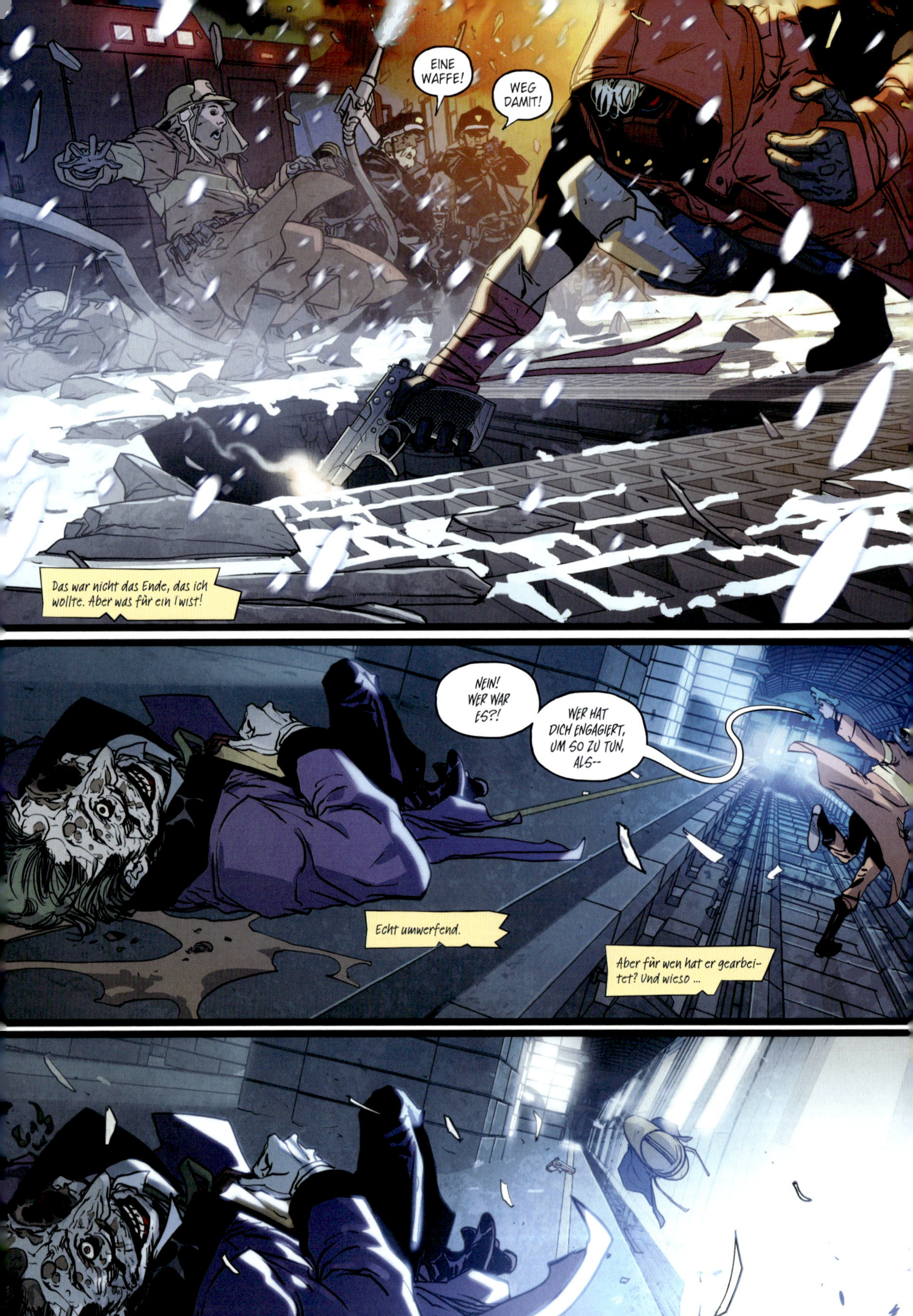
EINE WAFFE!
WEG DAMIT!
Das war nicht das Ende, das ich wollte. Aber was für ein Twist!
NEIN! WER WAR ES?!
WER HAT DICH ENGAGIERT, UM SO ZU TUN, ALS--
Echt umwerfend.
Aber für wen hat er gearbeitet? Und wieso ...

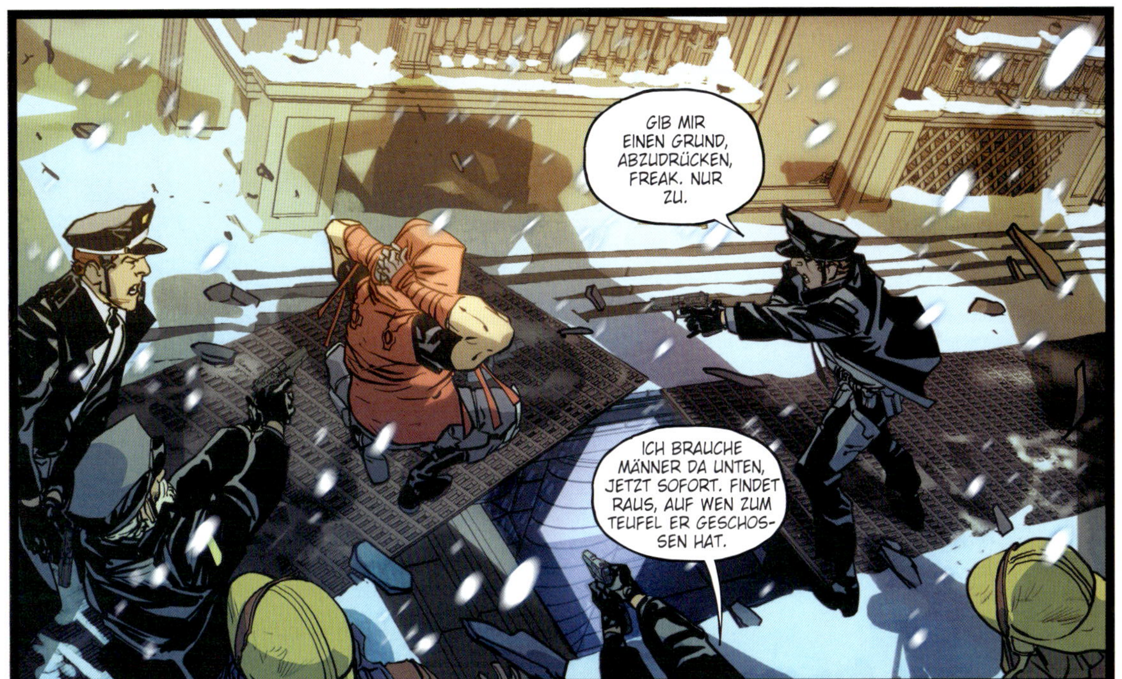
GIB MIR EINEN GRUND, ABZUDRÜCKEN, FREAK. NUR ZU.
ICH BRAUCHE MÄNNER DA UNTEN, JETZT SOFORT. FINDET RAUS, AUF WEN ZUM TEUFEL ER GESCHOSSEN HAT.

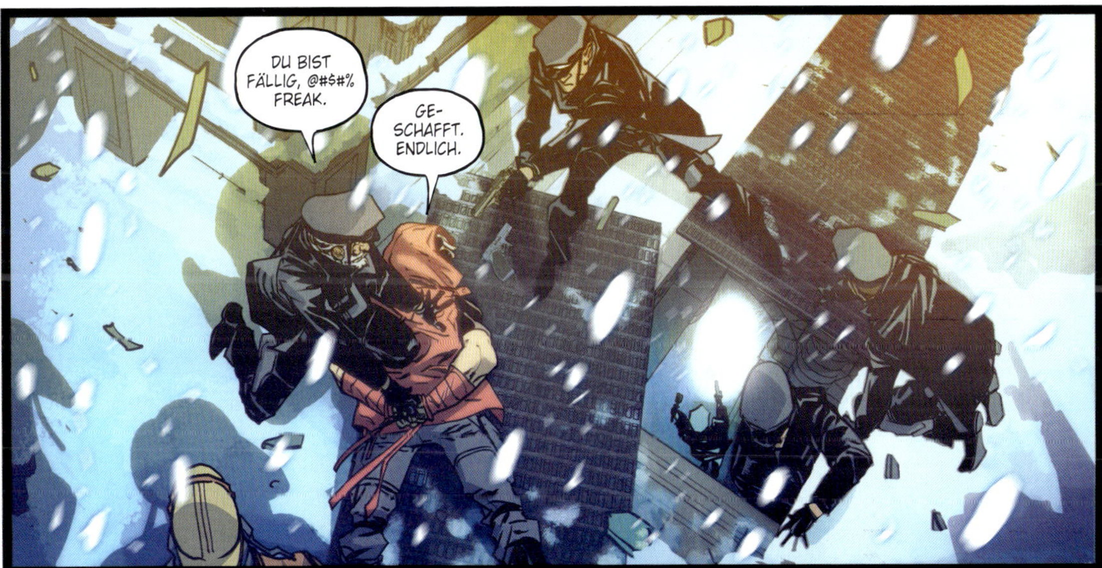
DU BIST FÄLLIG, @#$#% FREAK.
GESCHAFFT. ENDLICH.

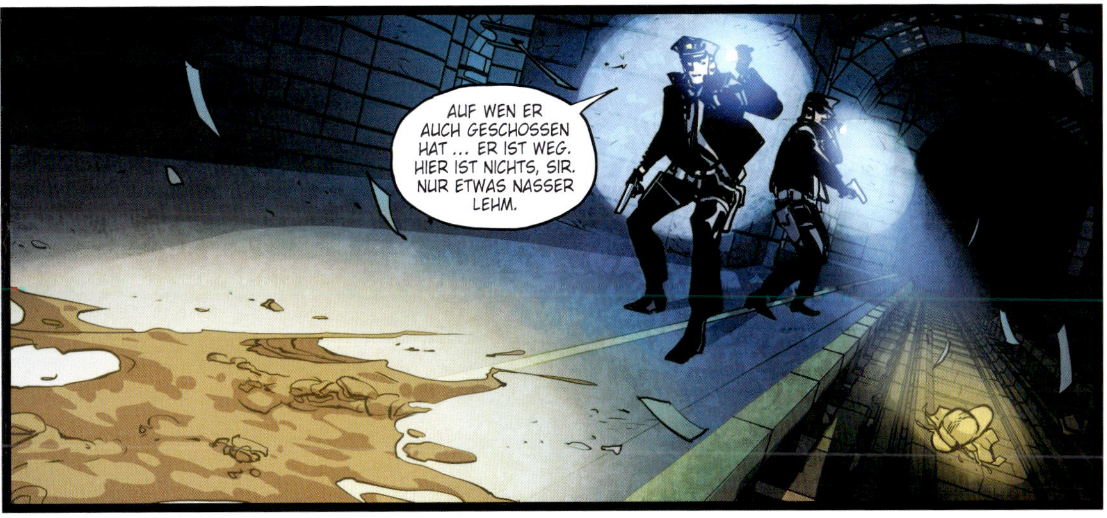
AUF WEN ER AUCH GESCHOSSEN HAT ... ER IST WEG. HIER IST NICHTS, SIR. NUR ETWAS NASSER LEHM.

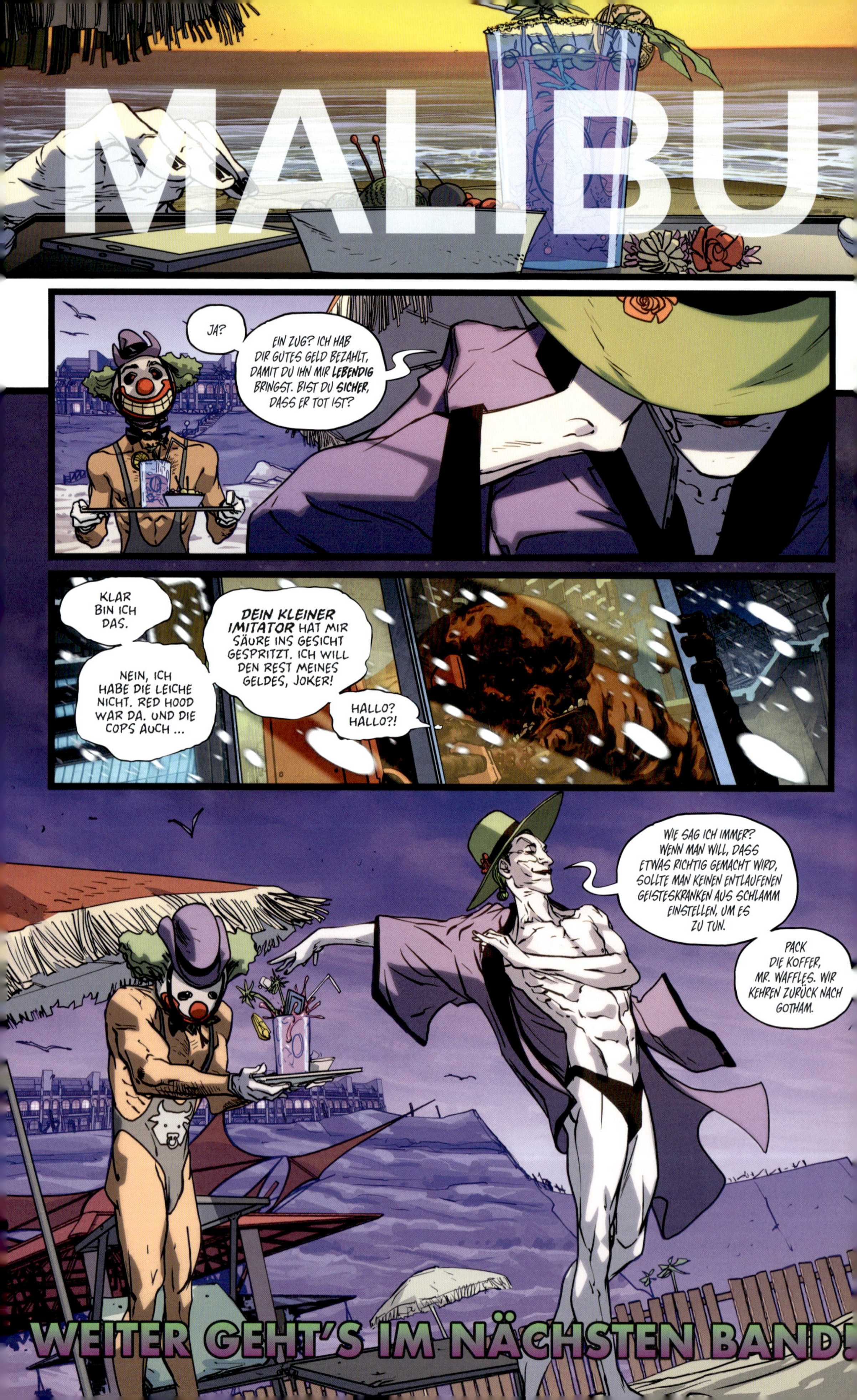

MALIBU
JA?
EIN ZUG? ICH HAB DIR GUTES GELD BEZAHLT, DAMIT DU IHN MIR **LEBENDIG** BRINGST. BIST DU **SICHER**, DASS ER TOT IST?
KLAR BIN ICH DAS.
NEIN, ICH HABE DIE LEICHE NICHT. RED HOOD WAR DA. UND DIE COPS AUCH ...
DEIN KLEINER IMITATOR HAT MIR SÄURE INS GESICHT GESPRITZT. ICH WILL DEN REST MEINES GELDES, JOKER!
HALLO? HALLO?!
WIE SAG ICH IMMER? WENN MAN WILL, DASS ETWAS RICHTIG GEMACHT WIRD, SOLLTE MAN KEINEN ENTLAUFENEN GEISTESKRANKEN AUS SCHLAMM EINSTELLEN, UM ES ZU TUN.
PACK DIE KOFFER, MR. WAFFLES. WIR KEHREN ZURÜCK NACH GOTHAM.
WEITER GEHT'S IM NÄCHSTEN BAND!

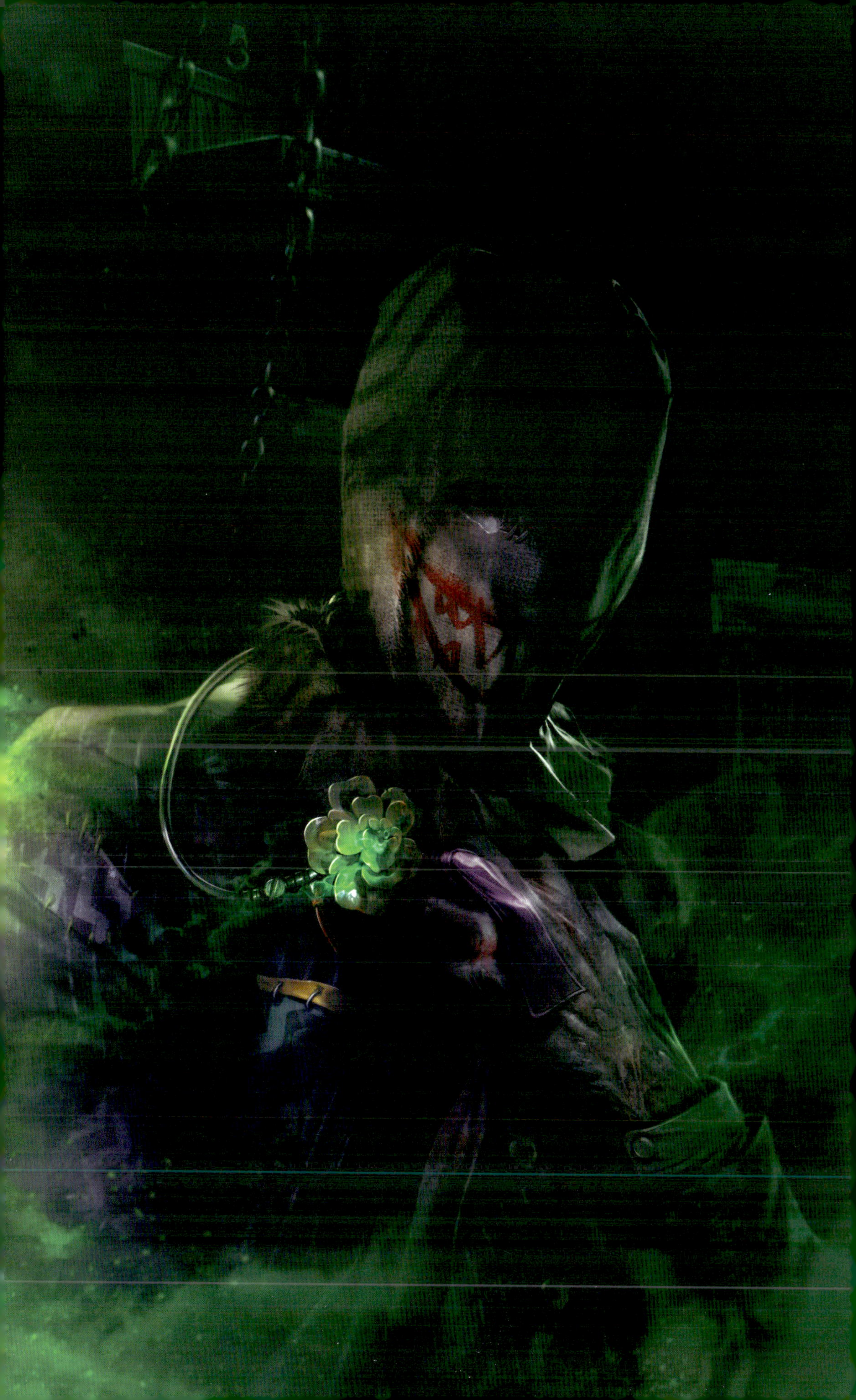

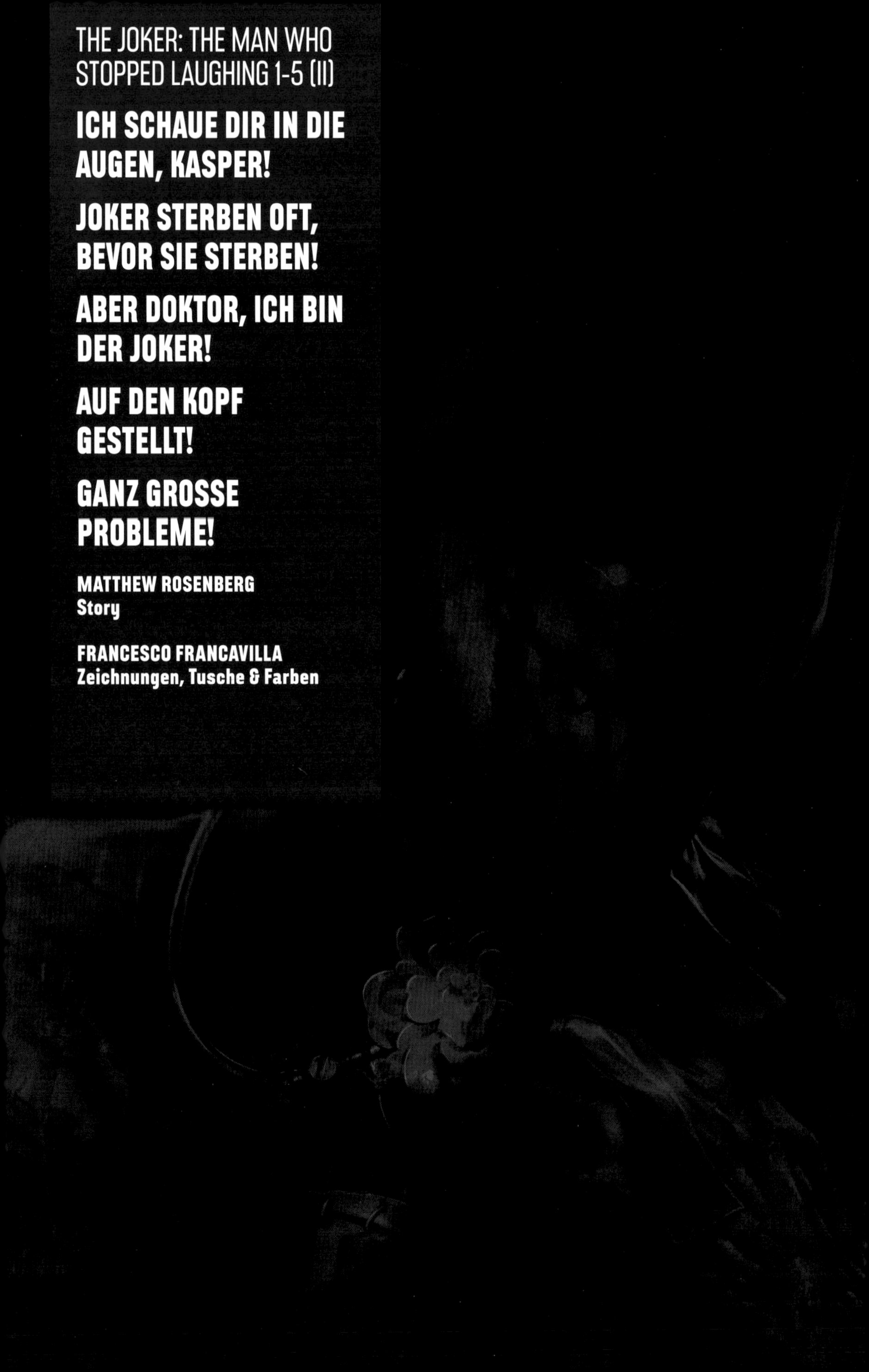

THE JOKER: THE MAN WHO STOPPED LAUGHING 1-5 (II)

ICH SCHAUE DIR IN DIE AUGEN, KASPER!

JOKER STERBEN OFT, BEVOR SIE STERBEN!

ABER DOKTOR, ICH BIN DER JOKER!

AUF DEN KOPF GESTELLT!

GANZ GROSSE PROBLEME!

MATTHEW ROSENBERG
Story

FRANCESCO FRANCAVILLA
Zeichnungen, Tusche & Farben

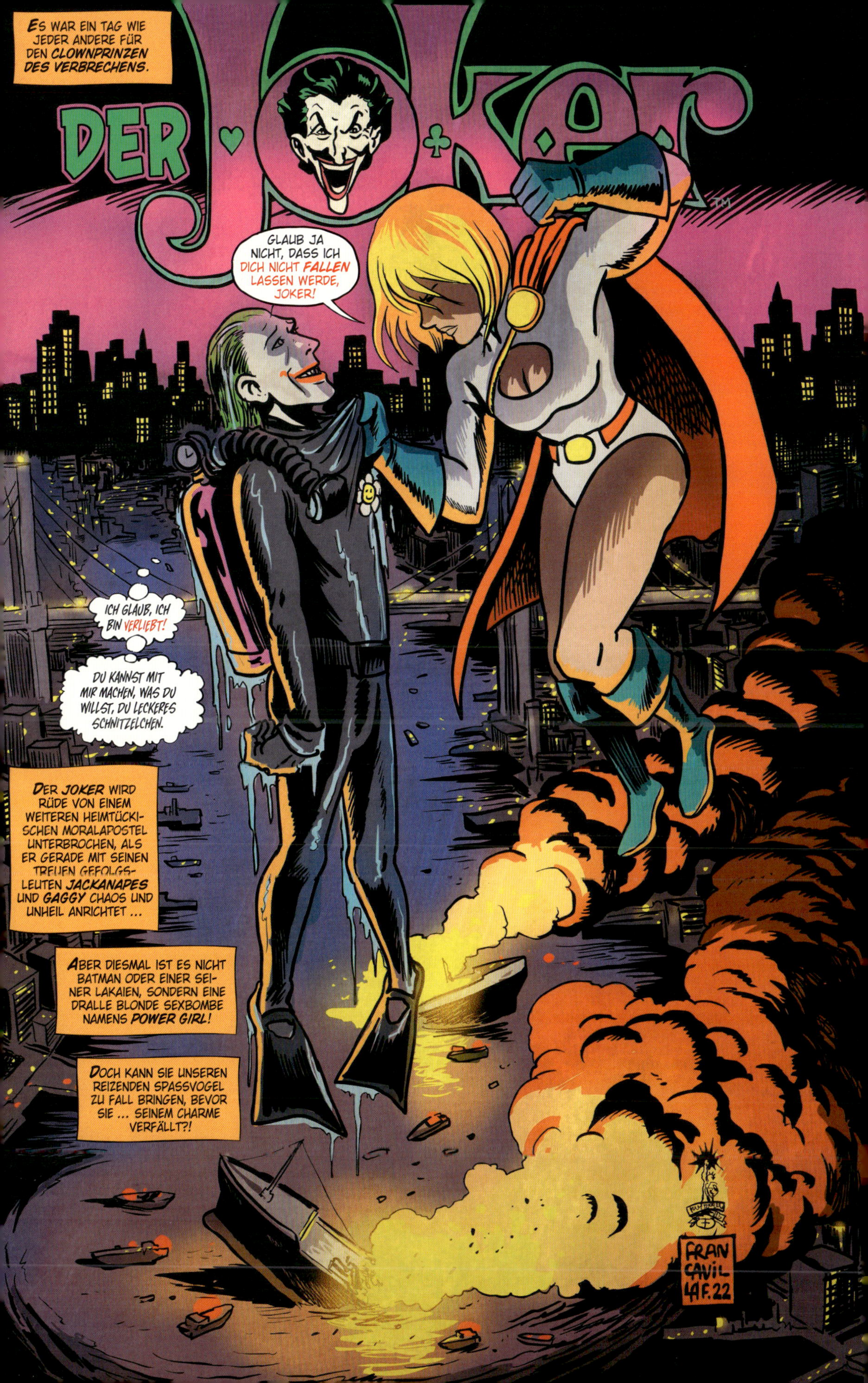

ES WAR EIN TAG WIE JEDER ANDERE FÜR DEN CLOWNPRINZEN DES VERBRECHENS.
DER JOKER
GLAUB JA NICHT, DASS ICH DICH NICHT FALLEN LASSEN WERDE, JOKER!
ICH GLAUB, ICH BIN VERLIEBT!
DU KANNST MIT MIR MACHEN, WAS DU WILLST, DU LECKERES SCHNITZELCHEN.
DER JOKER WIRD RÜDE VON EINEM WEITEREN HEIMTÜCKISCHEN MORALAPOSTEL UNTERBROCHEN, ALS ER GERADE MIT SEINEN TREUEN GEFOLGSLEUTEN JACKANAPES UND GAGGY CHAOS UND UNHEIL ANRICHTET ...
ABER DIESMAL IST ES NICHT BATMAN ODER EINER SEINER LAKAIEN, SONDERN EINE DRALLE BLONDE SEXBOMBE NAMENS POWER GIRL!
DOCH KANN SIE UNSEREN REIZENDEN SPASSVOGEL ZU FALL BRINGEN, BEVOR SIE ... SEINEM CHARME VERFÄLLT?!
FRANCAVILLA F. 22

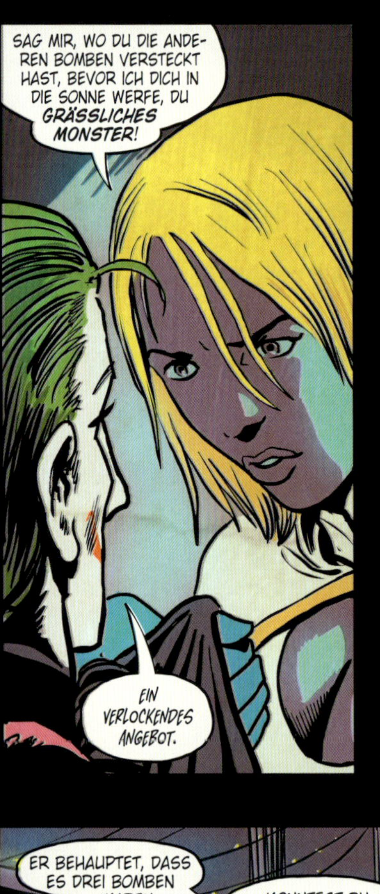
SAG MIR, WO DU DIE ANDEREN BOMBEN VERSTECKT HAST, BEVOR ICH DICH IN DIE SONNE WERFE, DU **GRÄSSLICHES MONSTER**!
EIN VERLOCKENDES ANGEBOT.

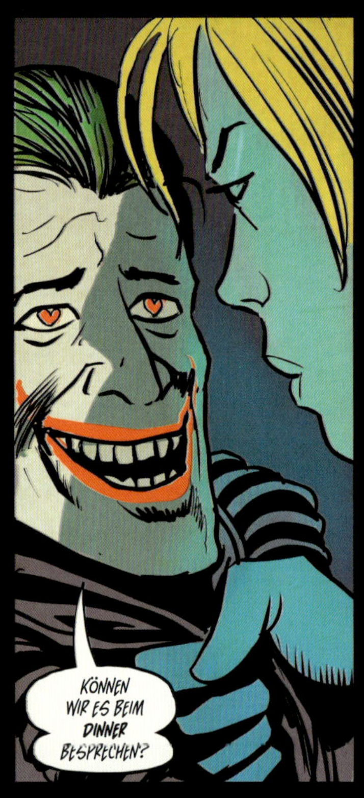
KÖNNEN WIR ES BEIM **DINNER** BESPRECHEN?

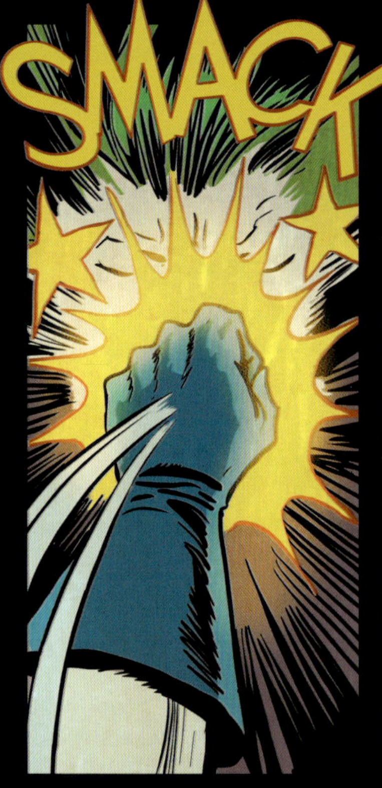
SMACK

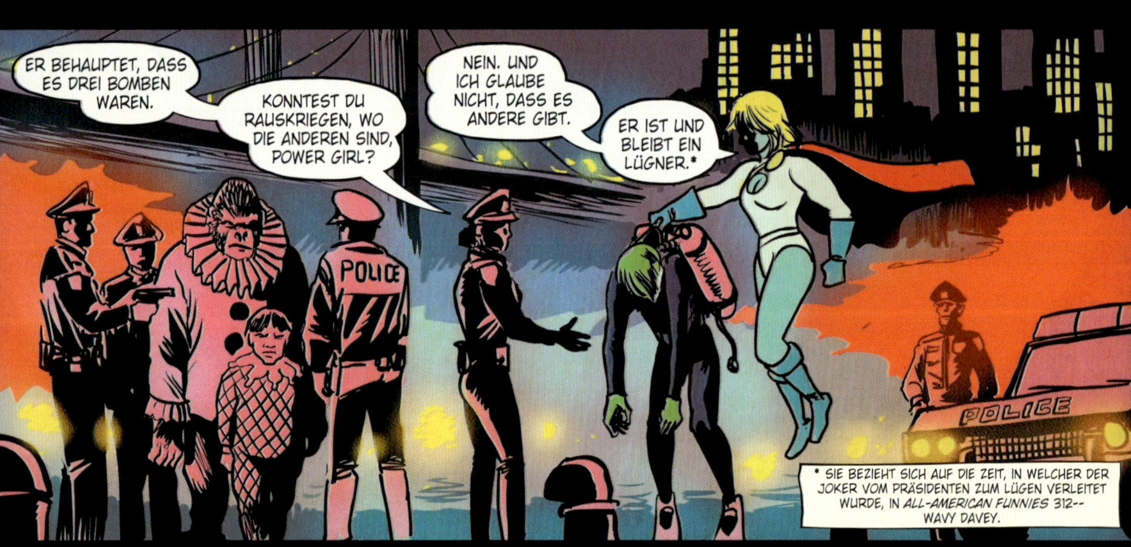
ER BEHAUPTET, DASS ES DREI BOMBEN WAREN.
KONNTEST DU RAUSKRIEGEN, WO DIE ANDEREN SIND, POWER GIRL?
NEIN. UND ICH GLAUBE NICHT, DASS ES ANDERE GIBT.
ER IST UND BLEIBT EIN LÜGNER.*
POLICE
POLICE
* SIE BEZIEHT SICH AUF DIE ZEIT, IN WELCHER DER JOKER VOM PRÄSIDENTEN ZUM LÜGEN VERLEITET WURDE, IN *ALL-AMERICAN FUNNIES* 312-- WAVY DAVEY.

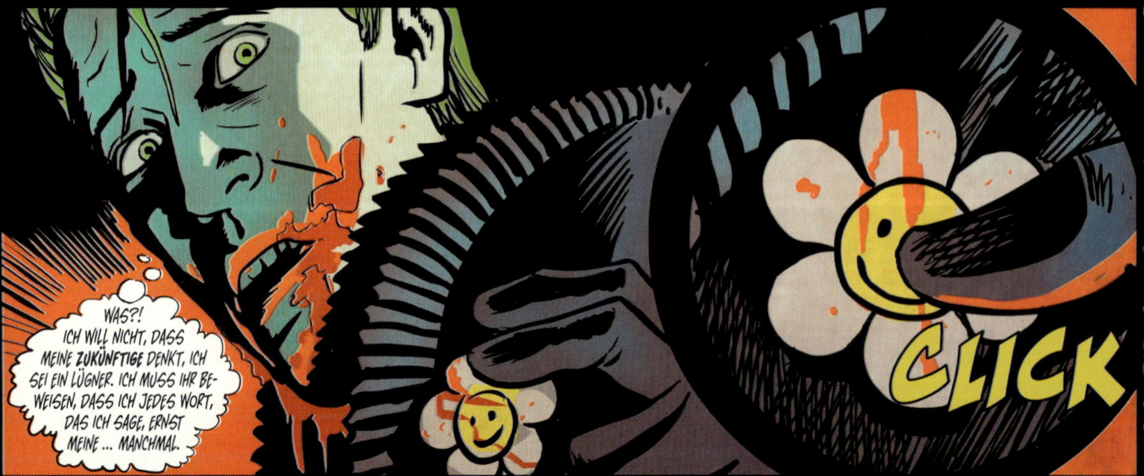
WAS?! ICH WILL NICHT, DASS MEINE **ZUKÜNFTIGE** DENKT, ICH SEI EIN LÜGNER. ICH MUSS IHR BEWEISEN, DASS ICH JEDES WORT, DAS ICH SAGE, ERNST MEINE ... MANCHMAL.
CLICK

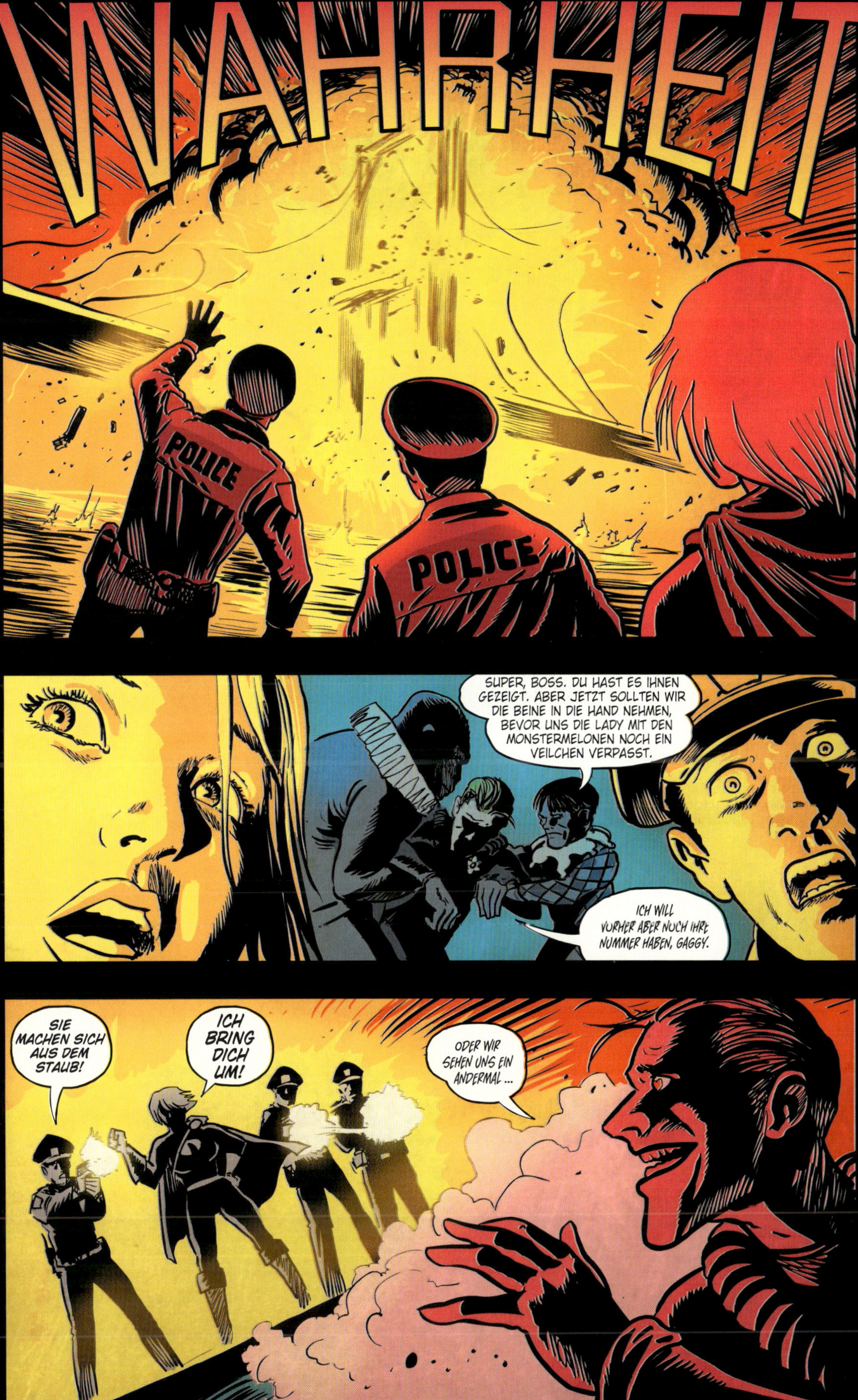

WAHRHEIT

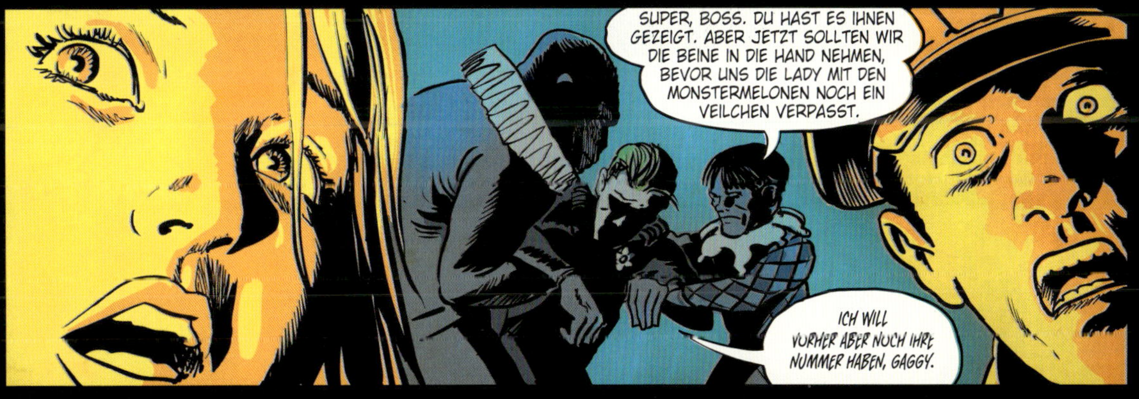
SUPER, BOSS. DU HAST ES IHNEN GEZEIGT. ABER JETZT SOLLTEN WIR DIE BEINE IN DIE HAND NEHMEN, BEVOR UNS DIE LADY MIT DEN MONSTERMELONEN NOCH EIN VEILCHEN VERPASST.
ICH WILL VORHER ABER NOCH IHRE NUMMER HABEN, GAGGY.

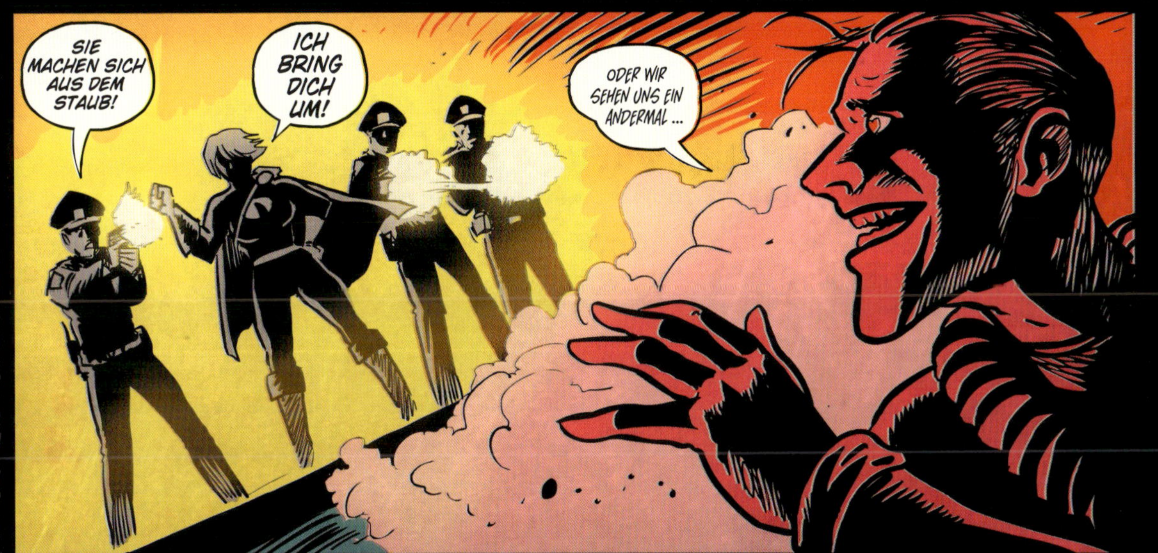
SIE MACHEN SICH AUS DEM STAUB!
ICH BRING DICH UM!
ODER WIR SEHEN UNS EIN ANDERMAL ...

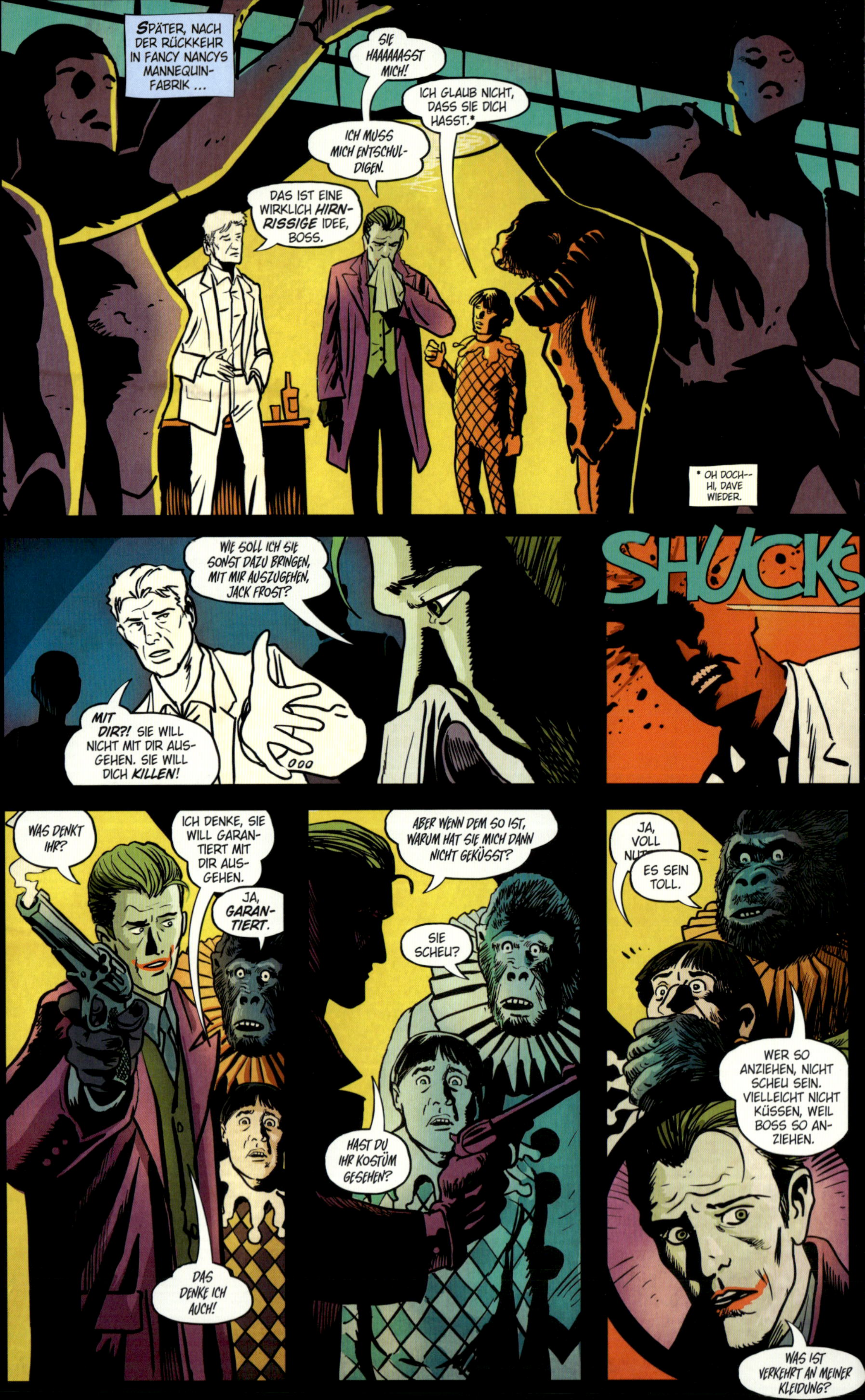

SPÄTER, NACH DER RÜCKKEHR IN FANCY NANCYS MANNEQUIN-FABRIK ...

SIE HAAAAAASST MICH!

ICH GLAUB NICHT, DASS SIE DICH HASST.*

ICH MUSS MICH ENTSCHULDIGEN.

DAS IST EINE WIRKLICH HIRNRISSIGE IDEE, BOSS.

* OH DOCH-- HI, DAVE WIEDER.

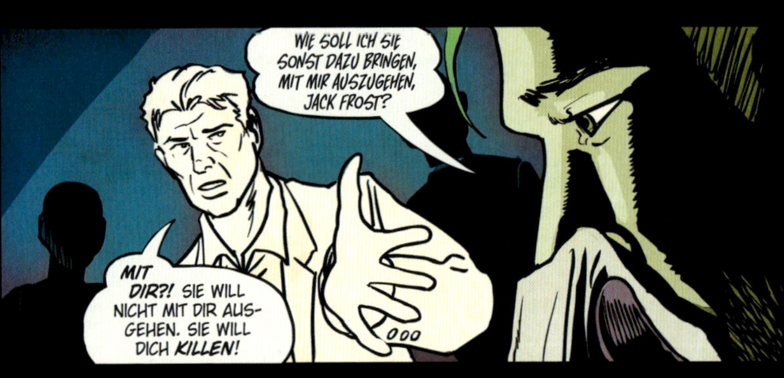

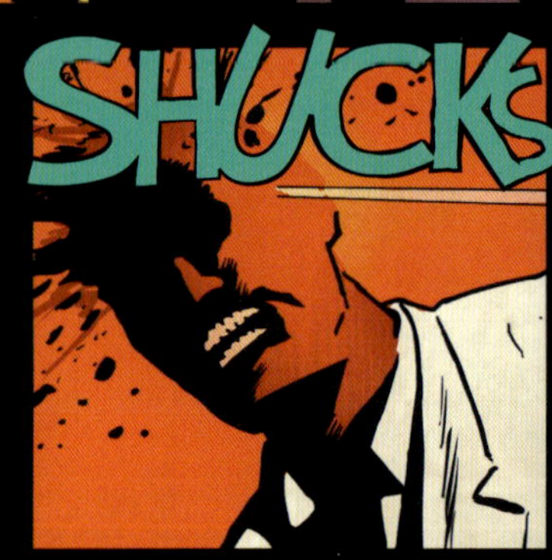

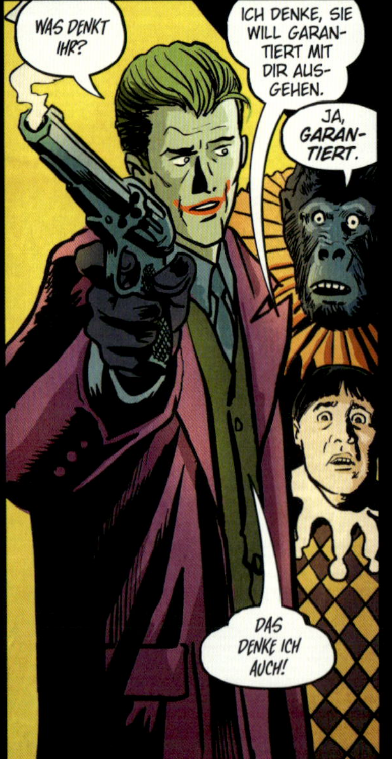

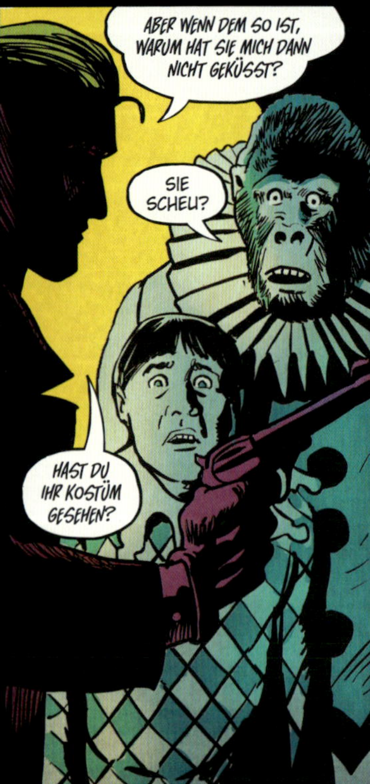

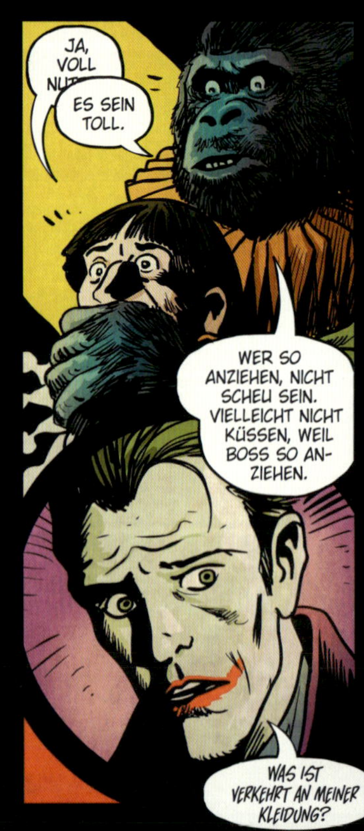

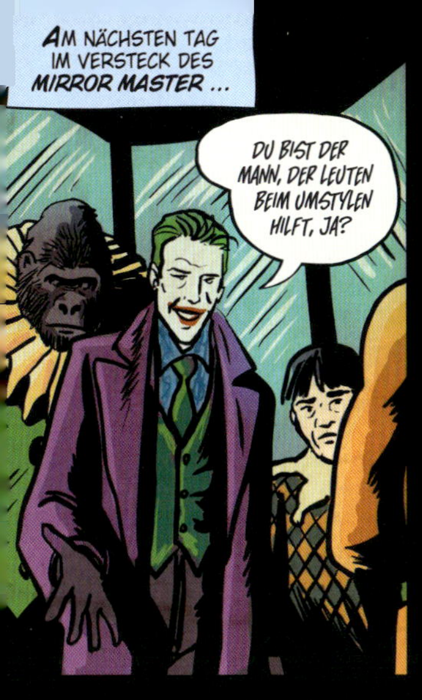
AM NÄCHSTEN TAG IM VERSTECK DES MIRROR MASTER …
DU BIST DER MANN, DER LEUTEN BEIM UMSTYLEN HILFT, JA?

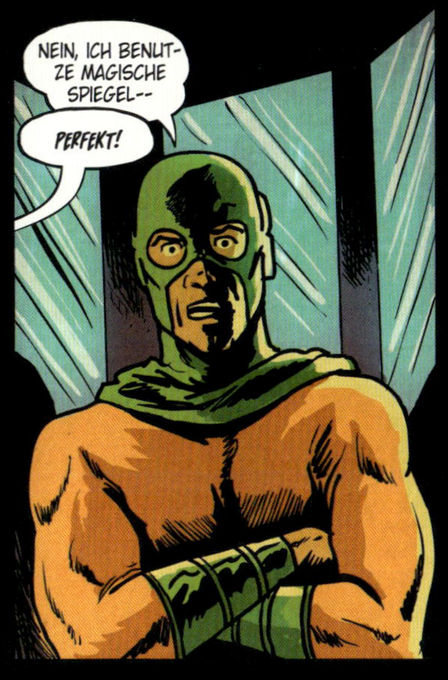
NEIN, ICH BENUTZE MAGISCHE SPIEGEL--
PERFEKT!

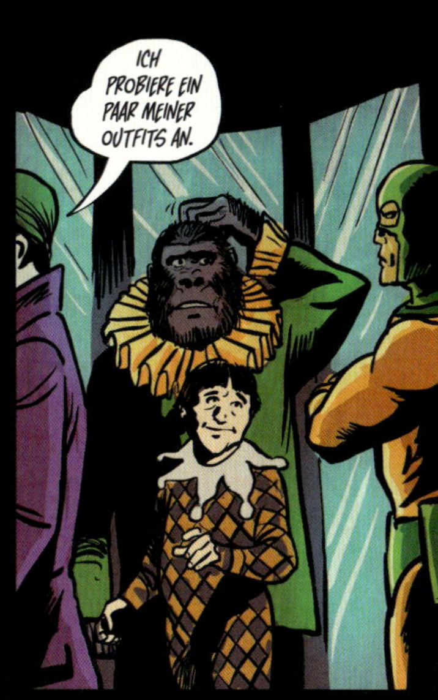
ICH PROBIERE EIN PAAR MEINER OUTFITS AN.

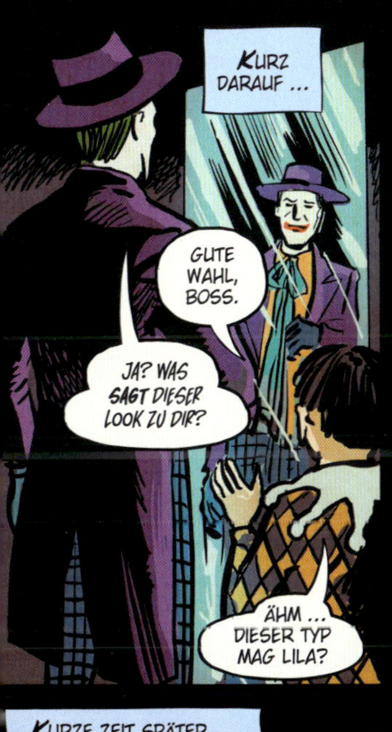
KURZ DARAUF …
GUTE WAHL, BOSS.
JA? WAS SAGT DIESER LOOK ZU DIR?
ÄHM … DIESER TYP MAG LILA?

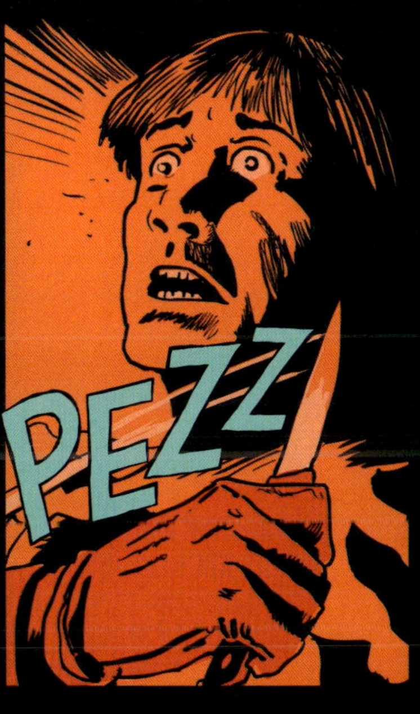
PEZZ

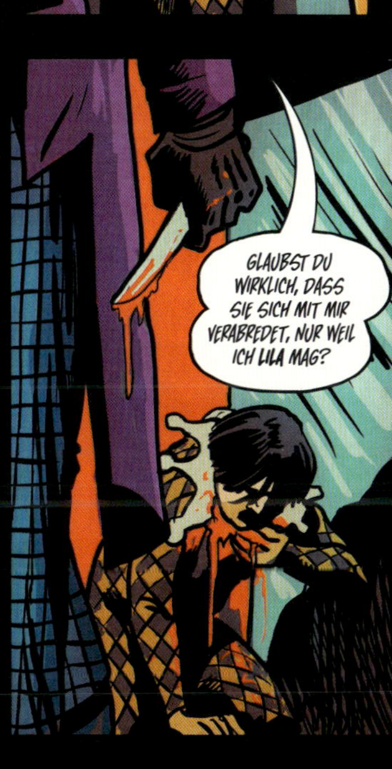
GLAUBST DU WIRKLICH, DASS SIE SICH MIT MIR VERABREDET, NUR WEIL ICH LILA MAG?

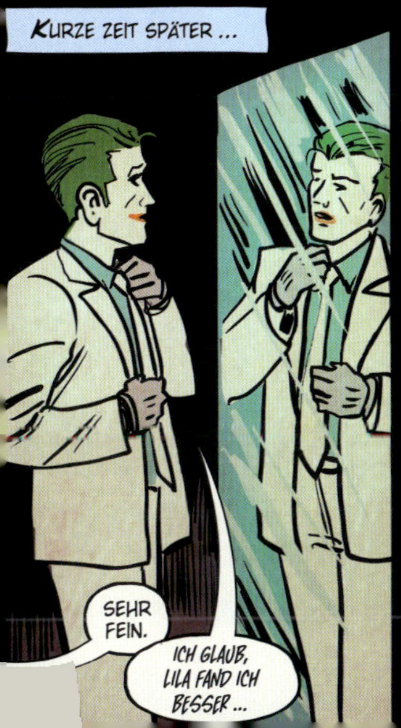
KURZE ZEIT SPÄTER …
SEHR FEIN.
ICH GLAUB, LILA FAND ICH BESSER …

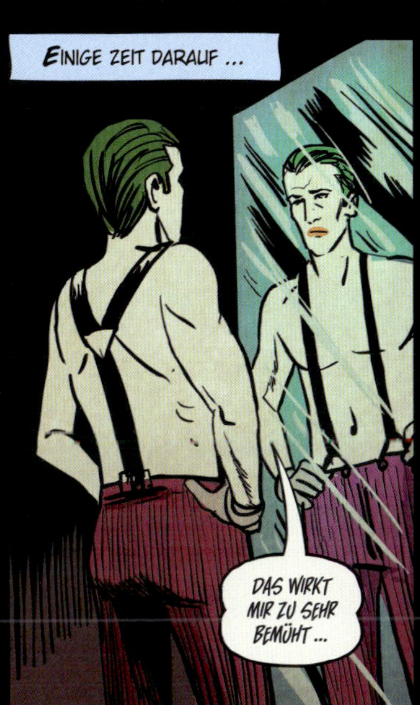
EINIGE ZEIT DARAUF …
DAS WIRKT MIR ZU SEHR BEMÜHT …

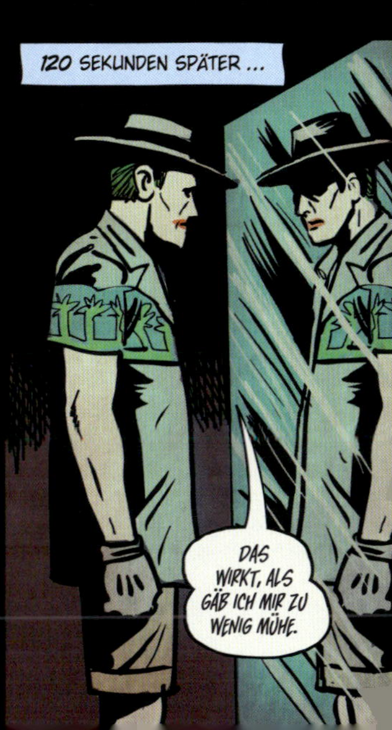
120 SEKUNDEN SPÄTER …
DAS WIRKT, ALS GÄB ICH MIR ZU WENIG MÜHE.

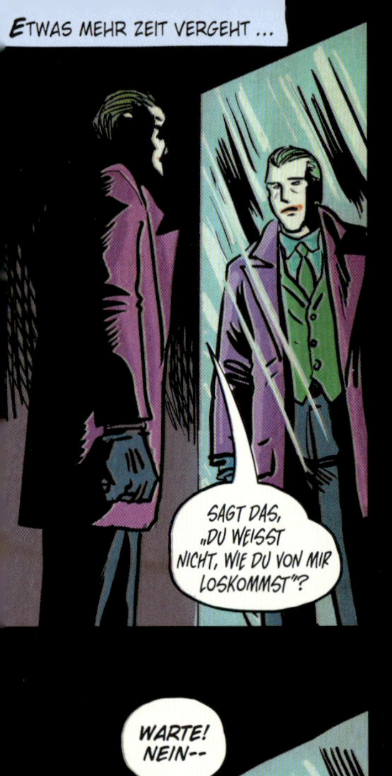

ETWAS MEHR ZEIT VERGEHT ...
SAGT DAS, „DU WEISST NICHT, WIE DU VON MIR LOSKOMMST"?

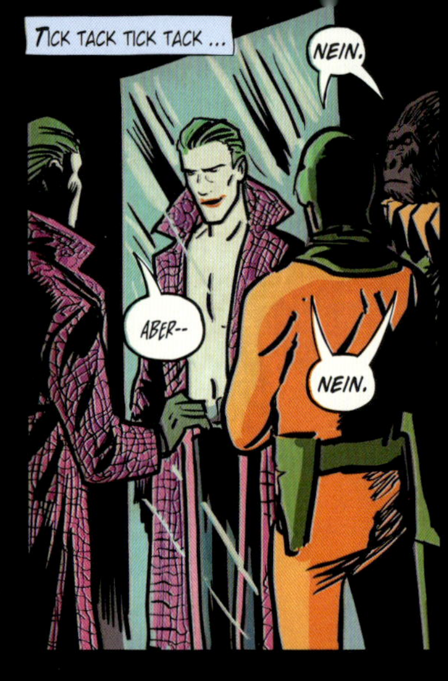

TICK TACK TICK TACK ...
NEIN.
ABER--
NEIN.

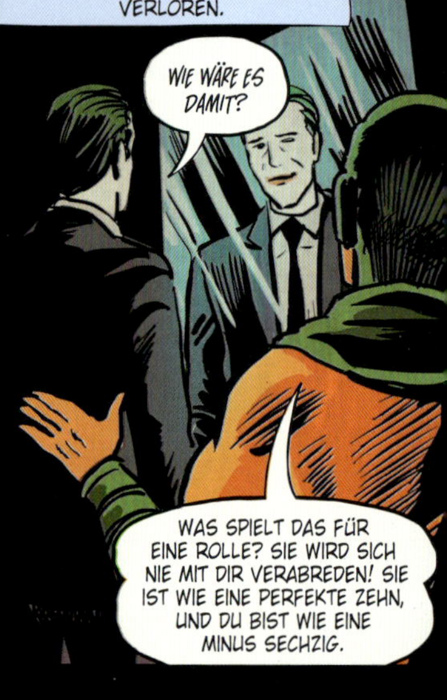

DIE ZEIT HAT JEDE BEDEUTUNG VERLOREN.
WIE WÄRE ES DAMIT?
WAS SPIELT DAS FÜR EINE ROLLE? SIE WIRD SICH NIE MIT DIR VERABREDEN! SIE IST WIE EINE PERFEKTE ZEHN, UND DU BIST WIE EINE MINUS SECHZIG.

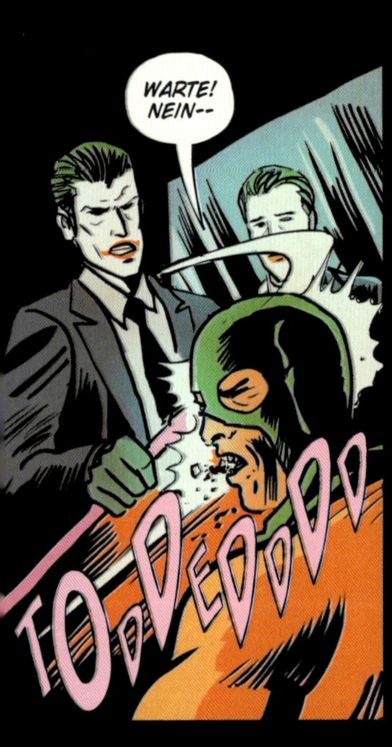

WARTE! NEIN--
TODDEDDDD

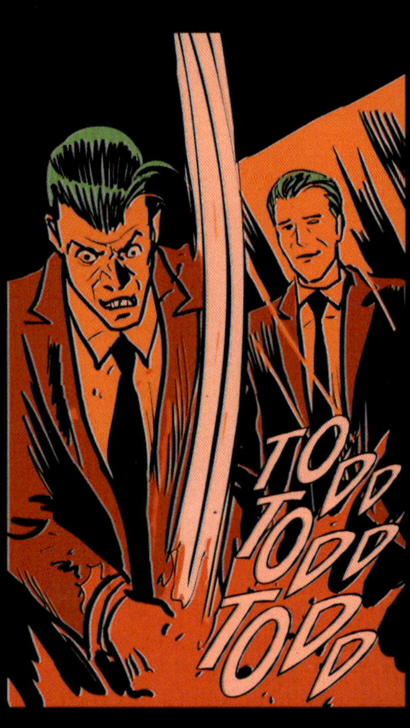

TODD TODD TODD

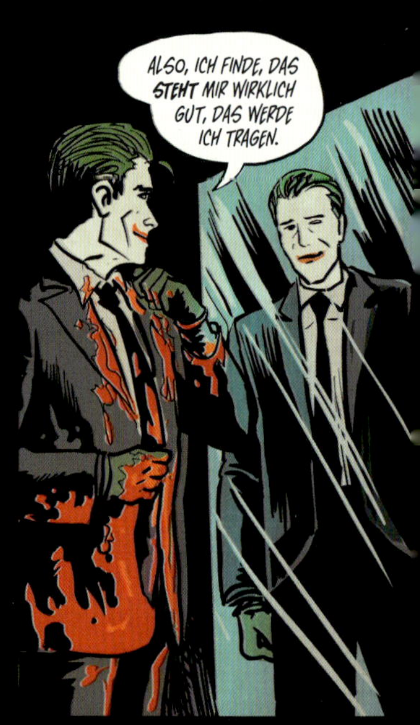

ALSO, ICH FINDE, DAS STEHT MIR WIRKLICH GUT, DAS WERDE ICH TRAGEN.

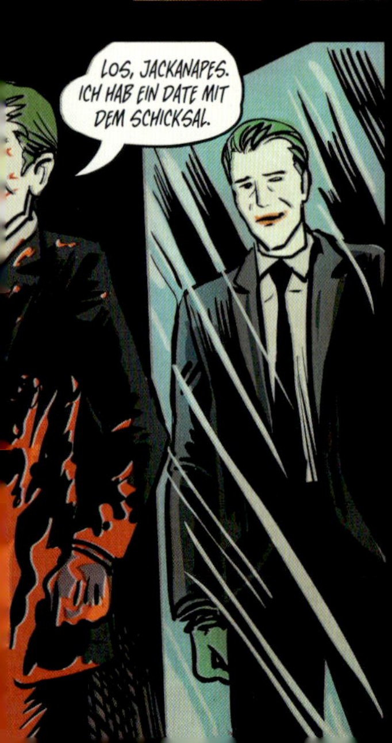

LOS, JACKANAPES. ICH HAB EIN DATE MIT DEM SCHICKSAL.

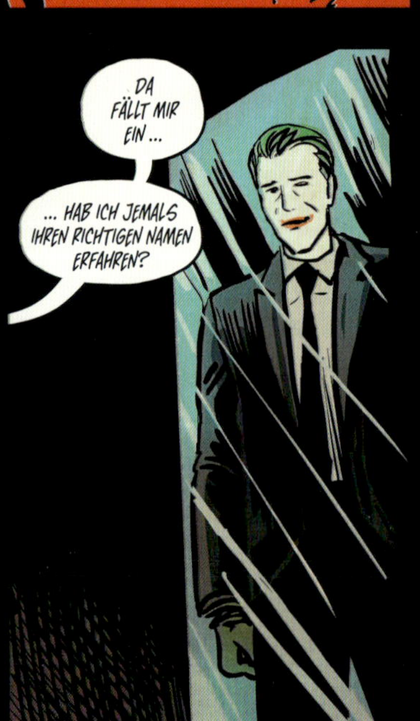

DA FÄLLT MIR EIN ...
... HAB ICH JEMALS IHREN RICHTIGEN NAMEN ERFAHREN?

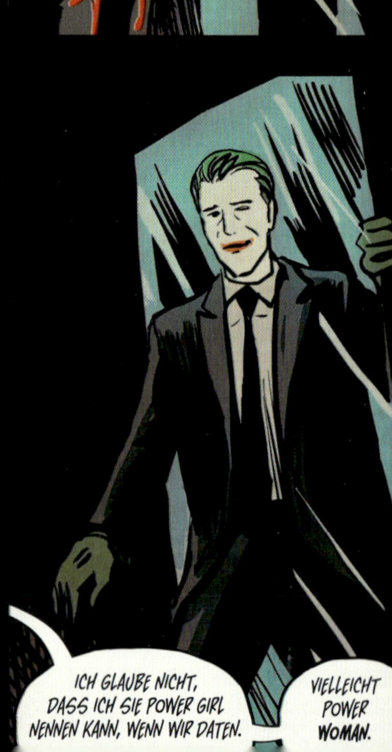

ICH GLAUBE NICHT, DASS ICH SIE POWER GIRL NENNEN KANN, WENN WIR DATEN.
VIELLEICHT POWER WOMAN.

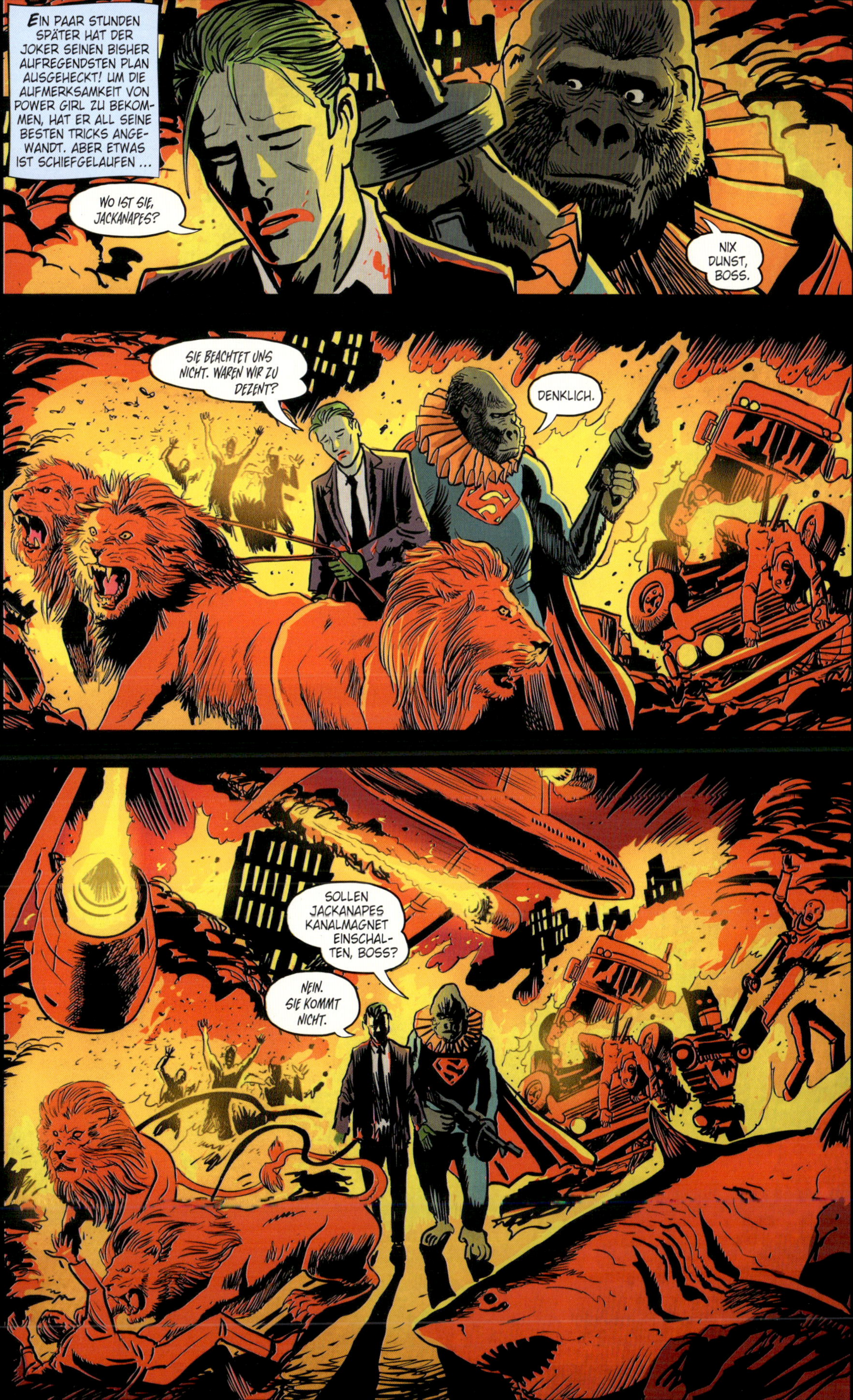

EIN PAAR STUNDEN SPÄTER HAT DER JOKER SEINEN BISHER AUFREGENDSTEN PLAN AUSGEHECKT! UM DIE AUFMERKSAMKEIT VON POWER GIRL ZU BEKOMMEN, HAT ER ALL SEINE BESTEN TRICKS ANGEWANDT. ABER ETWAS IST SCHIEFGELAUFEN ...
WO IST SIE, JACKANAPES?
NIX DUNST, BOSS.
SIE BEACHTET UNS NICHT. WAREN WIR ZU DEZENT?
DENKLICH.
SOLLEN JACKANAPES KANALMAGNET EINSCHALTEN, BOSS?
NEIN. SIE KOMMT NICHT.

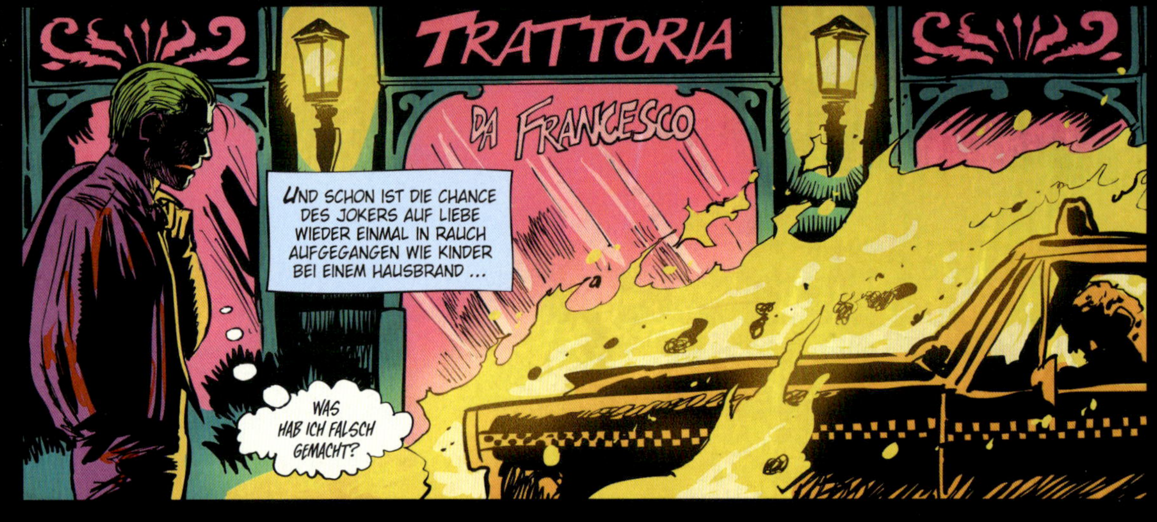
TRATTORIA
DA FRANCESCO
UND SCHON IST DIE CHANCE DES JOKERS AUF LIEBE WIEDER EINMAL IN RAUCH AUFGEGANGEN WIE KINDER BEI EINEM HAUSBRAND ...
WAS HAB ICH FALSCH GEMACHT?

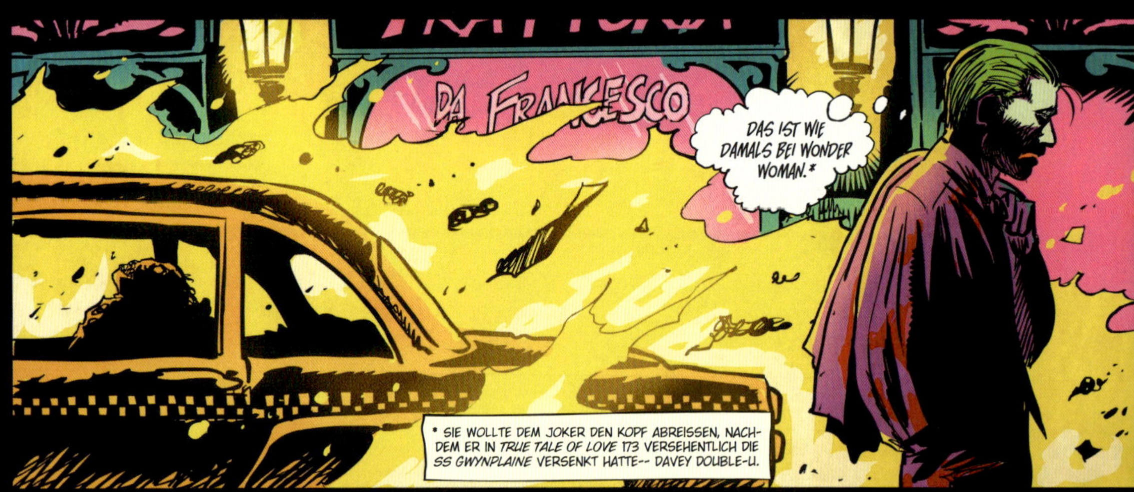
DA FRANCESCO
DAS IST WIE DAMALS BEI WONDER WOMAN.*
* SIE WOLLTE DEM JOKER DEN KOPF ABREISSEN, NACHDEM ER IN TRUE TALE OF LOVE 173 VERSEHENTLICH DIE SS GWYNPLAINE VERSENKT HATTE-- DAVEY DOUBLE-U.

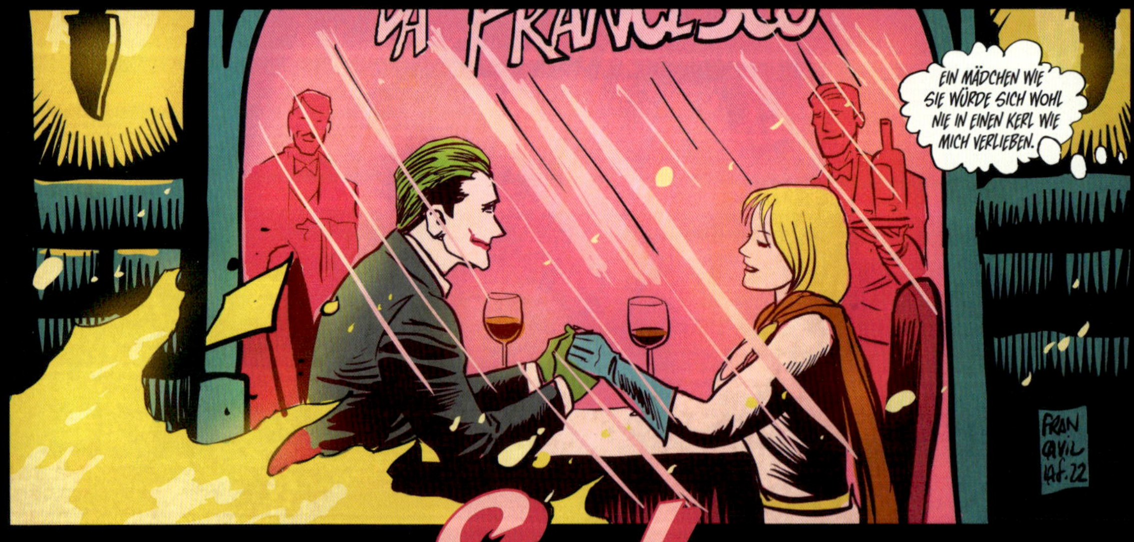
DA FRANCESCO
EIN MÄDCHEN WIE SIE WÜRDE SICH WOHL NIE IN EINEN KERL WIE MICH VERLIEBEN.
FRAN CAVIL LAF. 22

Ende

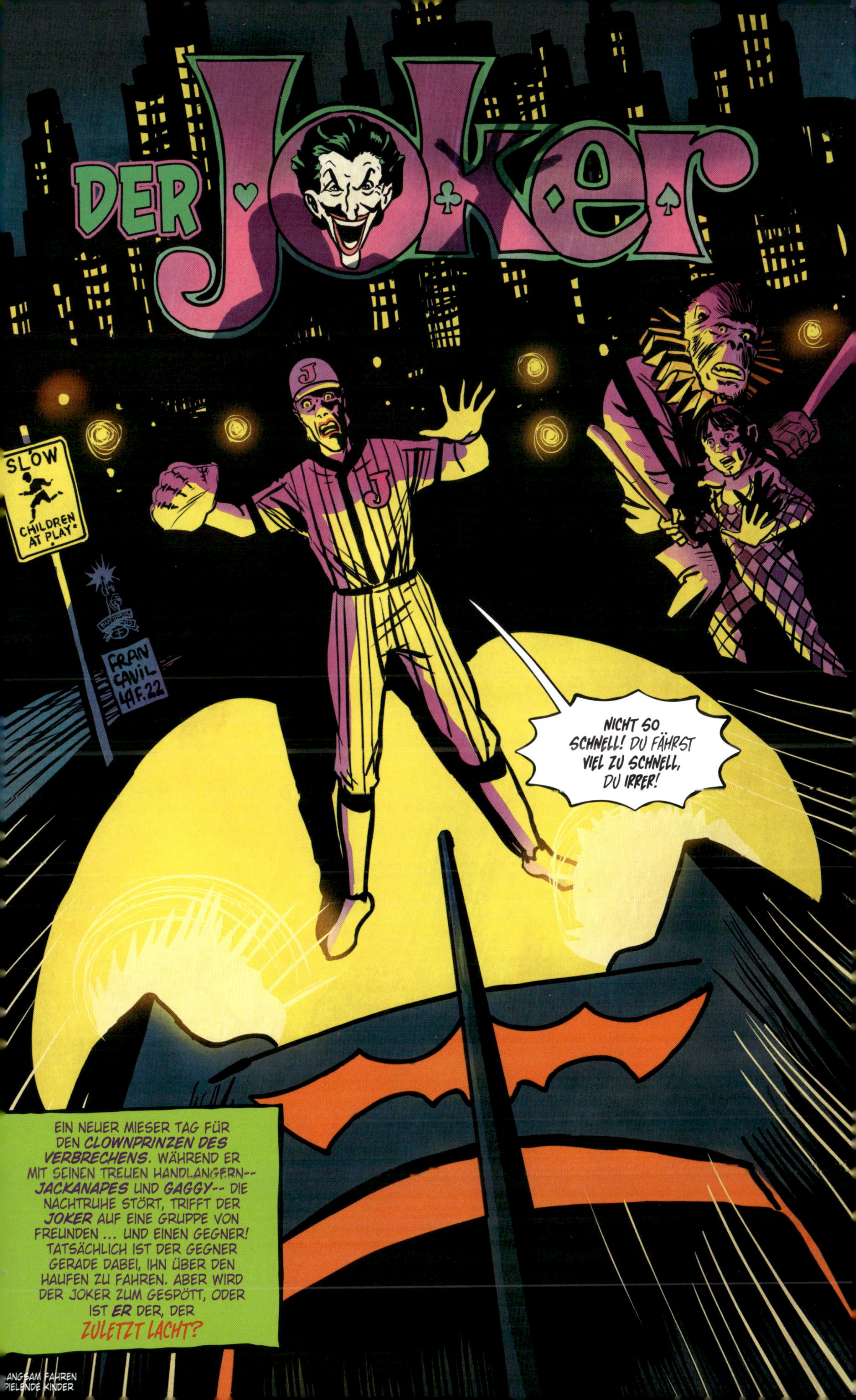
DER JOKER
SLOW
CHILDREN AT PLAY
NICHT SO SCHNELL! DU FÄHRST VIEL ZU SCHNELL, DU IRRER!
EIN NEUER MIESER TAG FÜR DEN CLOWNPRINZEN DES VERBRECHENS. WÄHREND ER MIT SEINEN TREUEN HANDLANGERN-- JACKANAPES UND GAGGY-- DIE NACHTRUHE STÖRT, TRIFFT DER JOKER AUF EINE GRUPPE VON FREUNDEN ... UND EINEN GEGNER! TATSÄCHLICH IST DER GEGNER GERADE DABEI, IHN ÜBER DEN HAUFEN ZU FAHREN. ABER WIRD DER JOKER ZUM GESPÖTT, ODER IST ER DER, DER ZULETZT LACHT?
ANGSAM FAHREN
PIELENDE KINDER

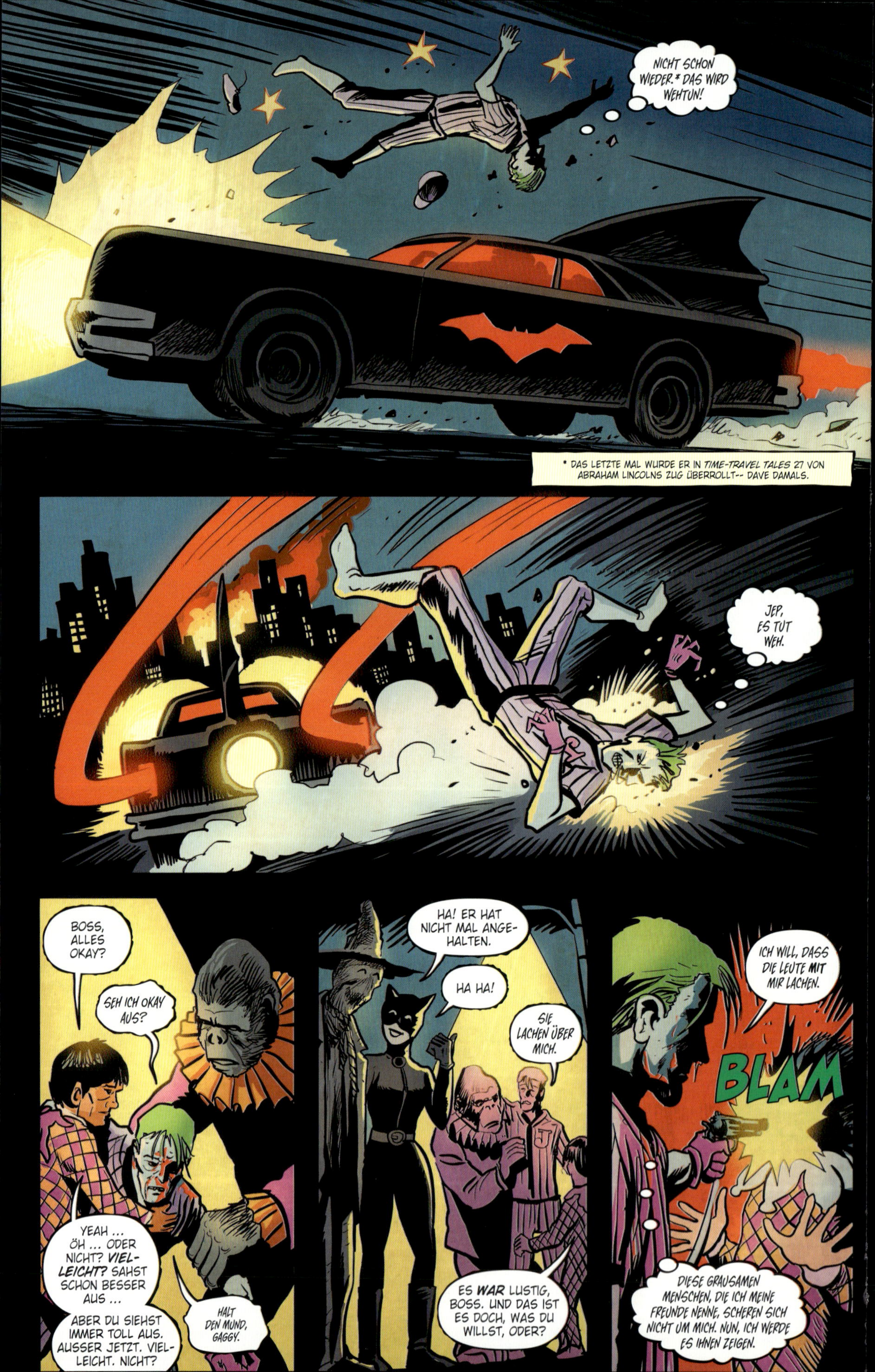

NICHT SCHON WIEDER.* DAS WIRD WEHTUN!

* DAS LETZTE MAL WURDE ER IN *TIME-TRAVEL TALES* 27 VON ABRAHAM LINCOLNS ZUG ÜBERROLLT-- DAVE DAMALS.

JEP, ES TUT WEH.

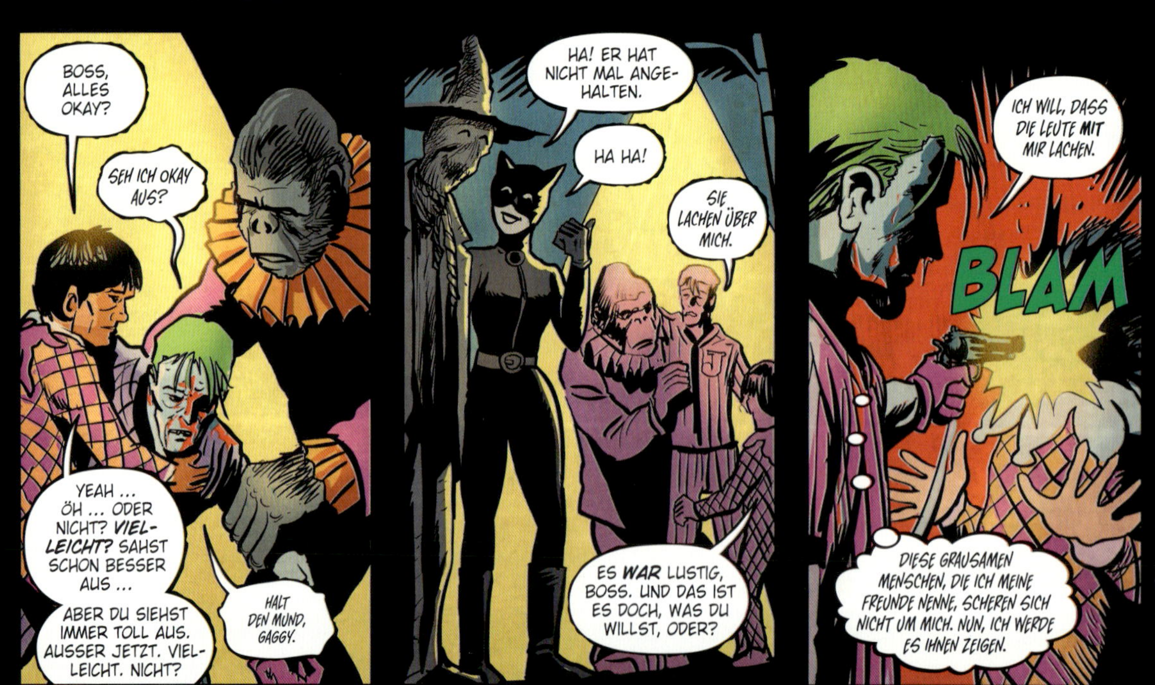

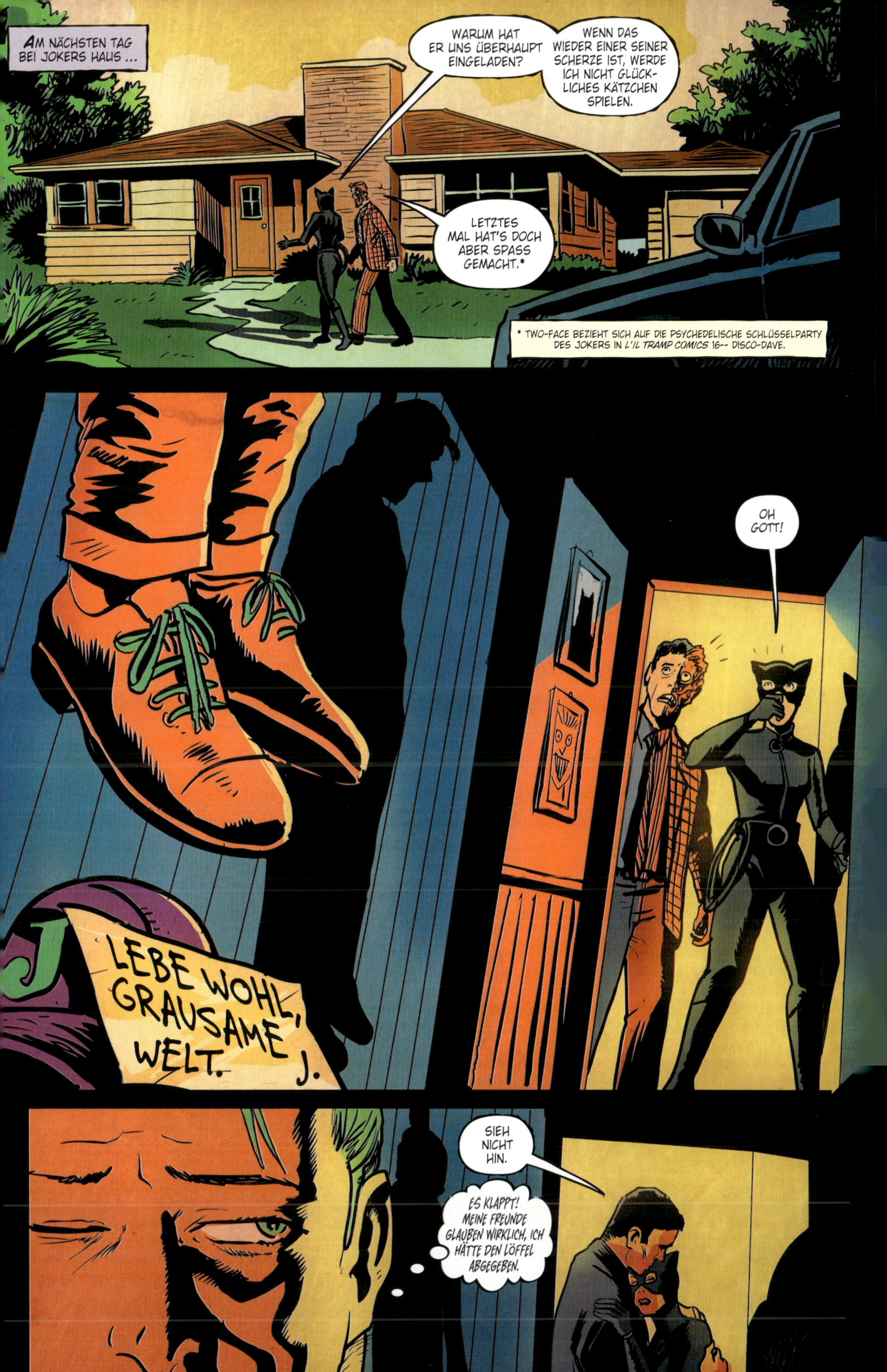
AM NÄCHSTEN TAG BEI JOKERS HAUS ...
WARUM HAT ER UNS ÜBERHAUPT EINGELADEN?
WENN DAS WIEDER EINER SEINER SCHERZE IST, WERDE ICH NICHT GLÜCKLICHES KÄTZCHEN SPIELEN.
LETZTES MAL HAT'S DOCH ABER SPASS GEMACHT.*
* TWO-FACE BEZIEHT SICH AUF DIE PSYCHEDELISCHE SCHLÜSSELPARTY DES JOKERS IN L'IL TRAMP COMICS 16-- DISCO-DAVE.
OH GOTT!
LEBE WOHL, GRAUSAME WELT. J.
SIEH NICHT HIN.
ES KLAPPT! MEINE FREUNDE GLAUBEN WIRKLICH, ICH HÄTTE DEN LÖFFEL ABGEGEBEN.

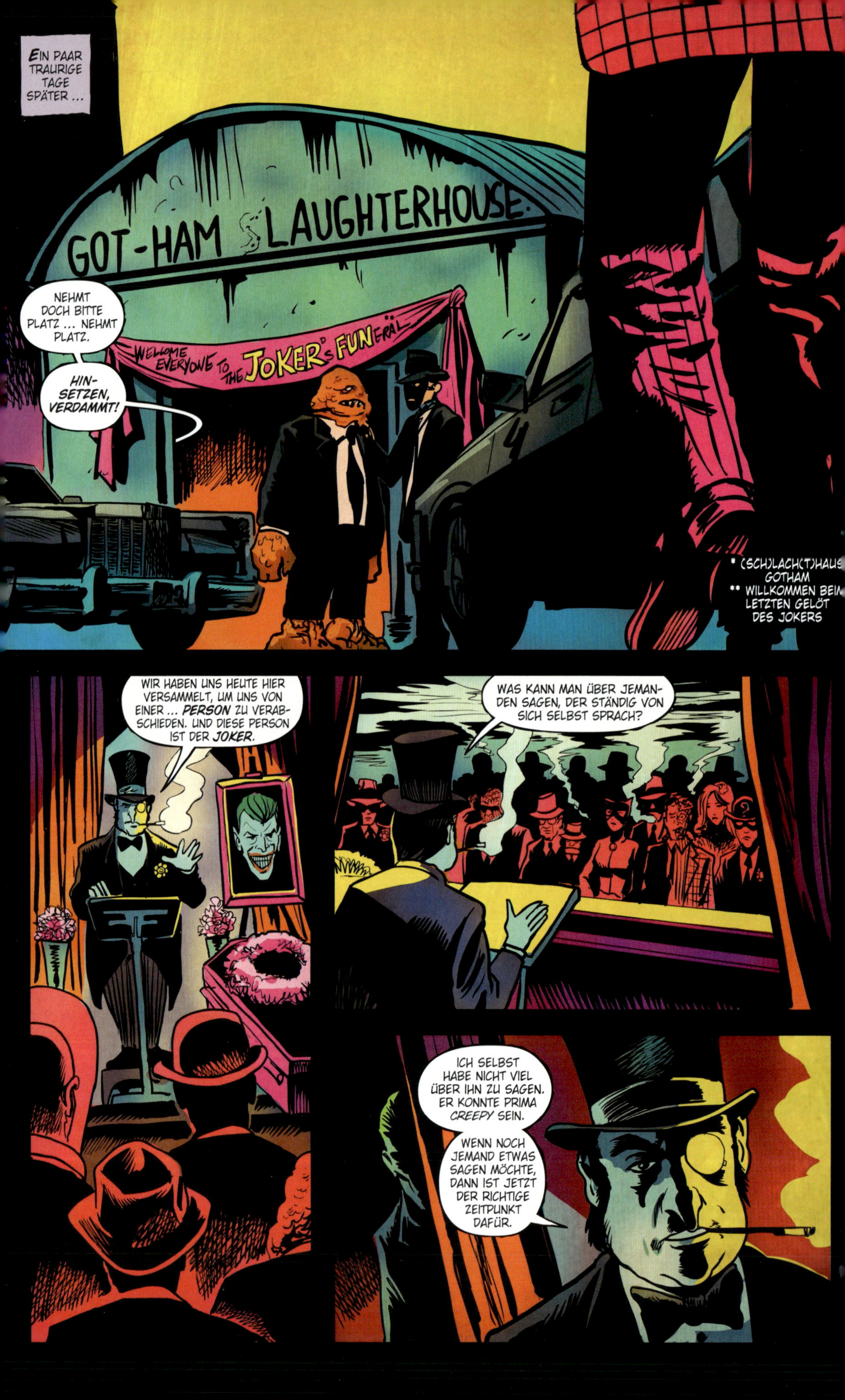

EIN PAAR TRAURIGE TAGE SPÄTER ...

GOT-HAM SLAUGHTERHOUSE

WELLCOME EVERYONE TO THE JOKER'S FUNERÄL

NEHMT DOCH BITTE PLATZ ... NEHMT PLATZ.

HIN-SETZEN, VERDAMMT!

* (SCH)LACH(T)HAUS GOTHAM
** WILLKOMMEN BEIM LETZTEN GELÖT DES JOKERS

WIR HABEN UNS HEUTE HIER VERSAMMELT, UM UNS VON EINER ... ***PERSON*** ZU VERABSCHIEDEN. UND DIESE PERSON IST DER ***JOKER***.

WAS KANN MAN ÜBER JEMANDEN SAGEN, DER STÄNDIG VON SICH SELBST SPRACH?

ICH SELBST HABE NICHT VIEL ÜBER IHN ZU SAGEN. ER KONNTE PRIMA *CREEPY* SEIN.

WENN NOCH JEMAND ETWAS SAGEN MÖCHTE, DANN IST JETZT DER RICHTIGE ZEITPUNKT DAFÜR.

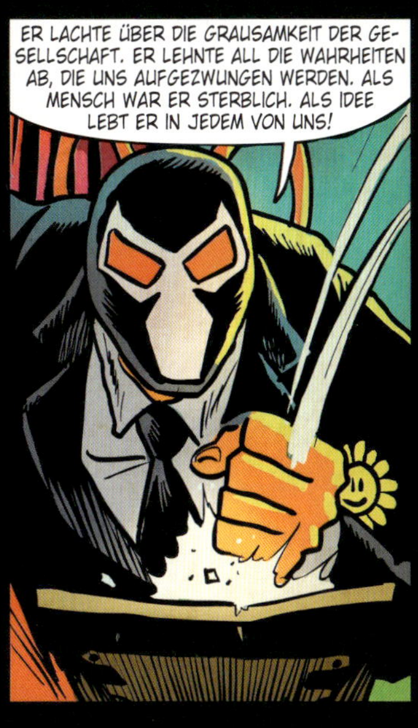
ER LACHTE ÜBER DIE GRAUSAMKEIT DER GESELLSCHAFT. ER LEHNTE ALL DIE WAHRHEITEN AB, DIE UNS AUFGEZWUNGEN WERDEN. ALS MENSCH WAR ER STERBLICH. ALS IDEE LEBT ER IN JEDEM VON UNS!

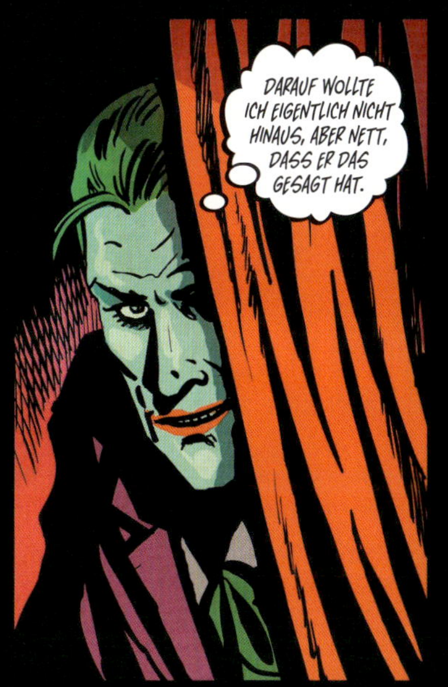
DARAUF WOLLTE ICH EIGENTLICH NICHT HINAUS, ABER NETT, DASS ER DAS GESAGT HAT.

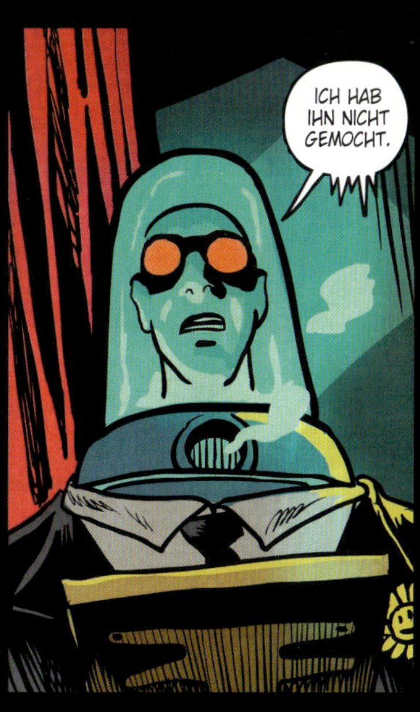
ICH HAB IHN NICHT GEMOCHT.

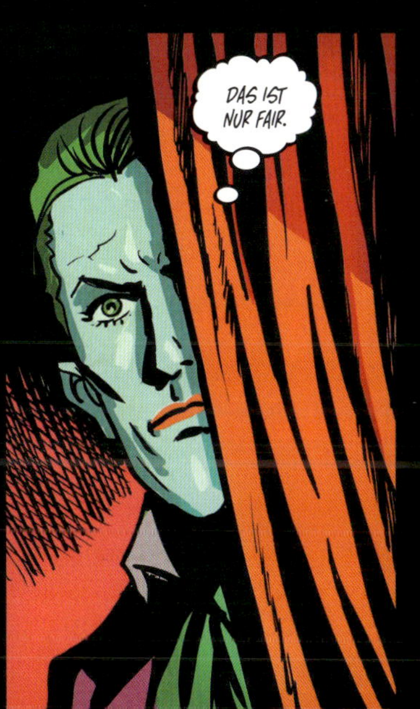
DAS IST NUR FAIR.

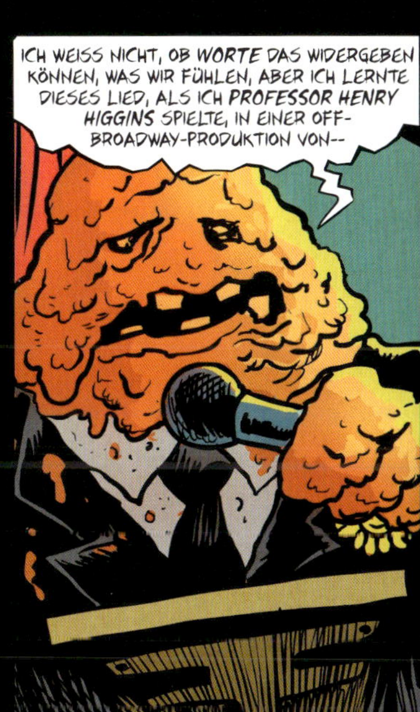
ICH WEISS NICHT, OB WORTE DAS WIDERGEBEN KÖNNEN, WAS WIR FÜHLEN, ABER ICH LERNTE DIESES LIED, ALS ICH PROFESSOR HENRY HIGGINS SPIELTE, IN EINER OFF-BROADWAY-PRODUKTION VON--

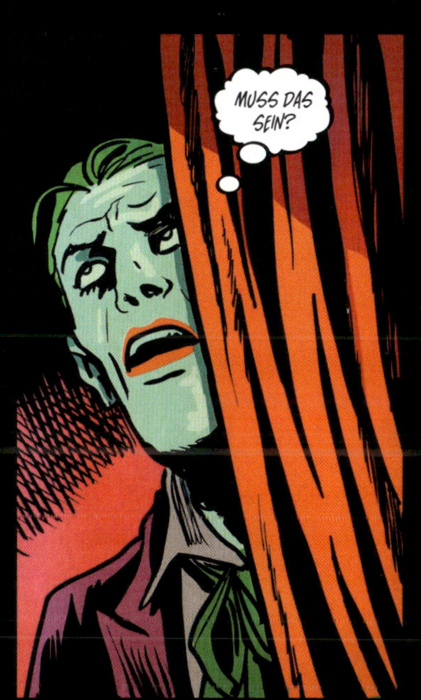
MUSS DAS SEIN?

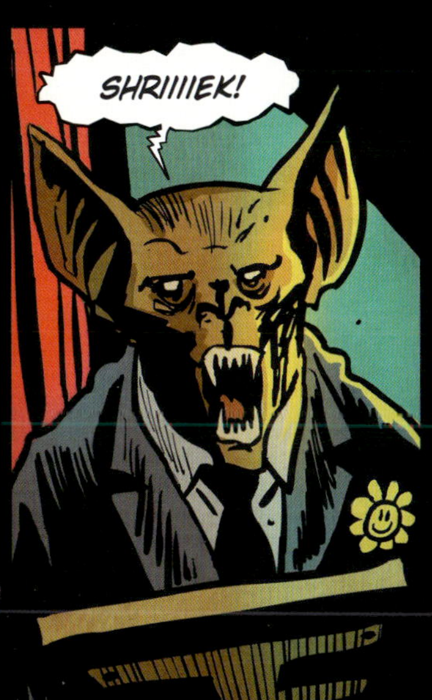
SHRIIIIEK!

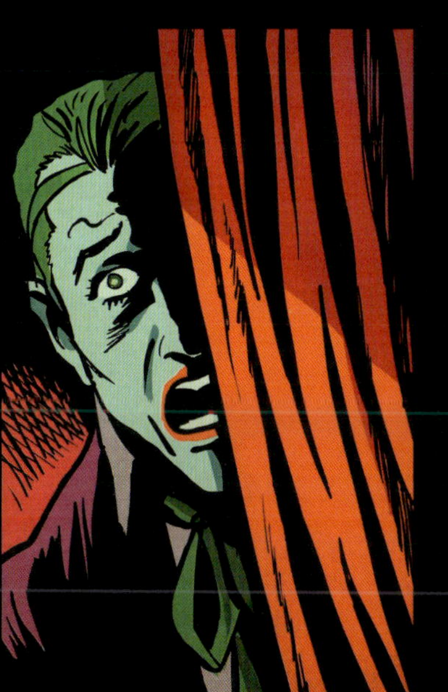

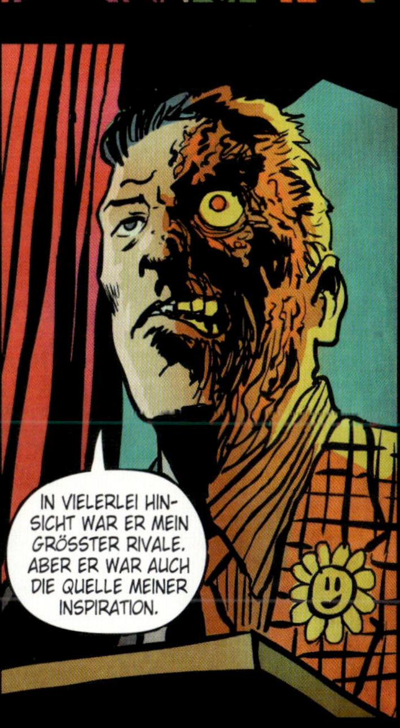
IN VIELERLEI HINSICHT WAR ER MEIN GRÖSSTER RIVALE. ABER ER WAR AUCH DIE QUELLE MEINER INSPIRATION.

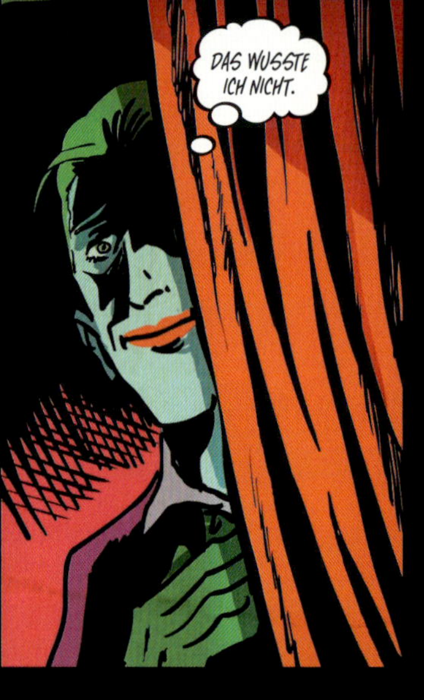
DAS WUSSTE ICH NICHT.
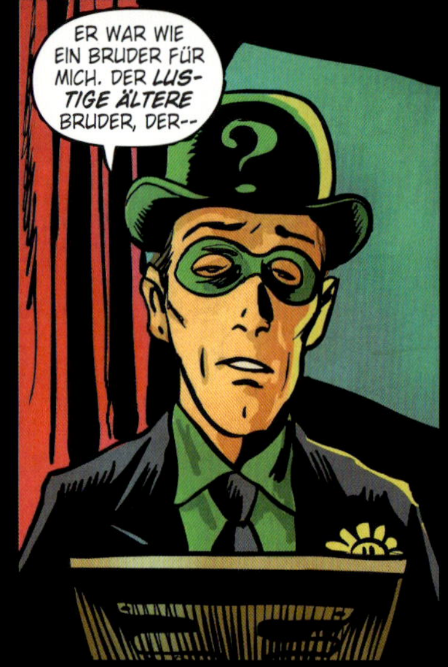
ER WAR WIE EIN BRUDER FÜR MICH. DER *LUSTIGE ÄLTERE* BRUDER, DER--
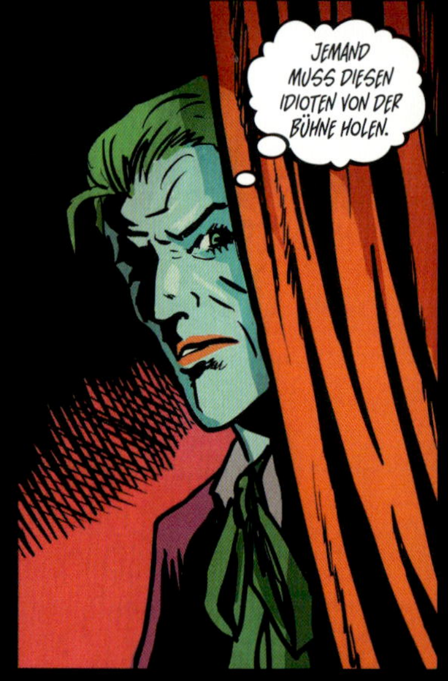
JEMAND MUSS DIESEN IDIOTEN VON DER BÜHNE HOLEN.
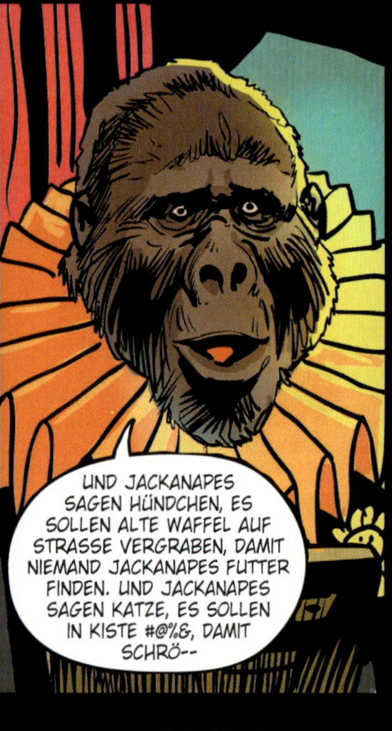
UND JACKANAPES SAGEN HÜNDCHEN, ES SOLLEN ALTE WAFFEL AUF STRASSE VERGRABEN, DAMIT NIEMAND JACKANAPES FUTTER FINDEN. UND JACKANAPES SAGEN KATZE, ES SOLLEN IN KISTE #@%&, DAMIT SCHRÖ--
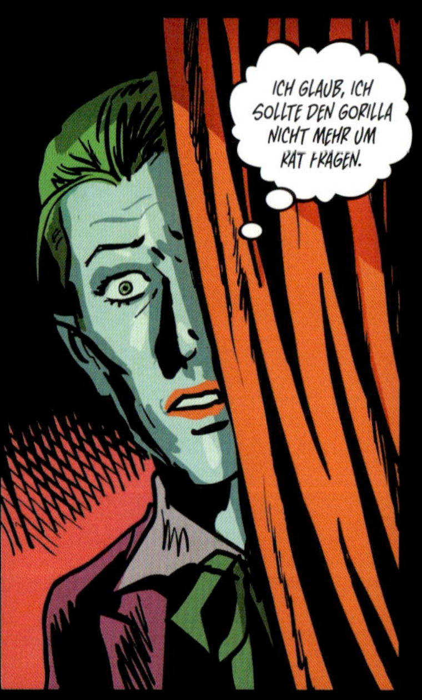
ICH GLAUB, ICH SOLLTE DEN GORILLA NICHT MEHR UM RAT FRAGEN.
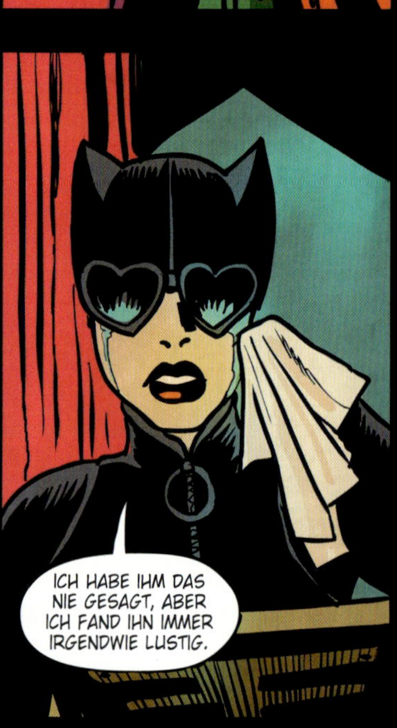
ICH HABE IHM DAS NIE GESAGT, ABER ICH FAND IHN IMMER IRGENDWIE LUSTIG.
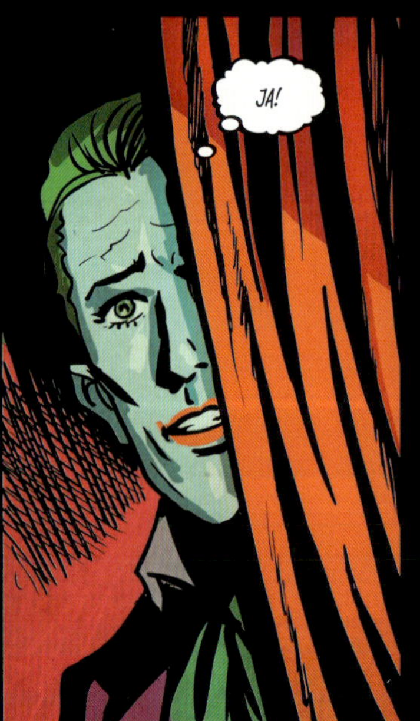
JA!
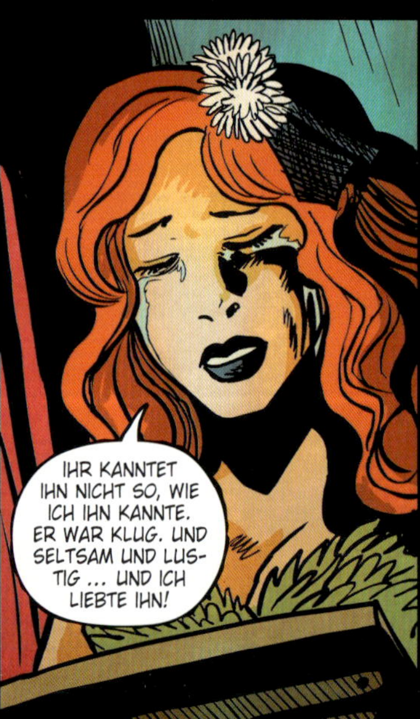
IHR KANNTET IHN NICHT SO, WIE ICH IHN KANNTE. ER WAR KLUG. UND SELTSAM UND LUSTIG ... UND ICH LIEBTE IHN!
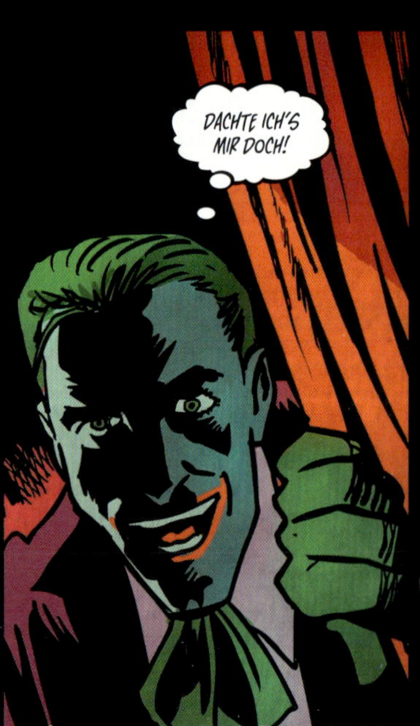
DACHTE ICH'S MIR DOCH!

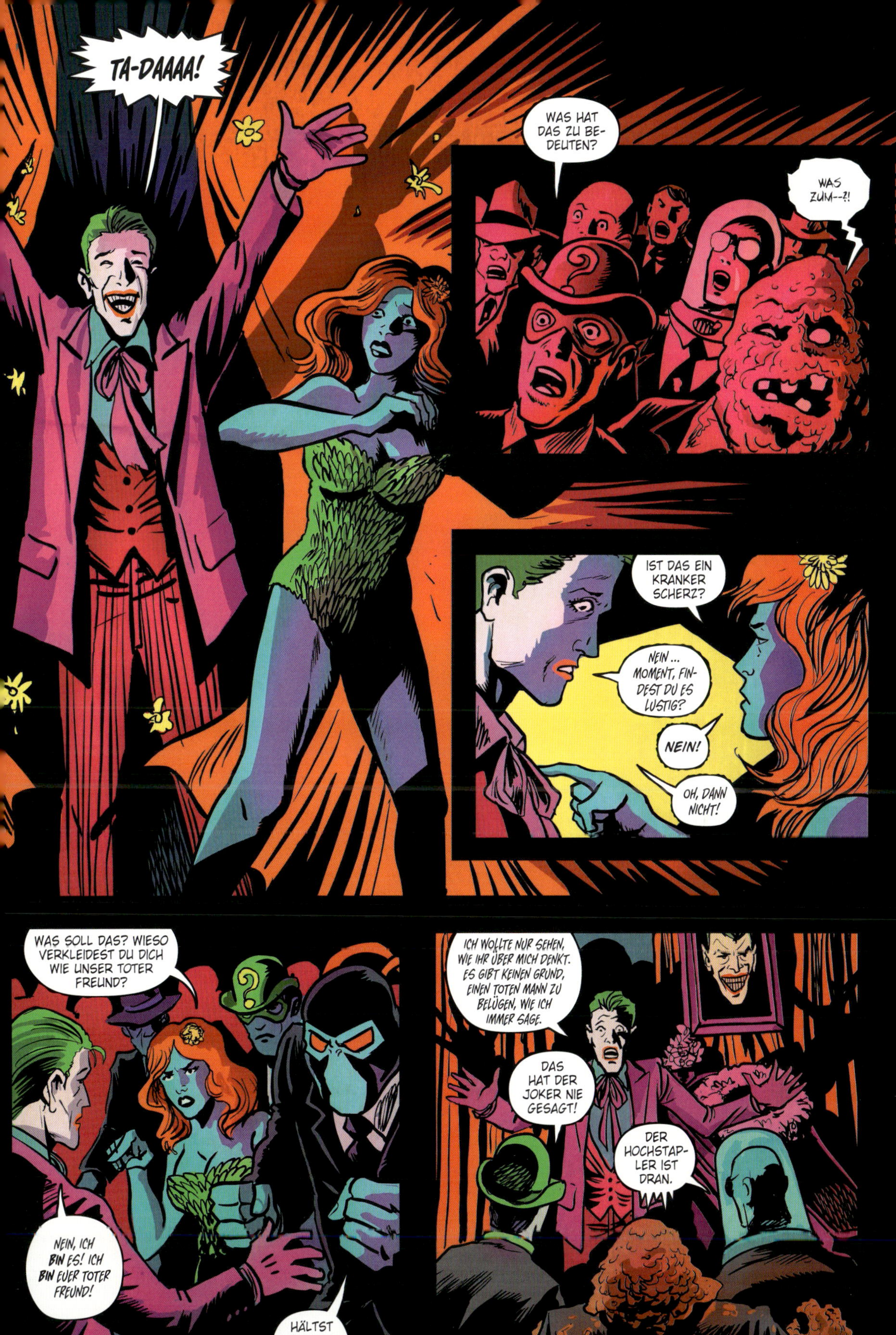

TA-DAAAA!
WAS HAT DAS ZU BEDEUTEN?
WAS ZUM--?!
IST DAS EIN KRANKER SCHERZ?
NEIN ... MOMENT, FINDEST DU ES LUSTIG?
NEIN!
OH, DANN NICHT!
WAS SOLL DAS? WIESO VERKLEIDEST DU DICH WIE UNSER TOTER FREUND?
NEIN, ICH BIN ES! ICH BIN EUER TOTER FREUND!
HÄLTST DU UNS ZUM NARREN?
ICH WOLLTE NUR SEHEN, WIE IHR ÜBER MICH DENKT. ES GIBT KEINEN GRUND, EINEN TOTEN MANN ZU BELÜGEN, WIE ICH IMMER SAGE.
DAS HAT DER JOKER NIE GESAGT!
DER HOCHSTAPLER IST DRAN.

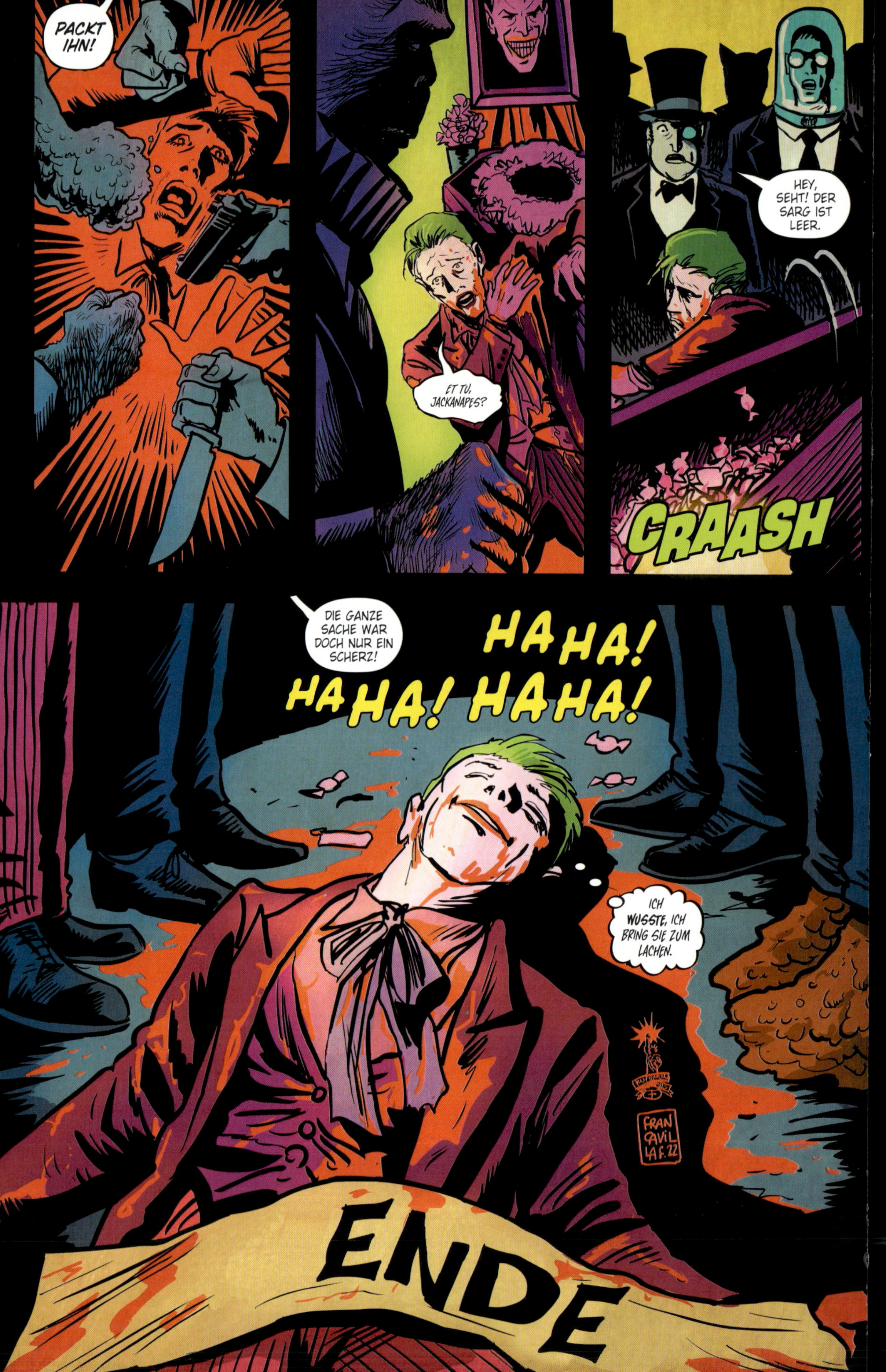
PACKT IHN!
ET TU, JACKANAPES?
HEY, SEHT! DER SARG IST LEER.
CRAASH
DIE GANZE SACHE WAR DOCH NUR EIN SCHERZ!
HAHA! HAHA! HAHA!
ICH WUSSTE, ICH BRING SIE ZUM LACHEN.
FRANCAVILLA F. 22
ENDE

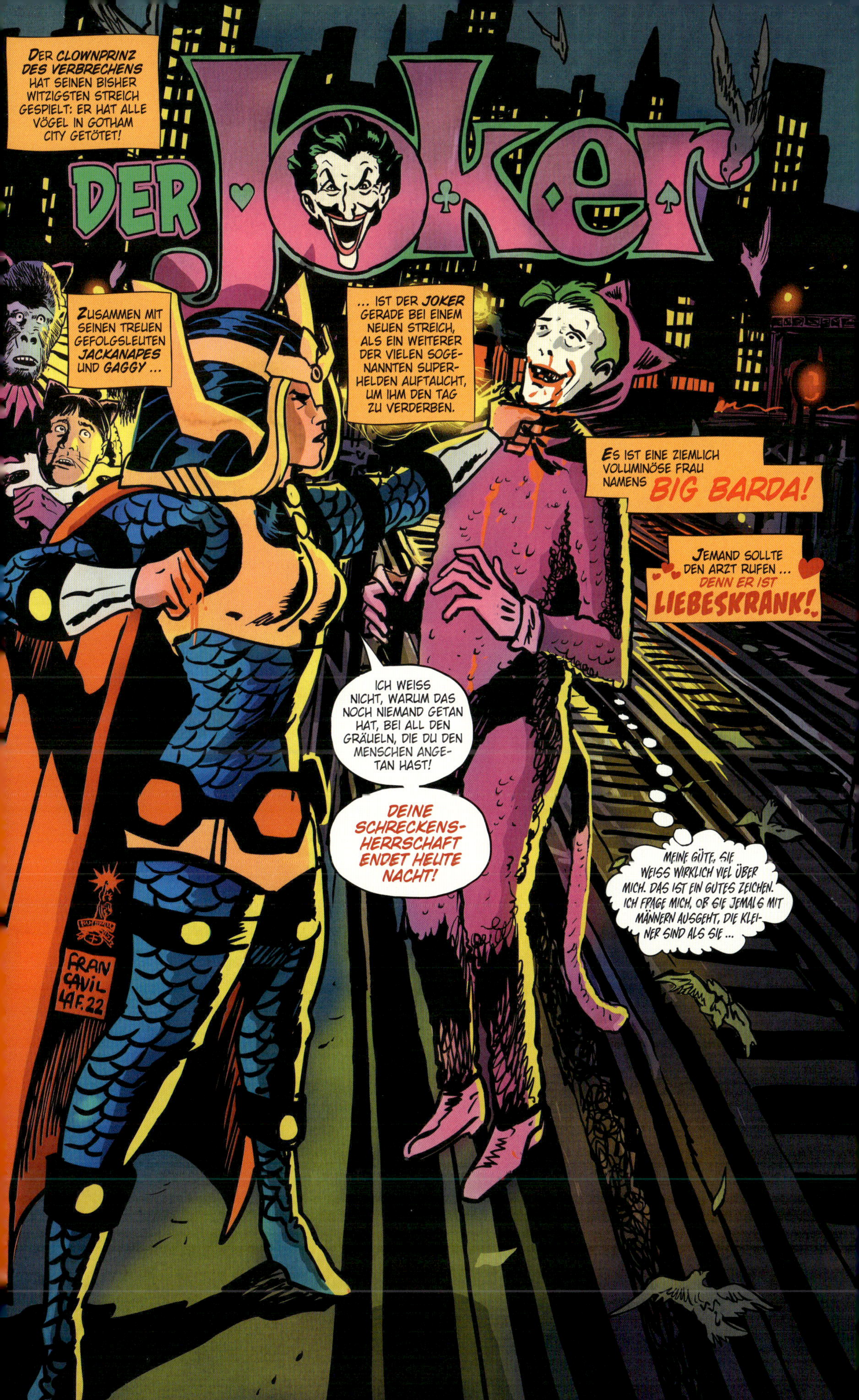
DER CLOWNPRINZ DES VERBRECHENS HAT SEINEN BISHER WITZIGSTEN STREICH GESPIELT: ER HAT ALLE VÖGEL IN GOTHAM CITY GETÖTET!
DER JOKER
ZUSAMMEN MIT SEINEN TREUEN GEFOLGSLEUTEN JACKANAPES UND GAGGY …
… IST DER JOKER GERADE BEI EINEM NEUEN STREICH, ALS EIN WEITERER DER VIELEN SOGENANNTEN SUPERHELDEN AUFTAUCHT, UM IHM DEN TAG ZU VERDERBEN.
ES IST EINE ZIEMLICH VOLUMINÖSE FRAU NAMENS BIG BARDA!
JEMAND SOLLTE DEN ARZT RUFEN … DENN ER IST LIEBESKRANK!
ICH WEISS NICHT, WARUM DAS NOCH NIEMAND GETAN HAT, BEI ALL DEN GRÄUELN, DIE DU DEN MENSCHEN ANGETAN HAST!
DEINE SCHRECKENSHERRSCHAFT ENDET HEUTE NACHT!
MEINE GÜTE, SIE WEISS WIRKLICH VIEL ÜBER MICH. DAS IST EIN GUTES ZEICHEN. ICH FRAGE MICH, OB SIE JEMALS MIT MÄNNERN AUSGEHT, DIE KLEINER SIND ALS SIE …
FRAN GAVIL 4F.22

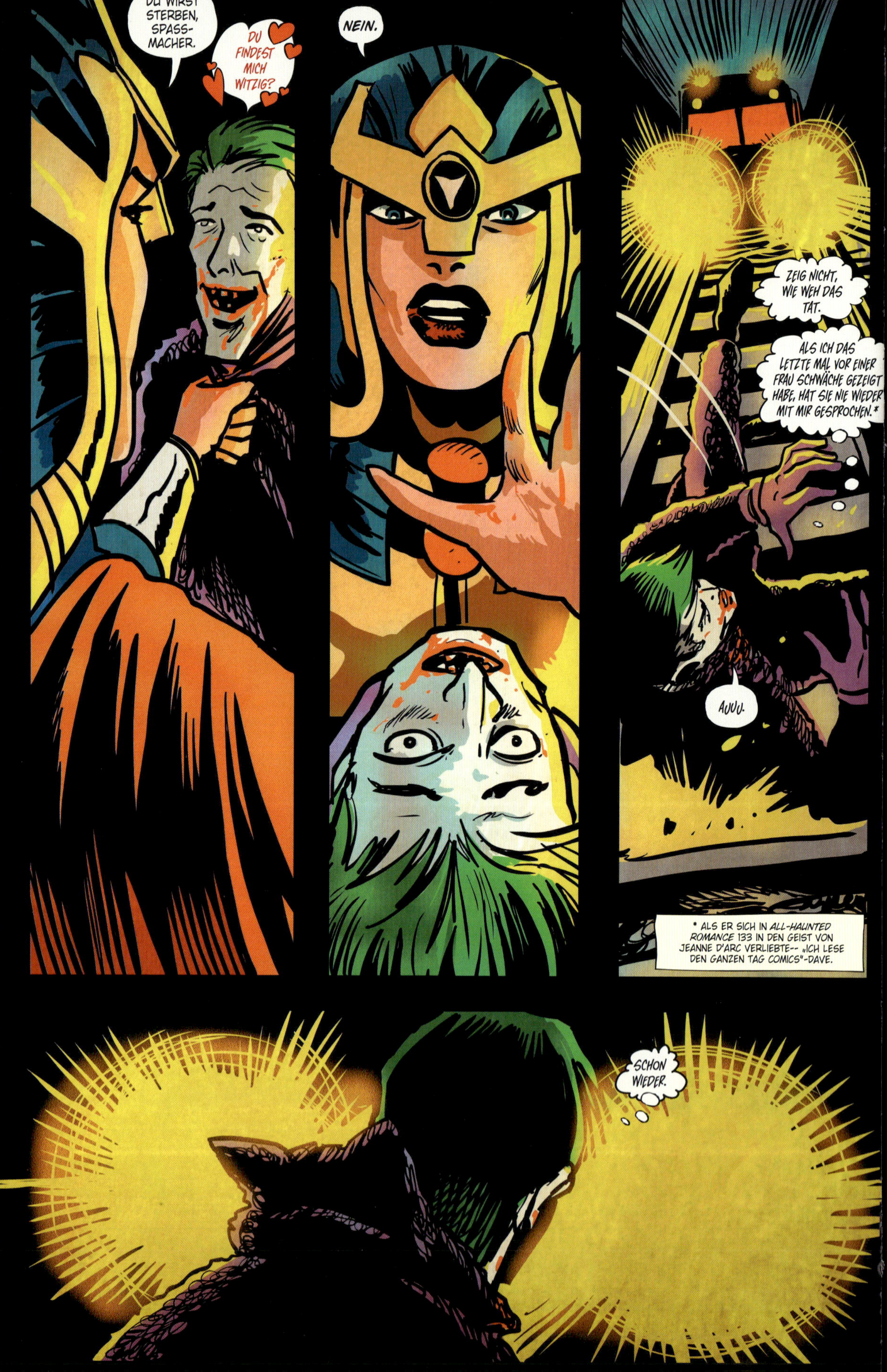
DU WIRST STERBEN, SPASS-MACHER.
DU FINDEST MICH WITZIG?
NEIN.
ZEIG NICHT, WIE WEH DAS TAT.
ALS ICH DAS LETZTE MAL VOR EINER FRAU SCHWÄCHE GEZEIGT HABE, HAT SIE NIE WIEDER MIT MIR GESPROCHEN.*
AUUU.
* ALS ER SICH IN ALL-HAUNTED ROMANCE 133 IN DEN GEIST VON JEANNE D'ARC VERLIEBTE-- „ICH LESE DEN GANZEN TAG COMICS"-DAVE.
SCHON WIEDER.

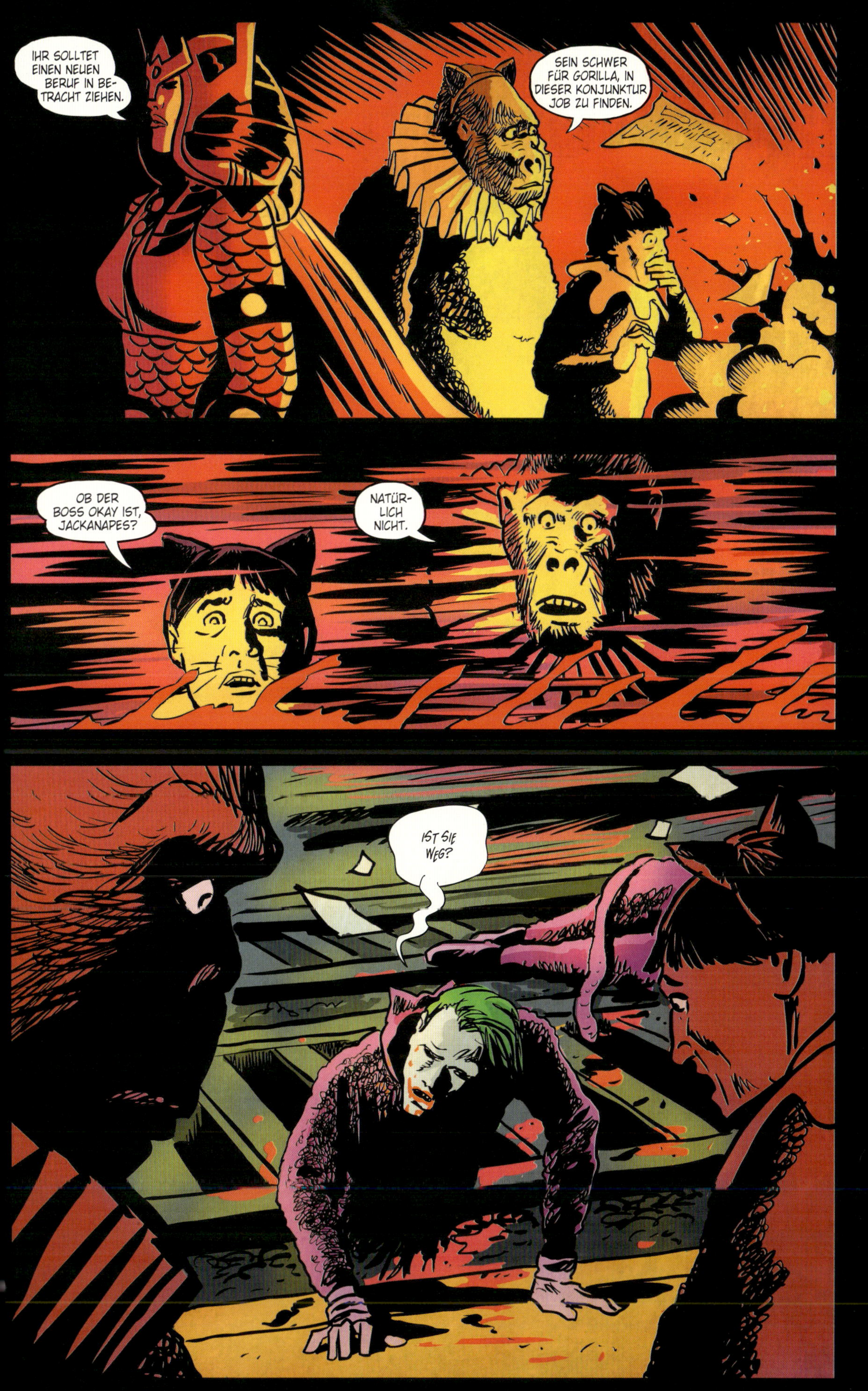
IHR SOLLTET EINEN NEUEN BERUF IN BETRACHT ZIEHEN.
SEIN SCHWER FÜR GORILLA, IN DIESER KONJUNKTUR JOB ZU FINDEN.
OB DER BOSS OKAY IST, JACKANAPES?
NATÜRLICH NICHT.
IST SIE WEG?

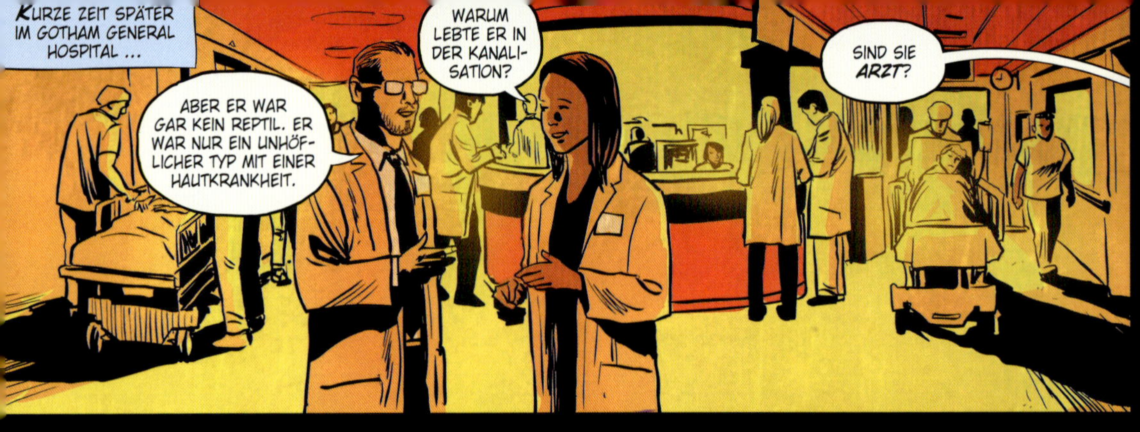
KURZE ZEIT SPÄTER IM GOTHAM GENERAL HOSPITAL ...
WARUM LEBTE ER IN DER KANALI-SATION?
ABER ER WAR GAR KEIN REPTIL. ER WAR NUR EIN UNHÖF-LICHER TYP MIT EINER HAUTKRANKHEIT.
SIND SIE ARZT?

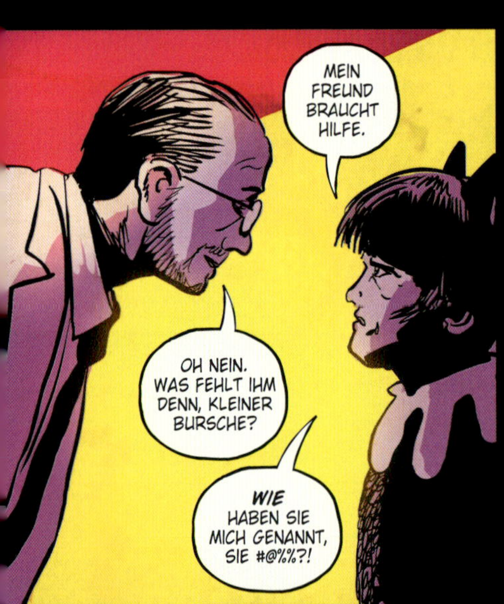
MEIN FREUND BRAUCHT HILFE.
OH NEIN. WAS FEHLT IHM DENN, KLEINER BURSCHE?
WIE HABEN SIE MICH GENANNT, SIE #@%%?!

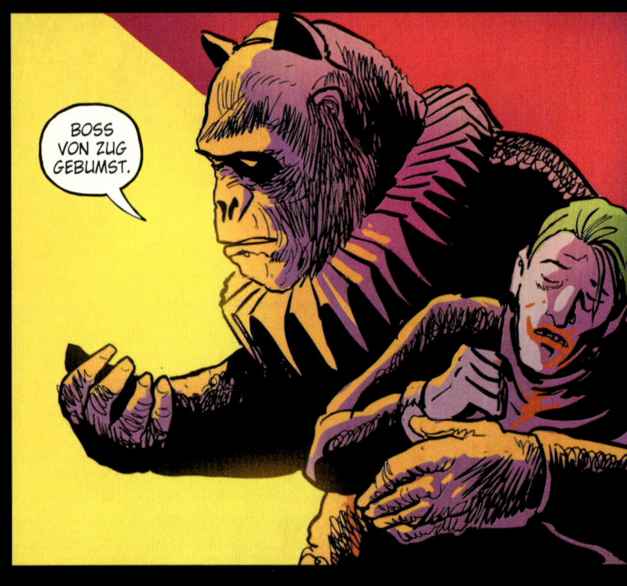
BOSS VON ZUG GEBUMST.

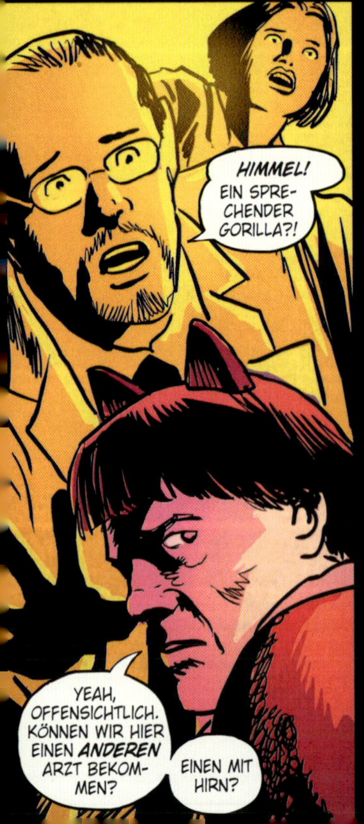
HIMMEL! EIN SPRE-CHENDER GORILLA?!
YEAH, OFFENSICHTLICH. KÖNNEN WIR HIER EINEN ANDEREN ARZT BEKOM-MEN?
EINEN MIT HIRN?

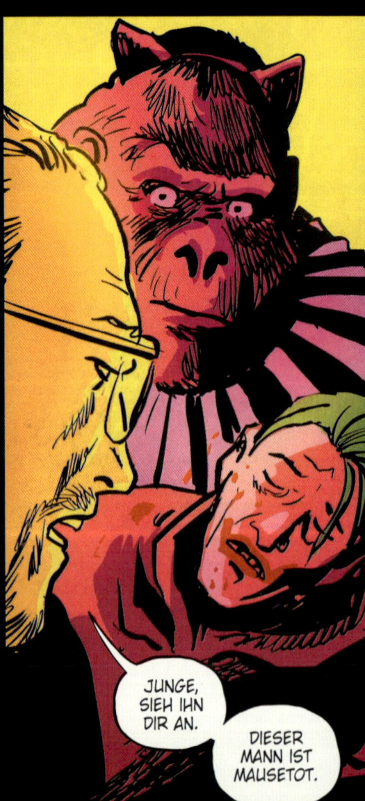
JUNGE, SIEH IHN DIR AN.
DIESER MANN IST MAUSETOT.

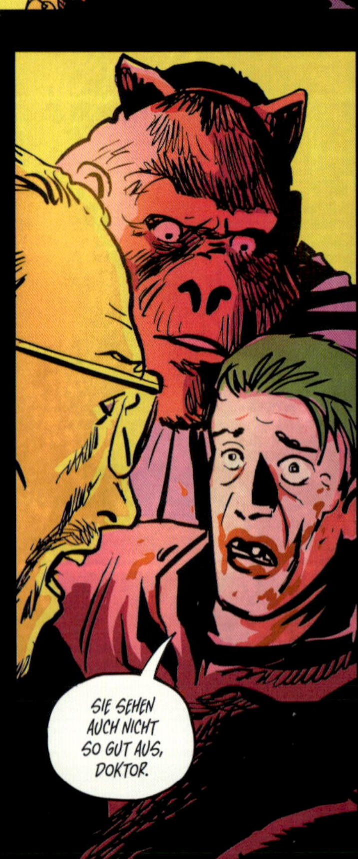
SIE SEHEN AUCH NICHT SO GUT AUS, DOKTOR.

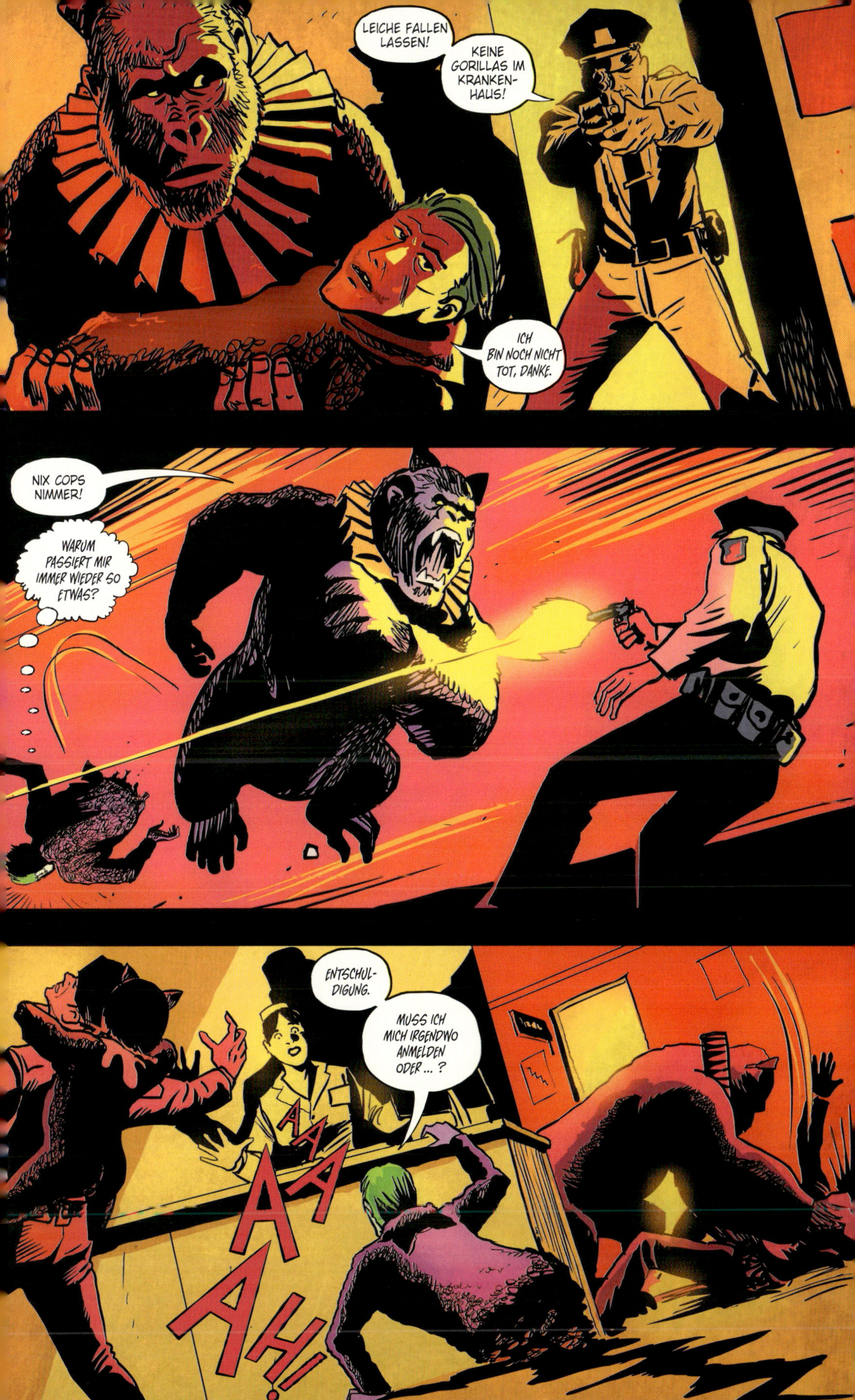

LEICHE FALLEN LASSEN!
KEINE GORILLAS IM KRANKEN-HAUS!
ICH BIN NOCH NICHT TOT, DANKE.
NIX COPS NIMMER!
WARUM PASSIERT MIR IMMER WIEDER SO ETWAS?
ENTSCHUL-DIGUNG.
MUSS ICH MICH IRGENDWO ANMELDEN ODER ... ?
AAAAAH!

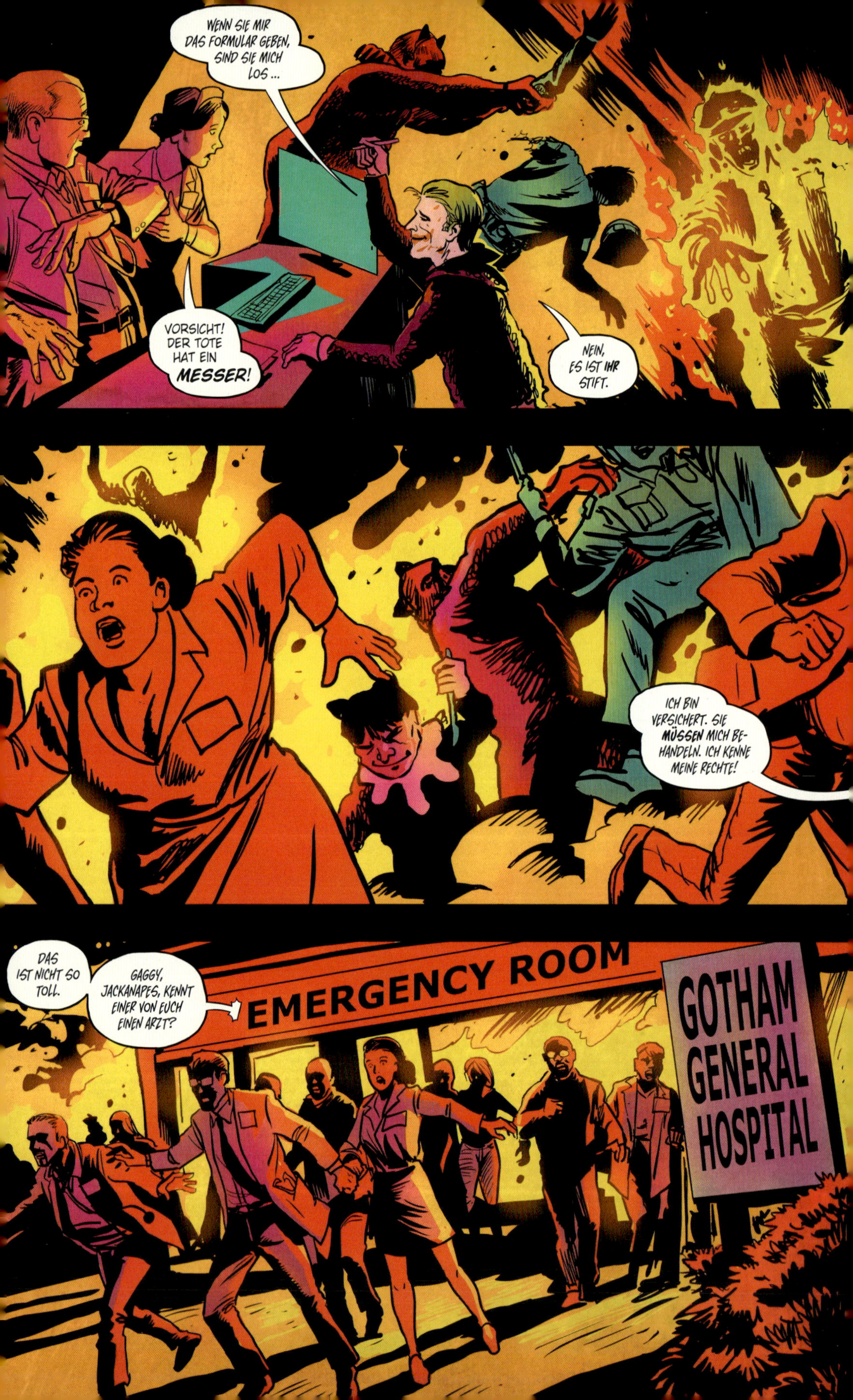

WENN SIE MIR DAS FORMULAR GEBEN, SIND SIE MICH LOS ...
VORSICHT! DER TOTE HAT EIN **MESSER!**
NEIN, ES IST **IHR** STIFT.
ICH BIN VERSICHERT. SIE **MÜSSEN** MICH BEHANDELN. ICH KENNE MEINE RECHTE!
DAS IST NICHT SO TOLL.
GAGGY, JACKANAPES, KENNT EINER VON EUCH EINEN ARZT?
EMERGENCY ROOM
GOTHAM GENERAL HOSPITAL

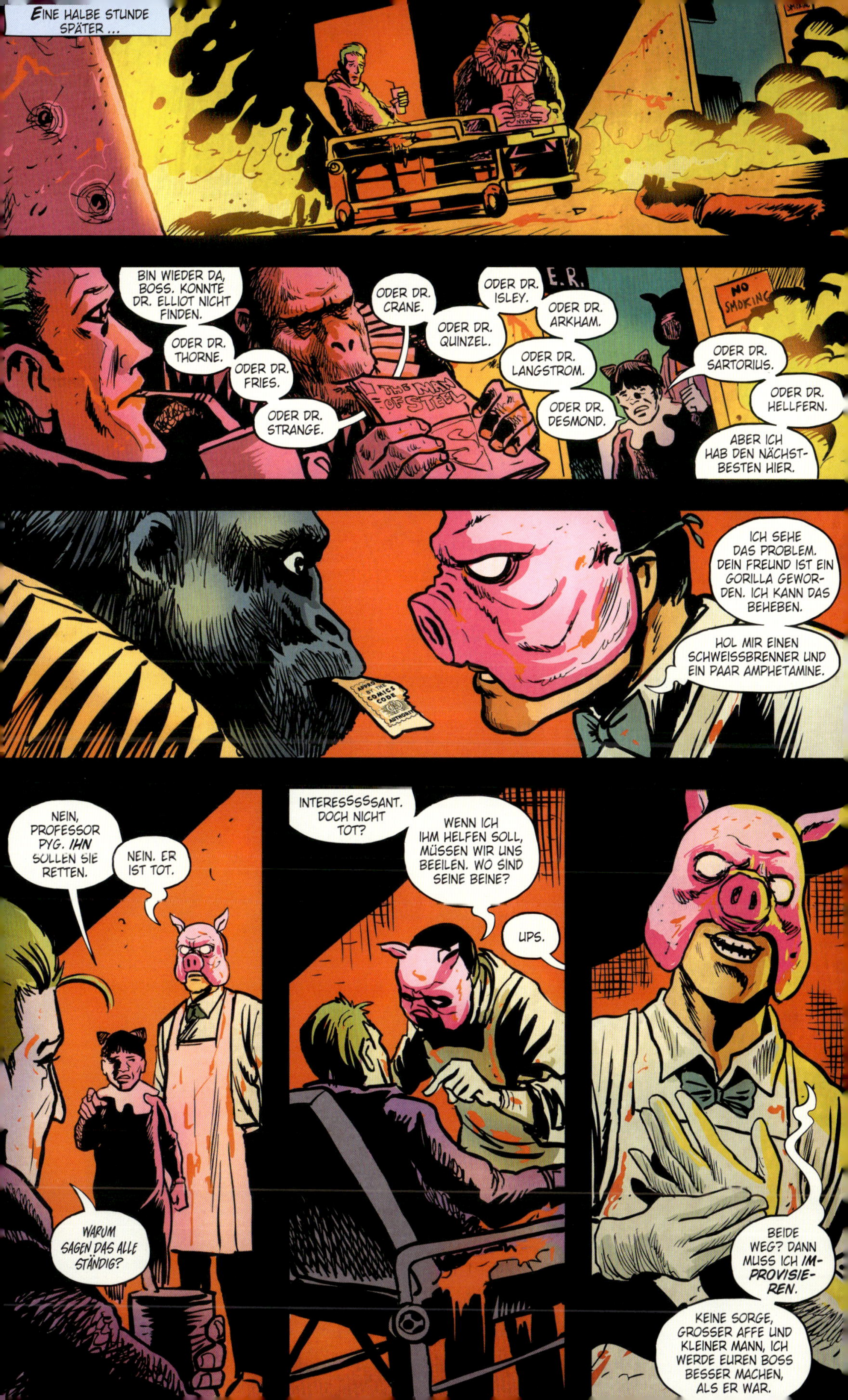
EINE HALBE STUNDE SPÄTER ...
BIN WIEDER DA, BOSS. KONNTE DR. ELLIOT NICHT FINDEN.
ODER DR. THORNE.
ODER DR. FRIES.
ODER DR. STRANGE.
ODER DR. CRANE.
ODER DR. QUINZEL.
ODER DR. ISLEY.
ODER DR. ARKHAM.
ODER DR. LANGSTROM.
ODER DR. DESMOND.
ODER DR. SARTORIUS.
ODER DR. HELLFERN.
ABER ICH HAB DEN NÄCHSTBESTEN HIER.
ICH SEHE DAS PROBLEM. DEIN FREUND IST EIN GORILLA GEWORDEN. ICH KANN DAS BEHEBEN.
HOL MIR EINEN SCHWEISSBRENNER UND EIN PAAR AMPHETAMINE.
NEIN, PROFESSOR PYG. *IHN* SOLLEN SIE RETTEN.
NEIN. ER IST TOT.
WARUM SAGEN DAS ALLE STÄNDIG?
INTERESSSSSANT. DOCH NICHT TOT?
WENN ICH IHM HELFEN SOLL, MÜSSEN WIR UNS BEEILEN. WO SIND SEINE BEINE?
UPS.
BEIDE WEG? DANN MUSS ICH *IMPROVISIEREN.*
KEINE SORGE, GROSSER AFFE UND KLEINER MANN, ICH WERDE EUREN BOSS BESSER MACHEN, ALS ER WAR.

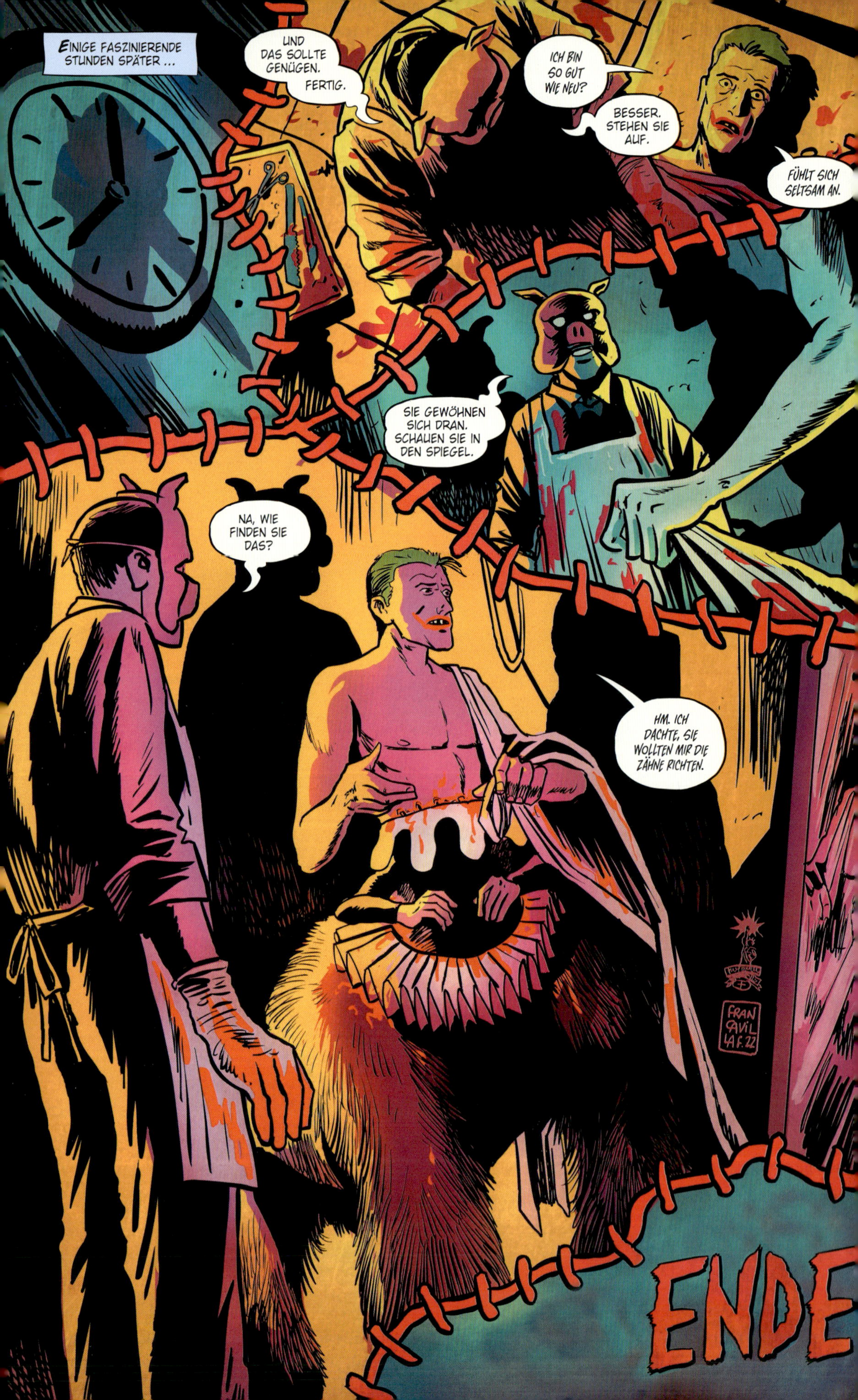
EINIGE FASZINIERENDE STUNDEN SPÄTER ...
UND DAS SOLLTE GENÜGEN.
FERTIG.
ICH BIN SO GUT WIE NEU?
BESSER. STEHEN SIE AUF.
FÜHLT SICH SELTSAM AN.
SIE GEWÖHNEN SICH DRAN. SCHAUEN SIE IN DEN SPIEGEL.
NA, WIE FINDEN SIE DAS?
HM. ICH DACHTE, SIE WOLLTEN MIR DIE ZÄHNE RICHTEN.
FRANCAVILLA F. 22
ENDE

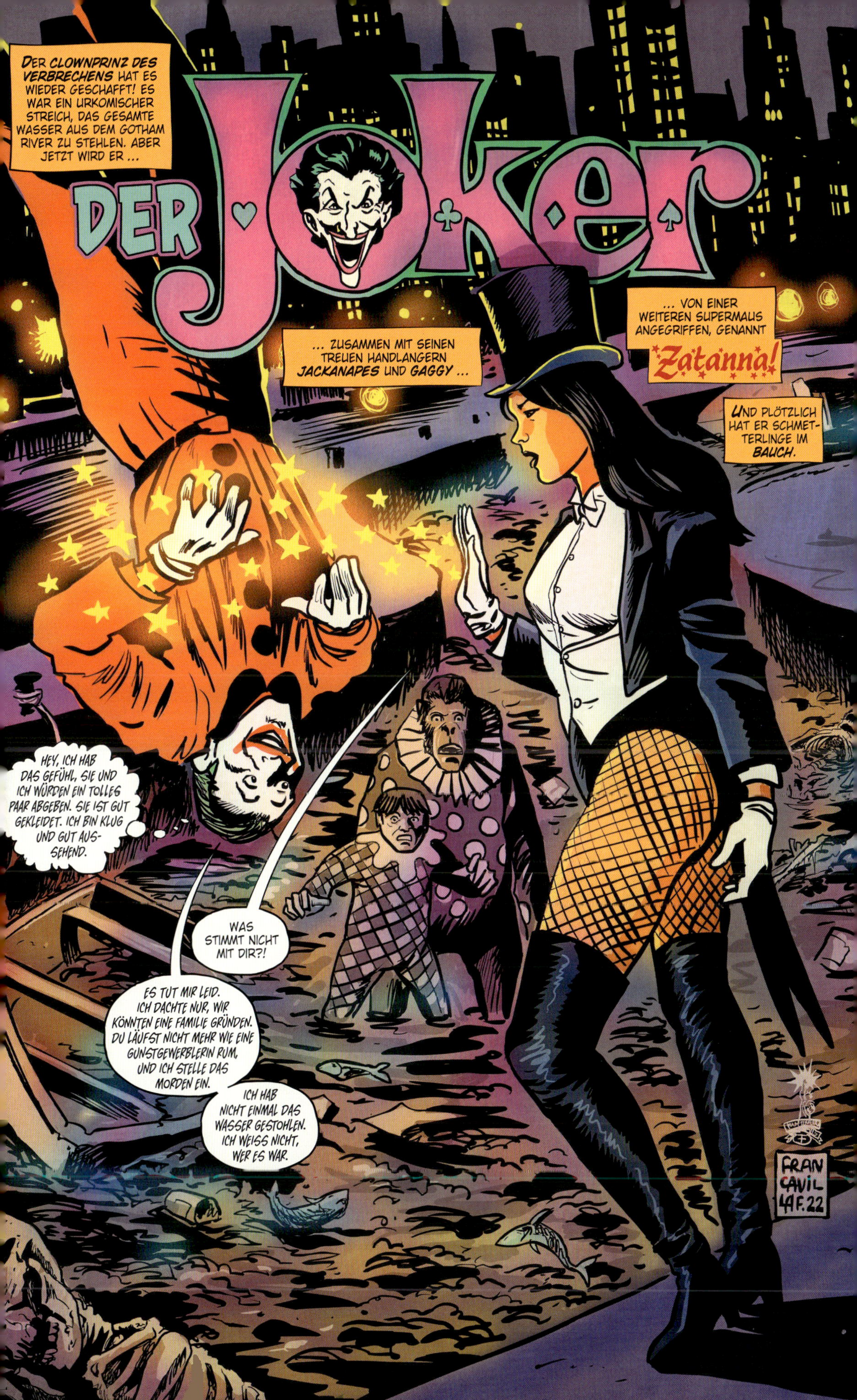
DER CLOWNPRINZ DES VERBRECHENS HAT ES WIEDER GESCHAFFT! ES WAR EIN URKOMISCHER STREICH, DAS GESAMTE WASSER AUS DEM GOTHAM RIVER ZU STEHLEN. ABER JETZT WIRD ER …
DER JOKER
… ZUSAMMEN MIT SEINEN TREUEN HANDLANGERN JACKANAPES UND GAGGY …
… VON EINER WEITEREN SUPERMAUS ANGEGRIFFEN, GENANNT
Zatanna!
UND PLÖTZLICH HAT ER SCHMETTERLINGE IM BAUCH.
HEY, ICH HAB DAS GEFÜHL, SIE UND ICH WÜRDEN EIN TOLLES PAAR ABGEBEN. SIE IST GUT GEKLEIDET. ICH BIN KLUG UND GUT AUSSEHEND.
WAS STIMMT NICHT MIT DIR?!
ES TUT MIR LEID. ICH DACHTE NUR, WIR KÖNNTEN EINE FAMILIE GRÜNDEN. DU LÄUFST NICHT MEHR WIE EINE GUNSTGEWERBLERIN RUM, UND ICH STELLE DAS MORDEN EIN.
ICH HAB NICHT EINMAL DAS WASSER GESTOHLEN. ICH WEISS NICHT, WER ES WAR.
FRAN CAVIL LAF. 22

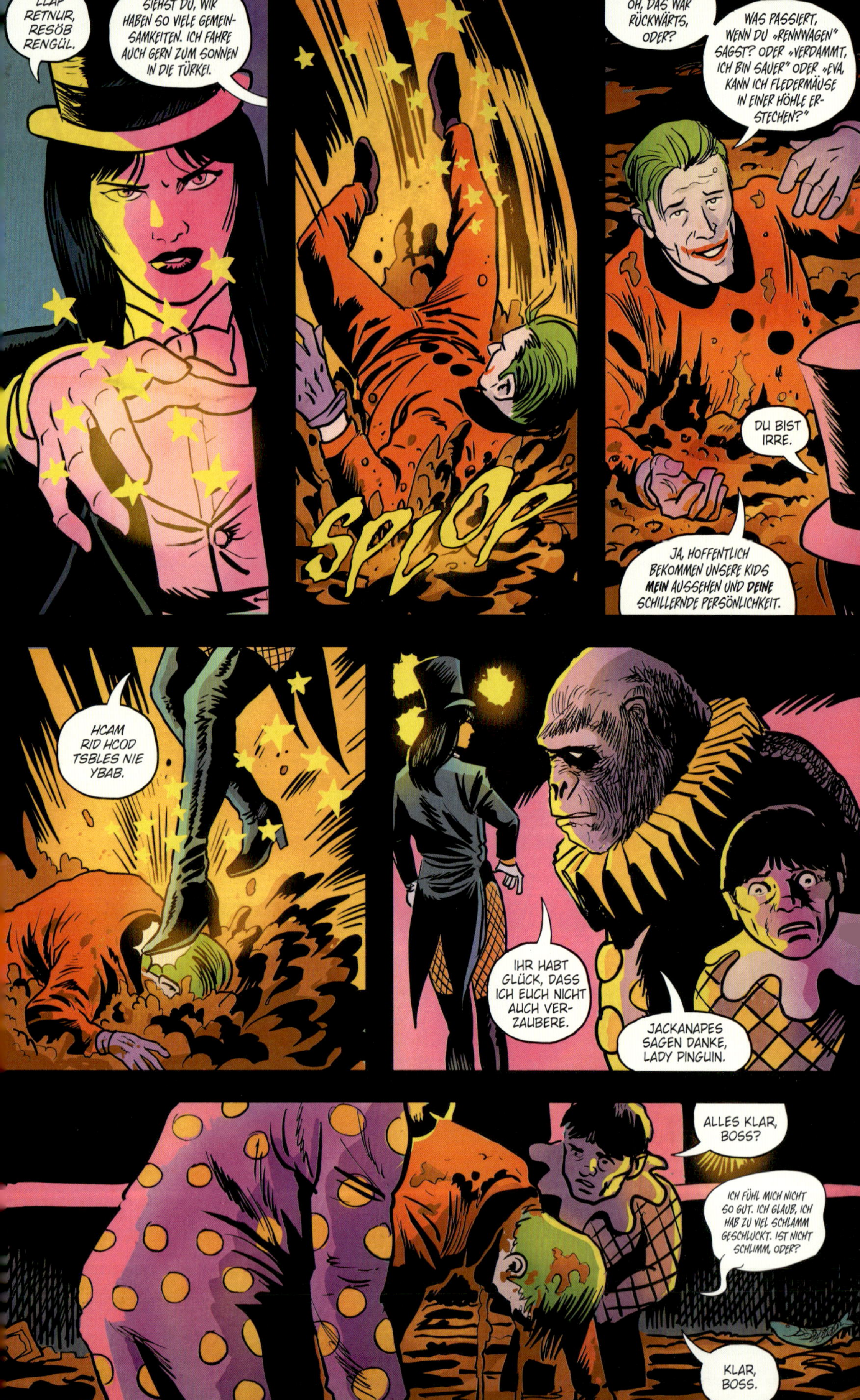
LLAF RETNUR, RESÖB RENGÜL.
SIEHST DU, WIR HABEN SO VIELE GEMEINSAMKEITEN. ICH FAHRE AUCH GERN ZUM SONNEN IN DIE TÜRKEI.
SPLOP
OH, DAS WAR RÜCKWÄRTS, ODER?
WAS PASSIERT, WENN DU »RENNWAGEN« SAGST? ODER »VERDAMMT, ICH BIN SAUER« ODER »EVA, KANN ICH FLEDERMÄUSE IN EINER HÖHLE ERSTECHEN?«
DU BIST IRRE.
JA, HOFFENTLICH BEKOMMEN UNSERE KIDS **MEIN** AUSSEHEN UND **DEINE** SCHILLERNDE PERSÖNLICHKEIT.
HCAM RID HCOD TSBLES NIE YBAB.
IHR HABT GLÜCK, DASS ICH EUCH NICHT AUCH VERZAUBERE.
JACKANAPES SAGEN DANKE, LADY PINGUIN.
ALLES KLAR, BOSS?
ICH FÜHL MICH NICHT SO GUT. ICH GLAUB, ICH HAB ZU VIEL SCHLAMM GESCHLUCKT. IST NICHT SCHLIMM, ODER?
KLAR, BOSS.

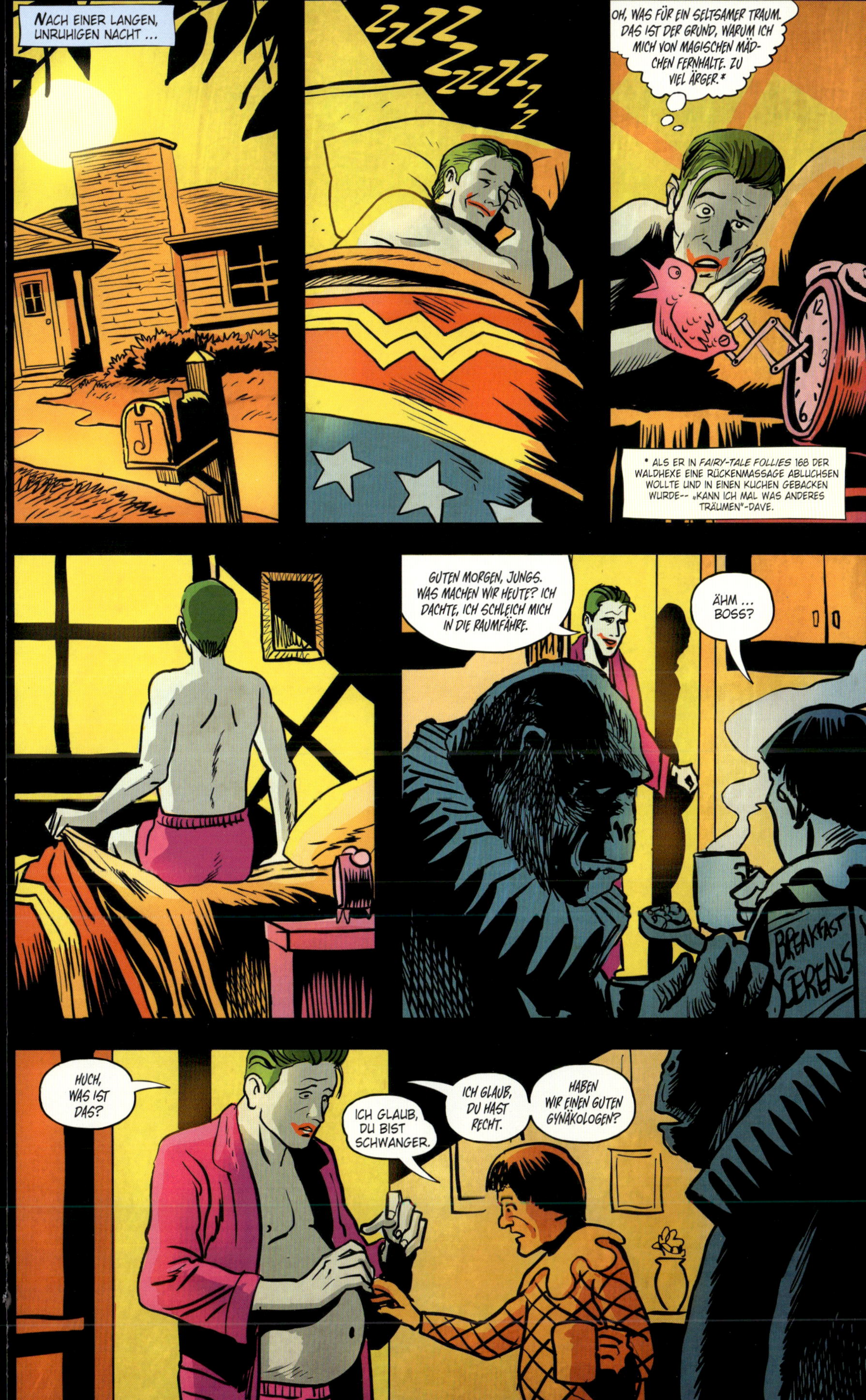
NACH EINER LANGEN, UNRUHIGEN NACHT ...
ZZZZZ ZZZZZZ
OH, WAS FÜR EIN SELTSAMER TRAUM. DAS IST DER GRUND, WARUM ICH MICH VON MAGISCHEN MÄDCHEN FERNHALTE. ZU VIEL ÄRGER.*
* ALS ER IN *FAIRY-TALE FOLLIES* 168 DER WALDHEXE EINE RÜCKENMASSAGE ABLUCHSEN WOLLTE UND IN EINEN KUCHEN GEBACKEN WURDE-- „KANN ICH MAL WAS ANDERES TRÄUMEN"-DAVE.
GUTEN MORGEN, JUNGS. WAS MACHEN WIR HEUTE? ICH DACHTE, ICH SCHLEICH MICH IN DIE RAUMFÄHRE.
ÄHM ... BOSS?
BREAKFAST CEREALS
HUCH, WAS IST DAS?
ICH GLAUB, DU BIST SCHWANGER.
ICH GLAUB, DU HAST RECHT.
HABEN WIR EINEN GUTEN GYNÄKOLOGEN?

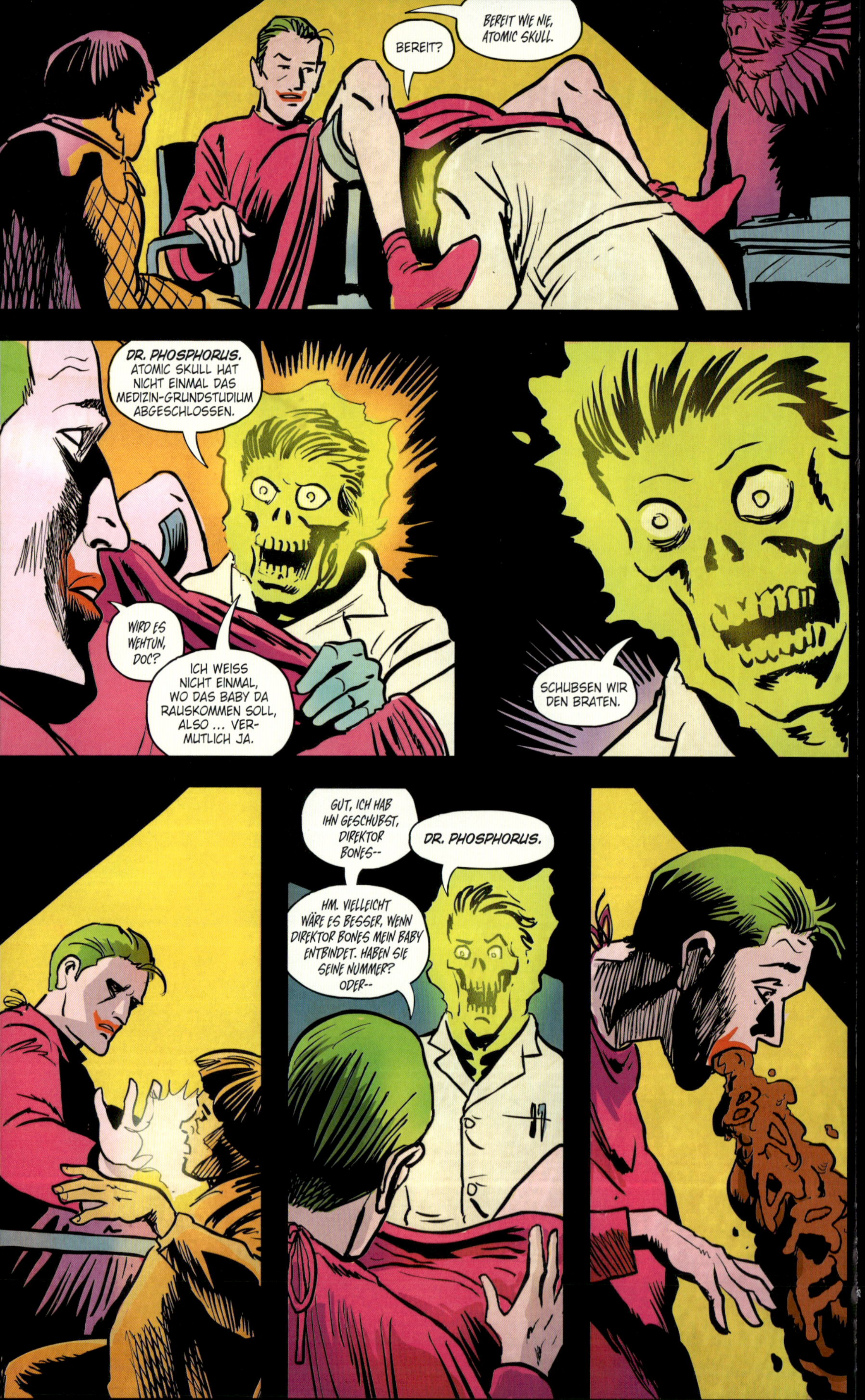

BEREIT?
BEREIT WIE NIE, ATOMIC SKULL.

DR. PHOSPHORUS. ATOMIC SKULL HAT NICHT EINMAL DAS MEDIZIN-GRUNDSTUDIUM ABGESCHLOSSEN.
WIRD ES WEHTUN, DOC?
ICH WEISS NICHT EINMAL, WO DAS BABY DA RAUSKOMMEN SOLL, ALSO ... VERMUTLICH JA.

SCHUBSEN WIR DEN BRATEN.

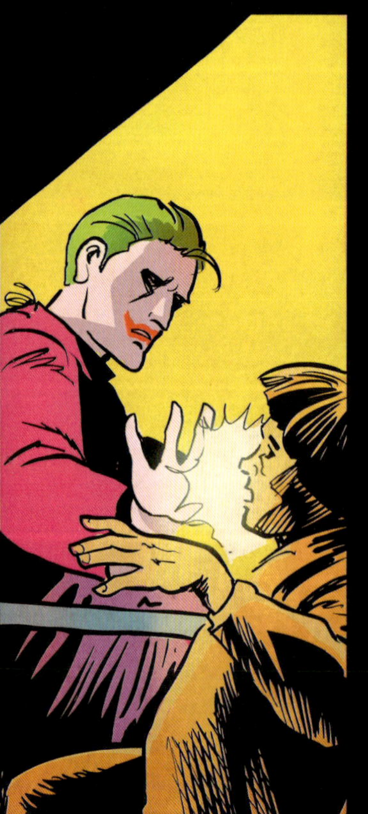

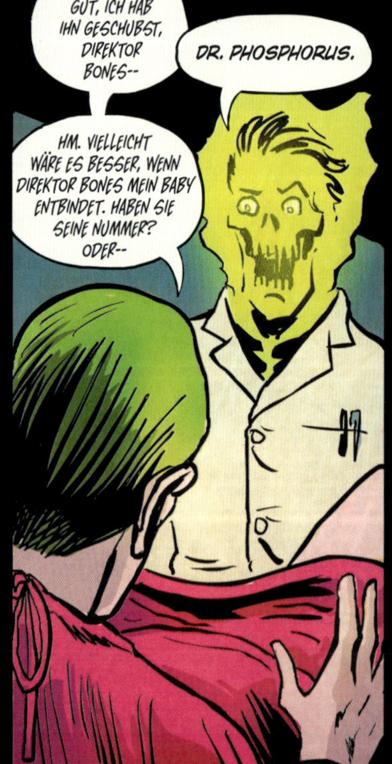

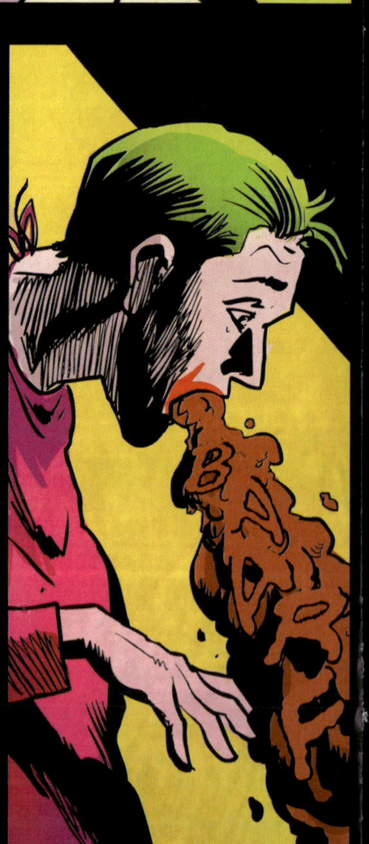

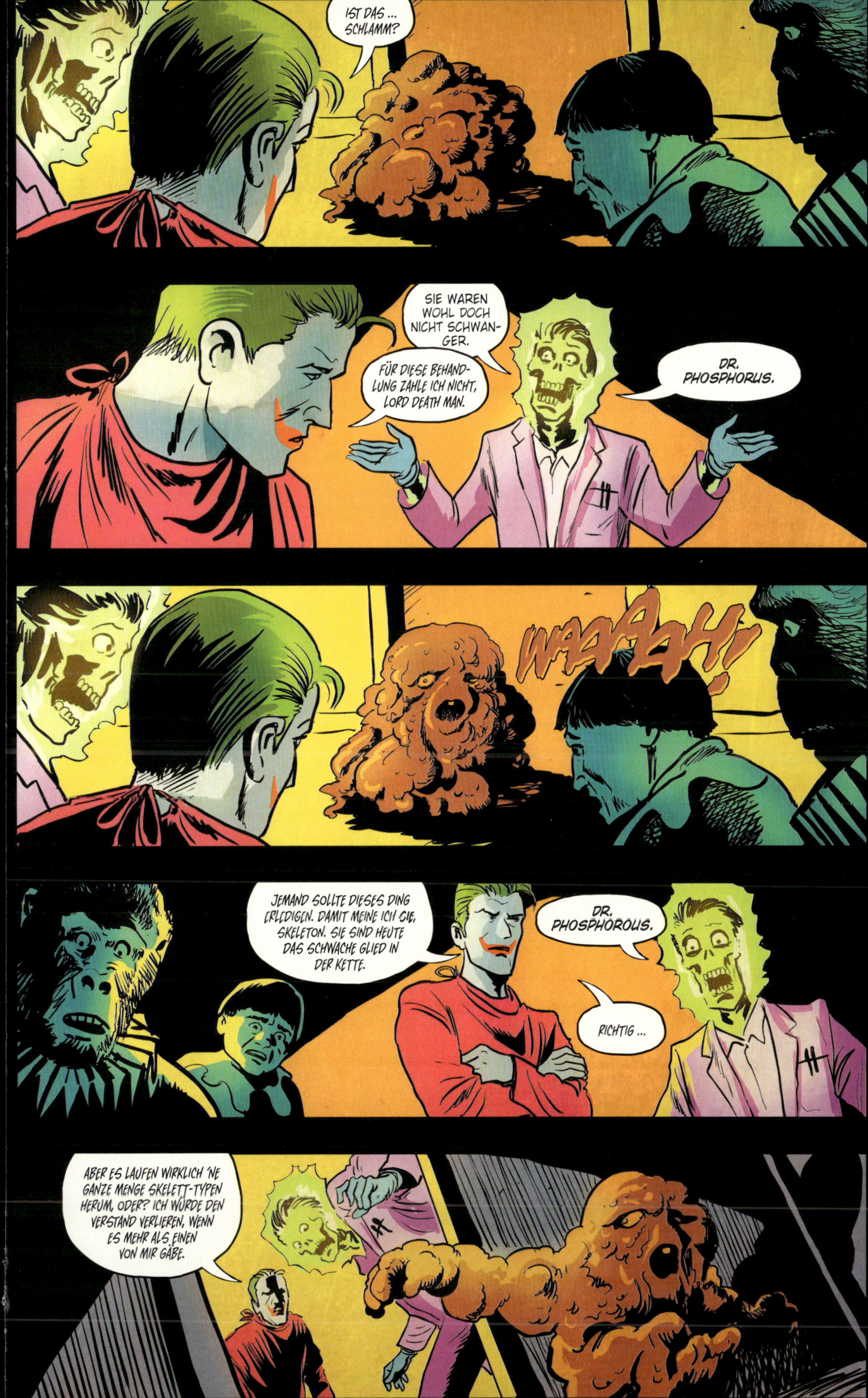
IST DAS ... SCHLAMM?
SIE WAREN WOHL DOCH NICHT SCHWANGER.
FÜR DIESE BEHANDLUNG ZAHLE ICH NICHT, LORD DEATH MAN.
DR. PHOSPHORUS.
WAAAAH!
JEMAND SOLLTE DIESES DING ERLEDIGEN. DAMIT MEINE ICH SIE, SKELETON. SIE SIND HEUTE DAS SCHWACHE GLIED IN DER KETTE.
DR. PHOSPHOROUS.
RICHTIG ...
ABER ES LAUFEN WIRKLICH 'NE GANZE MENGE SKELETT-TYPEN HERUM, ODER? ICH WÜRDE DEN VERSTAND VERLIEREN, WENN ES MEHR ALS EINEN VON MIR GÄBE.

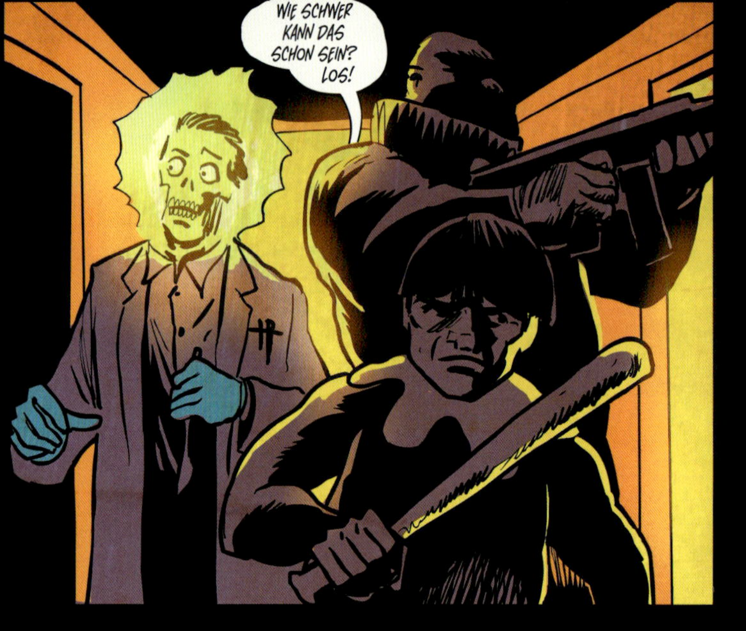
WIE SCHWER KANN DAS SCHON SEIN? LOS!

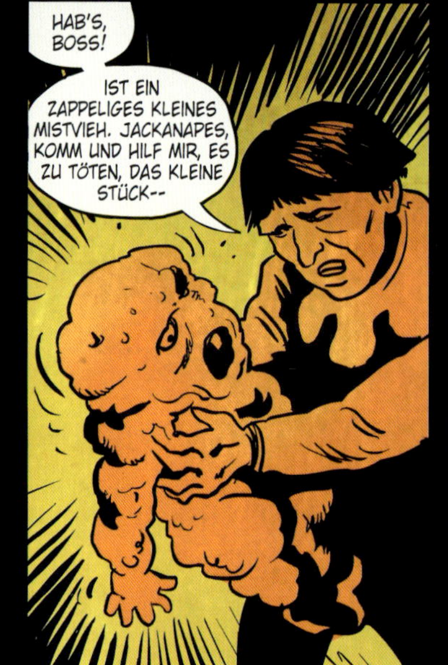
HAB'S, BOSS!
IST EIN ZAPPELIGES KLEINES MISTVIEH. JACKANAPES, KOMM UND HILF MIR, ES ZU TÖTEN, DAS KLEINE STÜCK--

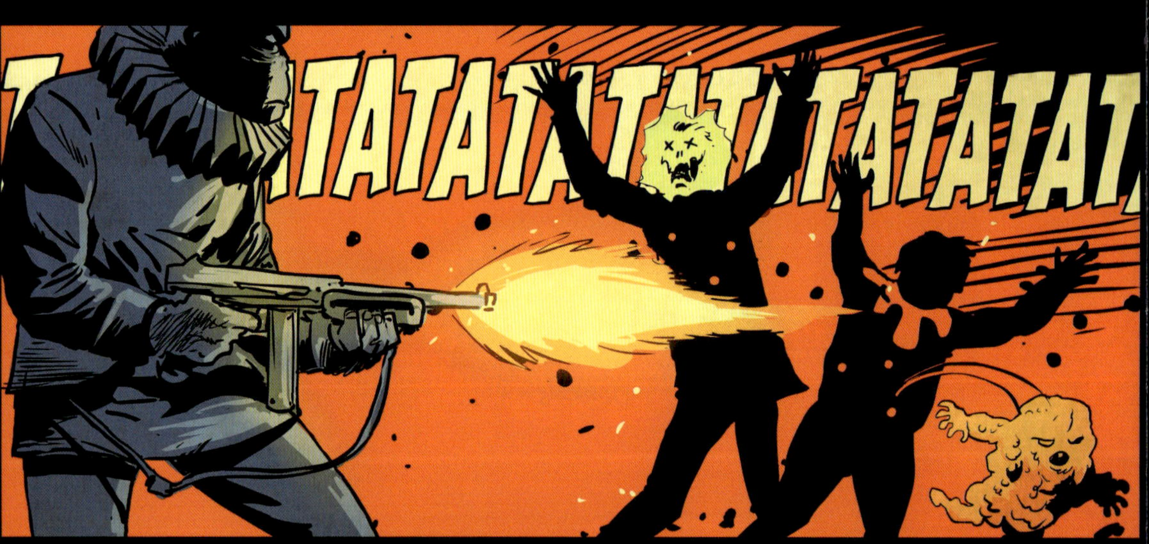
TATATATATATATATATATAT

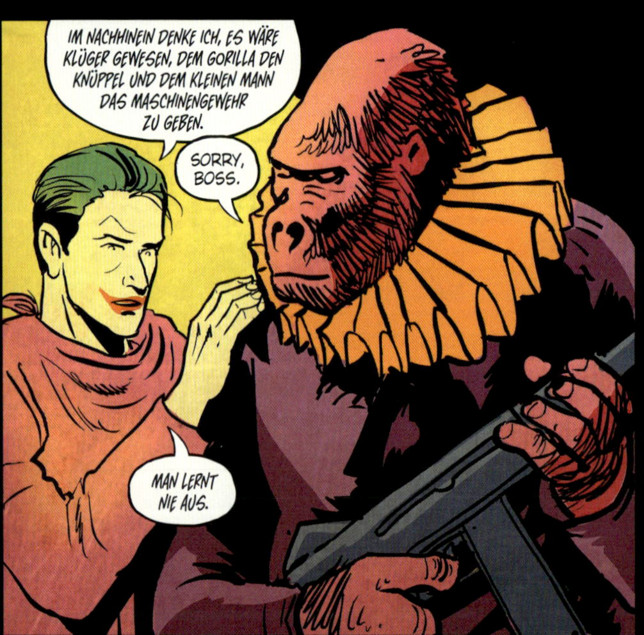
IM NACHHINEIN DENKE ICH, ES WÄRE KLÜGER GEWESEN, DEM GORILLA DEN KNÜPPEL UND DEM KLEINEN MANN DAS MASCHINENGEWEHR ZU GEBEN.
SORRY, BOSS.
MAN LERNT NIE AUS.

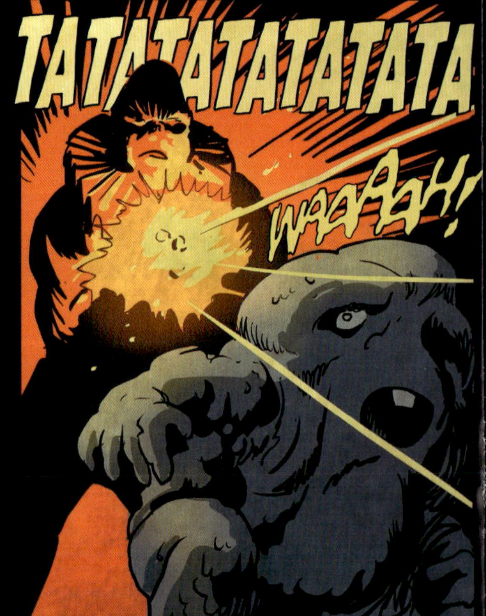
TATATATATATATATA
WAAAAH!

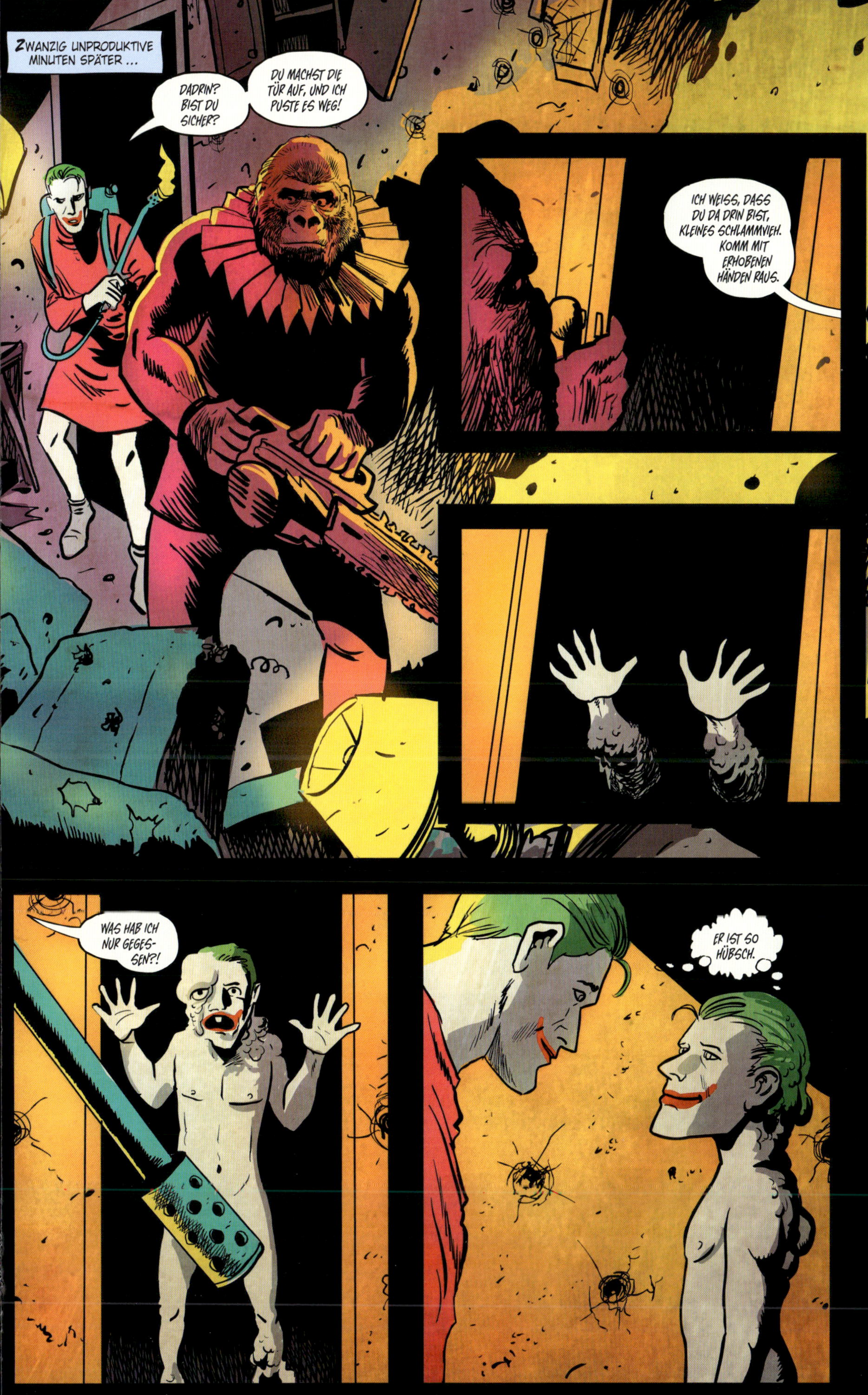
ZWANZIG UNPRODUKTIVE MINUTEN SPÄTER ...
DADRIN? BIST DU SICHER?
DU MACHST DIE TÜR AUF, UND ICH PUSTE ES WEG!
ICH WEISS, DASS DU DA DRIN BIST, KLEINES SCHLAMMVIEH. KOMM MIT ERHOBENEN HÄNDEN RAUS.
WAS HAB ICH NUR GEGES-SEN?!
ER IST SO HÜBSCH.

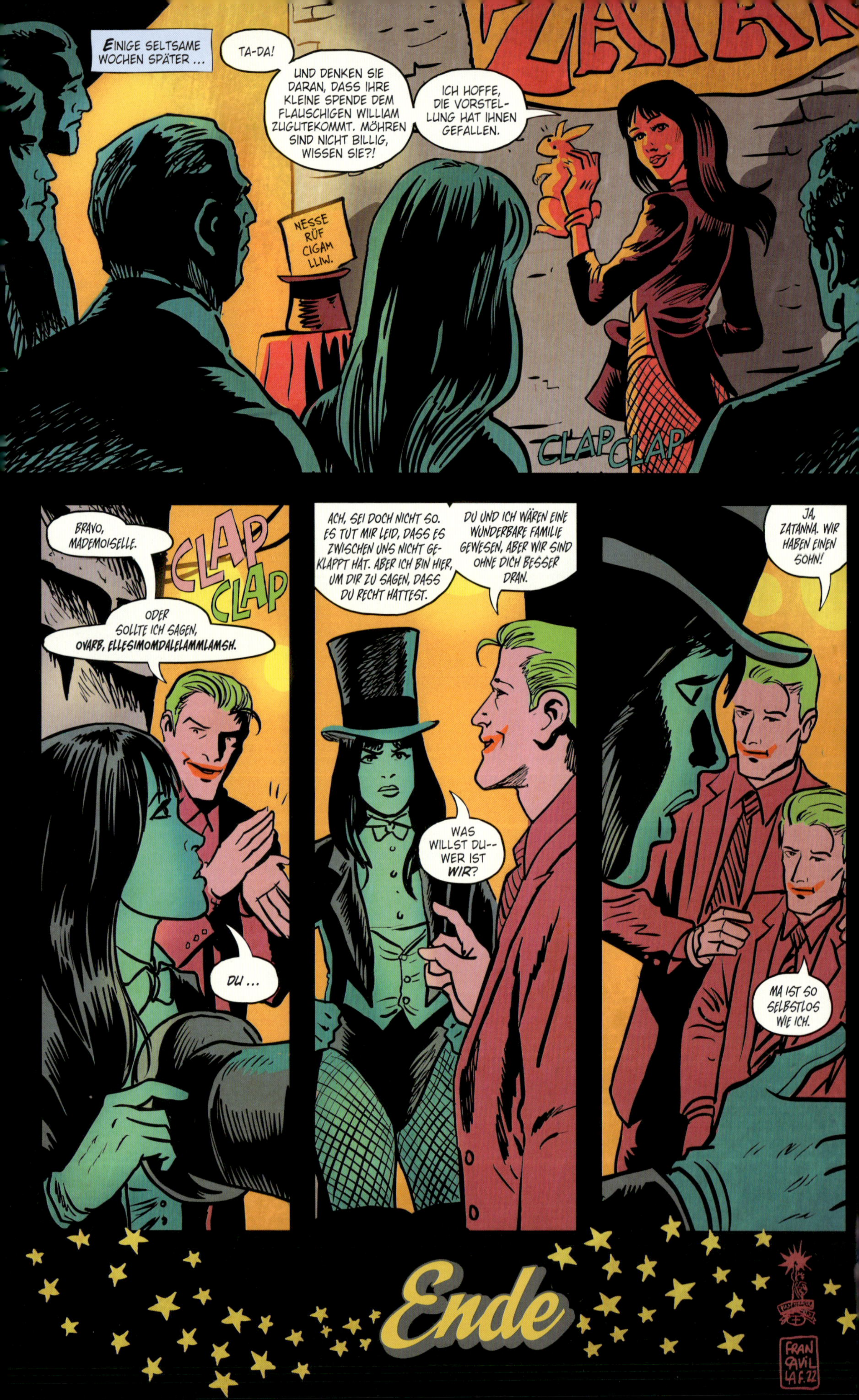

EINIGE SELTSAME WOCHEN SPÄTER ...
TA-DA!
UND DENKEN SIE DARAN, DASS IHRE KLEINE SPENDE DEM FLAUSCHIGEN WILLIAM ZUGUTEKOMMT. MÖHREN SIND NICHT BILLIG, WISSEN SIE?!
ICH HOFFE, DIE VORSTEL-LUNG HAT IHNEN GEFALLEN.
NESSE RÜF CIGAM LLIW.
CLAP CLAP
BRAVO, MADEMOISELLE.
CLAP CLAP
ODER SOLLTE ICH SAGEN, OVARB, ELLESIMOMDALELAMMLAMSH.
DU ...
ACH, SEI DOCH NICHT SO. ES TUT MIR LEID, DASS ES ZWISCHEN UNS NICHT GE-KLAPPT HAT. ABER ICH BIN HIER, UM DIR ZU SAGEN, DASS DU RECHT HATTEST.
DU UND ICH WÄREN EINE WUNDERBARE FAMILIE GEWESEN, ABER WIR SIND OHNE DICH BESSER DRAN.
WAS WILLST DU-- WER IST WIR?
JA, ZATANNA. WIR HABEN EINEN SOHN!
MA IST SO SELBSTLOS WIE ICH.
Ende
FRAN CAVIL LA F. 22

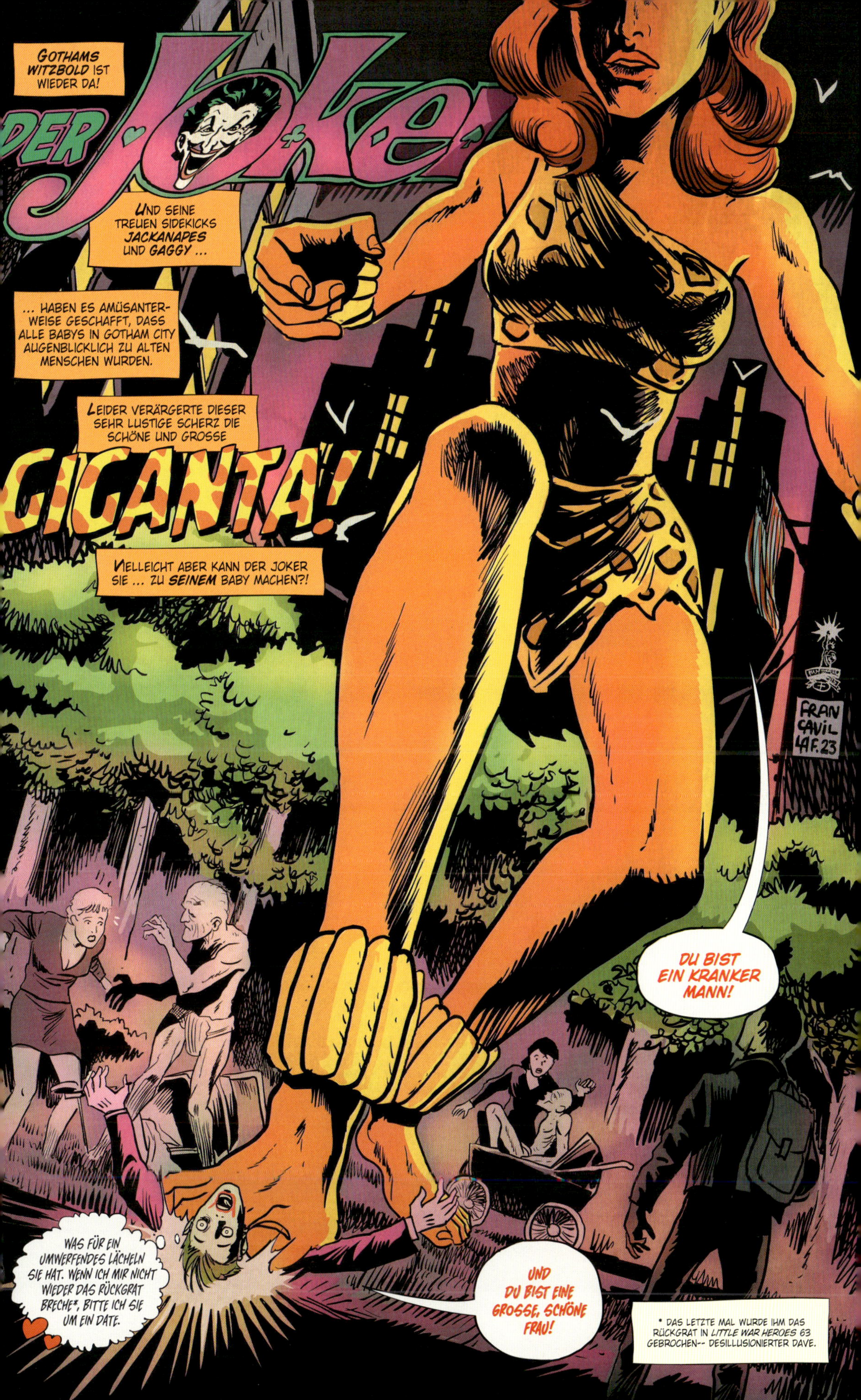
GOTHAMS WITZBOLD IST WIEDER DA!
DER JOKER
UND SEINE TREUEN SIDEKICKS JACKANAPES UND GAGGY ...
... HABEN ES AMÜSANTERWEISE GESCHAFFT, DASS ALLE BABYS IN GOTHAM CITY AUGENBLICKLICH ZU ALTEN MENSCHEN WURDEN.
LEIDER VERÄRGERTE DIESER SEHR LUSTIGE SCHERZ DIE SCHÖNE UND GROSSE
GIGANTA!
VIELLEICHT ABER KANN DER JOKER SIE ... ZU SEINEM BABY MACHEN?!
FRAN CAVIL 4F.23
DU BIST EIN KRANKER MANN!
WAS FÜR EIN UMWERFENDES LÄCHELN SIE HAT. WENN ICH MIR NICHT WIEDER DAS RÜCKGRAT BRECHE*, BITTE ICH SIE UM EIN DATE.
UND DU BIST EINE GROSSE, SCHÖNE FRAU!
* DAS LETZTE MAL WURDE IHM DAS RÜCKGRAT IN LITTLE WAR HEROES 63 GEBROCHEN-- DESILLUSIONIERTER DAVE.

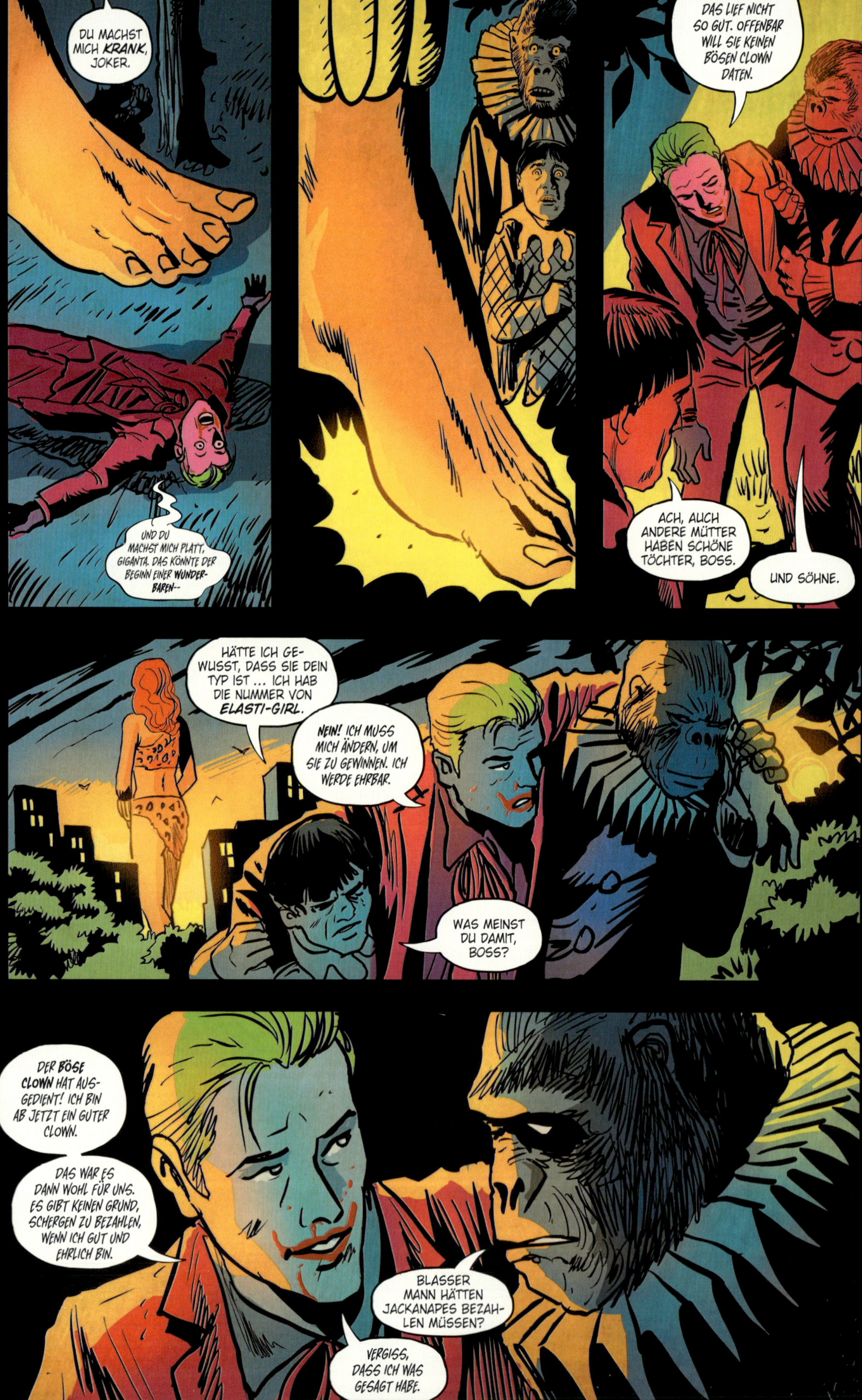
DU MACHST MICH KRANK, JOKER.
UND DU MACHST MICH PLATT, GIGANTA. DAS KÖNNTE DER BEGINN EINER WUNDERBAREN--
DAS LIEF NICHT SO GUT. OFFENBAR WILL SIE KEINEN BÖSEN CLOWN DATEN.
ACH, AUCH ANDERE MÜTTER HABEN SCHÖNE TÖCHTER, BOSS.
UND SÖHNE.
HÄTTE ICH GEWUSST, DASS SIE DEIN TYP IST ... ICH HAB DIE NUMMER VON ELASTI-GIRL.
NEIN! ICH MUSS MICH ÄNDERN, UM SIE ZU GEWINNEN. ICH WERDE EHRBAR.
WAS MEINST DU DAMIT, BOSS?
DER BÖSE CLOWN HAT AUSGEDIENT! ICH BIN AB JETZT EIN GUTER CLOWN.
DAS WAR ES DANN WOHL FÜR UNS. ES GIBT KEINEN GRUND, SCHERGEN ZU BEZAHLEN, WENN ICH GUT UND EHRLICH BIN.
BLASSER MANN HÄTTEN JACKANAPES BEZAHLEN MÜSSEN?
VERGISS, DASS ICH WAS GESAGT HABE.

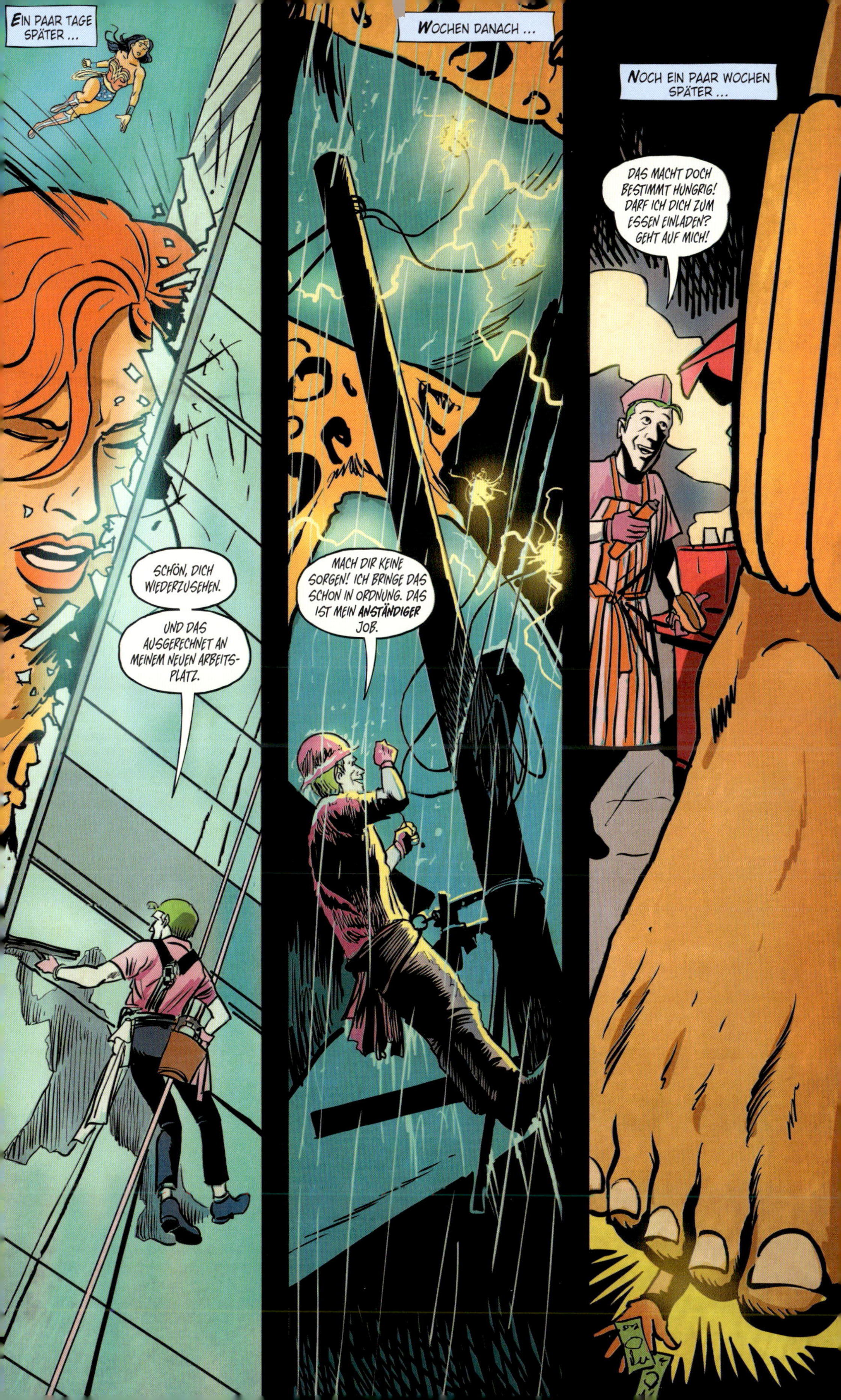
EIN PAAR TAGE SPÄTER …
SCHÖN, DICH WIEDERZUSEHEN.
UND DAS AUSGERECHNET AN MEINEM NEUEN ARBEITSPLATZ.
WOCHEN DANACH …
MACH DIR KEINE SORGEN! ICH BRINGE DAS SCHON IN ORDNUNG. DAS IST MEIN **ANSTÄNDIGER** JOB.
NOCH EIN PAAR WOCHEN SPÄTER …
DAS MACHT DOCH BESTIMMT HUNGRIG! DARF ICH DICH ZUM ESSEN EINLADEN? GEHT AUF MICH!

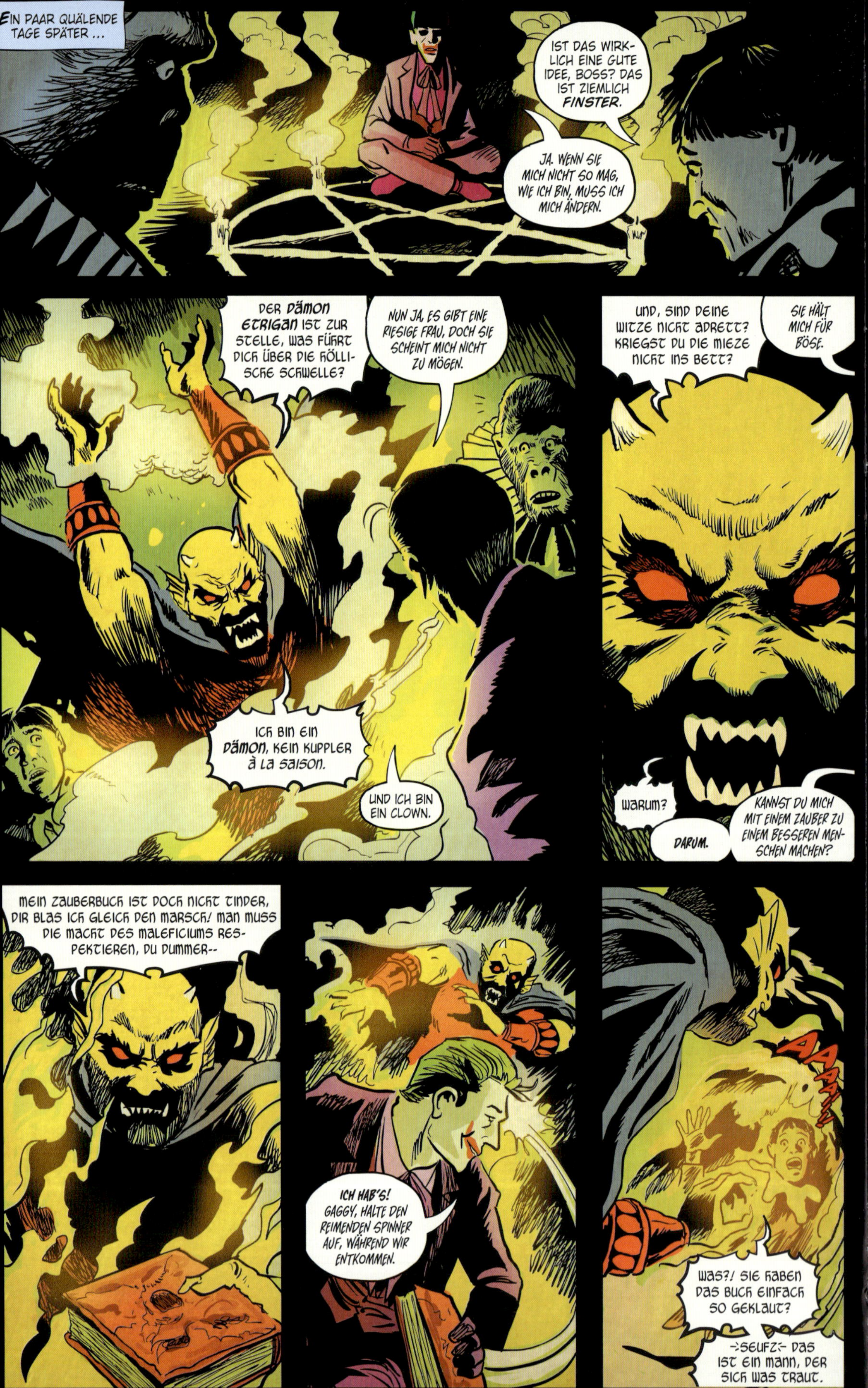
Ein paar quälende Tage später ...
Ist das wirklich eine gute Idee, Boss? Das ist ziemlich finster.
Ja. Wenn sie mich nicht so mag, wie ich bin, muss ich mich ändern.
Der Dämon Etrigan ist zur Stelle, was führt dich über die höllische Schwelle?
Nun ja, es gibt eine riesige Frau, doch sie scheint mich nicht zu mögen.
Ich bin ein Dämon, kein Kuppler à la saison.
Und ich bin ein Clown.
Und, sind deine Witze nicht adrett? Kriegst du die Mieze nicht ins Bett?
Sie hält mich für böse.
Warum?
Darum.
Kannst du mich mit einem Zauber zu einem besseren Menschen machen?
Mein Zauberbuch ist doch nicht Tinder, dir blas ich gleich den Marsch! Man muss die Macht des Maleficiums respektieren, du dummer--
Ich hab's! Gaggy, halte den reimenden Spinner auf, während wir entkommen.
AAAAH!
Was?! Sie haben das Buch einfach so geklaut?
-Seufz- Das ist ein Mann, der sich was traut.

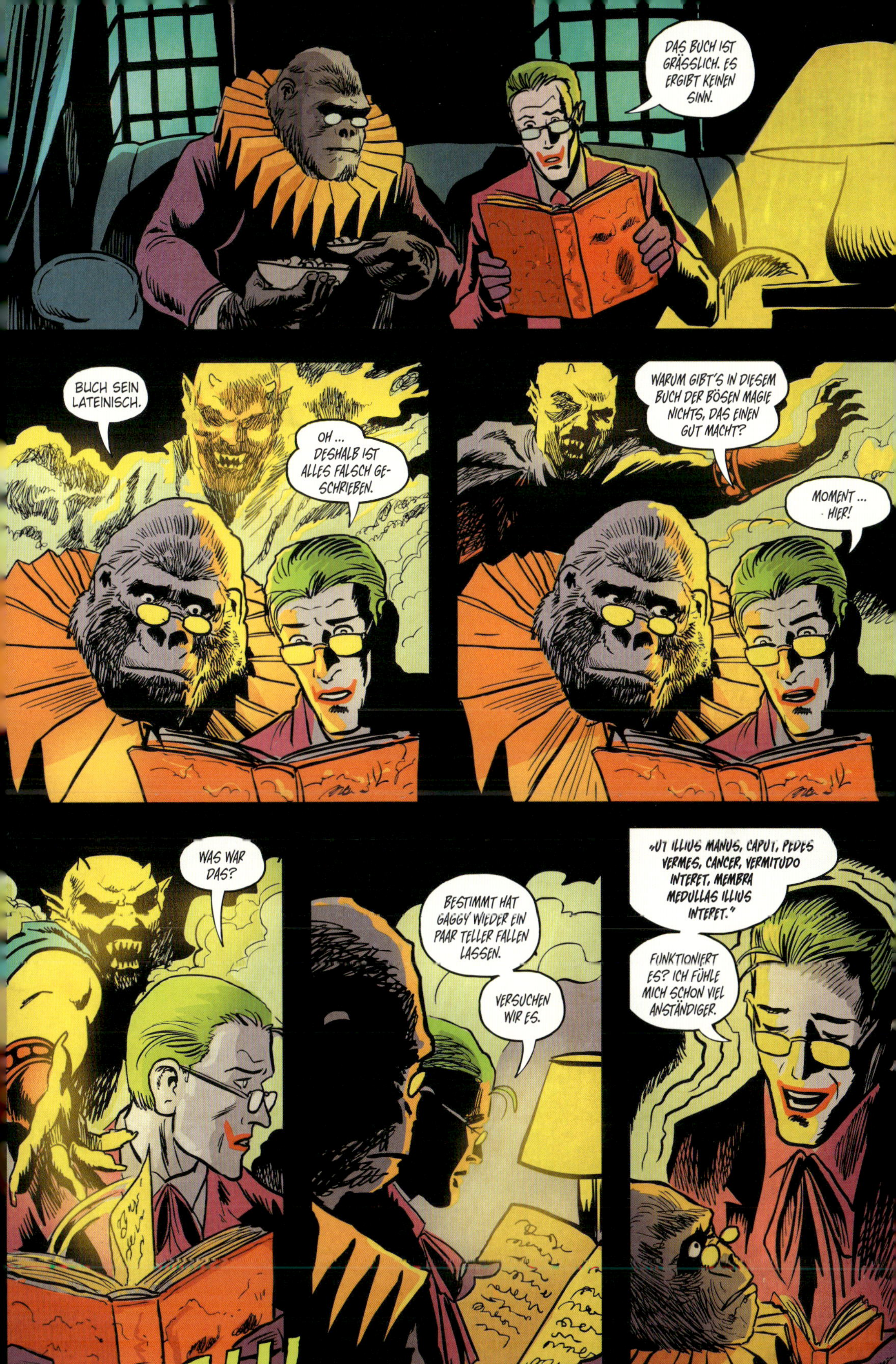
DAS BUCH IST GRÄSSLICH. ES ERGIBT KEINEN SINN.
BUCH SEIN LATEINISCH.
OH ... DESHALB IST ALLES FALSCH GESCHRIEBEN.
WARUM GIBT'S IN DIESEM BUCH DER BÖSEN MAGIE NICHTS, DAS EINEN GUT MACHT?
MOMENT ... HIER!
WAS WAR DAS?
CRASH!
BESTIMMT HAT GAGGY WIEDER EIN PAAR TELLER FALLEN LASSEN.
VERSUCHEN WIR ES.
„UT ILLIUS MANUS, CAPUT, PEDES VERMES, CANCER, VERMITUDO INTERET, MEMBRA MEDULLAS ILLIUS INTERET."
FUNKTIONIERT ES? ICH FÜHLE MICH SCHON VIEL ANSTÄNDIGER.

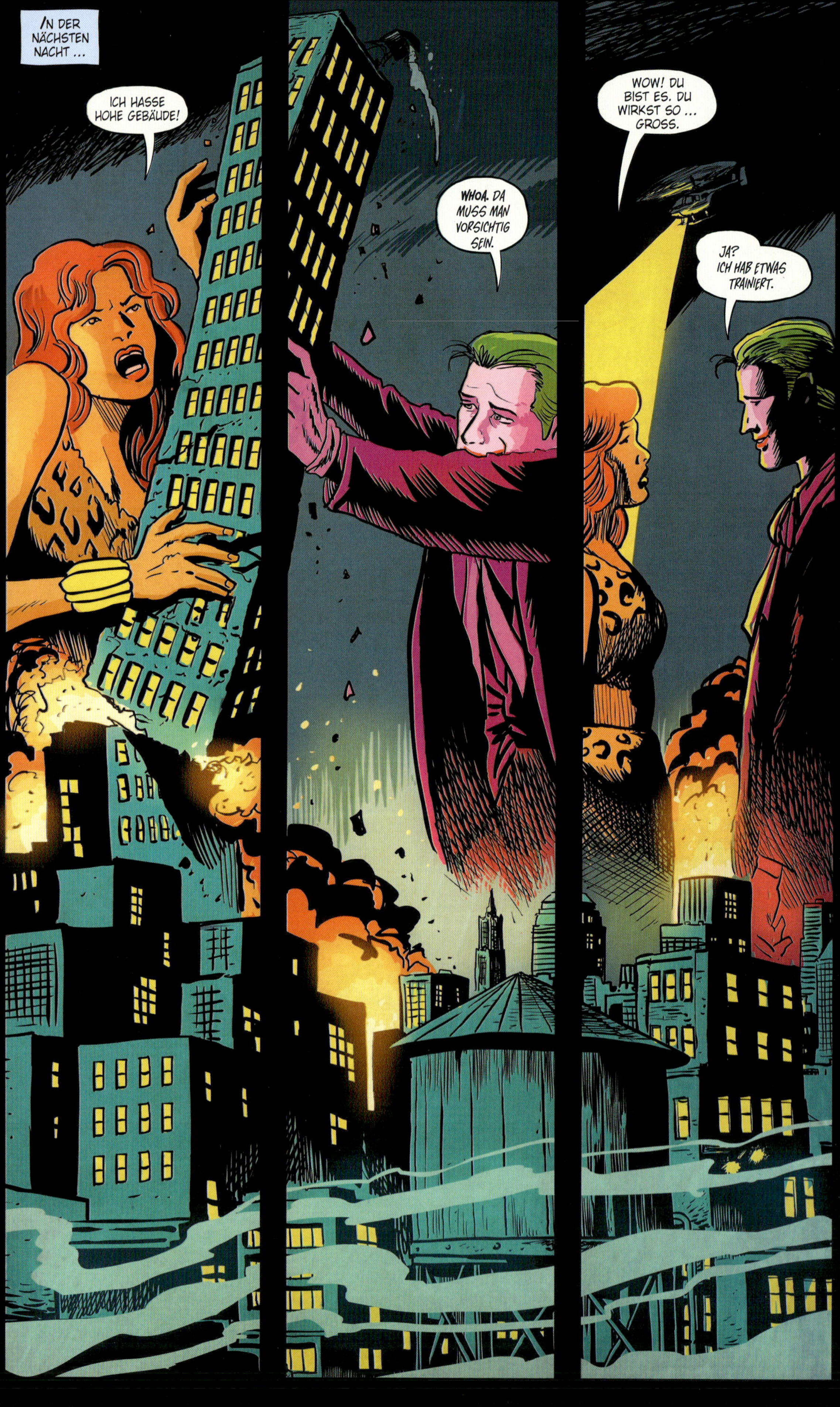

IN DER NÄCHSTEN NACHT …

ICH HASSE HOHE GEBÄUDE!

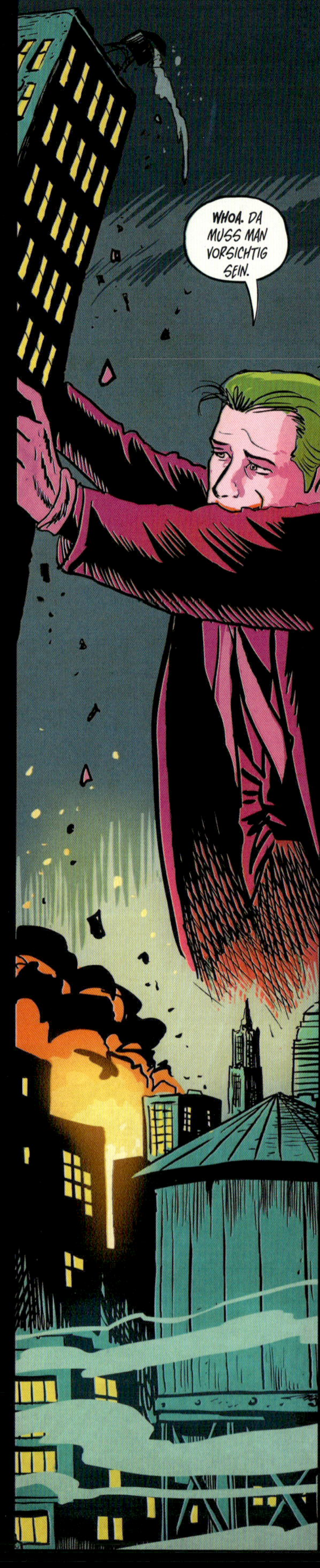

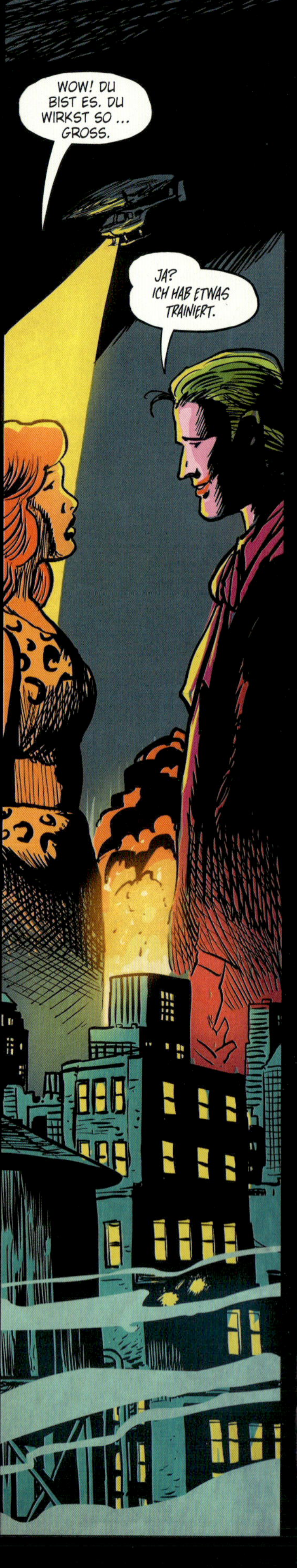

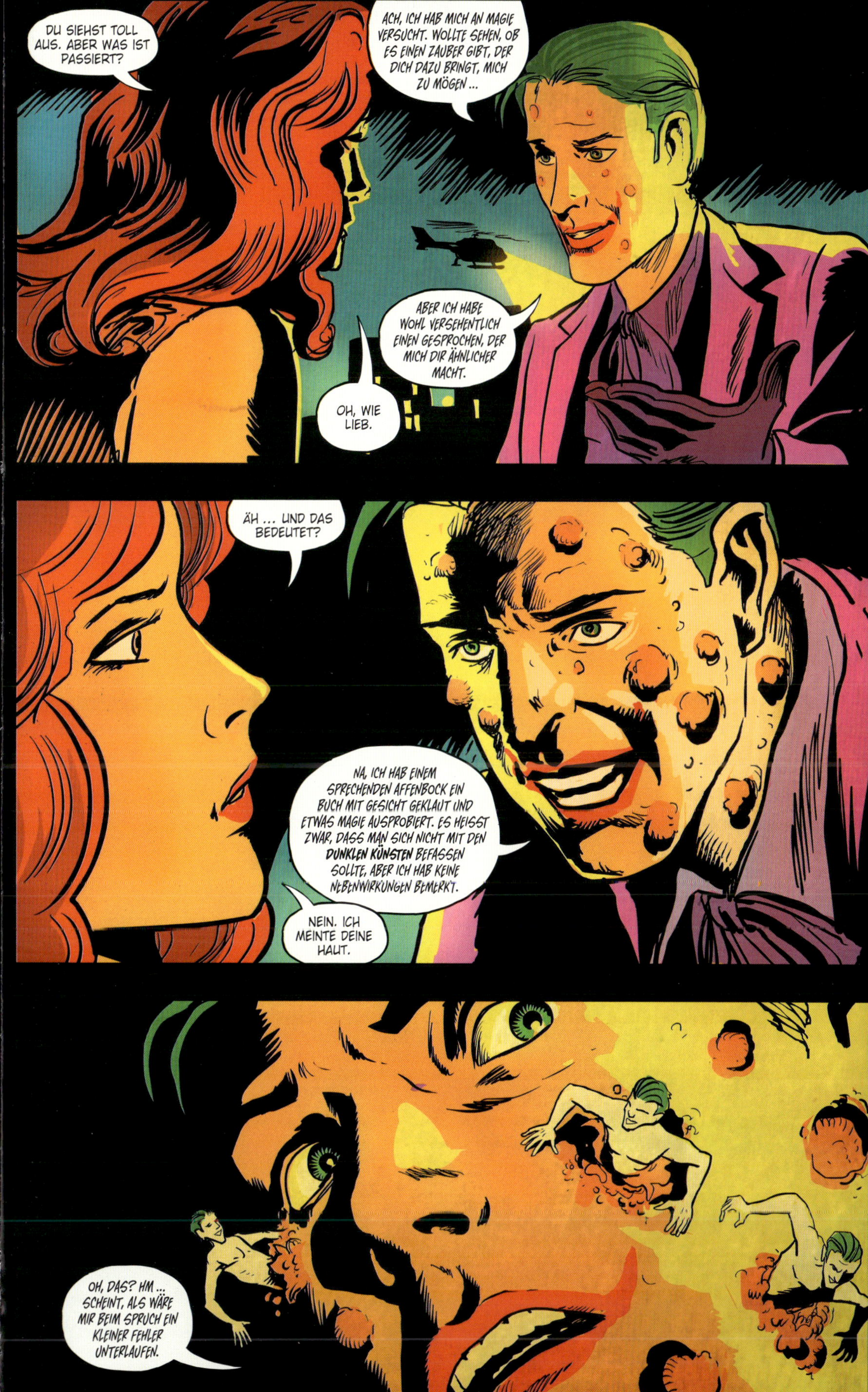
DU SIEHST TOLL AUS. ABER WAS IST PASSIERT?
ACH, ICH HAB MICH AN MAGIE VERSUCHT. WOLLTE SEHEN, OB ES EINEN ZAUBER GIBT, DER DICH DAZU BRINGT, MICH ZU MÖGEN ...
ABER ICH HABE WOHL VERSEHENTLICH EINEN GESPROCHEN, DER MICH DIR ÄHNLICHER MACHT.
OH, WIE LIEB.
ÄH ... UND DAS BEDEUTET?
NA, ICH HAB EINEM SPRECHENDEN AFFENBOCK EIN BUCH MIT GESICHT GEKLAUT UND ETWAS MAGIE AUSPROBIERT. ES HEISST ZWAR, DASS MAN SICH NICHT MIT DEN **DUNKLEN KÜNSTEN** BEFASSEN SOLLTE, ABER ICH HAB KEINE NEBENWIRKUNGEN BEMERKT.
NEIN. ICH MEINTE DEINE HAUT.
OH, DAS? HM ... SCHEINT, ALS WÄRE MIR BEIM SPRUCH EIN KLEINER FEHLER UNTERLAUFEN.

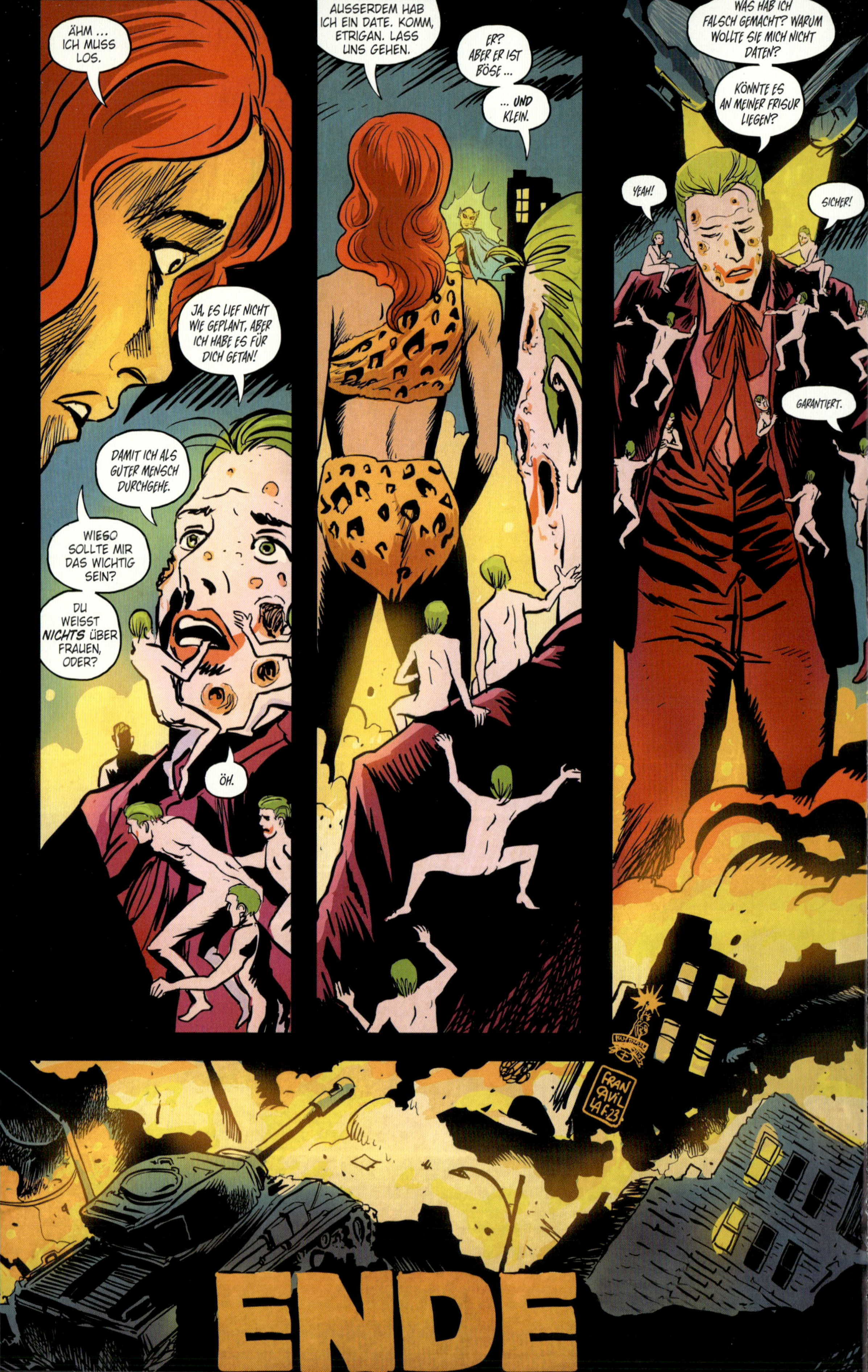
ÄHM ... ICH MUSS LOS.
JA, ES LIEF NICHT WIE GEPLANT, ABER ICH HABE ES FÜR DICH GETAN!
DAMIT ICH ALS GUTER MENSCH DURCHGEHE.
WIESO SOLLTE MIR DAS WICHTIG SEIN?
DU WEISST NICHTS ÜBER FRAUEN, ODER?
ÖH.
AUSSERDEM HAB ICH EIN DATE. KOMM, ETRIGAN. LASS UNS GEHEN.
ER? ABER ER IST BÖSE ...
... UND KLEIN.
WAS HAB ICH FALSCH GEMACHT? WARUM WOLLTE SIE MICH NICHT DATEN?
KÖNNTE ES AN MEINER FRISUR LIEGEN?
YEAH!
SICHER!
GARANTIERT.
FRAN CAVIL LA F.23
ENDE

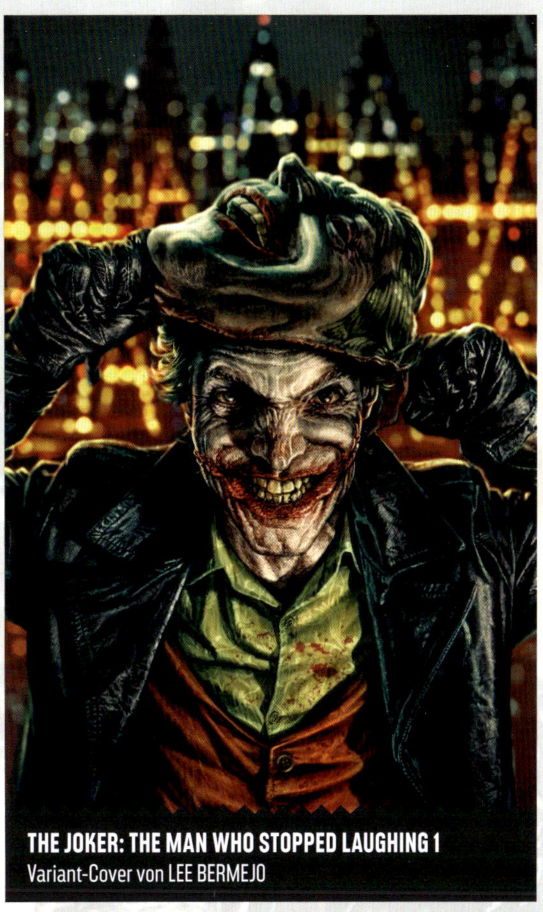

THE JOKER: THE MAN WHO STOPPED LAUGHING 1
Variant-Cover von LEE BERMEJO

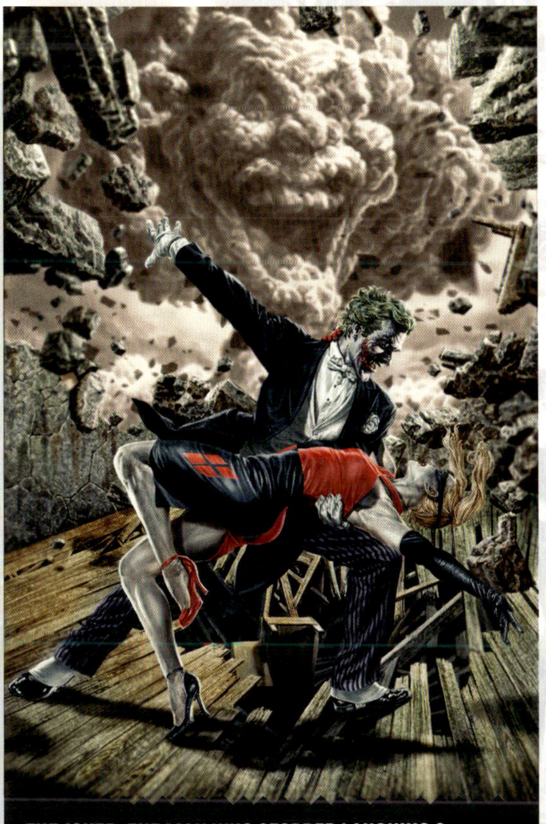

THE JOKER: THE MAN WHO STOPPED LAUGHING 2
Variant-Cover von LEE BERMEJO

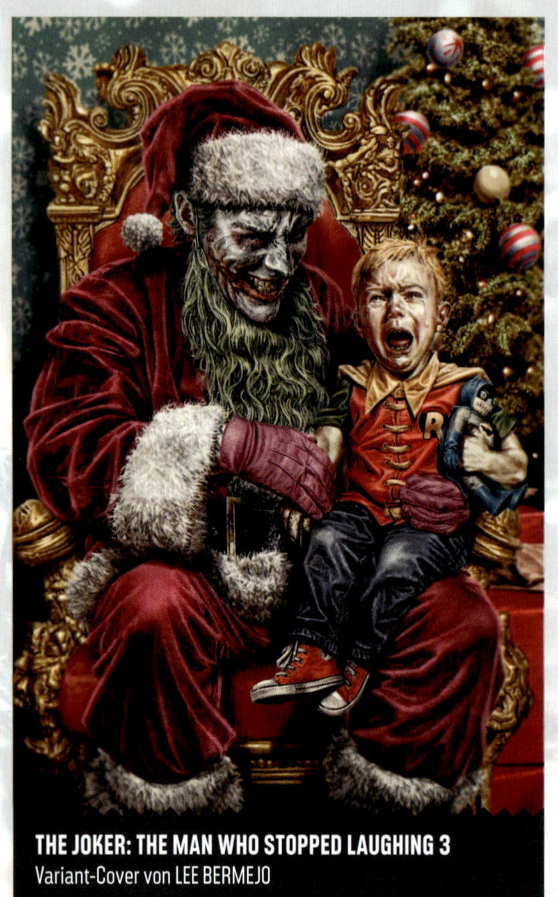

THE JOKER: THE MAN WHO STOPPED LAUGHING 3
Variant-Cover von LEE BERMEJO

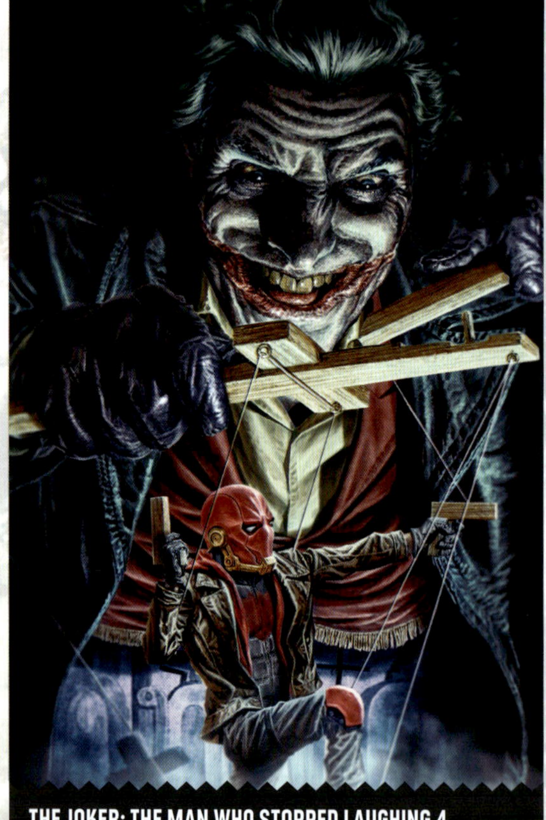

THE JOKER: THE MAN WHO STOPPED LAUGHING 4
Variant-Cover von LEE BERMEJO

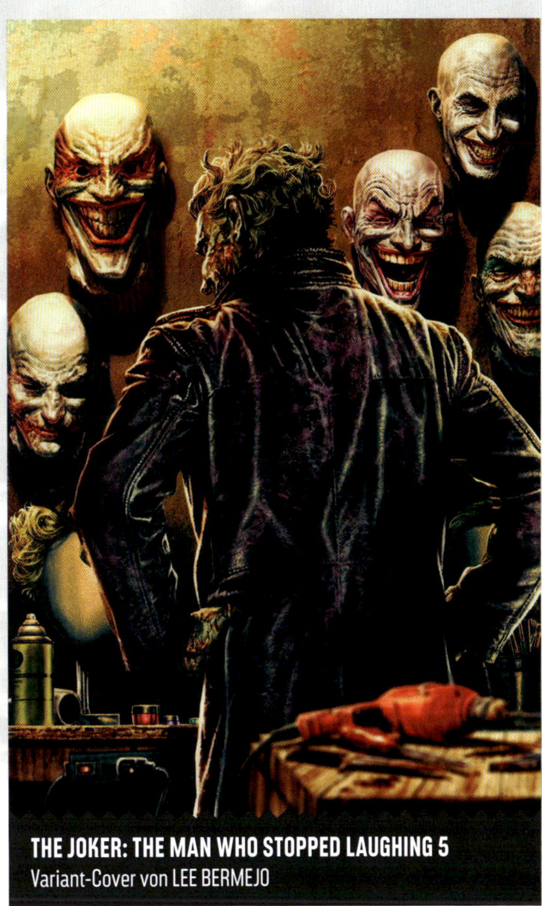

THE JOKER: THE MAN WHO STOPPED LAUGHING 5
Variant-Cover von LEE BERMEJO

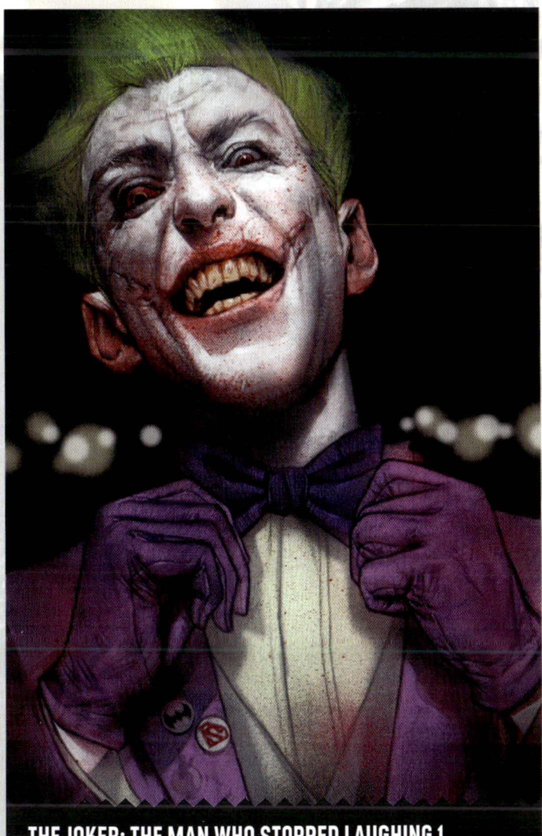

THE JOKER: THE MAN WHO STOPPED LAUGHING 1
Variant-Cover von BEN OLIVER

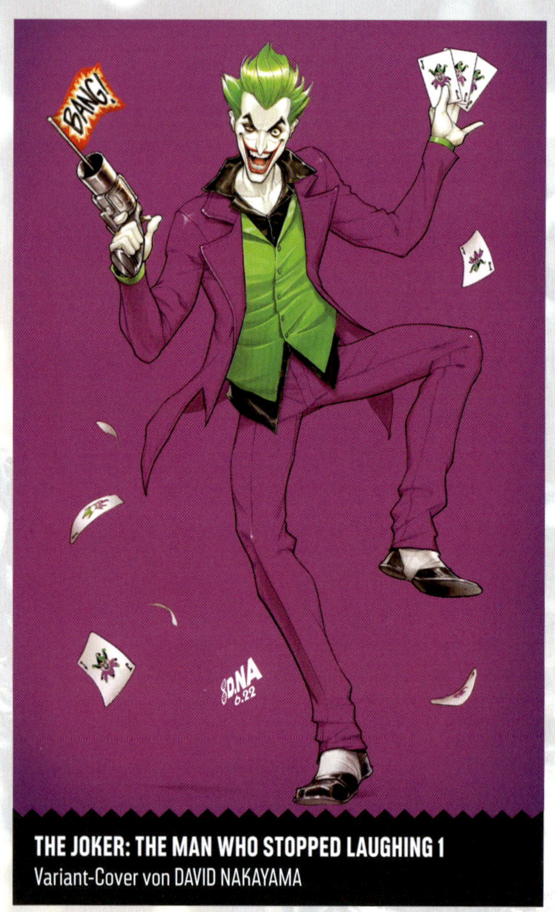

THE JOKER: THE MAN WHO STOPPED LAUGHING 1
Variant-Cover von DAVID NAKAYAMA

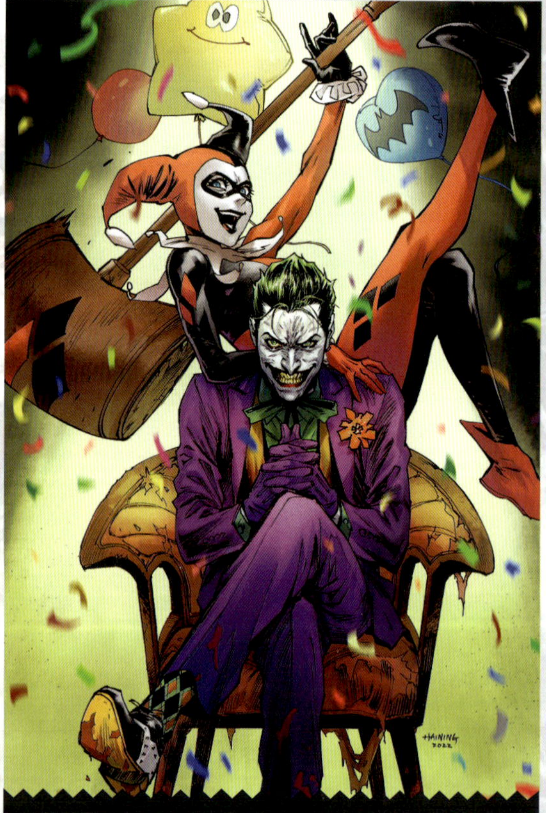

THE JOKER: THE MAN WHO STOPPED LAUGHING 1
Variant-Cover von HAINING

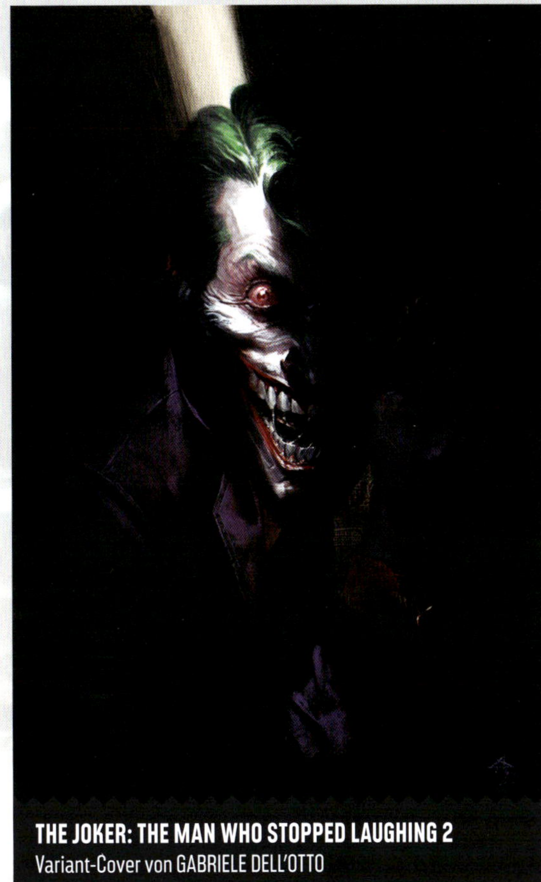

THE JOKER: THE MAN WHO STOPPED LAUGHING 2
Variant-Cover von GABRIELE DELL'OTTO

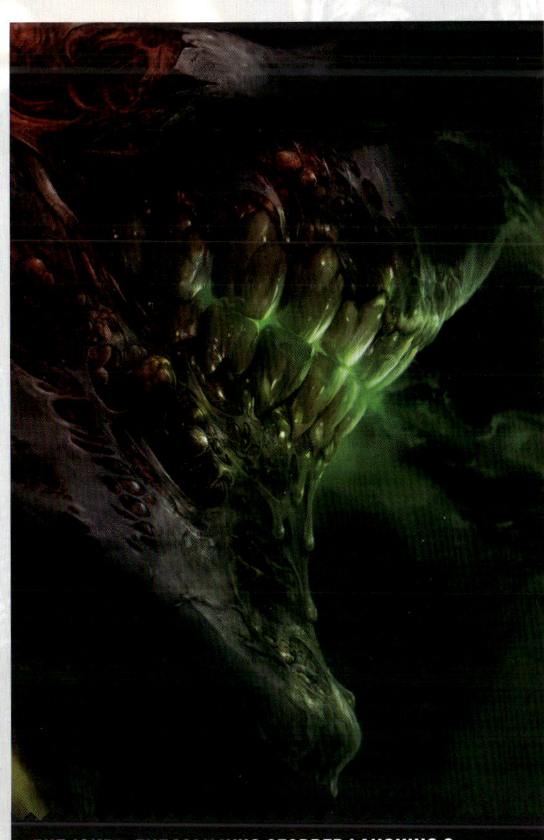

THE JOKER: THE MAN WHO STOPPED LAUGHING 2
Variant-Cover von FRANCESCO MATTINA

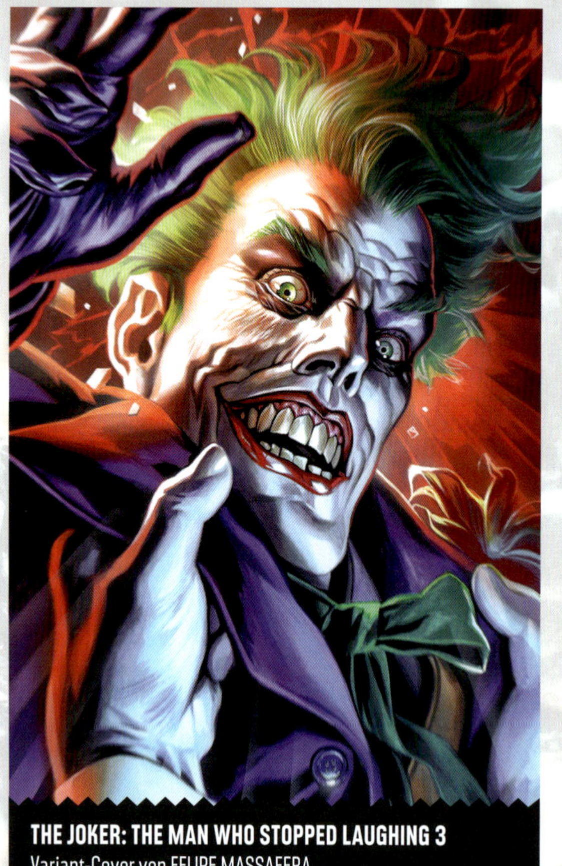

THE JOKER: THE MAN WHO STOPPED LAUGHING 3
Variant-Cover von FELIPE MASSAFERA

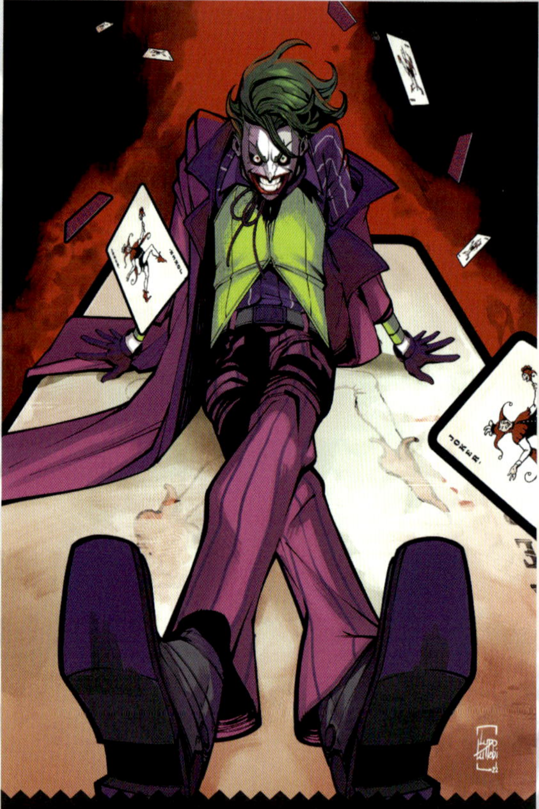

THE JOKER: THE MAN WHO STOPPED LAUGHING 3
Variant-Cover von LUDO LULLABI

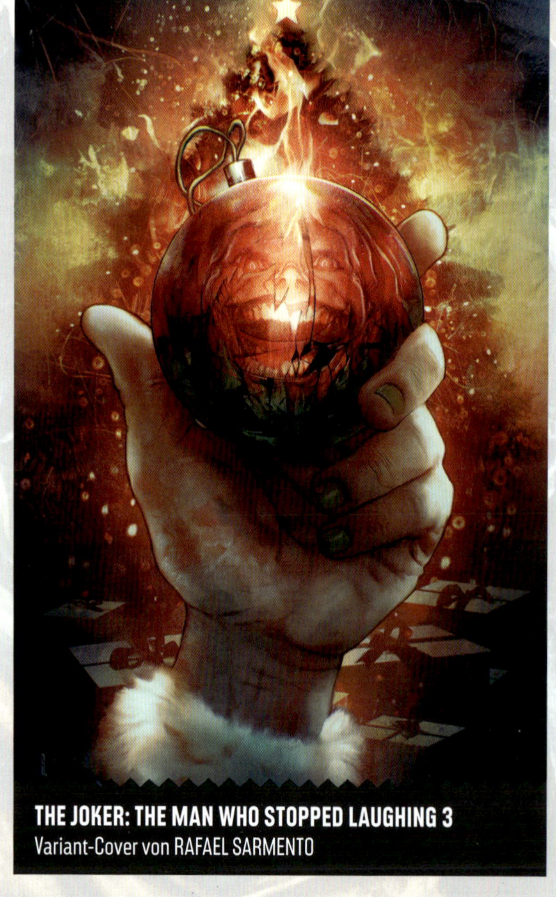

THE JOKER: THE MAN WHO STOPPED LAUGHING 3
Variant-Cover von RAFAEL SARMENTO

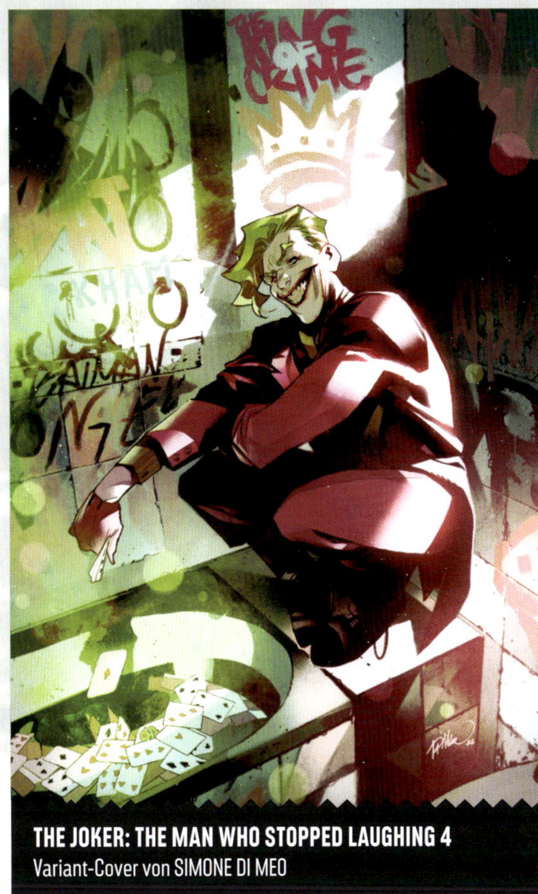

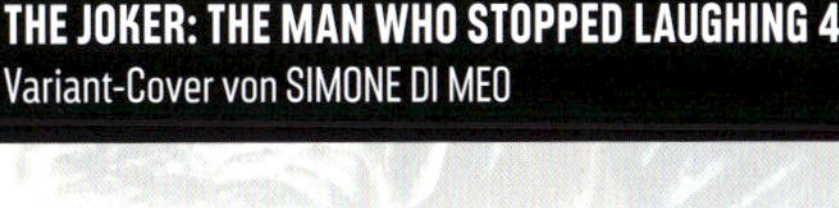

THE JOKER: THE MAN WHO STOPPED LAUGHING 4
Variant-Cover von SIMONE DI MEO

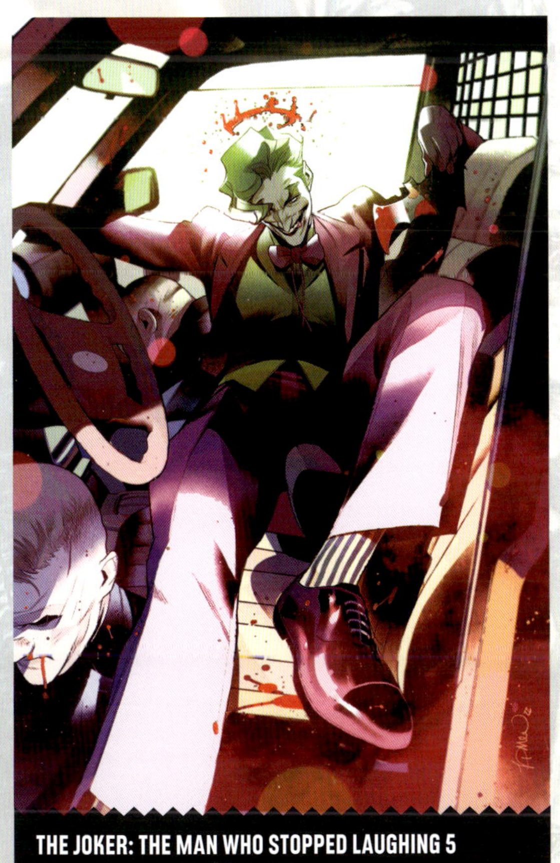

THE JOKER: THE MAN WHO STOPPED LAUGHING 5
Variant-Cover von SIMONE DI MEO

THE JOKER: THE MAN WHO STOPPED LAUGHING 4
Variant-Cover von DUSTIN NGUYEN

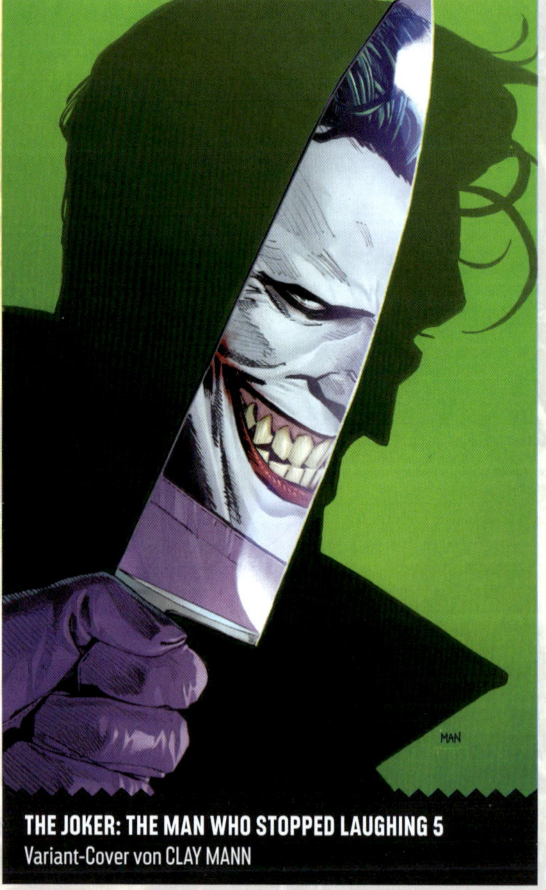

THE JOKER: THE MAN WHO STOPPED LAUGHING 5
Variant-Cover von CLAY MANN

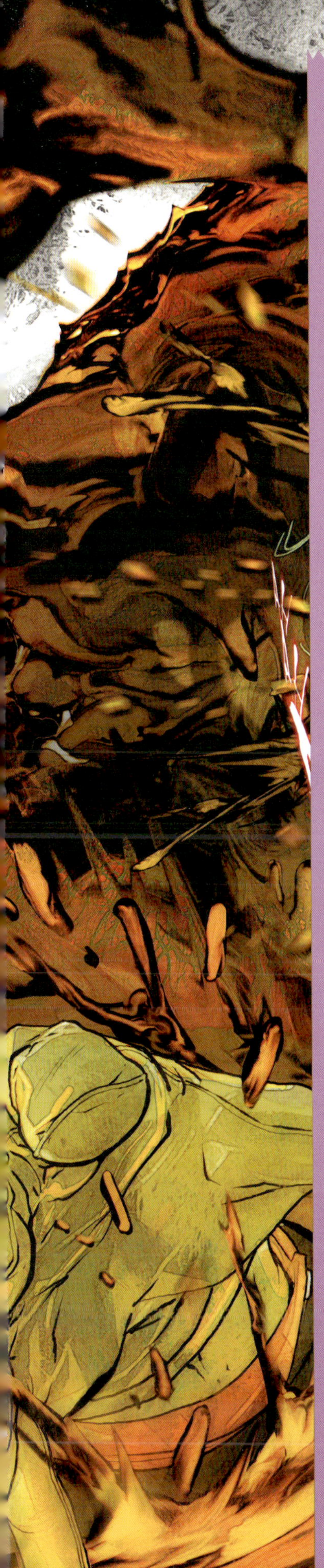

TÖDLICHE SCHERZE

von **Bernd Kronsbein**

HARLEY QUINN

Die Psychologin **Dr. Harleen Quinzel** tat Dienst in **Gotham Citys** berüchtigter Irrenanstalt **Arkham Asylum**, wo sie dem **Joker**, dem wahnsinnigen **Clownprinzen des Verbrechens**, verfiel. Sie verhalf dem Erzfeind des **Dunklen Ritters** sogar zur Flucht aus der Anstalt. Und als wäre das nicht schlimm genug, schlüpfte sie auch noch in ein rot-schwarzes Narrenkostüm und wurde als **Harley Quinn** die Gehilfin und Dauerfreundin des irren Kriminellen. (All das nachzulesen in der legendären Graphic Novel HARLEY QUINN: MAD LOVE.) Eine toxischere Beziehung kann man sich eigentlich kaum vorstellen. Und auch Harley musste irgendwann erkennen, dass ihr Freund mit dem bleichen Teint und den grünen Haaren keineswegs ihr Bestes im Sinne hatte. Also ging sie auf Solopfade und schlug sich allmählich auf die Seite von Recht und Gerechtigkeit. Auch der Fledermaus-Familie kam sie dabei näher und half **Batman** und seinem Anhang bei verschiedenen Gelegenheiten. Wer mehr über die coole Göre erfahren möchte, sollte unbedingt zur HARLEY QUINN ANTHOLOGIE greifen (mit 13 verrückten, actiongeladenen Storys aus 20 Jahren) oder zum aktuellen Dreiteiler HARLEEN, in dem die Herkunftsgeschichte von Harley Quinn neu erzählt wird.

RED HOOD

Jason Todd war der zweite **Robin** an Batmans Seite, nachdem **Dick Grayson** flügge geworden war und fortan als eigenständiger Held **Nightwing** agierte. Jason hatte es von Anfang an durch seine eigensinnige und aggressive Art schwer, es dem Dunklen Ritter recht zu machen. Die Zusammenarbeit der beiden Helden endete dann tragisch in der berühmten Story BATMAN: EIN TODESFALL IN DER FAMILIE, in der Jason vom Joker ermordet wurde. Jahre später konnte er durch die Macht der **Lazarusgruben** wieder zum Leben erweckt werden, doch der gewaltsame Tod hatte Spuren hinterlassen. Nicht zuletzt auch den unbändigen Wunsch, sich am Joker zu rächen. Jason schlüpfte ins Kostüm von **Red Hood**, wurde sogar einer von Batmans Widersachern, bevor er sich allmählich wenigstens die Bezeichnung „Antiheld" verdiente. Seine Todeserfahrung machte ihn auch kürzlich zum perfekten Teamleader der frisch gegründeten **Task Force Z**: einer Truppe aus verstorbenen Superschurken, die im Zuge des **Projekts Halperin** mit dem **Lazarus-Serum** als Untote wiedererweckt wurden. (Nachzulesen in unserer zweibändigen Serie TASK FORCE Z.)

DAS KREATIV-TEAM

MATTHEW ROSENBERG wurde in New York geboren, wo er auch aufwuchs. Er besaß und betreute früher ein Label für Punkrock-Musik und schrieb 2014 gemeinsam mit Ghostface Killah von der legendären Hip-Hop-Gruppe Wu-Tang Clan das Multimedia-Projekt *36 Seasons*. 2015 explodierte er förmlich in der US-Comic-Landschaft mit den Szenarios für die Miniserien *We Can Never Go Home* und *4 Kids Walk into a Bank*, die beim Kleinverlag Black Mask erschienen. Marvel griff sich das Talent sofort und engagierte ihn ab 2017 für *Uncanny X-Men*, *Phoenix Resurrection: Die Rückkehr von Jean Grey*, *Punisher*, *Rocket Raccoon: Sackgasse Erde*, *Marvel Knights: Vergessene Helden*, *Secret Warriors*, *New Mutants: Die toten Seelen* und *Spider-Man*. Für Image schrieb er 2021/22 die Miniserie *What's the Furthest Place from Here?*. Seit 2021 arbeitet er vor allem für DC Comics, wo er u. a. DER JOKER, DER JOKER: DIE GEHEIMNISVOLLE RÄTSELBOX, DC-HORROR: ANGRIFF DER VAMPRIE – SPECIAL: BLUT-KOMMANDO sowie die Zombie-Superhelden-Serie TASK FORCE Z verfasste.

CARMINE DI GIANDOMENICO wurde 1973 in Italien geboren und arbeitet seit Mitte der 1990er in der Comic-Branche. Seit den 2000ern ist er vor allem für amerikanische Verlage tätig. Für DC Comics entstanden u. a. Strecken für FLASH (mit Joshua Williamson) und die Miniserie BATMAN: THE KNIGHT (mit Chip Zdarsky). Für Marvel illustrierte er Abenteuer mit Spider-Man Noir und Daredevil. Seine persönlichste Arbeit ist vielleicht *Leone: Notes on a Life* (bei Image Comics, mit Francesco Colafella), die illustrierte Geschichte eines italienischen Jazz-Musikers, der in die USA immigrierte.

FRANCESCO FRANCAVILLA ist ein italienischer Zeichner, der für seinen Pulp-Retro-Stil bekannt ist. Gemeinsam mit Autor Scott Snyder schuf er u. a. BATMAN: DER SCHWARZE SPIEGEL für DC. Weitere große Arbeiten sind *Zorro* (mit Matt Wagner), *Black Panther* (mit David Liss) und *Afterlife with Archie* (mit Roberto Aguirre-Sacasa). Als Autor und Zeichner in Personalunion schuf er die Serie *The Black Beetle* und ein neues Abenteuer mit dem Spirit, Will Eisners berühmtem Detektiv. Francavilla wurde mit dem Eagle Award und dem Eisner Award ausgezeichnet.

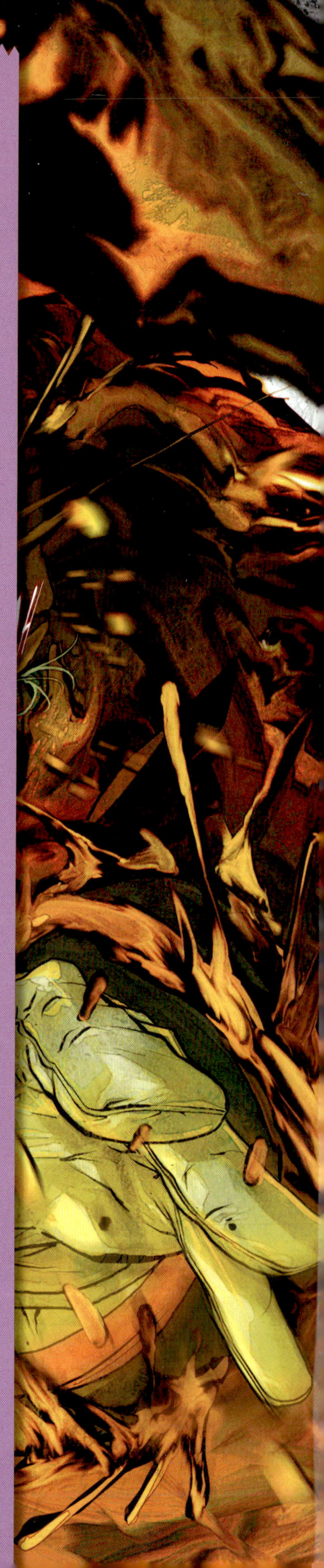